岩　波　現　代　文　庫

# 負け組のメディア史

## 天下無敵　野依秀市伝

佐藤卓己

*Takumi Sato*

社会 329

JN053395

岩波書店

# 凡　例

一、引用文の典拠は本文中に記載するか、簡略化して末尾に示した。本書で引用、言及した文献は、巻末に文献目録を掲載した。野依秀市(一九二九年一〇月までの筆名は秀一)の刊行著作は年譜にまとめた。

一、『実業之世界』からの引用については、記事タイトルと刊行年月のみ表記した(例:一九三一年一二月号)。月二回刊になる時期が戦前と戦後で二度あり、その時期は日付まで記載した(例:一九一四年六月一日号)。『帝都日日新聞』は一九三三、三四年分のバックナンバーの一部を確認したが、それ以外も掲載日を示して野依著作から再引用した(例:『帝日』一九四三年一月三日)。

一、引用文中の省略についてのみ(中略)と表記し、前略および後略は省いた。引用文中の強調は、特記しない限り引用者による。引用文への補足、解説は〔　〕内に記した。引用文中の新聞、雑誌、書籍は『　』、論文、演題、記事は「　」で統一した。

一、歴史的かな遣いは原文のままとしたが、旧字体の漢字は新字体に改めた。読みやすさを考慮して、難語にルビをふり、句読点や濁点を適宜追加した。極端な当て字、人名・地名などの明らかな誤字についても訂正を加えた。

一、上記のほか、引用文は原文通りとした。資料等には今日からみれば不適切な差別などにかかわる語句があるが、発表当時の社会背景を鑑み、手を加えることはしなかった。ご理解を賜りたい。

# 目次

これは誰れでしょう?
この偽装力士の本名を當てたお方には金百円相當の書籍を
呈しますから本誌懸賞係宛にハガキで御回答下さい。

公職追放解除を祝う「講和成立特集記念号」(『実業之世界』1951年10月号).

# 序章　元祖「メディア人間」

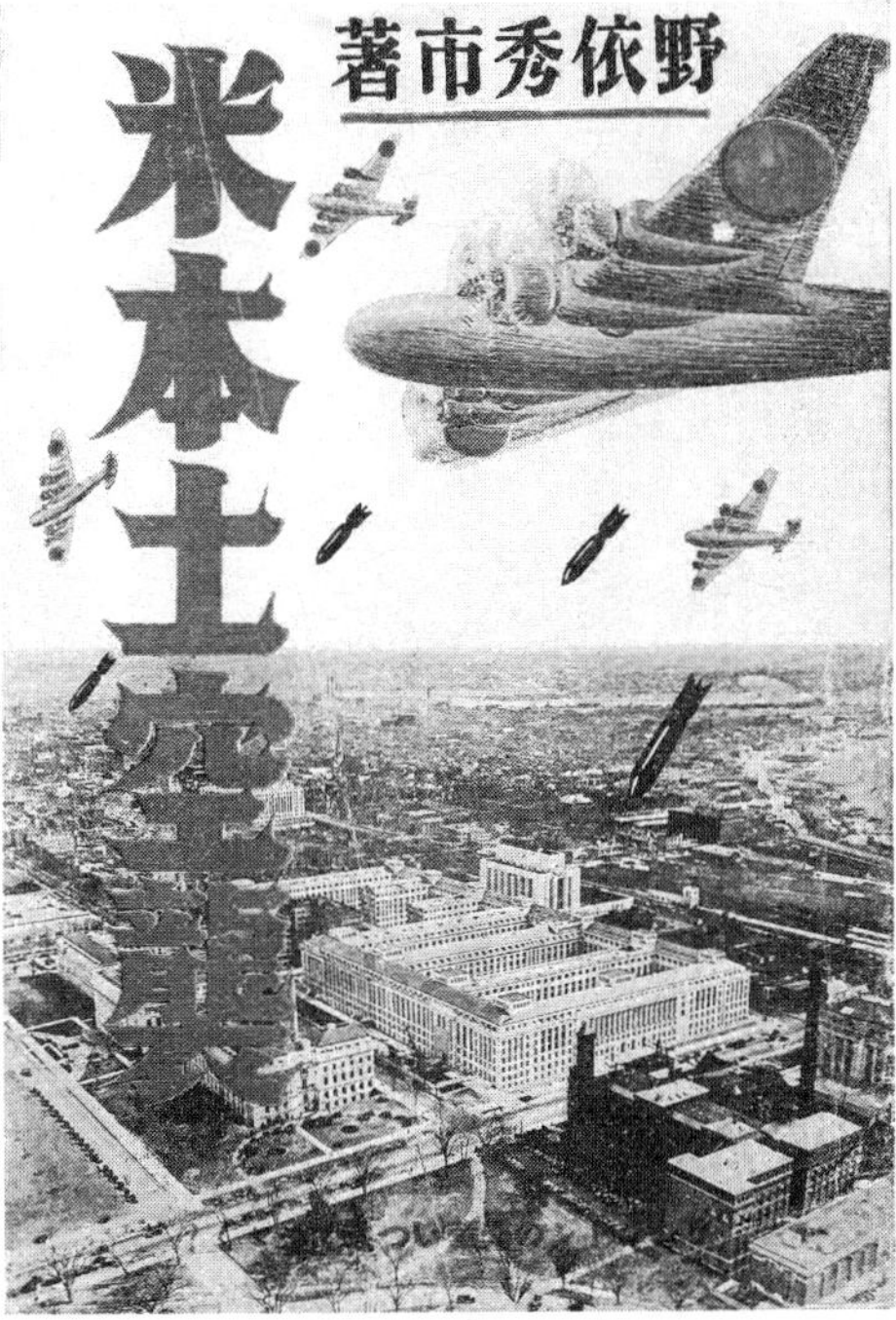


野依秀市『米本土空襲』(秀文閣書房・1943年9月15日発行).

## 野依秀市という謎

日本のメディア史を研究していると、絶えず視野をかすめて出没する人物がいる。猛烈なスピードで動き回っているためだろう。ピントを合わせることがむずかしい。野依秀市《のよりひでいち》（一八八五―一九六八年：図0-1）とは、そうした出版人である。

同年生まれの出版人に正力松太郎（読売新聞社主）、山本実彦《さねひこ》（改造社社長）がおり、二年後の一八八七年生まれに石川武美《たけよし》（主婦の友社社長）、嶋中雄作（中央公論社社長）が続いている。新聞雑誌界の今日ある姿を創った世代の一人と言ってまちがいではない。だが、メディア文化史の著作において、野依秀市という名前を目にする機会はまれである。

もちろん『実業之世界』や『帝都日日新聞』などの経営者として、「野依秀市」を立項する人名辞典は存在する。また坪内祐三が「露伴、雪嶺に愛された騒動男」（『20世紀ニッポン異能・偉才100人』一九九三年）、大澤正道《まさみち》が「反権力を売り物にした異色の出版人」（『日本アナキズム運動人名事典』二〇〇四年）、松尾尊兊《たかよし》が「反骨の国権的自由主義者」（『わが近代日本人物誌』二〇一〇年）と紹介したように、まったく忘れられた人物でもない。これまで最も詳細な評伝は梅原正紀《まさき》「野依秀市の混沌」（『虚人列伝』一九六九年）だが、その文章は「国士まがいのユスリ・タカリ屋としての悪名が広く世間に流布されている」と始まる。梅原は野依の元秘

**図 0-1**　1935 年頃の『帝都日日新聞』『実業之世界』主筆・野依秀市
(松山健一『天下の快物？　怪人？　野依秀市』より).

書でもあるが、その父・梅原北明《ほくめい》が『変態資料』『グロテスク』などを刊行した戦前エロ出版界の巨人として有名である。そのタイトルの「混沌」が示すように、梅原は思想信条から女性関係までエピソードを豊富に拾っているが、思想史や言論史ではまともに相手にされてこなかった。

私がはじめて「野依秀市」という名前に出くわしたのは、『『キング』の時代』(二〇〇二年、現在は岩波現代文庫)の執筆中だった。日本初の百万部雑誌『キング』を創刊した大日本雄弁会講談社社長・野間清治《せいじ》の伝記を調べているとき、野間を厳しく糾弾する芝野山人『積悪の雑誌王　野間清治の半生』(一九三六年)を手にした。版元の芝園書房は野依が経営する実業之世界社と同一住所にあり、その内容も『実業之世界』掲載の講談社糾弾キャンペーンを集大成したものだった。野依は戦後の自作年譜で、これを自著に数えていた。興味深いことに斎藤貢「野間清治論」(一九三二年)によれば、野間自身が帝大書記時代(一九〇七―一三年)に野依を訪れ「雑誌経営秘法」を尋ねていたという。ちょうど、野依の経営する『実業之世界』(一九〇八年『三田商業界』を改題)は軌道に乗りつつあったものの、七歳年長の野間に秘法を伝授するほどに成功していたとは言いがたい。事実関係は疑わしいが、その人物評はなかなか興味深いものがある。

「日本で雑誌で一番誇大広告をして眼の錯覚を利用したのは野依秀市でその次は野間清治である。二人共に山カンの分子を多量に持つてゐる。唯野依は五月の鯉の吹き流しのやうにハラワタも中味もない山カンであり野間清治は山県〔有朋〕式智略に山カンをプラスした男である。」

ついで『言論統制』(二〇〇四年)で、私は講談社に戦争協力を強要した軍人と社史が名指しする情報官・鈴木庫三《くらぞう》の足跡をたどった。その際、敗戦を挟んだ言論界の動きを検証し、石川達三の小説『風にそよぐ葦』(一九五〇年)が「言論ファッショ化の元凶」鈴木少佐の悪名を確立させたことを知った。戦時中は文学報国会実践部長だった石川達三自身の戦争協力を調べる過程で、野依秀市『石川達三と対決』(一九五九年)に出くわした。石川より左翼的な作家は無数にいたはずだが、なぜ野依は石川に集中砲火を浴びせたのだろうか。

石川をはじめ多くの文筆家が敗戦後に軍部に責任転嫁するなかで、戦時中「米本土空襲」

運動を展開した野依は毅然としてこう言い放った。自分は戦争犯罪人ではないが戦争張本人である、と。日本出版協会における「戦犯出版社」追放事件を論じた宮守正雄『ひとつの出版──文化界史話』(一九七〇年)によれば、出版界粛清委員会での野依はまさしく「天下無敵」だった。講談社、旺文社、主婦之友社、家の光協会など「戦犯七社」に続き、第二次戦犯追及として一九四六年三月新潮社、博文館などとともに秀文閣書房(実業之世界社)の野依も召喚された。

「〝天下無敵〟と異名をとる野依秀市は、部屋に入ってくるなり、委員たちの前で大アグラをかいた。そしてタンカを切ったのである。「大体、てめえー達は、俺を呼びつけて裁判みたような真似をしやがるが、いったい何んの権利があってやるんだ。俺は裸一貫数十年間やってきた男だ。戦犯だなんだというが、戦争中、アメリカと戦え、というのは当り前じゃねえか、てめえー達の〝決定〟なんかに、ご尤《もっと》もでございますと、この俺が服せると思うか」と、委員一同をハッタとにらみつけたのである。(中略)それでも佐和慶太郎(人民社社長)あたりは、「何をいうか」と憤然としたが、これ以上野依を興奮させてはまずい、と考えた委員長の末弘厳太郎《いずたろう》(東京大学法学部教授)は、「野依さん、今日のところは……」となだめ、ともかくも委員会は事なきを得た。」

このとき「憤然とした」佐和慶太郎は後に自ら発行する暴露雑誌『真相』(一九四八年六月号)で「追放出版ボス」筆頭として野依を激しく攻撃している。実際、野依秀市は公職追放になっているが、たんなるワン・オブ・ゼムではない。アメリカ占領軍が「宣伝用刊行物」

として没収した戦前図書七一一九点中、個人別リストで第一位は野依の二三冊だった。

つづいて『八月十五日の神話』(二〇〇五年)で祝祭日・記念日の成立過程を調べているとき、紀元節復活法制化国民運動の指導者として野依秀市の名に出会った。しかし、その活動は意外な人物の著作と繋がっていた。一九五六年、野依は以下の不思議な推薦文を付して、戦前は禁書だった幸徳秋水『基督《キリスト》抹殺論』を公刊している。

「紀元二千六百年を主張する私が思い出したのは、これ〔紀元節復活〕に異論を唱える者の不心得を諭《さと》すために幸徳秋水が曽《かつ》て著した『基督抹殺論』の一書を、此時《このとき》此際、再び世に出すことは無意義でないと感じたのである。」

キリスト生誕に基づく西暦の神話性を暴露することで、逆に日本神話と元号の正統性を示そうというのだ。この序文には大逆事件前から幸徳と野依は面識があり、しかも幸徳が刑死する直前、市ヶ谷未決監で二人は再会したと書かれている。

「私も実は東京電燈株式会社に対し、電燈料三割値下論を『実業之世界』に明治四十三年五月一日号より半歳に亘《わた》つて掲載し、大いに会社を攻撃して筆禍を買い、未決に囚われの身となつて入浴所において幸徳とピツタリ顔を合わしたのであつた。幸徳も私も共に独房生活で、入浴も一人でしか入れないのであるが、私が浴場から出ようとするトタンに看守が早まつて、私の浴槽に幸徳を入れてしまつた。そこで一こと二こと言葉を交わすことができたわけだ。」

反共主義を掲げた戦後の回想なので、野依が社会主義者・幸徳に対して示した親愛の情をそれ以上は語っていない。しかし、野依が発行した『実業之世界』一九一一年三月一日号の「新刊紹介」で幸徳の遺著『基督抹殺論』は、次のように絶賛されている。

「幸徳秋水が獄中病骨を訶《か》して成れるものは本書なり。（中略）基督は太陽神話の所生にして、十字架は生殖器の表号なり。聖書は此等《これら》地方の古代道徳律の綴合《てつごう》が進化せるに過ぎざるを立証し基督抹殺を宣言せり。基督抹殺を企てたるもの、泰西共《とも》人に乏しからず、我国に於ては本書を嚆矢とす。（中略）文章光焔あり、気力あり、老吏の断獄に似たり。」

この文章は同書に巻末解説を付す予定だった堺利彦の筆になるものだろうか。野依は堺利彦の仲介で幸徳の遺族から「文章経国大業不朽盛事」と揮毫《きごう》された書を高額で買い取っている(図0-2)。「為幸徳秋水兄　兆民老人」の署名が示す通り、それは中江兆民による遺贈の書であった。戦後、野依はその書を自分と同じく公職追放処分となった尾崎士郎に寄託し、さらに『大東亜戦争肯定論』に感激して林房雄に贈っている。この書の由来については、『帝都日日新聞』一九三三年元日号の記事が管見では最も古いが、戦後「『帝日』五千部突破座談会」

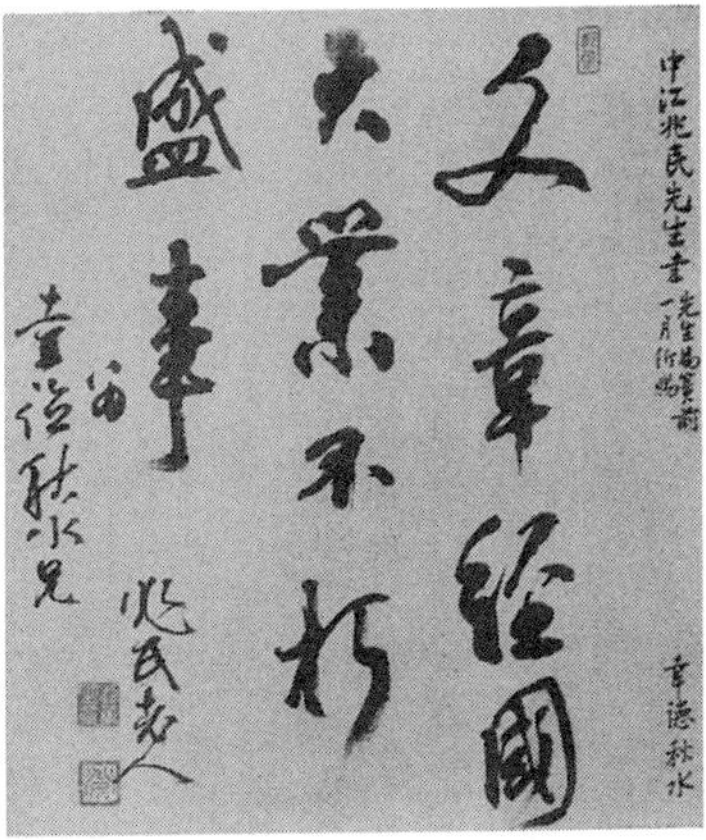


**図 0-2**　幸徳秋水の遺族より野依が買い取った中江兆民書(野依寧子氏蔵).

（尾崎士郎、小汀《おばまとしえ》利得、徳川夢声《むせい》、中島慶次《けいじ》、御手洗《みたらい》辰雄）でこう語っている。小汀も一部もらっており、林房雄が贈られたのも複製二〇〇部の一つだろう。

「その（堺が野依のところにもってくる）前に、小泉策太郎（三申）のところにもって行ったら、兆民の書なんか有り難がることはない、それに幸徳の為書《ためがき》ではね、といったというんだ。幾らだといったら百円だといったというのだ。ヨシそれなら百五十円で買おうというと堺が喜んだ。私はいまなら十万円でも売らないが……。もっとも金の価値もちがうけれども、写《うつ》はいいし二百部ばかり複写をつくった。」

この自称「時流の反抗者」野依秀市の著作を本格的に蒐集しはじめたのは、竹内洋との共編著『日本主義的教養の時代』（二〇〇六年）の執筆時からである。そこでは原理日本社周辺の新聞人・高杉京演《きょうえん》が編集した右翼新聞内報『新聞と社会』を分析したが、高杉が別に経営した『夕刊帝国』の出版物に原田健太郎編『言論ギャング――野依秀市の正体』（一九三三年）がある。同書で野依が発行する『帝都日日新聞』は、偽装共産党の機関紙として糾弾されていた。一体、右翼から攻撃される「言論ギャング」とは何者だったのか？

## 右翼ジャーナリストなのか

野依秀市の標準的な略歴は、判沢弘が『現代人物事典』（一九七七年）に書いている。

「右翼ジャーナリスト。一八八五（明治一八）年七月一九日大分県中津市生まれ。一九六八年三月三一日死去。小学校卒業後上京、慶応義塾の商業夜学校に学ぶ。在学中、友人石山賢吉

（のちダイヤモンド社を創立）の協力を得て『三田商業界』（のち『実業之世界』と改題）を発刊、三宅雪嶺、渋沢栄一らの庇護をうけた。東京電燈の料金値下げ問題などにからむ恐喝などで二回の入獄後、浄土真宗に帰依、二一年『真宗の世界』を創刊、三二年大分一区より代議士に当選。同年『帝都日日新聞』を創刊し社長となったが、四四年東条内閣攻撃のため、四五回の発売禁止処分をうけたのち廃刊。戦後は公職追放を受け、解除後は、五五年衆議院議員（日本民主党）となり、保守合同に活躍。五八年の総選挙では落選。また『帝都日日新聞』を復刊（五八年）、とくに、深沢七郎の「風流夢譚」問題をめぐり、中央公論社を激しく攻撃し、また紀元節復活法制化運動の先頭に立ったことで知られた。著書多数。全集がある。」

これを判沢が執筆する際、追悼本『野依秀市』（一九六九年）の年譜を下敷きにしたことは「四四年東条内閣攻撃のため、四五回の発売禁止処分」などの引用データ（第一一章で検証する）から見てまちがいない。反共色を強調した晩年の自作年譜に依拠する限り、「右翼ジャーナリスト」という評価も間違いではない。

しかし、「右翼ジャーナリスト」というレッテルには大きな落とし穴がある。つまり、明治リベラリズムから昭和ナショナリズムへ走った言論人という近代日本思想史の枠組みに野依を無理に押し込めてしまうと、その言論活動の表層をなぞるだけに終わってしまう。試みに、この「戦後的」記述を戦前の人物事典で引き比べてみればよい。どこが省略され、何が見えなくなったかが一目瞭然となる。結論からいえば、省略されたのは大正期であり、見えなくなったのは野依におけるデモクラシーである。判沢は大正期の活動を「東京電燈の料金値下げ問題などにからむ恐喝などで二回の入獄後、浄土真宗に帰依、二一年『真宗の世界』を創刊」のみで片付けたが、これは分量としても著しくバランスを欠いている。以下に引用するのは、渋沢栄一・三宅雄二郎・鎌田栄吉監修『明治大正史　人物篇』(一九三〇年)の「野依秀市」である。この事典全三巻は明治以降の著名人四五〇〇名の経歴を集めているが、「野依秀市」の記述は特別に長い。むしろ、自らの足跡を明治大正史に刻み込むことが、この浩瀚な人名事典を『実業之世界』創刊二〇周年記念として自ら刊行する狙いだったとさえ思える。前後を省略して大正期の分だけを抜き出してみよう。

「大正元年十二月、二年の刑に処せられ服役す。此間保釈出所を許さるゝや法、農学博士新渡戸稲造を筆誅し、『青年の敵』を著す。時に堺利彦、荒畑寒村、故大杉栄と知り親交を結ぶ。為に後社会主義者と曲解するもの無きに非ざるも、君が熱誠なる皇室中心主義は終始変らず。同三年三月仮出獄の恩典に浴し、帰来「監獄は人世の大学也」の論文を誌上に発表し稜々《りょうりょう》不屈の気骨を示す。同年八月悪徳保険会社の筆誅を重ねて官憲の忌諱《きい》に触れ、同五年五月四年の刑に服し再び囹圄《れいぎょ》の身となりしも、入獄までの間に台湾を視察し、又『世の中』『女の世界』『探偵雑誌』等を発刊し斯界《しかい》の尖端《せんたん》を切る。大正九年五月獄中に真宗信仰の真髄を体得し、出所後大いに同宗の宣伝に努む。翌十年五月『野依雑誌』を創刊し縦横経綸の筆を執りて輿論《よろん》に資す。同年九月「大日本真宗宣伝協会」を起して『真宗の世界』を発刊し、翌十二年全国宣伝行脚の途に就きたるも、偶々《たまたま》関東大震災に会して本社を大阪に移し、大活躍を為す。後本社を東京に還して捲土重来、翌十三年一月清浦内閣の成立に反対し其打倒を期し、全国の大新聞に半頁大の「清浦内閣倒壊」の広告を為し世人を驚かす。次で同年衆議院議員改選に際し郷里大分県より立候補し、元田肇《もとだはじめ》と戦ひしも不利に終る。翌十四年八月欧米視察を兼ね真宗海外宣伝の途に就く。帰途シベリヤに於て奇禍《きか》に遇ひ、チタ未決監に拘留十日に及び、翌十五年六月帰朝す。同年更に「仏教思想普及協会」を起し『仏教思想』を創刊し、其普及協会を設立す。茲《ここ》に真宗信仰及仏教思想の宣伝普及に万全を期せり。」

ちなみに、仏教教団の因襲を痛烈に批判した『真宗の世界』『仏教思想』については、安食文雄『20世紀の仏教メディア発掘』(二〇〇二年)が仏教研究者の黙殺をこう批判している。

「近現代仏教正史には、野依の活動も、彼が発行し続けた仏教雑誌の名前も出てこない。それに対して、左翼系の、それこそ革命派仏教者の活動は大きく取り上げられる。このアンバランスは一体どうしたことだろうか。」

野依の「革新的」仏教運動については、第六章で論じたい。一方、大正デモクラシー研究の分野では松尾尊兊が野依の活動に早くから注目していた。大逆事件以後、いわゆる「冬の時代」の社会主義者に野依は経済的援助の手を差し伸べ、自らも門閥打破、憲政擁護運動の旗振り役を買ってでていた。松尾の『大正デモクラシーの群像』(一九九〇年)から引用しておこう。

「彼は武藤山治《さんじ》・和田豊治《とよじ》・福沢桃介《ももすけ》らに資金援助を受けるかたわら、売文社最大の顧客であり、堺利彦・白柳秀湖《しゅうこ》らに文章を代筆させる事実を天下に隠さなかった。一切の権威に物おじせず、自ら〝悪徳〟ならざる〝悪口〟記者を自称する彼に対し、大杉栄も共感を抱いていた。」

それゆえ、戦後の彼の反共的立場からはまったく隔世の感があるとしながらも、野依を「この意味における前期大正デモクラシーの代表的人物の中に数えられるべき」と松尾は高く評した。実際、社会主義者・片山潜《せん》が一九一四年アメリカに亡命する際、堺利彦に頼まれ野依は二〇〇円をカンパしている（「三百人物印象記」一九五四年四月号）。その後、野依は一九二六年外遊中、モスクワでコミンテルン幹部となっていた片山潜と再会し、ソビエトから送られてくる片山論文を『実業之世界』に掲載し続けた。他方で同時に、「天皇中心主義者」野依は朝日新聞筆誅キャンペーンをまとめた『国賊東京大阪朝日新聞膺懲《ようちょう》論』（一九二八年）で、その「議会中心主義」を厳しく糾弾している。

松尾が「野依秀一（のちの反共主義者秀市）」と表記したように、彼の思想的分岐点は筆名「秀一」を実名「秀市」に戻した一九二九年あたりと一般に理解されてきた。果たして、一九二九年の改名が思想的な転向と重なっていたかどうか。たとえば、翌年に野依が自ら編集した『マルクス主義十八講――誰にも分る社会思想の解説』（一九三〇年）に、次のような「はしがき」を書いている。

「時勢と云ふものが進んで、社会主義も過激な爆発物と思はれてゐた時代から、社会の何人も心得ねばならない時代の常識となつた。もはや学者の書斎の理論でもなければ、経済学の単なる学説でも無くなつた。確然と厳存する社会の事実となつた。世界のなかでも社会主義の国家が、ハツキリと一つ出来た。ロシアのソヴエート聯邦の存在は、地図の上から没却することは出来ない。今や英国に於ても労働党が、二回まで天下をとつた。我が国でも目下最も世間の注目をひいてゐるものは、既成の政界に対する無産党の進出である。」

　野依は冷静な現状認識に立って、社会主義に関する知識の必要性を訴えている。巻頭の堺利彦「社会主義、共産主義、無政府主義」から、荒畑寒村「労働組合論」、高畠素之《たかばたけもとゆき》「マルクスの資本論解説」、赤松克麿《かつまろ》「共産党か労働党か」、麻生久《ひさし》「レーニンの生涯と学説」、さらに猪俣津南雄《いのまたつなお》「金融資本独裁論」、平林初之輔《はつのすけ》「世界プロレタリア文学運動」まで当代一流の社会主義知識人を総動員している。こうした著作内容を見る限り、野依の言論活動は、まさに混沌たる状況を呈している。

## メディア人間の誕生

　このような「言論人」にオーソドックスな思想史のアプローチは有効だろうか。言論人にあえてカッコをつけた理由は、いわゆる言論人とは異なるからである。一般には言論人の文章とその人格は同一視されることが多い。思想史的考察とは、著作物から著者の個性、すなわちオリジナリティ（独創性）を読み取ることである。

　だが、野依の著作を読むことで、本当に野依の思想がわかるかどうか。戦前に出版された野依本の巻末には、しばしば「野依秀市著作年表」が付けられていた。『戦争と選挙』（一九四二年）のリストでは、『傍若無人論』（一九〇九年）から最近著『浄土真宗の根本特色』（一九四二年）まで九七冊が挙げられている。なお敗戦までに『人生と信仰の問答』（一九四二年）、『翼賛会と国民生活』、『鹿子木《かのこぎ》博士の財産奉還と生産増強に関する妄論を駁《ばく》す』、『日本は天皇道の国なり』、『米本土空襲』、『勝ち抜く国民政治』、『神去りませし両提督と我等の生き方』（以上一九四三年）、『信仰の妙味と人生の力』、『日米決戦必勝論』、『日本人戦力論』（以上一九四四年）、『見て来た仏印と鮮満支の旅』（一九四五年）と一一冊が確認できるので、戦中までの「自認」著作は一〇八冊となる。しかし、ここには処女作『快気焔』（一九〇八年）や「不屈生」名義の『苦学の実験』（一九一二年）など初期編著、あるいは前出の『積悪の雑誌王』など変名著作、さらに宣伝用の非売品冊子が含まれていない。追悼文集の年譜で確認できる戦後著作八九冊を加えると、八三年の生涯で優に二〇〇冊以上を出版したことになる。

　この膨大な野依コレクションをほぼ揃《そろ》え終えて言うのは、われながらいささか虚《むな》しいが、そもそもこれらがどこまで野依自身の言説なのかが判然としないのである。堺利彦『売文集』（一九一二年）に寄せた野依の序文で、野依自身が「僕は売文社の定得意になつて居る」と代作を告白している。

「僕は無学不文であるが故に、僕の意見は是《これ》まで大抵人に話して書いて貰《もら》つた。先には多く白柳秀湖君に書いて貰つた。白柳君は実に善く僕の意を尽して呉れた。然《しか》るに昨年監獄から出て暫《しばら》く加藤病院に居た時、加藤〔時次郎〕院長の紹介で偶然堺〔利彦〕君に会つた。其時堺君は売文社を起して居た。僕は早速堺君に頼んで僕の新渡戸博士攻撃の文を書いて貰つた。すると其文が非常に僕の気に入つた。天下に僕の心持を十分に書き現はし得る者は、白柳君と堺君との外には無いと思つた。それで其後も堺君には引続いて種々の論文を書て貰つて居る。」

これほどはっきり代作を公言し、それを正当化する言論人を私は知らない。しかも驚くべきことに、この告白文までも、なんと堺の代筆なのである。

「そして此文も亦《また》実に堺君に書て貰つたのである。併《しか》し僕は白柳君や堺君が書て呉れたきりでは承知が出来ぬ、必ず自ら精密に閲読して筆を入れる事にして居る。僕は何事でも卒直に語るが、僕は斯《か》くの如く自己の意見を人に書いて貰ふ事を少しも恥とは思はぬ。世のエライ人は大抵皆其の意見を人に書かせて居る。現に『日本及日本人』の主筆たる三宅雪嶺先生でも矢《や》張《はり》社員に筆記させて居る。書いて貰ふのは即《すなわ》ち人を使ふのである、人を利用するのである。活字《いきじ》引《びき》や技手を識者が使つてやるのである。それだけ僕がエライのである。」

すなわち野依の著作の中には、今日のタレント本がそうであるようにゴーストライターによって書かれたものも少なくない。野依秀市を「言論人」ではなく「メディア人間」、あるいは「メディア（広告媒体）」そのものとして研究しようとする理由もここにある。発言内容の真偽よりも、発言する媒体（著者）の知名度が重要だという発想は、まさにメディア論的である。それは野依の『朝日新聞』攻撃についてもいえることである。戦後も野依は『国民の敵・容共朝日新聞を衝《つ》く』（一九五九年）などを発行しているが、そこで「国賊」と批判されるのは「新聞」であって「記者」ではないのだ。

今でこそ新聞紙の記事にも署名がつくようになったが、それでも読者の多くはそれを記者の個性と結び付けて読むことは稀である。そこに掲載された記事にたとえ鈴木太郎や山田花子と署名があっても、新聞社の立場で書かれた記事として人々は読むだろう。当然、その文責も記者個人でなく組織的なものと見なされる。だから、記事に問題があれば編集トップまで処分対象となる。

このように記者個人がメディア組織に飲み込まれた瞬間は、朝日新聞社史の場合であれば、一九一八年の白虹《はっこう》事件だろう。当時、シベリア出兵問題で『大阪朝日新聞』は寺内正毅《まさたけ》内閣を激しく攻撃していた。たまたま米騒動関連の記事に内乱の兆候を意味する故事成句「白虹日《ひ》を貫けり」が使用されたため、当局は朝憲紊乱《びんらん》罪で発行禁止に追い込もうと図った。この強硬姿勢を目にした大阪朝日新聞社は社長以下編集幹部が退任し、これまでの「偏頗《へんぱ》の傾向」を自己批判する反省社告を出し、報道の「不偏不党」を編集綱領に明文化した。だが、この事件の意義は単に大新聞社が国家権力に屈したということではない。新聞社が「メディア＝広告媒体」であることを自覚した点こそ重要だと私は考えている。翌一九一九年株式会社へ改組した大阪朝日新聞社は、一九二四年には九〇万部を突破するまでに急成長を遂げた。こうした朝日新聞のマスメディア化に対するメディア人間の嫉妬こそ、野依の朝日新聞攻撃の欲動だったのではないか。

ここでいま一度、「ミディウム」medium の複数集合名詞「メディア」media が今日の意味で使用されるようになった経緯を振り返っておいた方がよいだろう。ラテン語「ミディウム」は古くから「霊媒」など宗教用語として使用されてきた。しかし、今日の意味で複数形「メディア」が使用され始めたのは、第一次世界大戦期のアメリカだった。まず広告業界で雑誌・新聞・ラジオが「マス・ミディウム」と呼ばれるようになり、やがて「メディア」だけで広告媒体を意味するようになった。消費社会の成熟とともにヒト・モノ・コトすべてが広告媒体と見なされ今日に至るが、この外来語「メディア」が日本で使われるのはもちろん戦後である。

しかし、大正期モダニズムにおいても自己宣伝を実業とする「広告媒体的人間」、すなわちメディア人間の萌芽は生まれていた。野依秀市はその先駆けである。彼こそ自身を広告媒体と強烈に意識した宣伝的人間である。広告媒体にとって、伝達する「内容」は「媒体そのもの」への価値、つまりそれが知名度を高めるかどうかで評価される。こうしたメディア人間の発話において内容が二の次である以上、その著作の「本当の筆者」を探すことなど何ほどの意味もなくなる。

それはメディア人間の自伝的著作についても言える。野依は自己広告として自伝的文章を書きまくった。戦前に単行本化されたものに限っても『無学の声』(一九一一年)、『絶対の慈悲に浴して』(一九二一年)、『我が赤裸々記』(一九二五年)、『善戦楽闘の三十年を想ふ』(一九三七年)などがある。加えて宣伝目的で他人に執筆させた評伝類として、山田悟郎(忠正)『疑問の野依秀一』(一九一六年)、松山健一『天下の快物？　怪人？　野依秀市』(一九三八年)、小貫修一郎・宇野正盛編『今の時局に野依君が十人あれば』(一九三九年)なども存在している。戦後も柴田高雄編『時流の反抗者・野依秀市』(一九六六年)、越川貞一編『諸名士の見た野依秀市君』(一九五二年)、同『野依秀市の年譜』(一九六五年)などが公刊された。

こうした野依の「自家広告」資料も参照しつつ、各章では『三田商業界』の広告取りから始まった雑誌経営、その名を一躍有名にした東京電燈恐喝事件の広告戦略、自ら組織した大日本真宗宣伝協会の宗教宣伝、衆議院選挙における自身の政治広告、さらに戦時下の「米本土空襲」推進運動……などを検討してゆきたい。その前提として、このメディア人間が一九二一年に創刊した思想雑誌、その名もずばり『野依雑誌』(図0-3)の意味について考察しておこう。それは「野依秀一という媒体」を体現する雑誌だからである。内容的には三井甲之《こうし》の日本主義から山川均《ひとし》の社会主義まで雑多な思想潮流が総動員されている。しかし、「発刊の辞」で野依が叫ぶのは、自分自身の「広告」であり「宣伝」なのである。

「雑誌の名の選択には随分苦しんだが、抽象的な名を付けては、其の名を読者の脳裡に印銘する為めだけにも大変な広告費が入ると思ふので、結局『野依雑誌』と云ふ名を選んだ。是《こ》れならば名前其物《そのもの》が広告になるし、私の主義、宗教信仰を宣伝する上からも適当であると考へて之《こ》れに決定したのである。」

実業之世界社社友・池田藤四郎によれば、すでに数年前『実業之世界』を『野依式』と改題する案があったという。『野依式処世法』(一九〇九年)の大ヒットにより、「野依式」の言葉もファンの間で流行していたというが、一九一二年東京電燈恐喝事件による野依の入獄で、改題計画は頓挫したらしい。

「当時実業之世界に筆を執つて居《お》つた諸君が、如何に何んでも、気狂じみた野依の苗字を冠《かぶ》せた野依式記者と云ふ名刺を持つてあるく事が出来ぬと云ふわけであつた。(中略)実業之世界は別に昔のまゝ続刊して行くさうであるが、実業之世界と云ふたゞ《ママ》つ広い名を持つて居ながら、少なくとも野依君の直接関係して居る間、あれほど個人の色彩が濃厚な公刊物は他に一寸見当らない。野依之世界とでも云ひ度《た》くなる。」

こうした「野依之世界」のメディア特性をいち早く見抜いていたのは、評論家・大宅壮一である。さすが、というべきだろう。大宅は『日本の人物鉱脈』(一九五九年)でレーニンの帝国主義論をもじって野依の言論活動を「ジャーナリズム最後の段階としての野依イズム」と呼んだ。

さらに大宅は「現在何百と出ている経済雑誌の経営者、編集者の中で、〝野依大学〟出身者は圧倒的である」と評し、野依を「総会屋的」ジャーナリズムの元祖として位置づけている。ちなみに、「野依大学」出身ではないが、経済雑誌『現代ビジョン』の元編集長・佐高信《さたかまこと》が「四尺八寸七分の男——三宅雪嶺と野依秀市」を含む小島直記『日本策士伝』(一九九四年)で解説を書いている。佐高は世間で「会社ゴロ」と目されていた野依の「情誼の篤《あつ》さ」を称賛している。

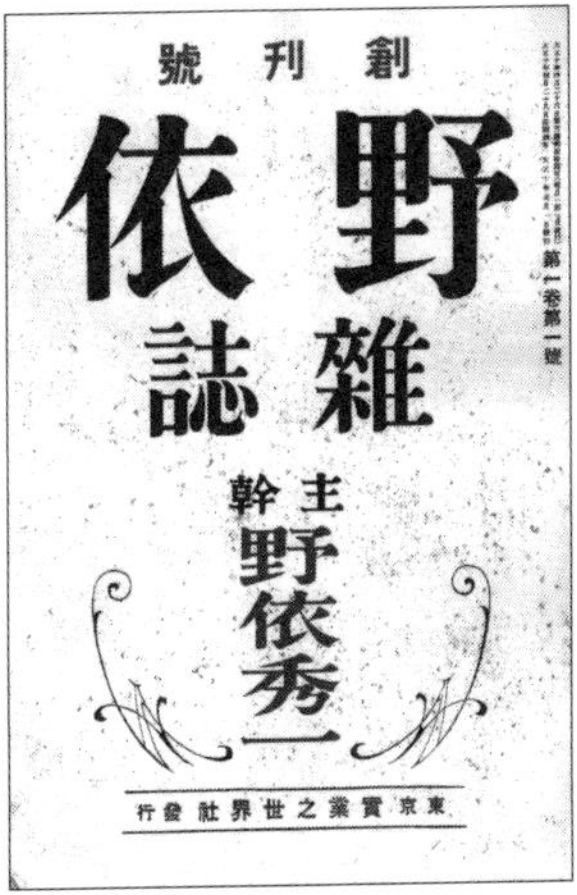

図 0-3 『野依雑誌』創刊号(1921 年 5 月号)表紙.

## 近代日本の野依イズム

大宅壮一は「日本のスペイン・大分県」(『日本の人物鉱脈』)で「思想界の双葉山ともいうべき福澤諭吉」門下の三田系財界人に続いて野依秀市を登場させている。大宅は自分の知る大分県出身者はみなスペイン人気質であるというが、その描写は一九五五年に月刊誌『大分県及び大分県人』を創刊した野依秀市をなぞった感もある。

「熱血漢ではあるが、うつり気である。純情で、詩情も豊かだが、その半面において打算的、功利的で、利害に敏《さと》く、ときには狡猾であり、無恥ですらある。激情に駆られることもあるが、冷めるのも早い。(中略)大分県人に共通した性格は、何か夢を、ヴィジョンをもっていることである。その夢やヴィジョンが思う通りにいかないと、途中でインチキに変質することが多い点でも、スペイン人を想わせる。」

つまり、カトリック教会を背にしたフランコ将軍のごとくであり、野依は恐喝めいたことを直接言わなくても、その名刺だけで彼のもとに金は集まったというのだ。大宅自身がもらって驚いたという特大版の名刺は、肩書で埋め尽くされ「裏面につづく」と印刷されていたという。図0-4は一九三七年頃に野依が使用した名刺の裏面だが、渋沢神社守役、帝都日日新聞社々長から月刊『仏教思想』主幹まで一〇の肩書が「野依事業一般」として刷り込まれている。戦前と戦後、衆議院議員に二回当選しているが、「裏面につづく」は代議士時代の名刺だったのかもしれない。

「彼を取調べた刑事は、〝野依秀市〟と書いた名刺を差出しただけで恐喝罪が成立するといつたとかいう伝説もある。」

また、大宅は「前科者」野依が総選挙で二度も当選した仕組みをアイロニカルに説明している。

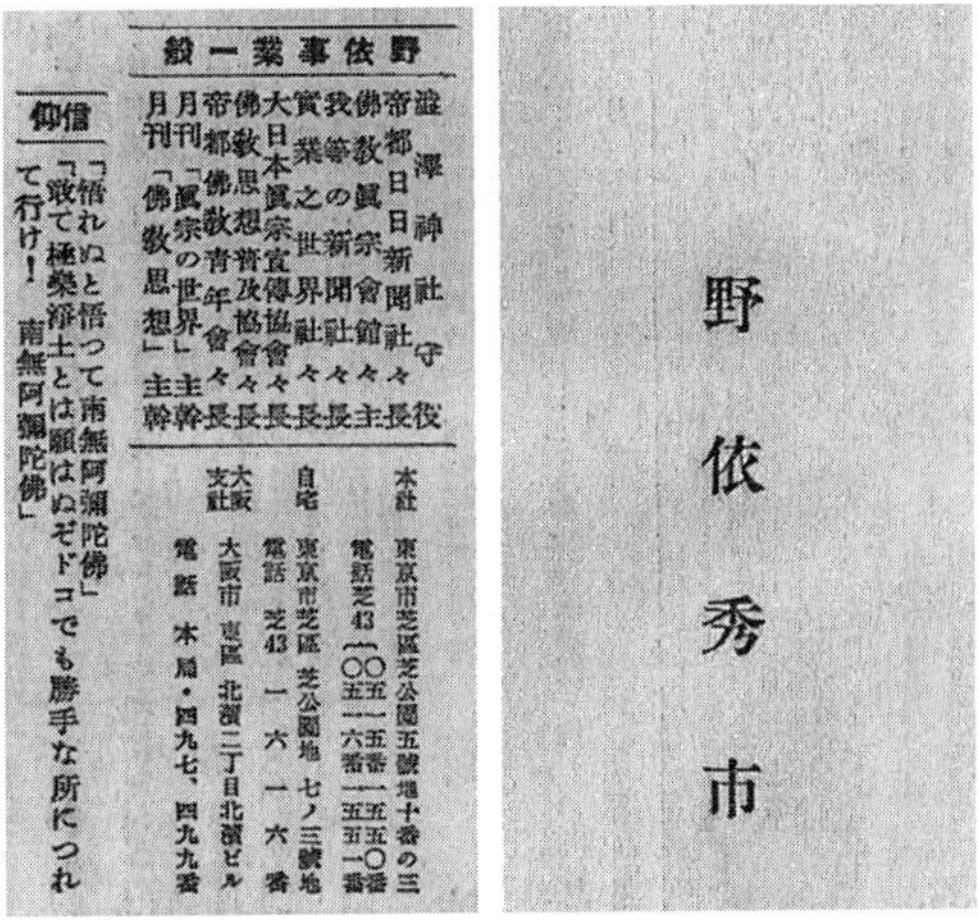


図 0-4　大宅壮一も驚いたという特大版の名刺．裏面に肩書がびっしり．脅しめいたことを言わずとも，この名刺を差し出しただけで恐喝罪が成立したという…….

「少しでも金が入ると、郷里に帰って、あちこちで会を開く。そして、その会の帰りに、村の目ぼしい家に入り、黙って仏壇の前に坐って、ナムアミダブツ、ナムアミダブツとおがんだ上、かねて用意の金一封をご仏前に供える。こうして何軒かまわって歩くのである。別に選挙のことを口にするわけでないから、事前運動にも買収にもならない。年中これをくりかえしているとすれば、選挙に強いわけだ。」

これを田舎の遅れた政治意識と笑うことはたやすい。しかし、それこそが近代日本の政治言説を取り巻く空間だったといえなくもない。大分県中津市を地盤にした野依の「どぶ板」活動を検証した西日本新聞文化部の野中彰久は、「地元では東京から金を持ってくる人物として人気があった」という証言を記録している。

「近代日本の時代精神ともいえる〝立身出世〟の風潮の中で、野依も〝功成り名遂げ、故郷に錦を飾る〟夢を描いていた。中津の福沢諭吉旧居の庭に立つ福沢の胸像は、野依の寄付三百円(現在の百二十万円相当)が呼び水となって設置された。中津商工会議所の設立や大分市教育会館の建設にも資金を提供している。」(「立身出世——諭吉の影を追い続け」二〇〇〇年)

確かに、一九五〇年「福沢翁五十年祭」に際して、野依は福沢会館建設常任相談役に就任している。『財界の巨人・三鬼《みき》隆君を想う』(一九五二年)で寄付金集めの舞台裏を次のように語っている。

「私が寄附帳に十五万円の初筆《しょふで》をつけて、それから発足して募金しているようなわけである。(中略)〔八幡製鉄所社長〕三鬼君に会つたところ三万円だしましようというから、それは困る、五万円にして下さい、といつたら、野依君の要求を断るわけにも行くまい、といゝつゝ係りを呼んで、今三万円といつたがもう二万円ふやして五万円もつて来いといつて、五万円記入し現金を渡してくれた。」

集金活動をここまで赤裸々に告白する言論人は少ない。そして、この告白さえも野依にとっては自己宣伝の一環だったはずだ。

以下では、一流雑誌、全国紙の視点で書かれてきた明治・大正・昭和のメディア史を、これまで「総会屋雑誌」「二流新聞」と目されてきた『実業之世界』、『帝都日日新聞』など野依メディアから逆照することで相対化したいと考えている。また、野依秀市という補助線を言論史に引くことで、左翼／右翼、革新／保守という硬直したジャーナリズム史の枠組みを脱することもできるだろう。だが、それもこれも結局のところ、近代日本における「負け組」メディアの歴史を書く作業になるはずだ。歴史の教訓は勝者よりも敗者から多く学ぶべきだと私は考えている。

# 第一章　野依式ジャーナリズムの原点

原田健太郎編『言論ギャング――野依秀市の正体』(夕刊帝国新聞社・1933年).「正義の仮面に隠れて，言論の暴虐を揮ふギャング，帝都日日新聞社長実業之世界社長其の他幾つかの社長主幹の肩書を振り廻す野依秀市は，我が言論界の冒瀆者，社会の安寧を攪乱する伏魔殿的存在である.」

## 元祖ブラックジャーナリズム？

『実業之世界』（図1―1）を主宰した野依秀市（本名・一九二九年以前は「秀一」と表記）は、いまだに一つの謎である。

戦中、戦後の右翼的活動はもちろん、「取り屋」という評価からもまじめな歴史研究の対象とはされなかった。それは高杉良の経済小説『濁流』（朝日新聞社・一九九三年）の主人公、『帝都経済』主幹・杉野良治のイメージと重なる。

「『帝都経済』は産業経済新報社の看板雑誌だ。杉野はことあるごとに一流経済誌だと吹聴しているが、自他共に認めるというわけにはいかない。発売日には全国紙に派手に広告を打つし、車内吊り広告も出しているが、雑誌の内容が一流経済誌の体をなしていないのだ。発行部数も公称十万部だが、実質は一万部に満たない。経営者、財界人の人物評論的記事が多く、火をつけてみたり消してみたり、激しい個人攻撃を加えたかと思うと、一転して当該人物を褒めちぎる。要はカネ次第なのである。」

もちろん、平成を舞台とするこの小説のモデルは野依ではない。『週刊朝日』で一九九一年七月五日号から連載開始されたが、モデルと目された人物の弁護士から編集部に対して営業妨害、名誉毀損であるとの抗議があり、連載第五回目で主人公の名前が「『産業経済界』

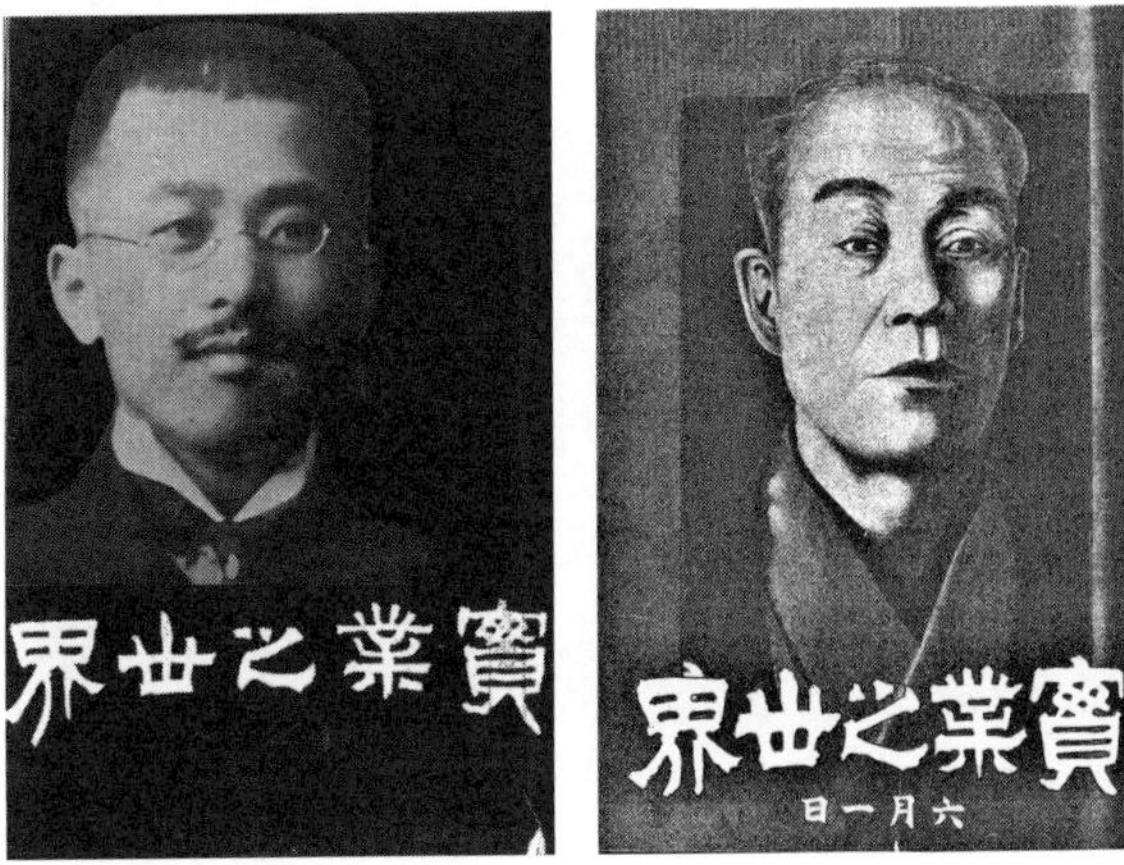


図1-1　『実業之世界』1910(明治43)年5月1日号(左)，および1912(明治45)年6月1日号(右)表紙．左は東京電燈攻撃の狼煙を上げた2周年記念号で，野依自伝が掲載されている．右は新渡戸稲造攻撃の真っ最中，若宮卯之助の連載「福沢諭吉論」が「福沢先生と拝金宗」でスタート．

主幹・加藤忠治」から「『帝都経済』杉野良治」に変わるという前代未聞の椿事《ちんじ》をともなった異色作品である。その主人公は新興宗教への入信を社員に強要するワンマンぶりなど、時代背景はちがっても確かに「野依式」である。実際、企業の弱みにつけ込んで広告費や協賛金をせしめる「取り屋雑誌」の系譜をたどれば、確かに野依の『実業之世界』に行き着くことはまちがいない。

序章では、総会屋的ジャーナリズムの元祖という大宅壮一の野依評を引いた。そこで、大宅は『ジャーナリズム最後の段階としての野依イズム』という大論文」を自ら書いたと述べている。同名の論文は見あたらず、おそらく大宅の記憶ちがいで、自ら主宰した『人物評論』の創刊号(一九三三年三月号)に掲載された印地其氏《インチキ》「経済雑誌総まくり」のことだろう。大宅のペンネームと推測される印地其氏は、経済雑誌を報告派(『ダイヤモンド』『東洋経済新報』)・批判派(『経済往来』『エコノミスト』)・能動派(『実業之世界』)・綜合派(『経済情報』『サラリーマン』)の四つに分類する。報告派と批判派は、その対象である経済界や事業とは一応別個に存在するジャーナリズムだが、『実業之世界』ではそのジャーナリズムが「そのまま一つの事業」になっている。つまり、能動派では報道と営業の境界は消滅している。

「僕は、これに野依ヂヤーナリズムといふ名をつけやうと思ふが、先の報告派、批判派に対立していへば、能動派とでもいふべきものである。つまりヂヤーナリズムが事実の報道や批判でなく、さらに、転化してヂヤーナリズムがその事実〔その〕ものを動かす、あべこべに事実に対して、影響力をもつ、ある事業の一聯の機構そのものになるといふのである。」

ただし、報告派、すなわち「新興資本主義の最も忠実なる番犬」『ダイヤモンド』は野依とともに後述の『三田商業界』(『実業之世界』の前身)を創刊した「高等幇間《ほうかん》」石山賢吉の経営であり、綜合派の『サラリーマン』も「野依門下」長谷川国雄の発行である。つまり、あらゆる経済雑誌は「実業之世界とその一党」に集約される、と印地其氏はいう。

「実業之世界二十五周年記念の時に、勘定してみたら、首にした人間が丁度千人あつたといふが、それでゐて、不思議に人から恨みを受けてゐない。この安月給で首にした連中に、誰でも道で逢へば肩を叩いてゐるのだから、不思議な人間である。彼がいはゆる野依ヂヤーナリズムなるものを創立したのはかういふ特異な性格のためである。」

経済雑誌は「紳士的」広告収入と「非紳士的」協賛金のどちらが多いかの違いはあっても、どれも「資本主義機構の一環をなした存在」であることに変わりはない。「その一党」とは『事業之日本』の小竹即一《こたけそくいち》(阿二)、『政治経済時論』の峰整造、『東邦経済』の漆島《うるしじま》参治、『東方時論』の六郷新平などである。また、武井文夫「人材を出した『実業之世界』と私」(一九三七年五月号)によれば、『経済知識』社長・後藤登喜雄《ときお》、『読売新聞』社会部長・宮崎光男、法政大学教授・岡田誠一、日蓮正宗月刊誌『太陽』社主・藤本蓮城(秀之助)、『婦人毎日新聞』社長・恒任《つねとう》寅男、『経済時代』社長・伊藤三郎、『新評論』社長・佐野完も「野依学校卒業生」である。武井自身は一九二一年まで実業之世界社で副社長を務めたのち、一九二八年まで『万朝報《よろずちょうほう》』主幹を務めている。こうした「卒業生」たちは戦後も野依を囲んで何度も同窓会を開いている。「座談会・社長と旧社員の五十年間物語」(一九五八年八月号)、「座談会・野依学校で学んだ色々の思い出」(同年一〇月号)には、「野依会」幹事の宇野正盛(株式新聞取締役)ほか、武井文夫(世界文化画報顧問)、長谷川国雄(自由国民社社長)、山崎一芳《かずよし》(国民タイムズ会長)、さらに歴代『帝日』編集長の門屋《かどや》(並木)博、坂本徳松などが出席している。体調不良のため座談会を欠席した元社員・荒畑寒村も「野依君の人物は正直者だ」とコメントを寄せている。彼らを輩出した実業之世界社は「社長養成所」であり、「〔資本主義ジャーナリズムとして〕一ばん尖端的なスマートなスタイル」だと、大宅壮一はいう。

## 雑誌経営者を量産した「野依学校」

大宅とよく似た感想を、小汀利得も「産業経済雑誌論」(一九三一年)で述べている。

「実業之世界社からは(中略)他に例を見ない程多くの経営者を出したことは面白い現象である。かゝることは他に全く類例なく、東洋経済〔新報社〕の如き三十有余年の歳月を以てして多くの記者論客は育てたが一人の経営者をも社会に送らない。」

野依自身も戦後の回想「わが半生を語る」(一九五四年一月号)でこう書いている。

「野依学校の卒業者とか、又野依学校の生徒だというような言葉もある。(中略)凡《およ》そ野依学校に籍をおいたものが、二百人位はあつたろう。」

野依ジャーナリズムは、一つの出版ビジネス・スクールだったといえるかもしれない。大宅はこれを「スマートなスタイル」と評したが、大宅の「ジャーナリズム」定義は独特である。

「ジャーナリズムとは、私にいわせれば、それ自身商品生産の一分野であるとともに、およそ文化と名のつくもののすべてを商品化する機能である。」

この定義は密教的(業界内的)には正しいが、顕教的(一般読者的)には狭すぎる。ジャーナリズムの機能は商品化というよりも権力批判として説明されることが多い。この密教と顕教の落差を最大限に利用したビジネスが、野依式ジャーナリズムだった。印地其氏はいう。

「世間では、この派に属するものを悪党か何かのやうに考へるが、事実は大へんな間違ひである。この派には恐らく悪人などはゐない。みんな人間として善良な連中ばかりである。

たとへばこの派の頭目は、実業之世界の野依氏だが、社会は彼を一種のギャングか何かのやうに考へてゐるが、あれが人間としては、別に悪党でもなければ、鬼熊みたいな男でもない。むしろ彼を知つてゐるものは、案外弱い男だといつてゐる。」

匿名批評XYZ「野依と小竹」(一九二八年)も、野依式雑誌経営を「現代の町奴《まちやっこ》稼業」として論じるが、野依には好意的である。

「評判だけで嫌つて居た者でも、一度彼と会談して見るとすぐ憎めなくなる。元気でざつくばらんな、無邪気でだゝつ児のやうな、一種の愛嬌に接すると可愛くなつて来る。だから、彼が前科二犯であるに拘《かかわ》はらず、相当に同情者を有し、何人からも警戒されないで居るのだ。」

その魅力は、野依が自ら「無学」と名乗り、「常に人物学識ともに彼以上のものが補佐指導」する体制を作ったからだという。「青柳有美《あおやぎゆうび》先生を招聘し、三宅雪嶺に師事し故安成《やすなり》貞雄を秘書としたりしてゐた」野依は、ここで島左近をかかえた石田三成に擬されている。また、野依の処女論文集『傍若無人論』(一九〇九年)は、「吾輩は誰を親分に持つ乎《か》」ではじまる。実際に野依が「親分」としたのは、財界人では渋沢栄一であり、言論人では三宅雪嶺だった(図1-2)。

「若《も》し、親分――大勢力と大威力と、大資産とを兼併《けんぺい》して居る先輩――に依つて、自分の名を世間に知らせると同時に、良い地位を与へて貰《もら》ふことが出来たならば、世間恐らく、斯くの如く捷径《てがる》な立身出世の策はなからうと思ふ。」

**図 1-2** 野依秀市(中)と「二大恩人」，渋沢栄一(左)と三宅雪嶺(右)．『実業之世界』創刊 20 周年記念講演会(於：東京青山会館)での記念写真(野依秀市『生ける処世術』1929 年，口絵)．

野依の立身出世にとって「自分の名を世間に知らせる」ことが第一義的に重要だったから、個人的な蓄財への執着は意外なほど乏しかった。XYZ氏によれば、金が入ると部下に大盤振る舞いしたという。

「宵越しの金が持てない、所謂《いわゆる》金放れのいゝ男だつたから、彼の無理も社内によく行はれた。彼の無定見なる朝令暮改にも――不平を持ち乍《なが》らも――敢て逆《さから》ふ者はなかつた。」

こうして野依が集めた人材について、机龍之助「近世グロ渡世風景(経済雑誌経営余論)」(一九三三年)は興味深い分析をしている。これも内容から見て大宅壮一の手になる記事だろうか。机は野依一党を「猶太《ユダヤ》系ヂャーナリズム」、「グロ風景の開拓者であり、時代の生活芸術家」と呼び、編集部の人的構成を「ナンセンス」、「アナキスト」、「馬鹿」の三タイプに分けている。ナンセンスとは目立ちたがりの変わり者、アナキストは資本家攻撃の自己正当化が得意なインテリ、馬鹿とは単純な正義感の持ち主である。この三要素はもともと野依個人の複雑な性格を分散投影したものではないだろうか。あるいは、野依著作に具現された三要素といってもよい。『野依式処世法』の自己顕示欲、『東電筆誅録』の資本主義批判、『無学の声』の正義感である。まずは野依秀一（一九二九年一〇月までの筆名）という人間の生い立ちを概観しておこう。

## 宣伝文書『赤裸々記』

多くの自伝的著作の中でも、ここでは『我が赤裸々記』（一九二五年、以下では『赤裸々記』と略記）を中心に紹介したい。一九二一年自ら創刊した『真宗の世界』に翌年新年号から連載した「自伝」をまとめたものである。他人の代筆、口述筆記ではなく野依本人が自らペンをにぎって執筆した例外的著作と、同誌編輯主任・勝岡廓善《かくぜん》は証言している。

「野依氏には著書は沢山あるが大概の原稿は二人係りの原稿である。然《しか》るにこの「自伝」だけは実に野依氏自らの執筆であつて、実に珍とするに足る一品である。」

まさしくパンツ一丁の赤裸々な写真（図1-3）が巻頭に添えられている。当時の日本人としても小さい「四尺八寸七分」の裸体さえも売り物とする野依であらば、たとえ「告白」であってもすべてを信じることは出来ない。ちなみに、「日誌を全く記さぬ私」（『望月圭介翁と私』

図 1-3 「『我が赤裸々記』の著者」1924 年福岡県八幡市(現・北九州市)での大日本真宗宣伝協会講演会後に撮影(野依秀一『我が赤裸々記』1925 年，口絵).

一九四一年)と述べているように、野依の手になる日記は存在しない。自ら「四尺八寸七分生」と名乗った短軀小身の野依は、日誌をつける軍隊経験を持たなかった。兵役法(一九二七年施行)までの徴兵検査規則においては現役(甲種・乙種)の条件は「身長五尺(一五一・五センチ)以上」であり、「身長四尺八寸に満たざる者及び疾病変常の為服役に堪へざる者」は丁種(不合格)とされていた。つまり、野依が四尺八寸(一四五・五センチ)に加えて、わずか七分(二・一センチ)にこだわった理由もここにある。

日記がない以上、いくつかの公刊された自伝的文章を使うしかない。文献考証学の標語に「源泉へ」(ad fontes)があるが、歴史学の基本も事象を初出にさかのぼって論じることにある。時間を経て語られた内容よりも、事件の直後に書かれたものがより真実に近いと考えられるからである。その意味では『赤裸々記』より『無学の声』(一九一一年)所収の自伝の方を重視するべきかもしれない。初出は「我輩が少年時代より『実業之世界』を経営する迄に至る波乱ある経歴」(一九一〇年五月一日号)とその続編「『実業之世界』の前身『三田商業界』の創刊より今日に至る迄瞬時も休止せざる我輩の刻苦勉励」(同月一五日号)である(以下、「自伝」と略記)。自らの肖像写真を掲げた掲載号の表紙(図1-1左)で一目瞭然だが、これはもっぱら雑誌宣伝用の自伝である。だとすれば、野依の言説分析において、同時代史料を「一次史料」とみなす文献考証学の手法は適用がむずかしい。

たとえば、横田順彌《じゅんや》『熱血児押川春浪《おしかわしゅんろう》』(一九九一年)における野依言説分析である。一九一一年から野依が展開する新渡戸稲造攻撃については第三章でふれるが、同書は新渡戸問題の野依言説に学問的批判を加えたほぼ唯一の先行研究である。同時代史料を博捜した貴重な労作だが、その史料批判には限界もある。たとえば横田は新渡戸攻撃の発端について、『実業之世界』一九一一年八月一日号掲載の不屈生「悪口論に就き謹んで新渡戸博士の教を乞ふ」と、十数年後に書かれた『赤裸々記』の記述を比較考証している。そして、新渡戸攻撃の発端は、『赤裸々記』にいう石山賢吉ではなく「ある先輩」の指摘だと推定する。「書かれた時間からいって、このほうが正確だろう」と。しかし、この場合、「書かれた時間」より「書かれた状況」の方が重要である。当時、野依は東京電燈幹部に対する脅迫事件の保釈中であり、自伝にもかかわらず実名ではなく「不屈生」のペンネームが付されている。また、この半年前に石山は実業之世界社を退社して日本新聞社に移っており、情報源が石山であっても「ある先輩」と書いた可能性は高い。実際、石山は慶応義塾商業夜学校で野依の一年上級生である。さらに、この新渡戸弾劾文は堺利彦が野依の口述をまとめた「売文社」作品である。だとすれば、こうした言説の分析に文献学的な原則はあまり有効ではない。以下で、『赤裸々記』や自伝その他の記述を引用する場合も、その真偽ではなく、野依がどのような自己イメージを読者に与えようとしたか、その意図と効果を問題とする。つまり、ここで行う野依言説の分析は歴史研究というよりプロパガンダ研究である。

『赤裸々記』について「内容」以上に驚くべきことは、その「形式」である。本文二七三頁に対して、一五二頁の序文が付されている。序文の執筆者は渋沢栄一、福沢桃介など財界人、三宅雪嶺、幸田露伴、徳富蘇峰など言論人、後藤新平、犬養毅、高橋是清など政治家、堺利彦、荒畑寒村など社会主義者まで総勢一一〇名に達する。巻頭言で序文の執筆を断った「私の恩人」武藤山治《さんじ》について、野依はこう書いている。

「何故に断はられたかそれは略々《ほぼ》察する事が出来ます、がそれは他日公表する機会がありませう、とにかく氏が此頃私に対し不快の念を持つて居られる事だけは一言してをきます。」

丁寧だが、ドスのきいた一文である。つづいて、凡例で序文の執筆を依頼したが「多忙、病気又は旅行なぞ」で収録できなかった著名人、たとえば安田善次郎(二代目)、小林一三、井上準之助、頭山満《とうやまみつる》など一五四名を列挙し、「何《いず》れ再版の際にでも」収録したいと付記している。その宣伝家魂はどこまでも徹底している。

宣伝家にとって無視黙殺は耐えられなくても、揶揄《やゆ》嘲笑は許容範囲である。自らにスポットライトが当たる限り、批判がないよりもあった方がよいのである。序文で堺利彦は自ら経営する売文社の最大顧客である野依に対して、痛快な誉《ほ》め殺しを行っている。

「私は嘗《かつ》て、大杉栄君をナポレオンに比し、野依秀一君を木下藤吉(豊臣秀吉)に擬した事がある」と書き起こし、精力絶倫の活動振りを比較した上で、「猿は人間に似てる。秀吉は猿に似てる。秀一は秀吉に似てる」と結んでいる。

こうした文章さえも自己宣伝に活用してしまうところが、いかにも「野依式」である。元『実業之世界』編集局長・青柳有美《あおやぎゆうび》も、「大日本真宗宣伝協会会長」たる野依を皮肉っている。

「野依秀一社長は、怜悧《れいり》であつて利害に即し、始終二十日《はつか》鼠のやうに動いて労徒し、大日本野依秀一宣伝協会長としての最適任者であり、上の人を見る明《めい》に鋭く、一攫千金が上手で、突発的な連絡の無い智慧を夥《おびただ》しく有《も》つてる事によつて、確にヱライのである。世の中には色んなヱライ人がある。」

また、高島米峰《べいほう》(後に東洋大学学長)は、この「自叙伝」出版にはっきり嫌悪感を示している。高島は禁酒・禁煙・廃娼を掲げて一八九九年仏教清徒同志会を組織した宗教家である。

「今まで、雑誌に出た君の謂はゆる〝自叙伝〟なるもの、腕白小僧の昔から、監獄大学を卒業して、信仰生活に入つたといふまでの、愚にもつかない経緯を、可なりの悪文で、綴つてあるといふだけのしろもの、それが、世のため人のため、一体何の役に立つのだらう。」

世のため人のためにはならないが、自分の宣伝にはなるだろうと、野依は確信していたにちがいない。

## 福沢諭吉に憧れた悪童

野依秀一は一八八五年大分県下毛郡中津町(現・中津市)字《あざ》新博多町に生まれた。野依は故郷・中津に言及する文章ではまず慶応義塾創設者・福沢諭吉を掲げ、つづいて実業家として中上川《なかみがわ》彦次郎、和田豊治、磯村豊太郎、朝吹英二などの名前を列挙している。こうした慶応閥の同郷人が野依の立身出世モデルであった。彼は呉服屋を営む野依幸蔵とその妻・テフ(旧姓・城)の次男だが、『赤裸々記』の特徴は父への憎悪と母への愛慕との極端なコントラストである。

「酒を呑んで、女道楽をする為め、母をイジメ、我々兄弟子供をイジメたものです。要するに、ロクな親ではないのです。これに反して、母は、中分のない人間です。ナカ〳〵美人です。」

中津町の中心街にあった生家の向かいに、のちに三井生命重役となる磯村素直の実家があった。野依少年は小学校入学前から八歳年上の素直とともに読み書きや演説の訓練を受けている。だが、父の家庭内暴力などから母の実家で暮らすことも多く、虚言癖、盗癖のある早熟な問題児だったようだ。

「幼少の時から、よく、ウソをついたものです。盗み根性もあつたのです。そして、ずいぶん、イタヅラ小僧でした。（中略）学校に行く頃から段々と悪くなつたのです。私は小学の一年生の時から、もう夫婦の関係を知つて居つたのです。」

また、幼少の頃から「金持ち」に異常な関心を抱き、後に『実業之世界』の人気企画「金持番附」もその延長上にあったと回想している。『赤裸々記』が執筆当時の自分の活動を合理的に説明しようとして書かれていることは確かである。合理化は必ずしも正当化を意味しないが、「悪人正機」という信仰を挿入すると偽悪的合理化も強烈な自己正当化となる。そのため、成人後も直らない盗癖と女道楽について告白が繰り返される。その告白は内省に向かわず、父親への憎悪に向けられた。野依ジャーナリズムの敵本位主義は、その原点をここに求めるべきかもしれない。敵本位主義とは、外部の敵を社会悪と見立てて徹底攻撃し、その忘我の境地から自己組織化される能動主義である。

尋常小学校卒業後は父から離れて、中津合同運送社長、中津共立銀行専務取締役として成功した叔父・暦(歴)三の家に寄宿し高等小学校に通った。生活破綻者の父とは対照的に、地元名士である叔父への評価は高い。『実業之世界』創刊二〇周年記念として出版した『明治大正史　人物篇』(一九三〇年)には、「野依歴三」の項目がある。

「現に大分県多額納税者にして、絶大の信望を有す。資性強剛不屈、不撓邁進、実行力に富み、頭脳亦頗《すこぶ》る明敏にして精力絶倫の人なり。」

高等小学校時代に秀一が「ラブした」のは、叔母の連れ子のお次という八歳年上の娘だという。自筆著作というだけあって、なにやら生活綴り方の風情がある。代筆ではなかなかこうは書けない文章である。

「明かに、ラブしたのは、このお次サンが初めてであつたのです。その証拠に、私が四年の獄中生活中で最も多く夢を見たのは、このお次サンでした。私は夢でお次サンと結婚しました。実に喜《ママ》しかつたのです。」

やがて叔父の店で他の奉公人に混じって働くようになり、そこで新聞の配達、販売を経験した。お次さんのつぎに「ラブした」のは高等小学校で一級上の「おかず」であり、町の写真館で彼女の写真を買い取り懐中に隠し持っていた。これが学校で露見したため、叔父の財布から金を盗んで友人と小倉に逐電したが、この時は父親に連れ戻されている。おかず(一子)は後に東邦電力会社副社長(当時)・松永安左ヱ門に嫁いだ。野依は「おかず」の夢も獄中でよく見たという。

「松永氏とリエンして私と一緒に三越に買ひものに行つたユメも見ました。そのユメが何んとも言へぬように、嬉しかつたのです。」

後年「電力の鬼」と呼ばれた松永は野依に広告費や協賛金を与えていたわけだが、どんな気持ちで読んだのだろうか。いずれにせよ、よくよくラブする一二歳である。翌年には七つ年上の女中と初体験している。だが、この女中は従兄・暦二とも関係しており、やがて子供が生まれた。

「それで私はアノ子供は実は自分の種であるかも知れぬと思つては、一人クス〱笑つて居たのです。（中略）だからもし、その子がエライものであつたら、多分私の種であつたらうと思ひたいのです。今、果してその子は、どうなつて居りますやら一向に存じません。」

何とも無責任な話である。叔父の家でも盗癖は直らず、店の銭をよくゴマカシたという。それでも叔父は秀一を見捨てず、従兄・暦二の仕事を手伝うことになった。女中をめぐる「兄弟」トラブルもあったのだろうか、一八九九年、一四歳の春に野依は福沢諭吉の書生をめざして再び出奔した。しかし、病気中の福沢とは面会もかなわず、同郷の進歩党代議士・江島久米雄《くめお》宅に数日寄食したのち、失意のうちに中津に戻っている。

## 立身出世への挑戦

一九〇〇年、実家の呉服店は破産し、父も叔父が創業した中津紡績工場の門番となった。一九〇一年、一六歳の野依は叔父の運送店の取引先を頼って、山陽鉄道大阪荷扱所の給仕（月給四円五〇銭）となり、大阪普通学校の夜学（月謝二円）に通った。

「銀行に行くたびごとに、金ぶちの目がねを掛けた行員を見ては、自分も早くアンナ風の人達のようになりたいと思つたものです。」

しかし、この小さな野心家が立身出世の舞台に選んだのは、商都大阪ではなく帝都東京だった。

一九〇二年には第二回目の上京を試みた。新聞雑誌の広告取次店・正路喜社《しょうじき》の同郷人を訪ね、大阪朝日麦酒《ビール》東京出張所・旭屋に紹介されて配達夫となった。どうしても学歴を手に入れたいと考えた野依は、東京専門学校(同年、早稲田大学と改称)や国民英学会の規則書を取り寄せた。しかし、ビール配達の厳しい労働と学業との両立は困難であり、学資を得るべくいったん中津に戻っている。

もつべきものは、戻れる場所と頼れる人だろう。後述するように、野依は一九二四年から衆議院議員に立候補し続けるが、選挙区はいつも大分県だった。選挙期間だけ地元に戻る東京のジャーナリスト、その姿にはいつまでも「少年野依」の面影がただよっていた。

学資の相談を受けた叔父・暦三は、学問をするのに東京である必要はあるまいと諭している。実際、暦三は中津で自ら書籍出版も手がけ、野依書店を設立していた。国会図書館近代デジタルライブラリーで野依暦三と検索すれば、『作文便蒙《べんもう》』(一八七八年)、『女子必携女礼式図解』(一八八三年)などの刊行冊子を読むことができる。

結局、叔母の助言で秀一は叔父の会社の材木運送部で働くことになり、その支店長として福岡県後藤寺町(現・田川市西区)に赴任した。ここでの放蕩生活については『赤裸々記』より一五年前の「自伝」の記述が詳しいので、そちらを引用しておこう。

「働くと同時に初めて金も自由になつた。金が自由になると例の血気に任せて二、三百円の金を使ひ込んだのである。即ち後藤寺の運送店に於いて初めて女道楽といふものを覚えたのである。吾輩もそれまでには随分種々《いろいろ》な境遇に在つて種々な機会にも遇《あ》つて見たが曽《かつ》て女といふものを知らなかつた。」

『赤裸々記』ではこの五年前に一三歳で女中と関係しているとと告白しているので、記述の正確さには疑問がある。使い込んだ「二、三百円」も、『赤裸々記』では「八十円ばかり」と過少申告されている。いずれにせよ、こうした放蕩三昧が叔父の耳に入ったため、三度目の上京に踏み切った。野依は一八歳になっていた。

このときの所持金についても、自伝では「嚢中《のうちゅう》僅かに十二、三円の金を携へて」、『赤裸々記』では「二十四円を懐に」とある。きっと野依の記憶は回想する時点での物価水準と連動しているのだろう。それは読み手(オーディエンス)の印象を重視するプロパガンディストの語り口である。

一九〇三年、三度目の上京を決行した野依は、同郷人である朝吹英二の息子・常吉《つねきち》を訪れ、さらに磯村豊太郎(三井物産営業部長)を頼った。磯村から堀田正亨《まさゆき》子爵家の書生奉公を紹介され、まずその親戚筋の五島盛光子爵家で玄関番に採用された。晴れて慶応義塾商業夜学校に通う書生である。給料月三円、そのうち一円五〇銭を授業料として納める生活は苦しかったが、野依には野望があった。

「磯村氏のやうに三井物産会社の重役になりたい事であつたのです。それで、私は、此目的を忘れぬ為めに、毎日〳〵手のヒラに「三井理事」と言ふ文字を書いて置いたのです。消へると又すぐ書くと言ふ風にして置いたのです。私は、此目的に到達するのを、唯一の喜びとして日日楽しく働いて居つたのです。」

一九〇四年、堀田子爵家に移り、さらに夜学校に近い江副《えぞえ》廉蔵（元三井物産ニューヨーク支店主任、アメリカ煙草ピンヘット日本総代理店主）の書生となっている。世間は日露戦争の戦勝報道に浮かれていたが、野依は夜学校で頭角を現しつつあった。自伝から引用しておこう。

「慶応義塾の商業夜学校に於ける学生としての吾輩は何うであつたか、学科も相当に出来て、成績も上等の方であつた。爾《そ》うして毎日好く調べて行つて英語や簿記の先生をいじめてばかり居た。されば何かといふと出しやばる方で、演説会などには何時でも出席して気焔を吐いたので、何時か全校の人に知られて校友会の幹事に選ばれた。」

つまり、夜学校ですでに名物男となっていたわけである。

### 『三田商業界』と石山賢吉

一九〇五年一〇月、一年先輩の保田将一、高田武、石山賢吉らと校友会機関誌を発行する話が持ち上がった。『三田商業界』、後の『実業之世界』である。学校側は在校生の活動として雑誌発行を認めなかったが、野依は三田商業研究会の発足を強行した。会長に大分県出身の教員・桑原虎治を据え、原稿集めは保田、編集執筆は石山、広告取りを野依が担当した。

江副家の電話を使ってライオン歯磨、花王石鹸、三越などから七、八十円の広告料を強引に獲得している。野依が書生としてもらう月給で換算すれば二年分に相当する。

「広告を取ると云ふ事はナカ〱むづかしいのです。それを、私は、一日に二度でも、三度でも、五度でも電話をかけてとうとう承知させたのです。」

かくして一九〇五年一一月三日、『三田商業界』創刊号が発行された。第三種郵便物認可料の一〇円は桑原が拠出した。印刷部数三五〇部は江副家近くの仏教新聞社で印刷された。一部一三銭のコストに対して定価は一〇銭に抑えたが、完売したため広告費で六〇円も儲かった。発行兼編集人・野依秀一が創刊号にのせた署名記事は、「戦後経営の根本方針を論ず」と「青年書生の六大心得」だというが、『三田商業界』の第二号以前は確認できなかった。東京市内は東海堂が一手特約専売だが、地方の販売店リストには中津町・野依書店の名もあった。

「三井物産の理事を心掛けた私は、とう〱と雑誌経営者になつたのです。」

野依は雑誌経営に専念するため江副家を辞して、三田にあった保田の下宿・敷島館に編集室を構え、高田

図 1-4 『三田商業界』第 2 号(1905 年 12 月号)の表紙．表紙下の広告は広告依存の大きさを象徴している．

と同居生活を始めた。印刷も第二号からは京橋にあった報知新聞社の活版部・報文社に依頼した。第二号の校了後、野依らは三人で女郎屋に繰り出している。

「保田、高田の両君が、品川に女郎買ひに行かうじやないかと言ひ出したのです。（中略）女郎屋の名前は今でも忘れませんが〝大国屋〟と云ふのでした。何にしろ東京に来て、女と一緒にネタのは、その女郎が初めてであつたのですから、ナカ〳〵忘れませんよ。」

愉快な青春だったのだろうが、この学生ビジネスより学業、就職を優先させようと考えていた先輩二人と野依の対立は避けられなかった。「天職」ともいうべき事業を見出した野依にとって、夜学中退には何一つ思い残すことはなかったろうが、二人はちがっていた。だが、『赤裸々記』では保田が野依と袂を分かった理由を女性問題だったとしている。

「三田館に居た女中を私が、引つぱつたのです。すると女中が、保田さんにシカラレルと言ひながら、私の言ふ事を聞いたのですが、私にはこの保田さんにしかられると云ふ事が、わからなかつたのです。あとで、保田君とその女の関係がわかつたのは、自ら苦笑せざるを得なかつたのです。」

いずれにせよ、第五号（一九〇六年三月号）以下では保田、高田の名前は誌面から消えている。以後、野依は石山賢吉と二人で桑原家の近所に六畳間を借りて雑誌経営に専念した。だが、のちにダイヤモンド社を創業するマジメ人間の石山は、野依が雑誌の売上金を遊郭などで浪費することが許せなかった。石山に厳しく批判されたと一応は反省しているが、野依はこうも書いている。

「雑誌の金で、その後石山君と何度も女郎買ひに行きました。そうして石山君に一遍も、文句を云はれなかつたのです。此《こ》れは随分妙な訳ですが、併《しか》しこんなことは石山君ばかりでなく、事に大小の差こそあれ、皆な人間は此《この》ようなものでせうか。私も石山君と同じく、自分勝手な人間です。」

さらに、石山とは「一人の女に同時に関係」していたとも告白している。

「私が、自慢らしく、石山君に、僕は、○○と云々《うんぬん》したよ、と話しましたら、石山君が、いつかと云ふから、昨日だと云へば、石山君が僕も云々と言ふからいつの事かと言へば、私よりか何んでも一週間ばかり前であつたのです。石山君はナカ〳〵抜け目がないのです。」

興味深いのは、こうした告白が続く『赤裸々記』に、当時すでにダイヤモンド社社長となっていた石山が序文を寄せていることである。晩年、野依が執筆した『石山賢吉と野依秀市』(一九六六年)は帯に「友情彷彿の書」とあるが、『赤裸々記』の女性問題を蒸し返す野暮はしていない。しかし、二年前に没した石山の『雑誌経営五十年』(一九六二年)の記述から「まちがい」や「カンちがい」を列挙し、ある部分などは「真っ赤な嘘」とまで批判している。

## 「の」の字の四尺八寸生

とはいえ、石山も野依の超人的な広告獲得力は認めている。平仮名の「の」を染め抜いた羽織を着た野依の「猪突主義」は、広告業界の新名物となっていった。

「僅か五円の広告を取るに半日も店頭《みせさき》に座り込むで算盤の手伝をして遣《や》つたり面白い気焔を吐いたりして何時の間にか店員と懇意になり、巧《たくみ》に広告を集めて居た。」

店先で半日もねばられる側も、たまったものではない。お引取り願うべく、何がしかを支払ったわけである。また、原稿や談話の「取り屋」としても野依は獅子奮迅の活躍をしている。

野依が持ち帰った談話を文字に起こしたのは、石山の紹介で参加した北山米吉である。後年、野依は「曽て数年間、僕と机を並べて仕事をした」北山の『新聞記事捏造《ねつぞう》の魂胆《こんたん》』(一九一五年)を自社で刊行している。この新聞社内幕ものに序文を寄せた池田藤四郎《とうしろう》は実業之世界社の社友だが、作中の主人公「池上先生」のモデルである。北山は『三田商業界』が『実業之世界』に改題された後、野依から独立して「黄色紙刷の上品な旬刊」『東京魁《さきがけ》新聞』、さらに月刊誌『ナシヨナル』(のちに週刊『土曜新聞』に改題)を創刊している。

野依が聞き、石山が整え、北山が書いた名士談話が、『三田商業界』の呼び物だった。一九〇六年三月号の巻頭は慶応義塾塾長・鎌田栄吉「鉄道国有論に就て」であり、同教授・堀江帰一「借金亡国論を駁《ばく》す」、同教授・蔵原惟郭《これひろ》「戦後の商工業を論じて青年に促す」と慶応義塾教員の論説が続いた。ちなみに、蔵原惟郭の次男が共産党の文化理論家・惟人《これひと》である。野依はこの夜学生雑誌をオーソライズするため、教授や同窓生の談話取りに奔走している。次の四月号には、名家訪問欄に渋沢栄一「戦後の経済と楽観論者」、講演欄に福沢桃介「予が処世管見」の談話が掲載されている。

なぜ一介の夜学生が慶応義塾教員はともかく、政財界の名士を訪問し談話を取ることができたのか。その秘策について自伝では以下のごとく語っている。ほとんど詐欺まがいの手法であり、さすがに他で再録していない。きっかけは校友会の演説会場で知り合った福沢桃介の名刺である。

桃介は福沢諭吉の娘・ふさと結婚しながらも、初恋の相手である女優・川上貞奴《さだやっこ》を愛人とし、「日本の電力王」と呼ばれた異色の財界人である。桃介の没後、野依は「川上貞奴　福沢桃介氏の晩年を語る」(一九三八年四月号)で貞奴にインタビューしている。株取引の名人だった桃介を、貞奴はこう評している。「世間で景気の好い時には小さくなつてゐて、不景気になると大騒ぎをするといつたやうな人でした」。こうした逆張りの発想も、野依に受け継がれたように思える。

ちょうど死の床にあった「電力王」は、一九三八年二月一五日に没したが、国会審議中の電力国営化案について貞奴にこう語ったという。

「鉄道が国有になつたのが西園寺内閣の明治四十年、今度の電力国営案が出たのが近衛内閣。いづれも御公卿《おくげ》さんの内閣の時ばかり。御公卿さんは人の儲かることは何んでも取りたがる。」

野依は桃介の文章をまとめて『桃介式』(一九一一年)を刊行している。利をなす実践哲学が「桃介式」ならば、「野依式」は名をなす実践哲学だった。出会いを自伝ではこう書いている。

「遂に〔福沢〕氏から沢山の名刺を貰つて自由に慶応出身の実業家を訪問する事を許された。

吾輩は自分で氏の名刺に「此名刺持参の青年は当年未だ二十一歳に候へ共、将来有望の青年に就き御面会の上万事御引立被下度候《くだされたく》」と書いて、慶応派の諸名士を歴訪し、先から先へと紹介状を貰つて其意見を叩いて之を雑誌に掲載した。此方法によつて僅か半年間程の中《うち》に東京市内に於ける大概の名流大家は之を訪問し尽して其知る所となつた。」

「沢山の名刺を貰つて」というのも奇妙な話で、野依が勝手に印刷した可能性が高い。

## 「言論ギャング」の誕生?

これより二〇年後のことだが、よく似た名刺活用法が久保祐三郎『総会屋五十年』(一九六五年)で語られている。戦後「総会の神様」と呼ばれた久保も元読売新聞記者である。ダイヤモンド社、東洋経済新報社の編集者を経て戦後『財界』を創刊した三鬼陽之助は『総会屋五十年』のはしがきで、久保を「私の〝恩師〟の一人」、「良い意味の財界裏街道の、名相談役」ともちあげ、総会屋を「必要悪」と述べている。

そもそも、久保は一九二五年に弁護士の貴族院議員・花井卓蔵から資金を得て『中外毎日新聞』(月三回発行)を創刊した。これを日刊化するための保証金二千円は政友会幹事長・横田千之助《せんのすけ》から貰っている。その維持会員を集めるため東京帝国大学教授・上杉慎吉に協力を依頼したところ、「そうか。それじゃあ儂《わし》の名刺を作って、学士会の名簿を見て歩け」と指示された。この名刺のおかげで、帝大法科卒の会社重役たちから簡単に資金は集まった。上杉慎吉は天皇機関説や民本主義を厳しく攻撃した天皇主権論者であり、久保が上杉邸に出入りしていた当時、赤尾敏《びん》（のちに大日本愛国党総裁）もそこに日参していたという。一八九九年生まれの赤尾は「新しき村」運動や農民組合運動に参加した社会主義青年だったが、一九二三年「反軍演説」で九〇日間拘禁（不起訴）の後、愛知時計電機社長に農民組合への「寄付」を強要したとして恐喝容疑で逮捕されている。この未決入獄（控訴審で執行猶予）を機に赤尾は社会主義と訣別し、一九二五年愛国主義運動に挺身すべく上京している。翌二六年に自ら理事長となって発足させた「建国会」の会長に上杉慎吉を迎えている。

久保は野依に言及していないが、両者の行動範囲はかなり重複している。久保に新聞創刊の資金を提供した花井卓蔵は、足尾鉱毒事件、大逆事件の人権派弁護士だが、野依の東京電燈恐喝事件でも主席弁護人をつとめている。しかも、花井は野依が攻撃する朝日新聞社の法律顧問でもあった。もし花井（一九三一年ガス中毒で死亡）が存命であれば、『言論ギャング――野依秀市の正体』（一九三三年）について、どのようなコメントをしただろうか。久保はこれを刊行した夕刊帝国新聞社の相談役である。『夕刊帝国』の野依批判に対して、野依は一九三二年一二月一二日付『中外商業新報（現・日本経済新聞）』に「夕刊帝国を告訴す」と反論の広告を出した。

「私は言論界に身を投ずること茲《ここ》に二十七年、其の間攻撃屋悪口屋の野依として随分いはれて来たが、善を悪と云ひ、悪を善といってこそ罪悪なれ、悪を悪として攻撃するは操觚界《そうこかい》の使命と信じて来た。」

かく言う『帝都日日新聞』社長・野依は久保にとってライバル業者だったはずである。むろん、野依は総会屋ではない。その後継者として帝都日日新聞社二代目社長となった筒井弥二郎は「野依さんと私」(一九六八年)で、「(野依は)総会に一度だって顔を出したことはない」といい、野依を総会屋のごとく描いたとして佐賀潜(元検事)の小説『恐喝』(一九六四年)を厳しく批判している。しかし、戦前に「朦朧《もうろう》新聞」と呼ばれた弱小紙の多くは程度の差はあれ、強請・タカリを目的とした「総会屋的」ジャーナリズムを展開していたことは事実である。また、久保は「昔の総会屋」を回顧してこう語っている。

「現在の評論家の細川隆元(元朝日新聞編集局長)、矢次一夫(元国策研究会事務局長)、小汀利得(元中外商業新報編集局長)といった連中には昔の総会屋のいい意味での面影があると思うな。」

## メディア人間がつけた偽悪の仮面

『言論ギャング』では野依の女性問題の暴露に多くのページが費やされている。その情報は久保のルートで提供された可能性が高い。久保は芸妓屋同盟本部の専務理事として、花柳界の機関紙『同盟新聞』(一九二七―四三年)を発行していた。会社重役連の二号夫人・三号夫人の情報は、総会屋にとって絶大な威力を発揮したのだろう。一方、一九三八年野依は松山健一のインタビューで、校正や執筆など仕事の半分は待合を利用していることを認め、そこでの女遊びをこう語っている。

「僕はイヤだと云ふ女を金でどうかした事は一度もないんだ。女に対し愉快こそ与へれ、不愉快を思はせた事は一度もないんだ。つまり、女性に対する道徳を守つてゐるんだ。酒を呑んでも他人に不愉快を与へた事は一度もないのだ。」

ただし、野依の求めを拒んで解雇された女性社員は少なくなかったのかもしれない。大方宗太郎『実業之世界と野依秀市の正体』(一九三九年)には、ある女性タイピストの解雇手当の交渉に携わった体験談が紹介されている。著者名として「おおかた、そうだろう」とあるが、それは編集発行人の永田耀《あきら》の筆名だろう。永田は堺利彦を通じて野依と知り合ったようだが、日本労働組合全国協議会のオルグから転向して当時は世界経済情報社を主宰していた。

ちなみに、『言論ギャング』の刊行後、池内訓夫《くにお》「野依秀市とはどんな男か」(一九三四年)も公表されている。その前編の副題が「言論界のギャング?」、後編は「言論界の怪物」という便乗企画だが、その内容はむしろ野依の『赤裸々記』をダイジェストしたものである。ただ、一九三二年創刊の『帝都日日新聞』に触れた箇所が興味深い。自伝『赤裸々記』で告白した「女好き」ゆえに、敢えて野依は男女関係のスキャンダルを禁じ手にしているというのだ。

「帝日の社長室へ行くと、美しい秘書が三、四人、いつも彼の身辺に近くつかへて、彼の心をやはらげてゐるさうだ。彼がかつてかう云ふ風に女に甘くルーズだつた関係かどうかは知らぬが、現在帝都日日新聞と云ふニユース機関の鍵をにぎりながら、いかなる事件にあれ、相当つつこんだところまで、否その事件を徹底的に報道してゐるにもかゝはらず、男女関係の記事は、ぜつたいにこれを排撃し、社員に、その報道を拒否せしめてゐるときく。」

野依が性病薬で儲けた有田ドラッグに対して行った糾弾攻撃キャンペーンについては第六章でふれるが、自社社員の性病に対しては驚くべき寛容さを示した、と池内はいう。

「女とねて病気になつたと云ふことは、戦場で討死したと同じことだ……と、云つて、社員の病気が完全になほるまで、休養もとらせるし、あまつさへ、その治療費の全額を、彼のふところから出して負担するさうだ。野依の面目躍如たるものがあるではないか？」

もちろん、真偽のほどはあやしい話だが、そうしたイメージもまた野依が自ら作り出したものである。池内は『赤裸々記』を「偽悪」の書と評している。

「社会では、野依と云ふ人間を買ひ被つてゐるのだ。要するに野依の前半生——否彼の正体と云ふものは、「偽悪」の二字につきる。この偽悪の仮面をはいだ時、初めて、人間野依秀市の真価が知れよう。」

その自己宣伝を「偽悪」と見抜いた点は鋭いが、それを「仮面」と見なした限りでまだ甘い。「赤裸々な」仮面の下にさらに別の仮面はあっても素顔など存在しない。それがメディア人間たる所以《ゆえん》なのだ。

# 第二章　「広告取り東洋一」の実業雑誌

渋沢神社(仏教真宗会館屋上，守役・野依秀市)の七年祭と祭神・渋沢栄一(松山健一『天下の快物？怪人？　野依秀市』東海出版社・1938年)．

## 純粋メディアの青年期

雑誌は二一世紀のいま、「冬の時代」だという。若者の活字離れや少子化の影響なども指摘されるが、最大の要因は広告の減少である。一方で、広告費だけで発行されているフリー・マガジン(無料誌)の急速な台頭も注目されている。その意味では、今こそ「雑誌」というメディア(広告媒体)がミネルヴァの梟として飛び立つ黄昏時《たそがれどき》なのだろう。

序章でもふれたが、メディアとは第一次大戦期のアメリカで「広告媒体」の意味で使われはじめた業界用語である。今日も公共性の名の下に規制が多いラジオ・テレビ、あるいは戦時体制下で全国紙と一県一紙の護送船団に再編された新聞と比較すれば、雑誌は法的規制の極端に少ない広告媒体である。確かに新聞と同様、第三種郵便物認可をうけるため広告量を五〇%以下に抑えることは必要条件だが、店頭販売が主流の一般雑誌で広告量の抑制が制作時に意識されることは稀だ。その意味では、雑誌こそ「広告媒体」の原義をとどめた純粋メディアと言えるだろう。

この純粋メディアの特性を最大限まで引き出そうとした人物こそ、『実業之世界』の野依秀一である。明治の大雑誌『太陽』(博文館)で人物月旦を担当していた山路愛山《あいざん》が書いた「野依秀一論」(一九〇九年五月一日号)はまさしく広告論である。愛山によれば、野依の流儀は時代が生み出した「広告主義、風聴主義、社会の壁に成るべく自身の影を大きく写さうと云ふ主義」である。一人の賢者より千人の愚者に認められるを良しとする処世術だが、それこそ当世栄達の秘訣だという。愚者千人の投票や購買力が賢者一人のそれより強力なことは自明だから、愚者向きの自己広告を嫌悪するのは時代遅れの貴族主義にすぎない。

「野依君此理《このり》を観破し大広告を以て俗眼を驚かし、多数の民衆を自己の仲間として此《これ》に運命を開かんとす野依君の流儀は則《すなわ》ち平民政治の時代に適当したる平民主義なり。」

明治の博文館、大正の実業之日本社、昭和の講談社と呼ばれる日本出版史のメイン・ストリームに、徒手空拳で殴りこんだ自称「天下の青年」が野依秀一である。

野依の生い立ちから『三田商業界』創刊までを前章で概観した。野依の天才的な広告集めと人脈開発力により、印刷部数三五〇部で始まった素人雑誌は日露戦後の実業興隆の波にも乗って、一年後には三〇〇〇部に達した。発行人・野依は創刊当時弱冠二〇歳だったが、当時なお日本の雑誌産業そのものが青年期だった。

たとえば、明治最大の出版社・博文館を大橋佐平《さへい》(一八三六年生)が創業したのが一八八七年、野依二歳のときである。佐藤義亮《ぎりょう》(一八七八年生)が投稿文芸雑誌『新声』を創刊し、新潮社の前身・新声社を立ち上げたのは一八九六年、野依一一歳のときである。新声社から『ふる郷』(一八九九年)を出版する田山花袋は、当時まだ二一歳だった佐藤にこう念押ししたという。「君、大丈夫ですか、僕のものを出して損をしたら困りはしませんか」。出版業はまだ青年たちの冒険的事業《ベンチャー・ビジネス》だったのである。

さらに言えば、博文館をしのいで大正期の出版界をリードする実業之日本社を増田義一《ぎいち》(一八六九年生)が創業したのは一九〇〇年である。雑誌『実業之日本』は一八九七年光岡威一郎によって創刊されたが、増田の手に移った後、一九〇三年臨時増刊号『成功大観』、翌年の臨時増刊『征露戦報』を踏み切り板として大雑誌に発展した。その一年後に『三田商業界』を創刊した野依の眼前には実業之日本社という成功モデルがあった。実際、一九〇六年七月に野依は実業之日本社が発行する『婦人世界』の編集顧問・村井弦斎《げんさい》を武藤山治《さんじ》(鐘淵紡績専務)の紹介で訪ね、雑誌経営法の教えを乞うている。『報知新聞』の連載小説「食道楽」で当代一の人気作家だった弦斎宅の訪問について野依は自伝などで繰り返し言及している。村井の示した新機軸について「武藤山治氏と私」(一九五一年四月号)ではこう回想している。

「『三田商業界』の目次をめくつて見ながら、この雑誌はまア二千部ぐらい刷つているんですなと云われたのにはおどろいた。正にその通りであつた。これは理屈が多すぎる。もう少し実際生活に必要な記事を掲げた方がよろしいという忠告を与えてくれた。」

この訪問から二年後、一九〇八年『三田商業界』は『実業之世界』と改題され、実業之日本社に対して激しい追撃戦を展開する。『婦人世界』はこの「実業」雑誌の闘争からなお距離があったということだろうか。ただし、雑誌文化史においては『婦人世界』は一九〇九年初めてオール委託・返品無制限自由制度を採用した画期的雑誌として知られている。書店側は買切制のリスクを回避できるため大量注文を行い、ここに大量生産による廉価な大衆雑誌の流通システムが確立した。いずれにせよ、一九〇八年実業之世界社社長となった野依にとって、『実業之日本』と『婦人世界』は超えるべき対象だった(一九一五年に野依が創刊した『女の世界』については第五章で扱う)。

ちなみに、翌一九〇九年に大日本雄弁会を発足させた野間清治(一八七八年生)によって「昭和の講談社」は生み出された。だとすれば、野依が「昭和の実業之世界社」という雑誌王の夢を見たとしても不思議ではない。増田義一や野間清治に対する野依の過激な糾弾キャンペーンは出版史ではほとんど黙殺されてきたが、純粋メディアの発展を考える上では貴重な資料である。

## 『三田商業界』躍進と野依追放劇

実は『三田商業界』は第四号(一九〇六年四月号)まで新聞紙条例(一九〇九年から新聞紙法)による合法的な雑誌ではなかった。明治憲法第二九条は「法律ノ範囲内ニ於テ言論著作印行集会及結社ノ自由」を認めており、戦前の雑誌は新聞紙法、あるいは出版法のいずれかの範囲内で発行された。時局ニュースを扱わない学術雑誌や文芸雑誌は、保証金が必要ない出版法で発行できた。そのような事情のため出版法の雑誌から新聞紙法の雑誌への登録変更も珍しくなかった。有名なところでは、一九二三年一月に菊池寛が創刊した文芸雑誌『文藝春秋』は一九二六年一一月号から時事的内容も扱う総合雑誌として登録変更している。

だが、創刊号から政治問題や財政政策を論じた『三田商業界』は明らかに五〇〇〇円の保証金を必要とする時局雑誌である。もともと慶応商業夜学校の校友会誌として企画された『三田商業界』は、学校側が承認しなかったため、野依が強引に一般誌として創刊したものである。出版の素人だった野依や石山が届け出や保証金の制度を知らなかったとしても不思議ではない。警視庁から呼び出しを受けた野依は、あわてて金策に走り、福沢桃介(北海道炭鉱汽船監事)からまず一〇〇円、その奉加帳《ほうがちょう》をもって慶応系財界人を訪ね歩いた。結局、日比《ひび》翁助(三越呉服店専務)、武藤山治(鐘淵紡績専務)、和田豊治《とよじ》(富士紡績専務)、井上角五郎(北海道炭鉱汽船専務)から一〇〇円ずつ、朝吹英二(三井合名会社参事)から一五〇円、合計六五〇円の寄付を集めた。その手際も見事だが、メディア人間・野依の才覚はそこから保証金を引いた残金一五〇円の使い方で発揮された。その全額を雑誌の媒体価値、すなわち自らの知名度を高めるべく、新聞広告に注ぎ込んだのである。

「我輩は常に自家広告を主張し、又常に之を実行して居るものである。何故自家広告をするかと曰《い》へば、固より我輩自身が、偉いと確信して居るからである。偉いから偉いと曰ひ、才能があるからあると曰ふのに、別に不思議はない筈だ。」

山田悟郎(忠正)は『疑問の野依秀一』(一九一六年)で、一九〇五年創刊時ちょうど二〇歳だった野依が一〇年間で自家広告、今風にいえば自己PRにつぎ込んだ広告費は約二〇万円だったと推定している。一九一六年の二〇万円を卸売物価指数で現在の金額に換算すると約一億九五〇〇万円に達する。しかも、二〇歳代後半は刑事裁判の被告で、最後の約二年間は獄中にあった。野依は「広告狂」として出版界に登場したのである。

新聞広告と並んで野依が重視したのが、いわゆるメディア・イベントである。その第一弾は一九〇六年一一月、慶応義塾内の三田演説館に大隈重信伯爵(当時)を迎えた「三田商業界一周年記念大演説会」である。ライバル早稲田大学の創設者の三田来演は話題性十分であり、慶応義塾当局もただの学生主催行事として見過ごすことはできなかった。一夜学生の野依が仕切った演説会場では、鎌田栄吉塾長に続いて、福沢桃介、福田徳三が登壇した。福田徳三は小泉信三など俊才を育てた経済学者である。福沢の書生を目指して中津から上京した苦学生にとって、栄光の瞬間だったのだろう。大隈伯の三田来演の大成功を野依は繰り返し回想している。

印象的なのは、大隈との初対面のエピソードである。一九〇六年二月、野依は同郷の代議士・江島久米雄の紹介状をもって大隈邸を初訪問した。応接室で長時間待たされ、野依は椅子の上にアグラをかいて座っていた。「無作法者ぢやネ」と声をかけた大隈に、「身の丈が、ヒクイので、椅子に腰をかけると、足が下に届きません」と軽妙に答えている。『赤裸々記』から引用しておこう。

「大隈侯が「それや、面白い、イクラ身の丈けがあるか」と聞きますから「四尺八寸六分あります」と云へば「それは面白い、吾輩はお前さんを支那人かと思つた」と云つたから「私は支那人みたいな者ではありません、日本男子です」と云ふと、大隈侯は「支那人が何故悪いのだ、支那人は偉い国民である、将来望みがある。日本は支那の文明に負ふ所が頗《すこぶ》る多い」と云つて、それから滔々《とうとう》と二、三十分も支那文明の演説を私に聞かせました。」

この日以降、野依は出入りを許され、大隈の談話や対談は毎号のように『三田商業界』、その後継誌『実業之世界』に掲載された(図2-1)。大隈という後ろ盾を得た広告担当の野依は、三田商業研究会内部においても教員の桑原虎治会長や一年先輩で編集担当の石山賢吉とは比較を絶した指導力を発揮することになった。やがて、『三田商業界』を慶応義塾における『時事新報』の位置にまで育て上げると野依は放言するまでになった。いうまでもなく、『時事新報』は福沢諭吉が創刊した大新聞である。大隈邸に日参する野依が福沢精神の正統な継承者を僭称するが如き言動に不快感を抱く慶応関係者は少なくなかったはずである。いや、傍流学歴にすぎない夜学生の過剰な露出への感情的反発の方がもっと大きかったかもしれない。そうした塾内の反応をものともせず、積極的拡張主義で突き進む野依は、安全策を主張する桑原や石山と衝突し、三田商業研究会を一時追われることになった。

「一周年記念・商界革新号」(一九〇六年一一月号)を最後に発行編集人は野依から桑原に変更されている。翌一九〇七年新年号の編集部挨拶には「在大阪　野依秀一」と名前だけは残っていたが、二月号には以下の会告が掲げられた。

「今般《こんぱん》本会記者野依秀一氏は都合に依り辞職し本会と一切の関係を絶ち候間為念《ねんのため》稟告候也」

絶縁状のごとき囲み記事である。野依は武藤山治に従って神戸に下り、さらに大阪では小学校時代に憧れていた「おかず」(一子)の夫、松永安左ヱ門宅に滞在していた。

他方で、『三田商業界』新年号から慶応閥の政財界名士を連ねた「三田商業研究会特別賛助員」名簿が大々的に掲載され始めた。野依排斥の交換条件として与えられた塾内での公認とも理解できる。それは一種のクーデターだったわけだが、「野依秀一」およびそのペンネーム「商尊子」の記事が消えた誌面にはあの躍動感が見られない。部数も半減し千数百部で低迷が続いた。

野依追放劇に積極的に関与したのは慶応義塾大学教授・名取和作《わさく》である。報道写真家として国際的に名をなす名取洋之助はその息子である。名取は夜学生の塾内活動に最も強硬に反対した教員だった。その名取が一九〇六年年末関西から戻った野依を日本新聞社長・伊藤欽《きん》亮《すけ》に引き合わて入社を斡旋している。陸羯南《くがかつなん》が引退し、路線対立から三宅雪嶺たちが退社した後の『日本』はなお混乱状態にあったが、夜学校を中退した野依は営業部広告担当として月給三〇円で迎えられた。当時、東京の小学校訓導の初任給が一〇円から一三円、帝大出の高等官で五〇円である。わずか入社三日間で野依は年末賞与二〇円も受け取っている。いわくありそうな特別待遇である。『赤裸々記』で野依は「大学出と同

図2-1　大隈重信(左)邸で田中正造(右)と対談した野依(中央)の記念写真(『実業之世界』1909年11月1日号「名士と記者の快気焔」).

格」と喜びを隠していない。

「洋服を着たのは此時《このとき》が、東京に来てから初めてであつたのです。ネクタイをむすぶ事がナカナカ困難であつたのです。」

この入社斡旋を名取が好意だけで行ったとは考えにくい。むしろ野依を『三田商業界』から切り離し、あわよくば同誌が自然消滅することを期待していたはずである。ちなみに、名取は一九〇八年教授職を辞して東京電燈に入社している。次章で論じる東京電燈糾弾キャンペーンの劈頭、野依は次のように述べている。

「何ものの卑劣漢か、其間《そのあいだ》に種々の流言をなして吾輩と慶応義塾とを離隔せしめた結果、今では読者の知らるゝ通り吾輩は慶応義塾と全く絶縁の状態に在る。」(一九一〇年五月一五日号)

さらにめぐる因果というべきだろうか、この二〇年後に野依は『実業之世界』一九三〇年二月号で「『時事新報』総攻撃」を宣言し、同紙を一年間にわたり連打し続けた。その翌年、時事新報社長に就任したのは名取である。

### 日本新聞社広告主任から隆文館編集主幹へ

野依の日本新聞社時代は一九〇六年一二月二八日から翌一九〇七年五月までの半年にも満たない。しかし、『日本』の広告収入を自伝(一九一一年)によれば「三倍」、『赤裸々記』(一九二五年)によれば「二倍」に増加させた。「広告取り東洋一」を自負する野依は直接取った広告契約を取次店へまわしてやり、広告業界にも人脈を築いている。日本電報通信社（現・電通）の光永星郎《ほしお》社長からは月給一〇〇円、車代つきで来ないかと誘われたが、いつまでも広告担当にとどまるつもりはないと謝絶している。野依の関心は「広告」のみではなく「広告媒体」、すなわちメディアそのものにあった。

そのため、この新参の広告係は編集局に絶えず乗り込んで記事への文句を並べ立て、社内では「副社長」のあだ名で呼ばれるようになった。実際、日本新聞社の車代の三分の二は自分ひとりで使ったとも証言している。退社の直接のきっかけは、伊藤社長に無断で進めた『大日本実業評論』の創刊計画だという。まったく無茶苦茶な話だが、サラリーマンとして収まる器でなかったということなのだろう。

一九〇七年五月日本新聞社退社と同時に、野依は『大日本実業評論』を発刊している。その資金三〇〇円を提供したのは、慶応義塾で和田豊治、藤山雷太と同級だった内田直三《なおぞう》（入山採炭会社取締役）である。発行部数二〇〇〇部の雑誌に集めた広告収入が四〇〇円もあり、印刷費二〇〇円を引いて最初から二〇〇円の黒字が出た。広告で雑誌を作る技術、すなわちメディア製造の極意を野依は会得していた。

『大日本実業評論』創刊で野依が目指していた目標は、明治を代表する大出版社、博文館だった。創刊号には武藤山治の名前で「親子ゲンカしながら成功した博文館の大橋新太郎氏」の記事が掲載されている。積極的な創業者・佐平と消極的な二代目・新太郎の対比に、あたかも『日本』新聞社における広告主任野依と社長・伊藤を重ねているようにも読める。

だが、武藤は自分の名で発表されたこの記事を見て激怒した。野依との私的な会話を許可なく公表したというのである。「君はナゼあんな馬鹿な事を書いたか」と詰問する「恩人」武藤に謝罪すべく、野依は舞子の武藤邸に出向いている。新雑誌はどうにか第二号まで刊行したが、支援者を失って行き詰まってしまった。

一九〇七年七月、野依は『大日本実業評論』を『活動之日本』(一九〇四年創刊)に吸収させる形式で隆文館に入社した。日本新聞社と同じく月給三〇円だったが、同年秋には『活動之日本』編集主幹となっている。隆文館は一九〇五年から佐藤義亮が手離した『新声』の発行を引き継いでおり、その編集部にいた白柳秀湖、安成貞雄と野依は意気投合した。彼らは後に野依の実業之世界社に結集し、代筆者や編集主任として大活躍する。

野依は一九〇八年一月号より『活動之日本』を『実業倶楽部』と改題し、二月号の編集を終えると隆文館を退職した。和田豊治の勧めにより同年三月、一年半ぶりに三田商業研究会に復帰している。野依なき『三田商業界』の存続はやはり困難だったのである。だが、このワンマンの帰還は単なる原状回復ではなかった。日本新聞社広告主任、隆文館編集主幹を見事こなした野依は、三田商業研究会というアマチュア出版社の中で唯一人のプロフェッショナルだった。四月号には野依「入社の辞」とともに、誌名変更を含む「大々的大改革」を伝える社告が掲げられている。そこで野依は雑誌経営の安定化のため広告取次業を開始すると宣言している。編輯発行元の三田商業研究会とは別に販売元の広告取次業「共同社」が設立された(ただし、改題第六号の一〇月一日号の奥付から共同社の名前は消滅している)。予告段階で新タイトルは『実業世界』だったが、実際の五月号では『実業之世界』となっている(三田商業研究会の社名が実業之世界社に変わるのは改題一周年の一九〇九年五月からである)。「入社の辞」は社内に向けては独裁の、社外の敵対者に向けては報復の宣言文と読める。

「吾が輩が此の度本誌に入つたのは唯一の経営者としてゞある。喧嘩をして出るやうなことはしない。否《いな》、考へても御覧なさい。社内に在つて経営者と喧嘩をするものがあつたら、去る者は経営者でなくて、喧嘩をした相手であるべき筈だ。吾が輩には、喧嘩の相手が、内に居なくて外に居る。」

まさしく、名実ともに野依メディアの誕生であり、「喧嘩ジャーナリズム」の開始である。改題第一号の表紙に刷り込まれた「吾徒《わがと》の宣言」でいう。

「狭き名『三田商業界』を棄てゝ、広き名『実業之世界』を撰べるも是《これ》がためなり。斯《かく》の如くにして吾徒は、眼中富閥なく門閥なく学閥なく閨閥なく、甚《はなは》だしきは読者すらなく一歩進みたる思想を以て、一意専心、実業の発達に尽瘁《じんすい》する所あらんとす。」

和田豊治が復帰の祝儀として野依に寄付した二〇〇〇円もこの誌面改革に投入されたが、その大半は広告費だった。この広告を野依は半世紀後になっても「日本雑誌界嚆矢」と自慢し続けた。三大紙『時事新報』『報知新聞』『東京朝日新聞』に打った大広告「日本一の実業雑誌」は確かに強烈である(図2-2)。その広告では野依秀一「老人訓　斯くの如き先輩は宜しく社会より葬らざる可らず」が先頭に置かれている。天下を驚倒させたという「一頁広告」の費用は、朝日三八〇円、報知三五〇円、時事三〇〇円だったという。ちなみに一九〇

東京朝日新聞
横濱税關
預金利息
定期預金
當座預金
小口當座
北濱銀行東京支店
北海道廳巡査募集
工事請負入札廣告
神奈川縣廳
歐米旅行中の處本日歸朝仕候
神戸擧一
推薦廣告
右者衆議院議員候補者に推薦す
田中亀之助君
久良岐郡有志者
都筑郡有志者
橘樹郡有志者
三田商業研究會發行 ◎ 三田商業界改題
日本一の 實業之世界 實業雜誌
定價 ◎ 改題第一號 ◎ 發賣元 共同社
新智識の提供
老人訓
吾徒の見たる實業家十傑
恐慌に於ける米國五大博士の説
工業界の大新生面
親不孝論
趣味 南洋探撿通信
余は死ぬ時如何に財産を處分するか
福澤先生と吾輩の處世主義
後藤新平の好む青年
銀行會社監査役無用論
百年計畫は事業家の大禁物
余の實驗せる活動青年立身策
本邦商業道徳改全策
三井安田兩行の營業振を評す
現代の青年は何故に忍耐力なき
米國の實業家は如何にして敏速に活動す
脱税せる實業家
實業界の福音

図 2-2 『実業之世界』改題第 1 号の大広告．1908 年 5 月 5 日付『東京朝日新聞』第 1 面(部分)．

七年当時の『東京朝日新聞』購読料は一月四二銭である。この朝日一面の広告料を二〇二一年七月現在の購読料(四四〇〇円)を基準に換算すると約三九八万円となる。もっとも朝日新聞の場合、一頁全面ではなく第一面の四分の一を占めたに過ぎない。それゆえ、「一頁広告」は野依式の誇大表記だが、その下にある『太平洋』(博文館)や『少女の友』(実業之日本社)など当時の大手出版社の広告の六、七倍はある。雑誌広告として型破りだったことは確かである。その効果は絶大だった。『実業之世界』の発行部数は一挙に二万部に跳ね上がり、改題の九ヶ月後の一九〇九年一月号で五万部に達した。ちなみに、『東京朝日新聞』の第一面が全面書籍広告となるのは、一九〇五年一月に広告代理店・博報堂がこの面を買い切って以降である。新聞紙面に戦後―戦前で大きな相違があるとすれば、それは第一面の構成にほかならない。一九四〇年九月に戦時体制強化で広告が制限されるまで朝日新聞の第一面は原則として出版広告で埋めつくされていた。その名残りが、現在も新聞第一面下の三段を八等分した「三八《サンヤ》つ」と呼ばれる書籍広告欄である。　野依は改題第三号に掲載された大隈重信との対談でも広告に言及している。

大隈「此間《こないだ》博文館の『太平洋』の記者が来て、三田の野依の小僧子《こぞうっこ》が素敵にやるので、此方《こちら》でも博文館式に黙つて居れぬと言つて居た。雑誌が景気がよいと見え、余程儲るナ。」

野依「雑誌の一号は先生の「福沢先生の処世主義と吾輩の処世主義」が中々の評判で二万部全部売切れとなりました。けれ共《ども》二千円計り損です。何しろ雑誌は世間の同じ値段の雑誌よりか頁数のみに於ても三分の一も多い、シヤシン版も多い。ソレに拘らず、値段の安い事が日本一と来て居るのと、今一ツは広告費を約二千六、七百円ばかり使つたと言ふ始末です。儲けたら早稲田大学に寄附します。当にせずにまつて居て下さい。」

## 「実業王」渋沢栄一を動かす

約一年半の武者修行で野依が得たものは少なくなかった。その一つが「日本資本主義の父」の知遇を得たことである。『大日本実業評論』創刊号に野依は「権利株製造屋の首領男爵渋沢栄一を難ず」を書き、日露戦後の経済バブルの元凶として第一銀行頭取・渋沢を厳しく批判している。

「当然潮流より外脱す可《べ》き身なるにも関せず、自ら率先して新会社の設立に狂奔し権利株の製造販売に熱中し、戦勝に酔へる国民を煽動して一時人気を迎へ、一攫万金の奇利を博するに余念なかりしにあらずや。」

この記事を読んだ矢野恒太《つねた》(第一生命保険専務)が野依を「時計王」服部金太郎(精工舎社長)に紹介した。その会談模様は「服部金太郎氏と語る」と題して、『活動之日本』一九〇七年一二月号に掲載されている。服部は「渋沢さんは君の云ふやうな人とは違ふ」と、渋沢の高潔さを強調し、直接話してみることを野依に薦めた。その結果、『実業倶楽部』一九〇八年二月号に「渋沢栄一氏と語る」が掲載された。青年・野依はこう切り出している。

「モウ日本の実業界は、あなた方の如き老人の出る場合でなく、青年実業家にやらして、青年実業家がドシ〳〵活動せなくてはならぬ時機であると思ふのです。ソレにあなた方の如き老人が出てヨケイな事をされては青年実業家が思ふ存分に働けぬ。」

野依も日露戦後の「時代閉塞の現状」(石川啄木)に生きており、政財界の「元老」に怒りの矛先を向けていた。渋沢は、孫のごとき野依に自分の意図を懇々と説明している。その半年後の対談が『実業之世界』一九〇八年七月一日号「名士と記者の快気焔」に掲載されている。

「僕もあなたに最初お目に掛からぬ時は左程《さほど》エライ人とも思はずに随分攻撃もしたが、近来度々御目にかゝるのであなたの真価を知り得て、敬服す可き事が多い様に思ひます。アハハヽヽヽ。」

「財界大御所」との和解として、無礼といえば無礼な態度だろう。また、渋沢批判の論説を初出のまま処女論文集『傍若無人論』(一九〇九年)に収載している。このあたりも傍若無人た

**図 2-3** 『実業之世界』1 周年読者大会(1909 年 2 月 14 日)に渋沢と馬車に同乗する野依(左).

る所以だが、渋沢にはこの青年の気宇《きう》宏闊《こうかつ》が時代の閉塞感に風穴をあけるように思えたようだ。渋沢は一九〇九年二月名古屋の『実業之世界』読者大会に野依と同行し(図2-3)、「余は『実業之世界』主幹野依秀一氏の如何なる点に感じて親交を結びたるか」(三月一日号)を演説した。渋沢式とは正反対としながらも、「実業王」は野依式に裏書を与えている。

「世の新聞雑誌が、虚礼虚飾を尊ぶ間に在りて、野依氏が、独り超然として正を正とし邪を邪とする心事は、実に私の愉快に感ずる所であります。」

その後の両者の交流については、松尾尊兊《たかよし》「野依秀市と渋沢栄一」(二〇〇三年)に簡潔にまとめられている。野依の愚直さを愛した渋沢は政財界の知人に野依を紹介したばかりか、一九二〇年野依二度目の出獄に際しては「野依後援会」の発起人となっている。野依への個人的な財政的な支援も今日の金額にして一億円を超えていたという。ただし、「渋沢さんと私」(一九三四年七月号)によれば、渋沢から受けた恩恵は金銭的というより人脈的なものだったようだ。

「翁に対してはあまり金のことで御厄介をかけなかつた。だから二十数年間の長い御交際の間に、翁から出していたゞいた金は、みんなで二万数千円であつた。」

いずれにせよ、野依も渋沢の恩顧に報いるべく、一九三七年には新築なった自社ビル上に「渋沢神社」を建立し、自ら守役《もりやく》を名乗っている(図扉)。ご神体は形見としてもらった渋沢愛用の山高帽であった。

## 三田「無学生」の大隈利用

一九〇八年『実業之世界』改題後の大躍進に話を戻したい。人気企画の第一は野依が大隈重信、後藤新平、高橋是清、ついには元老・伊藤博文まで著名人に会見した突撃インタビューであり、『快気焔』(一九〇八年)、『短刀直入録』(一九一〇年)として単行本にまとめられた。また野依の立身出世論は『傍若無人論』(一九〇九年)として、復帰後一年間で執筆した処世訓と読者との応答は『野依式処世法』(同年)として矢継ぎ早に公刊された。その序文にいう。

「近来世に「野依式」と称する新流行語あり。少しく斬新奇抜なる行動を演ずるものある時は、人呼んで直に「野依式」といふ。(中略)世間往々皮相の余を見るのみにして、未だ真に其精神を体得する者なく、根底なき自家広告、実行の之に伴はざる大言壮語を以て直《すぐ》に野依式処世法と思惟《しい》する者少からざるは余の遺憾とする所也。」

「野依式」の流行が本当かどうか、それは大いに疑わしい。しかし、福沢桃介『桃介式』(一九一一年)、青柳有美『有美式』(一九一四年)も実業之世界社から刊行されており、「〇〇式」が野依お気に入りの宣伝コピーだったことは間違いない。「野依式」とは「確信的な自家広告、実行を伴う大言壮語」、つまりメディア・イベント主義である。

一九〇九年二月の名古屋読者大会開催について、大隈と次のような対談をしている。

大隈「此間《こないだ》渋沢をとう〳〵名古屋迄引張り出したと云ふじやないか。是には実に敬服した。却々《なかなか》小僧といつて馬鹿にならんナ。雑誌も能《よ》く売れると見へて増田(増田とは実業之日本社長の事)も閉口してゐるらしい。」

野依「敬服して呉れますかね、所で今日は又貴君《あなた》を利用しに来たのです。まァ今の先輩で甘《あま》んじて僕に利用されるのは大隈伯と渋沢さん位なものですね、(中略)時に、この二十八日に青年先輩聯合の大演説会を開かうと思ひますからどうか御出演を願ひます。(中略)僕の雑誌が五月で丁度改題一週《ママ》年になりますから、園遊会を開かうと思ひますから其時御庭を貸して下さい、そして僕を褒めて演説して下さい、これ迄は僕自身で僕を広告したけれ共、もう自家広告ではいかぬ、他人に褒めて貰《もら》はなくてはならぬ。」

大隈「庭も貸してやらう、褒めてもやらう。」(一九〇九年四月号)

ここで野依は大隈から三宅雪嶺への紹介状をもらい、翌日雪嶺を訪問して「先輩青年聯合大演説会」の出演を取り付けた。この案内広告は「横二十行縦三段抜」で『時事新報』『東京朝日』『報知新聞』ほか都下大新聞に打たれた。これを機会に同年四月号から『実業之世界』の巻頭「論説」を書き始めた三宅雪嶺は、野依メディアに終生寄稿を続けることになる。

一九〇九年三月二八日神田錦輝館で開催された演説会では大隈、雪嶺に加えて新渡戸稲造、福沢桃介、林毅陸《きろく》、中野武営《ぶえい》の「先輩」弁士、さらに慶応、帝大、早稲田、明治、法政、中央、日本の都下七大学の「青年」弁士が、三〇〇〇人の聴衆を前に講演した。この時、「野依秀一は織田信長の再来である」と演説した法政大学雄弁会代表の後藤国彦は、後に京成電気鉄道社長となった。「後藤国彦君を語る」(一九五一年四月号)によれば、戦中戦後を通じて野依に活動資金を提供し続けた財界人の一人である。

さらに同年五月には『実業之世界』一周年記念大園遊会を大隈邸庭園で実現させている(図2-4)。この園遊会は実業之世界社において野依独裁体制が確立したことのお披露目でもあった。『三田商業界』創刊以来の顧問格・桑原虎治はこれを機に身を引いた。石山賢吉の退社は二年後だが、この段階で『実業之世界』は名実共に「野依雑誌」だった。

### 押川春浪と「日本青年党」結成

一九〇九年六月一日号で野依は読者に「日本青年党」設立を発表し、参加を呼びかけた。翌月号にはその「綱領」と「創立経過」が公表されている。発起人は野依秀一、押川方存《まさあり》(春浪)ほか一〇名、野依が委員長、押川が筆頭委員に就任している。「日本SFの祖」とし

図 2-4　1909 年 5 月『実業之世界』1 周年記念大園遊会で演説する大隈重信.

て知られる押川春浪との出会いは、同年五月に開催した高商学生同情大演説会である。東京高等商業学校(現・一橋大学)の大学昇格に難色を示した小松原英太郎文相を「実業」軽視として野依は厳しく糾弾している。この問題で野依と押川は意気投合し、義兄弟の契りを結んだ。春浪はキリスト教伝道者で仙台神学校(現・東北学院大学)などを設立した押川方《まさ》義《よし》の長男で、東京専門学校(現・早稲田大学)卒業後に博文館に入社していた。主筆をつとめる武侠冒険雑誌『冒険世界』は当時青少年に絶大な人気を博していた。その読者を日本青年党を介して『実業之世界』に取り込もうと野依は考えたにちがいない。

「青年党の発生は現代社会の自然的趨《すう》勢《せい》也。頑迷なる老先輩が青年を侮辱して意気消沈せりとなす間に、青年は、近世科学の教育によりて組織的秩序的大運動の精神を涵養し来《きた》れり。（中略）青年党は当分独立せる意思発表機関を有せず、其の之を有する迄『実業之世界』を以て之に充《あ》つるが故に、党員は先《ま》づ『実業之世界』の読者たるを要す。」

実際に活動した形跡がない青年党結成は即興イベントの感もあるが、時代閉塞の現状を青年の行動力で打破する主張は一貫している。大逆事件が発生した一九一〇年、二五歳の「天下の青年」は『実業之世界』という「爆裂弾」を武器に、行く手に立ちはだかる「先輩」に挑みかかっていく。その筆鋒は藩閥、財閥にとどまらず、大恩ある早稲田大学総長・大隈重信、教養主義の父・新渡戸稲造、実業之日本社長・増田義一にも向けられていた。

—(4737)—

實業之世界（新渡戸博士に問ふ）第八巻第十七號

# 悪口論に就き謹んで新渡戸博士の教を乞ふ

（其三。完結）　不屈生

不屈生とは何者ぞ

僕ガ渺タル一青年ノ身ヲ以テ、現代學界ノ花形役者タル新渡戸博士ノ高論ヲ駁撃スルハ聊カ潜越ノ譏ヲ免レナイガ、博士モ亦眞理ヲ握ムニ躊躇スルモノデハアルマイ、必ズ博士カラ相當ノ辯明ヲ聞クノ光榮ニ接スルヲ信ジテ居タ處ガ不幸ニモ博士ガ此度米國ニ渡ラレタノハ僕ノ甚ダ遺憾トスル所デアル。併シ、博士ハ間モナク歸朝セラルヽ筈デアルカラ、其時、僕ハ親シク博士ノ門ヲ叩イテ意見ノ是非ヲ戰ハシ、以テ之ヲ誌上ニ公表スル積リデアル。猶、僕ガ博士ニ對シテ此駁撃ヲ敢テ爲スニ至ツタ動機ハ前號並ニ前々號ニ詳シク其事情ヲ逃ベテ置イタカラ、單ニ本文ダケ讀ンダ讀者諸君ハ是非一讀シテ貰ヒ度イ、漫ニ辯ヲ好ムノ徒ト誤解サルゝノハ、僕ノ甚シク迷惑ニ感ズル所デアル。

## （二十四）井戸端會議存在の理由

僕《ぼく》は既《すで》に前二回に於《おい》て十分に新渡戸《にとべ》博士《はかせ》の意見《いけん》を攻撃《こうげき》し盡した積りである。然《しか》し何《なに》を云つても、農學博士兼法學博士《はうがくはかせ》兼帝國《ていこく》大學法科大學教授兼『實業之日本《じつげふのにほん》』顧問《こもん》として當時《たうじ》大花形の博士《はかせ》の事であるから、其所論《そのしよろん》に對しては、一篇《いつぺん》一章をも漏《も》らさず、詳細に之を論評して、我も人も遺憾《ゐかん》なき事を期《き》せね

—16—

匿名で自己顕示を狙う，不屈生「悪口論に就き謹んで新渡戸博士の教を乞ふ(其三)」(『実業之世界』1911年9月1日号)．

## 「在野の哲人」雪嶺の活動的分身

野依秀一の言論とは、敵本位主義の喧嘩ジャーナリズムである。それは社会悪と見立てた相手を徹底的に攻撃し、その批判の過程で自己生成する行動主義と呼べるだろう。だから、野依式ジャーナリズムの内部に、守るべき絶対的価値、正義は存在する必要がない。論敵を否定するなかで対抗的に価値は形成されるのだ。そこに野依式ジャーナリズムの瞠目すべき躍動感が生み出された。左翼からは「右翼への転向者」、右翼からは「左翼の隠れ蓑」と批判された理由も、この敵本位主義にある。その攻撃精神のメカニズムを一九一二年七月一九日東京電燈裁判控訴院における弁論で卜部《うらべ》喜太郎(足尾鉱毒事件の田中正造弁護人)はこう述べている。

「之《これ》は正義とか何とかいふ六《む》つかしい方面からばかりでなく、それによつて自分の力が認められる。雑誌の価値が高まる。寔《まこと》に筋の立つた見安い道理であると思う。」

この野依式ジャーナリズムの精神的な支柱として、まず三宅雪嶺を挙げなくてはならない。渋沢栄一と並べて野依自身が「二大恩人」と述べているが、この明治日本屈指の大知識人が野依を偏愛したことは間違いない。丸山幹治「三宅雪嶺論」(一九三七年)に次の証言がある。戦後知識人の旗手・丸山真男の父たる幹治は、日本新聞社時代に雪嶺の薫陶を受けた政論記者である。

「中野〔正剛〕氏と何処《どこ》か似てゐる野依秀市氏も雪嶺翁に可愛がられた。翁は常に「面白い男だ」といつてゐる。何か取柄のある人間を翁は愛した。従つて、働き甲斐のない、意気地のない、消極的な人間を嫌つた。」

中野正剛(一八八六年生)は東京朝日新聞記者だった一九一三年、頭山満・古島一雄を仲人として雪嶺の娘多美子と結婚した。その前年、野依(一八八五年生)の『青年の敵』に寄せた跋文《ばつぶん》において、中野は頭山邸における二人の出会いを回想している。中野は一九二〇年の総選挙で当選して政界入りし、憲政会、立憲民政党で活躍するが、一九三三年「内なる民主主義、外なる民族主義」を掲げて東方会を組織し、一九四〇年大政翼賛会常任総務に就任する。だが、「戦時宰相論」(『朝日新聞』一九四三年元旦号)で東条内閣の戦争指導を厳しく批判し、同年一〇月憲兵隊に拘束され、割腹自殺を遂げた。野依と同様、振幅の大きい活動的人間である。野依の「三宅先生と私」(一九四六年)には、衆議院出馬を予定する野依に雪嶺が与えた推薦文の口述案が収められている。中野はすでに自刃しており、その後継を野依に託すかの如き内容である。

「老生は野依秀市君を御推薦申上げたいのであります。かの中野正剛は、老生の娘婿でありますが、彼は野依君と大《おお》いに通ずる点があるのでありますので野依君が、衆議院議員に当選すれば、即ち野依中野が一体となつた、立派なる議員が出来るわけであります。(中略)野依君と老生の交際は、中野との関係より永いのでありまして、正直、勇気、誠実、識見を兼ね備へたる現代日本の第一者は、野依君だと申すも、敢て過言ではないと信ずるのであります。」

雪嶺は一九四五年一一月二六日に亡くなり、翌年四月総選挙で野依の立候補も認められなかったため、この推薦文は公開されなかった。その前の一九四二年翼賛選挙で「非推薦候補」の野依に雪嶺が与えた推薦状は『実業之世界』一九四二年五月号で公表されている。

「野依君は今尚《な》ほ依然として名物男ながら、既に中外に経歴を積み、特に幾回も支那及び南方に往来し、大東亜圏の事を議するに最も適当の一人たるを失はない(中略)。若気の至りに於てした失権は既に悉《ことごと》く回復し、今後一路君国のために邁進するに少しの疑ひがない。当選を冀《こいねが》ふ。」

雪嶺は娘婿の中野と同じように野依を可愛がり、その政界進出を後押し続けたわけだが、丸山幹治はその振る舞いを次のように解釈している。

「翁はつまり自己の哲学的逃避、書斎的閑居を埋め合せるやうな人物に魅力を感ずるのである。」

この書斎的哲人は、街頭的愚人を敢えて自らの分身としたのだろう。一方で雪嶺自身が大正期論壇においてすでに「過去の人」と見られていたことを丸山も付記している。

「吉野作造氏や福田徳三氏のキビ〳〵した文章にひきつけられた知識階級に、雪嶺翁に対する信仰が動揺しつゝあつたのは是非もなかつた。青年が翁にあきたらないのは、その思想の哲人的超然性を帯び、眼前の事象を冷かに見て、やゝもすれば現状肯定主義に解されることであった。」

それは漢文的知性から欧文的教養への価値変動と見ることもできる。丸山幹治が「侃堂《かんどう》」、三宅雄二郎が「雪嶺」と雅号《がごう》で執筆したのに対して、吉野や福田など新世代は雅号で文章を発表しない。それは「漱石」夏目金之助、「鷗外」森林太郎の明治文壇から、芥川龍之介、谷崎潤一郎の大正文壇への変化とも重なる。後述する「大正教養主義の父」新渡戸稲造に対する野依の攻撃もこの文化変容の磁場において発生した。野依の文章を代筆した「枯川《こせん》」堺利彦や「秀湖」白柳武司《たけし》も雅号を使う明治社会主義者だったが、後続の主義者でこの伝統は消えている。野依が昭和に入って筆名「秀一」を捨て、本名「秀市」に戻したこともこの文脈で理解すべきかもしれない。そして、侃堂も枯川や秀湖も、雪嶺と秀一を取り巻く人物関係の中にあった。

雪嶺は一九〇九(明治四二)年九月一日号から『実業之世界』に三五年間ほぼ毎号巻頭論説を寄せている(体調を崩した一九一二年後半は、幸田露伴がその代役をつとめた)。「三宅先生と私」によれば、最初の二年間は野依自身が雪嶺に話を聞き、その内容を白柳秀湖がまとめた。野依入獄後は別の記者が口述筆記したという。その文章は『世の中』(一九一四年)として公刊され、一九一六年に野依が再入獄するまで六〇版を重ねて、実業之世界社の回転資金を稼ぎ出した。

誌面では、雪嶺の哲人的超然性が野依の世俗的攻撃性に絶妙な安定感を与えていた。雪嶺にとっても、『実業之世界』は思いの丈を自由に寄稿できる雑誌だった。幸徳処刑の直後に書かれた「大逆事件の為政者宗教家に与ふる教訓」(一九一一年二月一五日号)が典型だろう。雪嶺は「兇徒《きょうと》」を「狂者」として片付けることなく原因究明を訴え、慎重に言葉を選びながら藩閥政府の暗黒裁判に痛撃を加えている。

「幸徳なり、大石〔誠之助〕なり、普通の事のわからん方《ほう》でない、普通の話をすれば何んの変りが無い、而《しか》して敢て大逆無道を企つるに至つたのは、渠《かれ》等の思想に間違つた所あるに相違ないが、間違うやうになつた事情も尋ねゝばならん(中略)が、裁判所に於ける審問の経過は世に公にせられて居らん。渠等の大逆を敢てするに至つた動機を確めることが出来ん。」

やがて雪嶺は発言の場を『中央公論』や『日本及日本人』から野依の『実業之世界』に移し、野依も雪嶺サークルの中央に座を占めるようになっていった。雪嶺は一九一八年豊多摩郡代々幡町《よよはた》(現在の渋谷区初台)にはじめて自宅を構えたが、ここに野依は堺利彦らと毎月集まり、三宅花圃《かほ》の手料理で談義を楽しんだ(図3-1)。「押しかけ会」と称されたこの会は、雪嶺の長男・勤《つとむ》(東京市建築課技師)が工事中の事故で没した後は、「二八会」と名称を変えて続けられた。勤の誕生日が四月二八日だったためである。野依によれば、二八会の主要メンバーは堺利彦、安成貞雄、若宮卯之助《ゆうのすけ》、野間五造、石澤久四郎、高島米峰、白柳秀湖、安成二郎、山高《やまたか》(金子)しげり、生方《うぶかた》敏郎、武井文夫、稲宮又吉《まときち》、竹森一則《かずのり》であり、荒畑寒村、木村毅《き》、辰野隆《ゆたか》、柳田泉、徳田球一なども時に顔を出した。この「二八会」は一九三一年から日米開戦時まで一〇年以上も続き、その談話録は『実業之世界』誌上にしばしば掲載された。第八章で詳述するが、野依が一九三二年八月七日『帝都日日新聞』を創刊すると、雪嶺はこ

**図 3-1**　三宅雪嶺邸での「押しかけ会」記念写真(1920 年頃)．前列右 2 人目から三宅雪嶺，安成貞雄，堺利彦，三宅花圃(雪嶺夫人)，三宅勤(長男)夫妻．堺の背後に白柳秀湖と「四尺八寸七分の男」野依秀一が並んでいる．その短軀は一際目立っている．後列左より 2 人目に戦後の日本共産党を率いた徳田球一の姿もある．

れを世論《せろん》追従の富弱新聞でも影響力なき貧弱新聞でもない「貧強新聞」と名づけ、その論説を隔日で執筆した。雪嶺の文章を読むためだけに野依メディアを購読する知的読者も確かに実在したのである。たとえば、木村毅は「我《が》観《かん》の人雪嶺先生」(一九四七年)で次のように述べている。

「私は先生の言論に接するために前金で購読料を払つてあの新聞を読んで ゐたのである。私が一年分の前金を払つてよんでゐたのはロンドン・タイムスとニューヨーク・タイムスの日曜版と、帝都日日新聞とだけだつた。その意味で『帝日』は私に取つては世界の三大新聞の一つだつたのである。」

昭和期に入ると、雪嶺の著作は復刊も含め、ほとんど野依によって刊行された。野依が「実父に対するより以上な仕《つか》へ方をした」というように、原稿料でも雪嶺に礼をつくしたことは明らかである。雪嶺の没後、「三宅先生と私」において原稿料等を公開している。

「『実業之世界』に、先生のお話を掲載し始めた数ケ月間、談話料として原稿用紙四百字詰一枚三円宛《ずつ》お包みしてゐた所、一々あんな事をしなくてもいいと、先生が言はれたから、然《しか》し先生でも、生活されてゐるのですから、金が御不用では御座いますまい、と申上げたら、あれ位のものは、有つても無くてもいい、と申された時、ヒヤリとして恐縮した。それ以来、盆暮に三百円づつお包みしてをつたのみであるのは、只々《ただただ》恐縮するのみである。昭和になつてから、五百円づつにした。『帝都日日新聞』を始めてから、千円づつにした。支那事変以後を千五百円づつにした。太平洋戦争になつてからは二千円づつにした。御礼としては余りに僅少に過ぎるのに、奥さんが常に篤くお礼を申して下さつたのは恐縮するのみである。」

一方で、書籍に関してはベストセラー化した『世の中』(一九一四年)以後の印税を雪嶺は受け取らなかったという。哲人野人の二人三脚というべきだろう。

## 交詢社入会問題と波多野征伐

雪嶺のような哲人、あるいは渋沢栄一のごとき財界大御所はともかく、世間では「野依式」に眉をひそめる良識派も少なくない。一九〇八年野依は実業之世界社社長として慶応義塾卒業生を中心とする社交クラブ・交詢社に入会を申し込んだ。朝吹常吉と桑原虎治の紹介状にもかかわらず、理事会は波多野承五郎(三井銀行理事)の反対によって入会を拒絶した。「ゴシップ屋」を会員にすることに抵抗は大きかったのだろう。野依が波多野と直談判した様子は、『実業之世界』一九〇九年二月一日号に詳しく再現されている。

「僕は交詢社《こうじゅんしゃ》々員の全部とは言はぬが少くとも其三分の二以上は、人格に於て社会上の地位に於て社会的活動力に於て、其他《そのた》何れの点に於ても僕以下の人物計《ばか》りだと断言するに憚《はばか》らぬ。(中略)生意気な事を言ふなら交詢社の社員全体を相手に喧嘩しやう。交詢社を潰す位《くらい》な事は訳もない話だ。」

二三歳の啖呵に、波多野は「今一年計《ばか》り待つて呉れ給へ」と懇願するが、交渉は決裂した。波多野は『実業之世界』誌上への三井銀行の広告出稿を停止させ、理事会メンバーに広告ボイコットを呼びかけた。これに対して「自己生存の権利を主張する」ため、「天下の青年」が始めた正当防衛がいわゆる「波多野征伐」である。「青年の立志を妨ぐる標本的先輩波多野承五郎を誡《いまし》む」(一九〇九年七月一日号)を嚆矢として、約一年間にわたり波多野に集中砲火を浴びせている。波多野側も慶応義塾教員に『実業之世界』への執筆拒否を呼びかけ、『時事新報』記者に野依の雑誌と慶応義塾は無関係であると書かせた。激怒した野依は波多野が関係する企業の醜聞を片っ端から暴露していった。

「何等恩怨《おんえん》の関係なき波多野承五郎が吾等に対して為したる暴慢無礼を懲膺《ちょうよう》する正義の筆陣を見よ。吾等既に波多野と戦《いくさ》を宣す。最終の勝利は有らゆる手段を尽して彼の社会的旅行券を奪取するに在り。」

ついには、「三井家の月給泥波多野承五郎を弾劾して主人八郎右衛門氏に与ふるの書」(一九一〇年四月一日号)を掲げ、もし三井家が波多野を放逐せざれば三井本家への攻撃を開始すると最後通牒を突きつけた。すでに『実業之世界』では前年五月号から連載「富豪の解剖」を始めており、攻撃材料は十分に集まっていたはずである。『野依式処世法』(一九〇九年一二月刊)の巻末には実業之世界記者・白石賢司『三菱と三井』の近刊予告がある。「白石賢司」は白柳武司(秀湖)と石山賢吉の合成名だが、同書の刊行は実際にはしばらく留め置かれ、一九一三年野依の二度目の「入獄記念」として出版された。大塚豊次編『三井と三菱』である。序文で石山は「僕の調査癖を利用するに秀湖の才筆を以てし」たと成立事情に触れている。

事態を重く見た三井家は当主・八郎右衛門の代理として朝吹英二(三井合名会社参事、野依の入会紹介人となった常吉の父)を遣わし、武藤山治、福沢桃介を立会人として一九一〇年四月一三日交詢社で休戦交渉が行われた。野依は「大恩人」の顔を立て、「三井家主人代理朝吹英二氏の仲裁により波多野承五郎を釈放す」(五月一日号)で停戦を宣した。そこでは慰謝料の授受を否定しているが、『赤裸々記』にはこうある。

「波多野問題の時も金を条件なぞの事は絶対になかつたのです。尤《もつと》もそれから暫くしてから、波多野問題に関係のない事だと言つてアル人から金を呉れたのは事実でした。その名前は申しません。未だ生て居る人で気の毒ですからです。私は何んでもブチ明けて平気ですけれども、他人の困ると思ふ事は遠慮せねばなりませんからね。」

自らブチ明けていないが、野依編『東電筆誅録』(一九一五年)の巻末資料に予審判事に対する波多野証言が採録されている。

【問】朝吹〔英二〕ガ仲裁シテ後同人ヨリ、野依ニ千円貸与シタ事実ハナイカ

【答】左様ナ話ハ私ハ分リマセヌデシタ

この証言を『実業之世界』に収載して、野依はこれを否定していないのである。この「波多野征伐」で野依ジャーナリズムのスタイルは確立した。こうした財閥攻撃が世の喝采を浴びたのは、ある意味で当然だろう。『実業之世界』には野依を激励する投書が数多く掲載されている。

## 大隈重信への絶縁状

野依の次なる喧嘩相手は、東京府農工銀行支配人・中山佐市である。その不正腐敗ネタを大塚豊次がかき集め、白柳秀湖が文章化した「東京府農工銀行の悪辣極まる大罪悪」(一九一〇年二月一五日号)で口火は切られた。中山への波状攻撃は大隈重信が仲裁に入って中止され、その経緯は「見よ光栄ある吾等の勝利！　東京府農工銀行攻撃の筆を収むる顚末」(同年四月一五日号)で公表された。表紙に「大隈伯の仲裁!!!」の大活字が躍っている。

しかし、大隈はこの調停暴露に激怒し、野依を出入り禁止とした。対する野依は六月一日号で「吾輩は何故に大隈伯と絶縁せしか」の次号掲載を予告したが、渋沢栄一から再考の要請があり、絶縁宣言は二号先送りされた。しかし、ついに野依は「大隈伯の言説は爾後《じご》何故本誌に現はれざる乎《か》」(八月一日号)を発表し、この間の経緯を公表し大隈との絶交を宣言して

いる。絶縁文の代筆者は白柳秀湖である。その説明によれば、大隈が怒った理由は調停経緯の公表より、そのとき大隈が口にした大倉喜八郎批判を野依がそのまま大倉へ伝えたためだという。その結果、大倉と大隈の関係もこじれたようだ。一五年後の『赤裸々記』で、野依はこう回想している。

「私は此事を獄中で思ひ起して、少しやり過ぎたから出獄したら、一度大隈侯を訪問して恩返しの為め、真宗の信仰談をして上げたいと思つて居たのに、その事を果さぬ内に死去されて仕舞つて今頃は地獄であろうと思へば誠に御気の毒に存じます。」

大隈が逝った先が地獄かどうかはともかく、野依も「少しやり過ぎた」と感じていたようだ。いずれにせよ、この東京府農工銀行糾弾キャンペーンによって野依は企業の弱みを衝く戦術を学び取った。東洋汽船、三菱銀行など有名企業が次々に槍玉にあがったが、野依を激励する投書や告発文も『実業之世界』には数多く掲載されている。だが注目すべきは、野依を批判する投書がかなりの数で掲載されていることだ。それは野依が議論の公正さを尊重したからではないだろう。むしろ支持者を挑発し、論争をエスカレートさせることが第一の狙いだったはずである。その頂点をなす企業攻撃キャンペーンが、一九一〇年『実業之世界』二周年記念号から開始された東京電燈会社に対する「料金三割値下げ要求」である。

### 東京電燈への出刃包丁

それは一九一〇年五月一日号の特大社説「燈火に呪はれたる東京市!!!」で開始され、「野依秀一」の知名度を全国レベルに引き上げた(図3-2)。東京の電気料金が高すぎることはすでに社会主義者・安部磯雄などが指摘していたが、東京電燈会社の決算報告書で一割二分の株式配当を見つけたのは石山賢吉である。公共事業にそぐわぬ高配当であり、料金の三割減が妥当だと野依は主張した。『実業之世界』の値下げ要求キャンペーンには河野広中《ひろなか》、島田三郎など社会派代議士も連帯し、日増しに社会問題化の兆候を示した。

東京電燈側はまず国民党の野間五造、政友会の岡崎邦輔を仲介に立て、一万円で手を打たないかと申し出たという。野依が拒絶すると、東京電燈は大株主の福沢桃介に働きかけ、友人の松永安左ヱ門も仲介に加わった。この二人の仲介について、野依は予審でも黙秘して語らなかったというが、『赤裸々記』ではこう書いている。

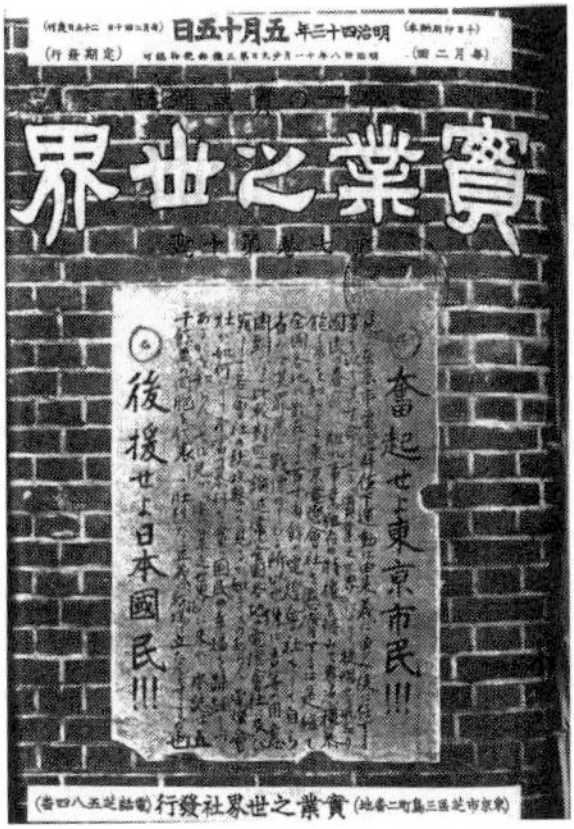

図3-2 『実業之世界』1910年5月15日号「東電筆誅」第2回の表紙「◎奮起せよ東京市民!!! ◎後援せよ日本国民!!!」.

「福沢氏が新聞を拵《こしら》へる位の金を出すと云はれたのは、私が兼ねてから、新聞を作りたいと福沢氏にお話した事があつたものだからでせう。新聞を拵へる位の金と云ふのだから、恐らく五万か十万位は出すと云ふのでせう。」

野依は「折角の御厚意」を退けたが、必ずしも道義的理由からとは言えないだろう。「最後の手段を決行するに先《さきだ》ち東京電燈会社の重役並びに大株主諸氏に与ふるの書」(九月一五日号)を公開した後、配達証明郵便で一〇日以内の返答を東京電燈側に要求している。この最後通牒を無視された野依は、激昂して社長・佐竹作太郎と理事・望月右内《うない》あてに「これほど言つても分らぬ奴はコレで自決せよ」との手紙とともに出刃包丁を送りつけた。これが恐喝罪及脅迫罪未遂に当たるとして、一九一〇年九月三〇日野依は検事局に召喚された。一〇月一日号は発禁処分となり、翌号巻頭に「野依社長の奇禍《きか》と今後の『実業之世界』」(一〇月一五日号)が置かれ、社長不在中の「電燈記事」中止が告知された。

未決監獄での取り調べは翌一九一一年三月一七日に保釈されるまで約半年間続いた。序章で紹介した風呂場における幸徳秋水との再会は、このときの出来事である。幸徳の処刑は野依収監中の一月二四日に行われている。ちなみに、この元日に獄中の「東京市の恩人」野依に届けられた年賀状は第一便だけで三百余通、東京監獄の新記録を更新したという。また、獄中一六九日間で野依が先輩知人にあてた書面も五百余通に達した。

大企業の横暴を告発した青年に対して同情の声は高かった。弁護士・花井卓蔵が東京控訴院で展開した弁論も、金銭目当ての恐喝というより、非凡なる「弱者」の非凡なる悪戯に過ぎないことを強調している(「事実と法律とより見たる野依秀一の被告事件」一九一二年一〇月一日号)。

「若《も》し夫《そ》れ、強者なるが故に恣《ほしい》まゝに高き電燈料を徴収し、弱者なるが故に之を攻撃して罪せらるとせよ。又強者なるが故に畏怖せずして畏怖せりと言ひ、弱者なるが故に強者の言に依りて畏怖せしめたりとの事実を認定せらるとせよ、其の結果は果して如何なる者があらうか。」

東京電燈側は野依の保釈後に電気料金を一割七分引き下げ、さらに一九一二年一二月有罪確定後にも再値下げに踏み切った。結果的に野依の要求した三割値下げは実現している。

## 「赤新聞」の系譜と「売文社」グループ

一九一一年三月一七日の保釈後、野依は獄中で罹《かか》った皮膚病を治療すべく加藤時次郎の平民病院に入院した。『平民新聞』の支援者だった加藤は、『実業之世界』にも「医学上より見たる元気回復策」(一九一〇年八月一五日号)などを寄稿していた。入院中の野依は加藤から社会主義運動の指導者、堺利彦を紹介された。一九〇八年の赤旗事件で服役していた堺は大逆事件を免れたが、「冬の時代」に生活費を稼ぐため大杉栄、荒畑寒村などにも呼びかけ代筆を業とする売文社(一九一〇年一二月―一九一九年三月)を設立していた。その最大の顧客が野依秀一である。「無学者」を自称する野依は自らの文章が代筆であることを隠さない。むしろ、一流の文章家を使いこなす力量を誇示している。

「大正元(一九一二)年十二月六日入獄するまでの間に於て、一年間新渡戸博士の説を痛烈に攻撃したのも、三分の二は堺氏が書いてくれたので後の三分の一は白柳秀湖君であつたのです。二人とも天下の名文家です。」

『赤裸々記』によれば、平民病院で野依は大杉栄やその内縁の妻・堀保子からも仕事の斡旋を頼まれており、大杉が一九一二年に『近代思想』を創刊した際には広告料としてカンパしている。

「彼〔大杉〕は吃《ども》りで必要な事しか云はないから、何となく、人間がしつかりしてゐるやうに思はれたのでした。（中略）私の所にやつて来て、そしてだまつてゐたので私が「君、広告がいるんぢやないか」と云ふと口をもぐ〳〵させて「ウンさうだ」と云ふから、大したきゝめもないと思つたが十五円ばかりの広告を出しました。」

実際、大杉は『近代思想』創刊号に野依の資金援助への謝辞を書き付けている。

「実業の世界の野依君が三頁の広告を前金にくれたので、実は大分使ひこんで困つてゐた前の資金に少々埋合せが出来た。」

社会主義者が野依に好感を抱いた理由は、広告や売文の顧客という以上に特権階級の批判者だったからである。さらにいえば、「野依雑誌」も社会主義機関紙もメディア史上ではともに「赤新聞」の系譜に位置づけられる。元祖「赤新聞」は、黒岩周六（涙香）が「一に簡単、二に明瞭、三に痛快」をモットーに一八九二年創刊した『万朝報《よろずちょうほう》』である。「蓄妾《ちくしょう》の実例」など政財界の醜聞を第三面に満載して、「三面記事」の語を生んだ明治を代表する大衆紙である。幸徳秋水も堺利彦も日露戦争で非戦を唱えて退社するまで、『万朝報』で働いていた。一方、芝露月町《ろうげつちょう》にあった野依の実業之世界社は赤塗りの二階建であり、「直言直筆」の大看板を掲げていた。「黒岩周六氏と語る」（一九一二年五月一日号）が、後述する新渡戸攻撃の真っ最中に掲載されている。

野依「先生だつて、マムシの周六なんて世間から悪口されたのですからドウセやるなら大々的にやつて下さい、（中略）僕も先生が本当にやるならキビに附してウンとやります、雑誌をやめてもやるかも分らん、先生の乾分《こぶん》に成つてもヨイ。」（中略）

黒岩「新渡戸サンをやつて居りますね。」

野依「大にやります、新渡戸何者です、博士何者です、僕等は天下何者も恐れません。」

これ以降、黒岩は『実業之世界』に寄稿を始め、『青年の敵』にも序文を寄せている。

「野依秀一君は余の目には疑問の人物である、正直であらうか、不正直であらうか（中略）信念の人であらうか策略の人であらうか。」

必ずしも賛辞を連ねた文章ではない。しかし、「疑問の人物」はメディア人間・野依にとってお気に入りの宣伝コピーとなった。右にも左にも、先輩にも青年にも可能な限り幅広く注目を集めるためには、社交辞令のお墨付きより疑問符付きの月旦評が好ましいのである。

## 「愚人」の敵・新渡戸稲造

平民病院を退院した野依が「不屈生」のペンネームで『実業之世界』誌上に復帰するのは一九一一年六月一五日号からである。その翌号に編集部に届いた内田魯庵の五月二日付書簡が公開されている。野依が編集部を任せた安成貞雄の実弟・二郎は内田魯庵の筆耕生をつとめていたことがあり、二郎も三年後の一九一四年に実業之世界社に入社している。

「野依君は会つた事は無いが奇妙な人ぢや、唯《ただ》活動しておるばかりでは気が済まぬ、一々活動してゐるぞと吹聴《ふいちょう》する、吹聴だけでは気が済まぬ、之でもおれの活動がわからぬかと読者の首根ツ子をキウ〳〵しめる、夫れでも足りないとはり飛ばす蹴倒す。コウいふのを野依式と称する、此野依式が奇禍を買つたのをおきのどくに思ふ。」

　公判中とはいえ、「野依式」がいつまでも封印できるはずはなかった。その欲求不満は一九一一年八月一日号で爆発する。特別連載「悪口論に就き謹んで新渡戸博士の教を乞ふ」(図扉)の第一弾である。タイトル横には「そも不屈生とは何者ぞ　読者の判断に任《にん》ず」と挑発的なフレーズが刷り込まれている(野依秀一名義で新渡戸攻撃に踏み切るのは第一〇回、一九一二年四月一日号からである)。以後二七回、野依の再入獄まで繰り返された第一高等学校(現・東京大学教養学部)校長への宣戦布告である。この連載をまとめた『青年の敵』初版五〇〇〇部は入獄直前に刊行され、またたく間に売り切れたという。

　この糾弾キャンペーンの直接の引き金となったのは、新渡戸稲造「誰にもよくある悪口癖矯正法」(『実業之日本』一九一一年六月一日号)である。これを読んだ石山賢吉は「如何にも君に当てこすつたような言ひ方であるから一度みてみ給え」と野依に告げたという。

　今日野依を記憶する人は少ないが、新渡戸稲造は『BUSHIDO(武士道)』(一九〇〇年)の著者、あるいは国際連盟事務次長(一九二〇―二六年)を務めた国際的知識人として有名である。その肖像は五〇〇〇円札に刷り込まれたこともある。教育史では一九〇六年第一高等学校校長に就任した新渡戸は、「教養主義の父」として語られる。剛健尚武のバンカラ主義を誇った一高生は、個人の人格向上を唱える新渡戸校長に感化され、そこに大正教養主義が花開いた。

確かに、読書による人格の陶冶《とうや》を唱える教養主義の理想は魅力的である。だが、財産と教養が不可分であった当時、教養は「無学者＝無産者」の社会的活動を抑圧する切り札ともなった。さらに、読書によって教養が涵養《かんよう》されるとすれば、「青年」は読書量で優る「先輩」にいつまでたっても勝てないことになる。「無学者」代表を任じる野依にも、「無産者」運動の闘士たる堺の目にも、教養は先輩による青年支配の道具と見えた。「天下の青年」を自称する野依は、読者に投書を呼びかけ次のように訴えた。

「小生が新渡戸博士を攻撃するのは、これ無学者と有学者の大なる力競べである、(中略)正直者と不正直者との力競べである、(中略)青年と先輩との力競べである、(中略)新思想と旧思想との力競べである。」(一九一二年一月一五日号)

この「力競べ」については新渡戸が『実業之世界』への執筆を拒否したためだったと、石上玄一郎『太平洋の橋――新渡戸稲造伝』(一九六八年)は記述している。さすがに小説家だけあって想像力たくましい描写である。

「野依秀市は一日、新渡戸を訪れ自分の雑誌にもぜひ何か書いていただきたいと頼んだところ新渡戸の態度はすこぶる冷淡である。新渡戸は野依秀市の雑誌がとかく他人のスキャンダルやゴシップを売り物にし、あるいはそれらをタネに他人を恐喝する低級なものであることを知っていたので、こういう注文をつけた。「書いてもいいが、それには条件がある。君の雑誌が今後いっさい、他人の悪口をいわないという条件だ」「それは困ります。それでは商売が成り立ちません」「それでは断わる」といってついに書かなかったことを恨みに思っての報復だったのである。」

石上が『実業之世界』、せめて『青年の敵』だけでも読んでいれば、こうした事実に反する物語は書けなかったはずである。そもそも、外務省政務局長・早川鉄治(札幌農学校の同窓)から野依を紹介された新渡戸は「青年の元気は如何にして回復す可きか」(一九〇八年六月号)を皮切りとして『実業之世界』にも頻繁に寄稿している。野依は「元来、雑誌に新渡戸博士の説を紹介したのは私が殆ど初めだといつて好い位でせう」とまで書いているが、さすがにそれは事実ではない。すでに『実業之日本』一九〇一年二月一五日号に新渡戸の初寄稿「欧米農法の大勢」が存在するからである。

だが、新渡戸はライバル誌『実業之日本』顧問に就任した一九〇九年一月以後も、しばらくは『実業之世界』に登場し続けた。たとえば、野依と新渡戸の対談「新渡戸博士を顧問にすると雑誌が売れぬ」(一九〇九年三月一日号)である。ここで野依は『実業之日本』と『実業之世界』の発行部数を六万と三万(新年号は八万と五万)と挙げ、次のように述べている。

野依「夫《そ》れは夫れとして先生『実業之世界』の顧問に成つて頂けませんかねー。」

新渡戸「宜しい、なりましよう、僕が顧問に成つた事に就《つい》て色々な事を言つて手紙を寄す連中もある、(中略)僕はドコでもタイガイの所なら顧問になる積りだ。今でも『実業之日本』の外に二ツ三ツして居る。」

と、野依は一たび顧問就任を頼んでおきながら、すぐ後でそれを断っている。新渡戸に対するアンビバレントな心境が読み取れる。

野依「実は昨年六七月頃でした。僕の社で先生を顧問にお願ひしやうではないかと言ふ相談があつたけれ共、僕はイヤだと言つたのです、何んとなれば吾々青年でドコ迄でもヤッツケル、のみならず先生を顧問にすると雑誌が売れなくなる、そして僕は悉《ことごと》く先生の説に敬服する訳には行かぬ。ドコ迄も元気と誠を以て野依式で押し通すと言つた。」

野依は対談の最後で、新渡戸にこう挨拶をしていた。まだ攻撃の兆候は読み取れない。

野依「アーソーですか、又お互に大《おおい》にヤリませう。夫れから僕は其内に『国家新聞』と云ふ日刊新聞を発行しやうと思つて居升《います》から其節又智恵をかして下さい。」

ここで野依が「其内に」と予告した『国家新聞』、すなわち『帝都日日新聞』の創刊は一九三二年、新渡戸が没する前年である。いずれにせよ、この対談の一月後、一九〇九年三月二八日に野依が主催した先輩青年聯合大演説会で新渡戸は講演しており、その講演速記は翌四月一日号に掲載されている。それ以後、「新渡戸攻撃」キャンペーンをはさんで一九二六年の野依外遊中のスイスにおける遭遇まで、両者の直接対面はない。野依は「新渡戸稲造の巻」(『人物は躍る』一九三七年)を一七年ぶりの再会の様子で締めくくっている。

「ジユネーブでの〔国際〕聯盟会議に於て、石井〔菊次郎〕大使が講演するのでそれを聴きに行つてゐたところ、博士がツカ〳〵私のところへやつて来て、握手して君は大変にかわつたと、増田〔実業之日本社長〕から手紙が来てゐた云々と言つて笑はれたことがあつた。それで日本に帰られてからも一、二遍訪問して、宗教論を闘はしたこともあつた。兎に角博士も一代の才人であつた。昭和八〔一九三三〕年十月十五日七十五歳で亡くなられたのはお気の毒であつた。」

もっとも、「お気の毒」は物故者への悼辞であり、野依が「青年の敵」を忘れることはなかった。たとえば、一九三二年の反軍演説事件である。同年二月四日松山市で講演した新渡戸は、上海事変に関連して「日本を危地に陥れるものは軍閥の跋扈《ばっこ》だ」と論じた。野依自身も『軍部を衝く』(一九三三年)で軍閥批判を展開していたが、新渡戸が「反軍的」と非難された際、『実業之世界』は無署名で「自由主義者新渡戸博士の口禍《こうか》をわらふ」(一九三二年四月号)を掲載している。

「二十年前『実業之世界』で「青年の敵」として一ケ年間に亘り同君を攻撃し、その修養業者的根性に反省を促したことがあるが、この程この攻撃が所以なくはなかつたと思はせるやうな事件を惹起した。」

## 『実業之日本』批判としての新渡戸攻撃

だが重要なことは、新渡戸が「悪口矯正法」記事を『実業之日本』に発表する一九一一年六月まで両者が良好な関係を保っていたことである。だとすれば、野依の新渡戸攻撃がライバル誌『実業之日本』への側面攻撃だったとする見立ては妥当である。たとえば、新渡戸の編集顧問就任の一ヶ月前にも次のような囲み記事(一九〇八年一二月号)が掲載されている。

「同業者『実業之日本』記者が実業界の某名士を訪《と》へる時『実業之世界』は益田(孝・三井物産社長)氏に金を請うて撥ねつけられしため猛烈に氏を攻撃するなり」と見て来たやうな事

を云ひしとか。（中略）『実業之世界』は『実業之日本』の如く徒《いたずら》にヲベツカを言ふ高等幇間者に非ず。」

さらに論説「吾等は斯くの如き大精神を以て爾後益々非難攻撃を敢てせんとす」（一九一〇年三月一日号）では野依は「高等幇間者」実業之日本社長・増田義一を名指しで批判している。

「増田君の如きは吾輩が前に説いた一種の大悪徳記者である。然《しか》り人を誣《し》ふる者よりも更に甚しき害毒を社会に流しつゝある大悪徳記者である。」

次号ではこの記事への反響が特集され、この二ヶ月後に絶縁する大隈重信の「中々面白い議論だ」というコメントも引かれている。のちに福沢桃介は「増田義一君と野依秀一君との人物」（一九一二年五月一五日号）で、善を勧める『実業之日本』より悪を懲らしめる『実業之世界』が「社会的価値に於いて、優れて居る」と書いている。「ほめ喝増田と恐喝野依」、「提灯マスと喝ヒデ」という当時の評価は、野村胡堂「増田義一と野依秀一」（一九一五年）でも確認できる。『銭形平次捕物控』で人気作家となる胡堂は、第一高等学校で新渡戸の薫陶を受け、東京帝国大学に進んでいる。中退後は報知新聞記者になったが、野依式ジャーナリズム登場で「気の弱い新聞記者は大恐慌を来《きた》した」と書いている。

「大隈伯以下、朝野の大頭《おおがしら》も野依に出逢つては、一と嘗《な》めだ、奇問変問を雨と降らせて、大抵の勿体《もったい》も疳癪《かんしゃく》も屁の如く吹き飛ばす。（中略）併《しか》し此無鉄砲な調子も、一方から云へば野依だから出来るのだ、野依と相対して居ると、何となく腹の底から一種の親しみを覚える、相対してツケ〳〵と悪口を云はれても、調子が如何にも無邪気だから、ツイ釣込まれて笑つて仕舞ふ事になる、全く徳《ママ》な性分だ。」

ちなみに、この野依に甘い記事を掲載した『日本一』は、戦後に東京大学新聞研究所所長、日本新聞学会会長となる小野秀雄が『万朝報』を退社したのち、主筆として創刊した異色の論壇誌である。小野自身も野依発行の『女の世界』に「舞台接吻の研究」(一九一六年一〇月号)などを寄稿している。胡堂を含め多くの言論人は、野依の新渡戸攻撃を「商売仇《がたき》」増田への迂回攻撃と見なしていた。野依自身も当初は「自分の非なりと思ふ所を非とする事が商売仇なら」、その表現を喜んで甘受すると宣言している。むしろ、新聞雑誌にとっては「同業者の不徳を隠す」ことこそが最大の悪弊だというのだ(「商売仇とは何ぞや」一九一二年九月一日号)。しかし、これが話題作りや売名目的として批判されると、野依は「商売敵《がたき》」の三文字を強く拒絶している。

「僕の『実業之世界』は増田義一君の『実業之日本』とは根本的に其《その》主義を異にして世に立つものである。既に根本に於いて人生、社会に対する見方を異にして居るものが雑誌の上に於いて相争ふといふことは自然の数《すう》である。」(「咄々《とつとつ》! 商売敵とは何ぞ」一九一二年一二月一日号)。

なるほど、野依の増田攻撃を新旧知識人間の代理戦争と見る論者も存在した。たとえば、新渡戸を野依に紹介した早川鉄治の「増田義一と野依秀一」(一九一八年)である。

「野依は雑誌上で三宅雪嶺を後援とし、増田は雑誌上で新渡戸稲造を後援として居る。学問から云つても人物から云つても三宅の方が上だ。新渡戸は増田と同型の人間で、人心の収《しゅう》攬《らん》には巧みだから人気が集る。（中略）三宅は所謂訥弁《とつべん》の雄弁家で、人の意表に出るやうな高論卓説を吐く、頭は新渡戸よりはズツと上だが、女小供には余り高尚すぎる、だから女小供には持てない。」

つまり、危険の野依と安心の増田とは、才気の三宅と良識の新渡戸の対立構図である。また、学歴で慶応系の野依と早稲田系の増田、さらに後のことだが所属政党も野依は政友会、増田は民政党と二人は対照的だった。

もちろん、金持ち喧嘩せずの処世訓、修養訓からだろうが、『増田義一追懐録』（一九五〇年）、『実業之日本社百年史』（一九九七年）に「野依秀一」、「実業之世界社」の文字は見当たらない。ただし、『増田義一追懐録』では、新渡戸の弟子・東郷実（元文部政務次官）が『実業之日本』顧問就任の見合わせを訴えたと回想している。戦後の後知恵的な記述といえる。

「あゝいう雑誌には必ず商売敵というものがあります。従つて評判がよくなればなるほど、一面には商売敵を刺戟するばかりでなく、遂には先生を非難し、人身攻撃も敢て辞せないものが出て来ることは間違いないと考えます。」

野依は『実業之日本』掲載の新渡戸論説に逐一反駁していくわけだが、一例として「悪口論に就き謹んで新渡戸博士の教を乞ふ（其二）」（一九一一年八月一五日号）における「悪徳新聞雑誌の三種類」の議論を見ておこう。まず、新渡戸の文章が次のように引用されている。

「近頃の悪徳新聞は常に斯《かか》る（醜聞追及の）慣用手段を採るものが多く、些少《さしよう》の事でも、何か事があると直《すぐ》に夫《それ》につけこみ、ユスリの種としたり、或《あるい》は金を取らぬは人の名誉を傷けてその困るを喜んで居る。今の新聞の十の九まではこの方法を行ふて居る。」

これに対して、野依は「悪徳新聞」には三種類あると反論する。新渡戸がいう「ユスリ新聞」が第一種、「政府の御用を務めて保護金を貰ふ奴《やつ》」が第二種、「善くもない事をイヤに誉め立て(中略)阿諛追従《あゆついしょう》を以て権勢家の歓心を買つたりする、極めて狡猾な、極めて横着な、極めて立《ママ》の悪い悪徳新聞雑誌」が第三種である。

「堂々たる大新聞雑誌は今ではモウそんなケチな(第一種の)悪事は仕ない。皆んな第二種。若しくは第三種の大悪徳新聞雑誌と化して居る。今の新聞は悪口新聞でもなくユスリ新聞でもなく、ゴロツキ新聞でもなく、お世辞新聞雑誌である。追従新聞雑誌である。乞食新聞雑誌である。」

新渡戸が寄稿する『東京朝日新聞』が第二種、『実業之日本』が第三種という含意だろう。朝日新聞社が明治政府の秘密資金援助を受けて飛躍的に発展した経緯については、有山輝雄『「中立」新聞の形成』(二〇〇八年)が実証的に分析している。「俗人婦女子ヲ教化ニ導ク」と謳って創刊されたこの小《こ》新聞に対して、政府は三井銀行を通じて資金の投入を続けた。ここに「中立ヲ化粧」しつつ反政府的な大《おお》新聞を批判する中新聞が台頭する。この趨勢に対して、野依は次のような大見得を切っている。

「僕は之に反し、直筆直言、侃々諤々《かんかんがくがく》、威武に屈せず、富貴《ふうき》に阿《おもね》らず、真に男子の意気を備へたる、大悪口(実は大善口)新聞雑誌が欲しいのである。」

新渡戸批判論文を集成した『青年の敵』(一九一二年)だけを読むと、新渡戸に対する個人攻撃のように見えるが、『実業之世界』本誌で他の記事と同時に読めば、それが実業之日本社、すなわち新聞雑誌界の主流派に対する批判であったことは自明である。

## 「青年の敵」への下半身攻撃

新渡戸がいかに有名人だったとはいえ、一知識人への個人攻撃が注目される範囲にはおのずと限界がある。その限界を破ったのは、「義兄弟」押川春浪の参戦である。春浪と野依が日本青年党を結成したことはすでに触れた。二人の熱血漢の複雑な関係については、横田順彌『熱血児 押川春浪——野球害毒論と新渡戸稲造』(一九九一年)が詳しい。ちなみに、その副題にある「野球害毒論」とは一九一一年八月二九日付『東京朝日新聞』における新渡戸の発言、「野球といふ遊戯は悪くいへば巾着切《きんちゃくき》りの遊戯」に端を発する大論争である。これを読んだ春浪は、自ら主幹を務める『冒険世界』(博文館)同年九月号に「第一高等学校々長新渡戸稲造氏は虚言家也」の一文を掲げた。春浪は野球チーム「天狗倶楽部」を組織する野球狂であり、新渡戸に対して徹底的な論戦を試みる。しかし、朝日新聞社との対立に発展することを恐れた博文館は春浪に圧力をかけた。これに憤慨した春浪は博文館を退社し、新たに『武侠世界』を刊行する武侠世界社を興している。「余が『冒険世界』を去りし理由」にいわく。

「博文館編集部長坪谷《つぼや》水哉《すいさい》(善四郎)氏は、大に驚き余を呼んで、温言以て其記事掲載の中止を請《こ》はれたり。氏の曰く、東京朝日は兎に角絶大なる勢力を有せる大新聞なり、斯《か》かる記事の為に其激怒を買ひ、他日累《るい》を博文館に及ぼすが如き事ありては不利益此上も無ければ、余は決して主筆の権能にまで干渉するに非《あら》ざれど、余りに猛烈なる今回の記事だけは中止せられたしと。」

一方、野依は一九一二年八月九日東京電燈裁判の控訴審判決が出て、二年間の入獄が確定した。一九一二年一〇月一日号(秋季記念号)では「電燈問題に関する被告、事件の真相顛末を発表す」、「吾輩は何故に屈せざるか」、「吾輩がイヨ〱入獄したら『実業之世界』はどうなるか」、「新渡戸博士を廿二回攻撃す」など野依論文のほか、大木遠吉《えんきち》「愚人野依秀一」、「社員の見たる野依社長」、さらに担当弁護士である卜部《うらべ》喜太郎、花井卓蔵、今村力三郎の弁論記録が掲載された。判決や論告はもちろん予審調書まですべて掲載した四〇四頁の大冊子は、さながら「入獄準備号」である。この情報公開戦術に対して裁判所の心証が良くなかったことは確実である。この内容は後に『東電筆誅録』にまとめられる。

新渡戸攻撃の第二一回(一九一二年九月一五日号)で、代役による新渡戸攻撃の続行が宣言されている。まさしく野依のピンチヒッターとして打席に入ったのが、『武侠世界』主筆天狗倶楽部頭領」であった。まず春浪は「憎むべき青年の敵・波多野承五郎を葬れ」(一〇月一五日号)を発表した。東京電燈裁判の予審調書で野依を「ケムシ」と罵り、さらに早慶野球試合を妨害したとして波多野を糾弾している。つづく頁では野依入獄中の酒断《さかだ》ちを誓った春浪の血判状(図3-3)が写真で公開された。その翌月号では犬養毅の調停により波多野が謝罪したことを犬養自身が報告し、春浪と野依は連名で問題解決を読者に告示している。

この勝利宣言に続いて、押川春浪「偽善者！　新渡戸博士の醜行を訐発《けっぱつ》す」(一一月一五日号)が掲載された。この全文も横田前掲書に再録されており、ここでは見出しだけ挙げておこう。「情勢坐視するに忍びず」、「日本一の贅沢なる学者」、「新渡戸博士中年の悲哀」、「色の黒いおきちと美人のおとよ」、「内証で三百円の為替を送る」、「博士の女尊男卑」。スキャンダラスな下半身攻撃は、こう結ばれている。

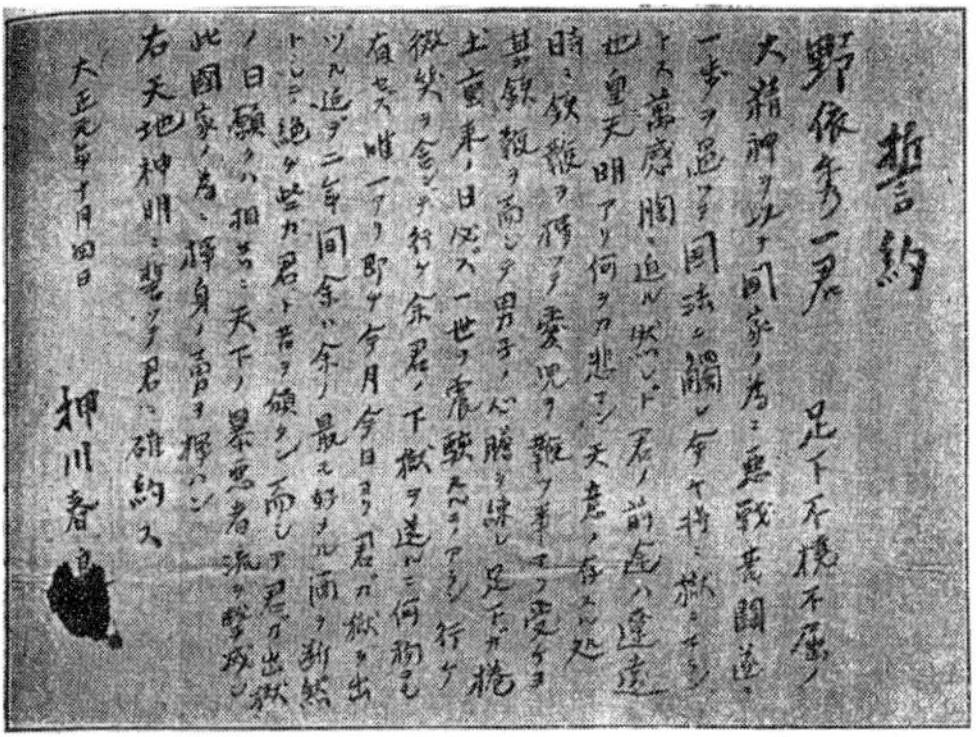
誓約
野依秀一君
大正元年十月四日
押川春浪

図 3-3　野依に宛て押川春浪が禁酒を誓った血判の誓約書(『実業之世界』1912 年 10 月 15 日号).

「自分は内々そういふ不品行を働きながら青年には情欲を制せよの、品行を正しくせよの、声色《せいしょく》を遠《とお》けよのとむづかしい道徳を強《し》ゆる博士の虚偽を悪《にく》むのである。」

それまでも野依は騒ぎを拡大すべく、一高生徒への挑発を繰り返してきた。この前月号には「一高学生の腰抜け！」(一〇月一五日号)を掲載している。

「新渡戸博士が僕等の難ずるが如き人物でないなら、ナゼに、僕の頭に一ツ位ひゲンコツを喰はせぬのか、自分等の戴ける校長が何んと言はれてもグヅ〱して居る様では末が案じられる、（中略）僕如何《いか》に無学なりと雖《いえど》も、諸君よりは学問も、識見もあるのだ。諸君少しシッカリしてクレ玉へ。」

これに対して、一高生が傍観していたわけではない。辰野隆によれば、血気盛んな一高生が「三宅先生ともあらうものが、何故野依のやうな、あアいふゴロツキを可愛がるか」と三宅邸に詰問に押しかけたが、軽くあしらわれて追い返されたと座談会で回想している（『三宅雪嶺先生を語る』一九四七年）。

ただし、雪嶺は野依に対して新渡戸攻撃の中止を促していた。特に新渡戸の渡米後も攻撃を続ける野依に「止めたらどうか、本人が居なくなつたから、それを続けて行くのは、的が外れるやうな気がするから」と伝えた。しかし、野依は「本人自身が日本に居なくても、本人の愚説が雑誌に出てゐる以上続けて行きます」と答えた、と「三宅先生と私」で回顧している。

一高生の怒りに本格的に火を付けたのは、野依の罵倒よりも春浪の下半身攻撃だった。一高寮委員が一一月二四日付で発した檄文は、「自治寮略史」（『向陵誌』第一巻）に収められている。その教養水準を示す名文である。冒頭の一節を引いておこう。

「敢て天下に告ぐ。匹夫《ひっぷ》の言に誤まられて謫所《たくしょ》に死し、衆愚の論に迷はされて偉材を傷《そこな》ふ、菅丞相《かんしょうじょう》の古《いにしえ》を問はず、周公旦の昔を尋ねずと雖も、人間豈《あに》其例の乏しきを憂へんや、小人の論取るに足らずと雖も、浸潤の譖《そしり》人に入り易く、衆口《しゅうこう》金を鎔《と》かすの勢なしとせず、衆愚晦冥《かいめい》の論排す可き哉。」

春浪の自宅に押しかけて直談判した学生は、後藤隆之助、関口泰《たい》たちである。後藤は後に近衛文麿の右腕として昭和研究会を組織し、大政翼賛会組織局長に就任する。ちなみに近衛も新渡戸校長の講演に接して学習院中等科からわざわざ一高に転じた生徒だった。関口は東京朝日新聞社論説委員として戦時下の海軍ブレーン集団・思想懇談会に加わり、戦後は文部省社会教育局長などを歴任している。彼らが春浪を糾弾した様子は一九一二年一一月二六日付『読売新聞』に「青年の敵乎味方乎《か》」の見出しで報じられた。そこで春浪は当該論文が「出版界のジゴマ」野依の作だと釈明し、一二月一日付同紙には新渡戸に対する押川署名の謝罪文が掲載された。

これに驚愕したのは、一週間後に入獄を控えた野依である。「まかり間違へば押川を殺して自分も死ぬる決心で」春浪宅に駆け込んだ野依に対し、春浪は弟の清がすべて勝手にやったことだと弁明したという。『赤裸々記』では次のように書いている。

「連名で天下に事実を告白しやう。といつて新渡戸攻撃の記事は押川春浪が書いたものでないといふのは嘘で正に押川が書いたのである。而《しこ》うして読売新聞に出てゐる記事は嘘である。野依と押川とは此際兄弟の約《ちぎり》を結ぶと押川は野依の入獄に同情して野依と苦労を共にするために、此の際断じて好きな酒を一切止めて終ふと東京の各新聞に広告することにしたのです。」

その結果、今度は『読売新聞』の記事は嘘であり、新渡戸下半身攻撃の筆者は間違いなく春浪本人だと宣誓する告示文が野依と春浪の連名で中央各紙に掲載された。読売新聞社がこの掲載を拒否したため、野依は「咄《とつ》!! 醜劣俗悪なる読売新聞」(一九一二年一二月一五日号)で激しく批判している。そこでは読売新聞社長の本野《もとの》英吉郎と元読売新聞記者の増田義一が懇意な間柄であると、その背後関係までほのめかしている。これと同時掲載された「嗚呼《ああ》! 一高学生!」を読めば、野依側から見た事件の全体像は把握できる。野依は新渡戸支援の学生を「世間知らずの青二才」と罵り、「押川君の醜怪記事」の正当性をこう主張している。

「博士の如き教訓業者が其素行を論ぜらるるのは当然の事であつて、かゝる場合の人身攻撃は少しも非とするに足らぬ。昔の志士は人を殺して神に祠《まつ》られて居る。」

## 「教養紳士」に対するイデオロギー闘争

読売新聞社と一高生を野依が痛罵したのは、いみじくも「野依社長入獄記念号」(一九一二年一二月一五日号)である。その口絵肖像は「入獄せる野依社長」、巻頭言は社中同人「贐《はなむけ》 野依社長之入獄」だった。

「世に賊子の獄あると共に、義人の獄あり、哲人の獄あり。義人の獄に由《よ》つて、我等は犠牲的精神の精華を見る。哲人の獄に由つて、我等は如実の信念の、爗《や》く可からず、溺《おぼ》らす可からざるを学ぶ。義人に於て、哲人に於て、断獄畢竟《ひっきょう》何の力ぞ。」

最後の新渡戸批判となった「国民の敵新渡戸博士」で、野依は次号から春浪が「我輩に代つて引継《ひきつ》ぎ猛烈なる攻撃の矢を放つ筈《はず》」と述べている。だが、実際の新年号に押川論文はなく、堺利彦「三宅雪嶺と新渡戸稲造」があるだけだ。

「三宅君がドモリの癖に弁士演説家として持て囃《はや》されて居るのと、新渡戸君が文章の下手糞な癖に記者著述家として通用して居るのとは、チヨツト面白い対比ぢや無いか。(中略)新渡戸君が小間使に手を附けたとか、妾を置いて居るとか云ふ噂を立てる者がある。然《しか》し確かな証拠の挙げて無い事だから、嘘として置くより外は無い。イヤ僕は全く嘘だらうと思ふ。然し若《も》し(中略)そんな事があつたらドンナに面白いだらうと思ふ。」

その「面白い」醜聞記事も売文社作品だったのかもしれない。一方の春浪は野依に血盟した新渡戸追撃も禁酒も、ともに果たせなかった。二年後、春浪は「出獄記念号」に「野依君の出獄と我輩の告白」を寄せ、この違約を謝罪している。その半年後、一九一四年一一月一六日に春浪が「酒のため」死亡したとき、野依は「実に呆れ果てゝ仕舞つた」と『赤裸々記』で回想している。

春浪の禁酒問題はともかく、新渡戸は野依入獄の四ヶ月後、一九一三年四月で一高校長と実業之日本社編集顧問をともに辞しており、もはや追撃する理由はなくなっていた。宮坂広作『旧制高校史の研究』(二〇〇一年)は新渡戸校長の辞任理由を「出版社からのしつような個人攻撃」とした上で、こう分析している。

「それこそ売文を職業とし、無責任な中傷・誹謗を恥としない著述家によって、おとし入れられたのである。こんにちの大学教授や著作家であれば、ジャーナリストや出版社とのつきあいについて心得ている賢明な人は少なくない。しかし、アカデミック・ジャーナリズムの草分けともいうべき新渡戸に、そんな老獪《ろうかい》な知恵はなかったようにみえる。」

果たして、「無責任な中傷」と「老獪な知恵」の有無だけが問題だったかどうか。むしろ興味深いのは、一高内の反新渡戸運動に関する宮坂の記述である。一九一三年三月一日の全寮茶話会で、「細川」が行った校長排斥演説が辞職の直接の引き金だったようだ。矢内原《やないはら》忠雄『余の尊敬する人物』(一九四〇年)によれば、細川は「新渡戸校長はその弟子(鶴見祐輔)の嫁に某男爵(後藤新平)の娘を世話した」とその閨閥形成を攻撃した。新渡戸は自分の生徒からこうした批判が飛び出したことを「心に深く憤り且《か》つ嘆じて辞職の決心をつけた」という。当時、二人在籍していた「細川」のうち、潤一郎(独法三年)より嘉六(英法三年)の「心証はあるものの、史家としては言うべきことではない」と宮坂は濁している。しかし、史家の務めというならば、それは細川嘉六の証言を探すことではなかろうか。細川自身の談話は、木村亨『横浜事件の真相』(一九八六年)に再録されている。そこで嘉六は自らの新渡戸批判をこう回想している。

「校長は修養の道ということを言われるが、修養というものは必ずしも立身出世することを意味しないでしょう。修養のために身を破滅に陥《おとしい》れるということもあります。今日の生徒の修養の目的は専《もっぱ》ら立身出世にあるようだが、校長は一体それをどう思うか。又、校長は個人としてある秀才の大学卒業生の相手にある華族の娘の縁談を取りもったということで、そのために学生の間ではそれを羨望の的にしているとの噂が流されているが、あなたはこれをどう思うておられるのか。」

細川嘉六は野依と同じく一六歳で東京に出て夜学に学んだ苦学生だった。太平洋戦時中の横浜事件で検挙され、戦後は共産党議員団長となっている。嘉六であれば、社会主義者として『青年の敵』に共感したのは当然である。

つまり、新渡戸攻撃の深層には「冬の時代」のイデオロギー闘争が存在する。『青年の敵』跋文で代筆者・堺利彦は「所要の金さへ払つて貰へば何んでも書いて進ぜるのではあるが、然《しか》し新渡戸博士攻撃には少し特別の趣味を感じた」と告白している。『青年の敵』に関わった社会主義者は堺だけではない。野依によれば、前半は堺が野依の口述を筆記したが、後半は白柳秀湖、安成貞雄が数回分、荒畑寒村と山川均も一回分を担当した（「三宅先生と私」）。ある意味、『青年の敵』は冬の時代の社会主義オールスターの合作なのである。彼らが新渡戸攻撃に協力したのは、西川光次郎『心懐語』（警醒社書店・一九一〇年）に寄せた新渡戸の序文を読んだためだという。野依が戦後に書いた『明治の人・大正の人・昭和の人』（一九六六年）では、弁護士・今村力三郎（戦後は専修大学総長）が「こんないい材料がある」と渡してくれた本だという。

それを読んだ堺は、「其の序文が又僕の癪に障つた。僕はいよ〳〵新渡戸君を侮蔑する事となつた」と書いている。西川光次郎は札幌農学校で新渡戸の知遇を得たのち、社会主義者として幸徳や堺とともに平民社創立に加わった。だが、東京市電値上げ反対運動で大杉栄らとともに兇徒聚《しゅうしゅう》衆罪の判決を受け、重禁固二年の服役中に転向している。同じく獄中にあった堺にとって、儒教的な日常倫理を説く『心懐語』は「政府に対する詫《わび》証文」であった。「政府が新渡戸君の手を通して此種の事を西川君に勧誘したか（或は暗に水を向けたか）否か

図 3-4　日比谷公園松本楼前にて「野依社長入獄見送り人」記念写真(『実業之世界』1912 年 12 月 15 日号).

は、固より僕の知る所で無いが、兎にかく信用ある紳士を保証に立てゝ社会主義放棄を宣誓するといふ事は、正に政府の注文通り、正に其の思ふ壺にはまつた仕方であつた。」

だとすれば、堺たち社会主義者の役割が単なる代筆だったはずはない。実際、「野依社長入獄記念号」に掲載された野依名義の「国民の敵新渡戸博士」には、入獄前日「十二月五日十二時十分脱稿」と付記されていた。野依が本当に口述したものかもあやしいが、原稿に朱を入れる時間など残されていなかった。大活字で組まれた結びの一節は社会主義者の叫びである。

「博士の心中には明治三十六年社会主義の機関雑誌『労働世界』の紙上に於いて、社会主義の理想を抱くと自白し、文明の進歩は共和制に向つて傾《かたむき》つゝあるを信ずと云つた、其の当時の思想が猶《なお》存して居る事が分る。我輩は何も必ずしもそれが悪いといふ事では無いが、そんな思想を心中に抱きながら、それで知らぬ顔の半兵衛を極《き》めるのが実に憎い。」

冬の時代を生きる社会主義者の肉声ではないか。その意味では教養紳士・新渡戸への敵意は、野依よりも弾劾文の代筆を続けた売文社メンバーの方が強かったのかもしれない。「国民の敵新渡戸博士」が脱稿された翌朝、一九一二年一二月六日、野依の送別会が日比谷公園松本楼で催された。その記念写真(図3-4)には実業之世界社員に混じって、堺利彦、白柳秀湖、大杉栄、荒畑寒村の姿が焼き付けられている。

# 第四章　「大正巌窟王」の闘い

「我が社の七恩人」(『実業之世界』1915年7周年記念号口絵)．右側上から鎌田栄吉(慶応義塾塾長)，渋沢栄一男爵，大木遠吉伯爵，左側上から武藤山治(鐘淵紡績専務)，三宅雪嶺博士，幸田露伴博士，中央に桑原虎治(元三田商業研究会会長)．

## 「白昼公然強盗」の入獄記念号

一九一二(大正元)年一二月六日、野依は東京電燈会社への料金三割値下げ要求キャンペーンで脅迫罪に問われて巣鴨刑務所に服役した。その第一審公判で金山季逸《きいつ》検事(後に司法次官)は多くの企業から広告費、購読料を集める野依を「白昼公然強盗」と告発した。だが、『実業之世界』にはその独占企業攻撃を支持する投書が多く寄せられた。法廷では足尾鉱毒事件や大逆事件などの裁判で名を挙げた花井卓蔵、今村力三郎、さらに卜部喜太郎、添田増男と四人の人権派弁護士が野依ジャーナリズムの無罪論を展開した。だが、その弁論をすべて『実業之世界』で公表する被告人に対して裁判所の心証は良くはなかったはずである。

入獄五日前の一二月一日、石山賢吉、押川春浪などの呼びかけで送別の宴が竹芝館楼上で催された。その様子も一九一二年一二月一五日号で詳しく報じられた。参加者として福沢桃介、松永安左ヱ門、小林一三、佐々木安五郎(通称「蒙古王」の大陸浪人)、田中舎身《しゃしん》(仏教運動家)ほか十数名の名が挙っている。こうした著名人の出席は次のような流言を発生させていた。

「我々の電燈料値下げ問題は効果があつて攻撃中に株の値が十数円も下つたといふやうな有様でした。そこで東京の株式界では電燈株の値が下つた時は野依相場だといつて、評判された位であつたのです。」

この場合、「野依相場」とは攻撃される企業の株価が下がることを見越して取引で儲けた投資家がいるという見立てである。福沢桃介などは有名な投資家だったので、福沢の野依支援を疑問視する文脈があった可能性も少なくない。野依本人は株投資に手を出さなかったようだが、こうした流言を敢えて自ら紹介してみせるのもいかにも「野依式」である。

この「疑問の野依秀一」に対する同情の声は言論界からもあがっていた。『万朝報』を発行する黒岩周六(涙香)は、「野依社長入獄記念号」(一九一二年一二月一五日号)に「私情に走りて公徳を弁《わきま》へぬ先輩」を寄せて、『実業之世界』の支援を訴えた。『巌窟王』翻案作家でもある黒岩は、入獄する野依に「艱難は人を玉にす」を餞《はなむけ》の言葉とした。『東京朝日新聞』編集局長・松山忠二郎も後に東京電燈裁判の記録をまとめた野依編『東電筆誅録』に序を寄せ、「東京市は大《おお》いに野依君に感謝すべき理由ありと信ず」と書いている。

野依入獄後に刊行された一九一三(大正二)年新年号は、奥付に「諒闇《りょうあん》中欠年始之礼」とある。明治天皇の喪中による賀状自粛を意味しているが、『実業之世界』にとっては野依不在の傷心とも重なっていた。支援者氏名として、三宅雪嶺、幸田露伴、渋沢栄一、大木遠吉、頭山満、三浦梧楼、福沢桃介、小柳津《おやいづ》勝五郎(一九一〇年より実業之世界誌上で推奨された天理農法提唱者)が大書されている。野依「留守」中、雪嶺はほぼ毎号、露伴、桃介、大木もしきりに登場して野依の穴を埋めている。頭山満も「青年は革新の原動力」(一九一三年三月一五日号)を寄稿し、渋沢は「野依ウジは何《ど》うして居られるか」(同年四月一日号)で『新論語』と『青淵百話』の獄中差入れを表明している。

渋沢の著書とは異なり獄中差入れは困難だったろうが、『実業之世界』創刊五周年記念号（一九一三年五月一日号）の表紙には野依社長の肖像が入り、「幽囚《ゆうしゅう》君を忘れず」と謳う巻頭言が掲げられた。

「以つて今日の地歩を贏得《かちえ》たる所以、吾が社長野依秀一が、破天荒の活躍を敢てしたる賜《たまもの》に非ずして何ぞ」。

『三田商業界』から改題以後の活動を概観した社中同人「感慨深き五周年」（同号）には、野依式ジャーナリズムの「天下無敵」を誇る自己評価が語られている。

「我等の向ふ所天下敵なく、向上又向上、発展又発展、有《あら》ゆる苦心と有ゆる努力とを費して、苟《いやしく》も世界文明の向上と発展とを阻害する者あれば、何者と雖も之を仮借《かしゃく》するなく、一大勇猛心を興奮して之を突破し、之を蹂躙《じゅうりん》し来たのである。」

同号は「本誌三万の読者と共《とも》に倶《とも》に大元気を振作して大正維新の実を挙げん」と意気込んでいるが、野依は巣鴨監獄で「日々三畳の部屋の中で、麻裏の草履の裏付けと鼻緒とをつけて居た」。やがて「悔悛の情、顕著なる者と認められ」、一九一四年三月一七日仮釈放となっている。

「野依社長出獄新活動記念号」の挑戦

この仮釈放に際して、少なくとも刑期終了の一九一四年一二月六日までは謹慎するよう指導されていたが、「愚人の力」を誇る野依にそれが守れるはずはない。「悔悛の情」などあざ笑うように、刑務作業賞与金の五〇銭札を引き裂き、そこに「記念」と大書して白柳秀湖などに送っている。

時あたかもシーメンス事件で言論界の政府批判は最高潮に達していた。箱根での保養もそこそこに一九一四年五月編集に復帰し、「野依社長出獄新活動記念号」(六月一日号)を刊行した。野依は在獄中の襟番号「一八九四」を赤字で表紙に大書し、この数字を国家社会のための闘争の旗印にすると宣言している。また、「監獄は人生の大学である」の論説も掲げている(図4-1)。

―(11064)―

監獄は人生の大學である

▼出獄發表遲延の理由

僕は、さる三月十七日に巣鴨監獄から出て來た。入獄したのは一昨年の十二月六日、刑期は二年であつた、三月十七日迄の服役期間は一年四箇月、刑期は尚ほ八箇月を剩して居る。即ち本年十二月五日迄は、假出獄の身である。其間は行動が思ふに任かせない。けれども、天下國家の問題を議したり、時代、社會の趨勢を論じたり、處世の方策を說いたりして、それを筆にし、それを雜誌に掲げ、それを市上に販賣するのが僕の正業である。僕は、此の『新活動紀念號』以後、此の正しい、穩當な方法によつて、僕の生活を營まうと思ふ。其の爲めには、十分に活動する積りである。

實は、出獄早々、直ぐにもそれを報告し、併せて此覺悟を發表し、長い間僕と僕の最愛の雜誌とに御俠情を寄せられた

實業之世界社々長　野依秀一

方々に、御挨拶すべき筈であつた。けれども、出獄すると、日常生活の模樣が急激に變つたので、體と心が、是れに適應する迄、靜養に時日を費し、今後の活動の準備にも時間を要した。それで、身心が落付いて、活動の準備も出來、愈々行れると云ふ見込の立つまで待つが宜からうと思つたから、今日迄延引した。不本意ながら已むを得なかつたのである、切に、讀者諸君の御諒察を仰ぐ。

▼入獄する時の決心覺悟

僕が入獄しなければならなくなつた事情の前後は、當時の『實業之世界』の愛讀者諸君が、必ず御承知の事と思ふ。また、如何なる覺悟を持つて入獄したかと云ふ事も、御記憶の事と思ふ。

僕は、入獄の二月前、即ち、一昨年の十月一日に、五百頁に

―14―

図 4-1　「野依社長出獄新活動記念号」(『実業之世界』1914 年 6 月 1 日号).

この〝不謹慎〟は警察当局をいたく刺激した。再逮捕にむけて機を窺っていた当局は、「野依社長出獄大活動大飛躍号」(図4-2)が不正を追及した愛国生命保険会社(後に日本生命に合併)から『実業之世界』営業部長・宮村富男が購読料三〇円を受け取ったことを「恐

東京朝日新聞

野依社長出獄後の大活動により本誌の聲價忽然として天下に揚る

實業之世界

野依社長出獄大活動大飛躍號！七月一日發行

危險なる愛國生命保險會社を解剖す

吾が輩が監獄において獲得し出獄後之を實行して着々成功しつゝある處世の根本義　野依秀一

實力養成の工夫　三宅博士

我が過去の自白　野依秀一

萬病治療！高野式抵抗養生法出現す

大不思議！眞か僞か

御注意

図 4-2　『実業之世界』「野依社長出獄大活動大飛躍号」広告(1914 年 6 月 28 日付『東京朝日新聞』第 1 面)：二度目の入獄のきっかけとなった社説「危険なる愛国生命保険会社を解剖す」の大見出しも見える．左端の「御注意」では『実業之日本』との区別を訴えており，「世界と日本とは大小まつたく別である．よくよく御注意御注意」とある．

喝」と断定し、一九一四年八月二一日編集幹部の大塚豊次、さらに社長・野依も拘引した。予審では「渋沢子爵その他の諸名士が私に同情して出して下さつた二万円ばかりの金を全部恐喝だと勝手に断定」され、一二月八日に一旦保釈されるまで三ヶ月半を再び未決監で過ごすこととなった。この裁判でも今村力三郎、卜部喜太郎ほか五名の弁護士が無罪を主張したが第一審で実刑三年、第二審ではさらに厳しくなり四年の実刑が下った。『赤裸々記』は検事の主張を次のようにまとめている。

「検事が私を山中の強盗の如きものと云ふのは、つまり、私が世間一切の人から恐れられて居るからと云ふのです。だから、オドカして金を出させずとも、たゞ野依秀一と云ふ名前に依つて金銭の援助を受くれば、ちようど、山中で百日鬘《ひゃくにちかつら》を被つて居る強盗が旅人に金を要求すれば凄い文句を並べずとも、恐れて出すに違ひないのと同じようになると云ふのです。」

結局、一九一六年五月二六日大審院で上告棄却となり、豊多摩刑務所に四年間服役することになった。第一回目の入獄準備号(一九一二年一〇月一日号)と同じく、裁判情報を満載した一九一六年六月一日号は売れ行き好調で再版した。

「第一回の入獄に依つて大に得る所があつて、〝監獄は人生の大学である〟と感じたのですから、此度は〝大学院〟に這入《はい》るつもりで、大に勇気を鼓して行つたのです。入獄する五分間前までも校正をやつたものです。」

満期出所は一九二〇年五月二六日であり、未決拘留を含め二五歳から三五歳までに四度、のべ六年間は獄中にいたことになる。

「『実業之世界』創刊以来十三年間、社会に居つたのは、六年に過ぎません。其の内から、法律の拘束を受けて保釈期間、仮出獄期間を差引けば、十三年中真に自由に活動したのは、僅《わず》かに二年半しかありません。あとの十年半は、未決、保釈、獄中で過ごしたわけであります。」(一九二〇年一〇月一日号)

特に、野依が獄中で過ごした後半期、世はまさに第一次世界大戦の軍需景気、成金ブームに沸いていた。野依が平穏にという「イフ」はあり得ないわけだが、もし順調に出版経営を続けていれば、ライバルの実業之日本社に迫る大出版社となることも夢ではなかったかもしれない。ちなみに、東京電燈裁判中の一九一一年野依と袂《たもと》を分かった石山賢吉は、一九一三年ダイヤモンド社を創業した。未曽有の「会社狂時代」の波に乗って『ダイヤモンド』は急成長を遂げていった。

以下、本章では保釈中の公判と入獄、結婚と離婚と波瀾に満ちた大正初期「野依式ジャーナリズム」の特性を検討してみたい。

## 監獄は人生の大学である

野依秀一は一九一四年三月一七日、一年四ヶ月間の独房生活を終えて出獄した。「野依社長出獄新活動記念号」(一九一四年六月一日号)巻頭に渋沢栄一の祝辞「『実業之世界』新活動の前途を祝福す」がある。

「過般一年有余月の獄中生活に、大いに読書修養工夫する機会を得られたるは、誠に不幸中の幸《こう》と云ふべし。」

この記念号は好評で再版となったため、続けて次号を「第二記念号」として刊行した。「吾輩は人生の大学たる監獄において斯くの如く修養せり」(六月一五日号)では、「矯正し難きは芸妓遊び」と悪ぶりつつ、獄中の読書記録を列挙している。渋沢が差し入れた『新論語』『青淵百話』のほか、読破した書物は宗教書、進化論、経済学から武士道論、日露戦記まで百数十冊、「生まれて以来入獄前までに読んだものよりも何十倍多いかも知れぬ」という。このときも宗教書はずいぶん熱心に読んだというが、まだ信仰に目ざめることはなかったと告白している。

謹慎どころか禁固など屁とも解さぬ「野依式」が、当局の忌諱《きい》にふれたことはまちがいない。その上で、「愛読者諸君の意気に感じて我が抱負を告白す」(同号)で、本格的な出版活動をこう宣言している。

「金をやらうと云ふ人があらば幾らでも頂戴する。少しも遠慮躊躇しない。(中略)斯《か》かるを当てにして居つては、大間違ひである。そこで僕は、熟慮の末、今後盛んに出版を営み、其清利を以つて、『実業之世界』の発展及び他の企及し得ない事業を敢てしようと決心した。(中略)出版は、当ると大変儲かるものである。其証拠は博文館にあり、実業之日本社にある。」

野依の脳裏では後述する『女の世界』のイメージが浮かんでいたはずだ。実際、博文館の『少女世界』(編集兼発行人・巌谷《いわや》小波《さざなみ》)、実業之日本社の『婦人世界』(編集顧問・村井弦斎)など、圧倒的大部数を誇った女性雑誌は出版社のドル箱だった。また野依より二歳下の石川武美、嶋中雄作が出版界で地歩を築いたのも、それぞれ『主婦之友』、『婦人公論』だった。

野依は女性雑誌で儲けた金で「他の企及し得ない事業」、すなわち日刊新聞の発行を夢見ていた。「獄中の夢は斯くの如し」(一九一四年六月一五日号)では、日刊新聞『爆裂弾』の構想を語っている。仮出所で謹慎中の人物が発表する文章とは到底思えない。

「[毎日発禁をくらうので]一計を案出して、一日に幾度と無く号外を出す、さすれば数多い事であるから、いくら警視庁でもそう〳〵片つ端から禁止はして居《い》られまい。(中略)

満紙矯激《きょうげき》痛烈、字々火焔を噴き、句々腥血《せいけつ》を滴《た》らすが如き凄《すご》文句を並べるので、警視庁の役人は蒼くなつて、狂人が蜂に螫《さ》されたやうな大騒ぎをし乍《なが》ら、片つ端から発売を禁止する。然《しか》れ共《ども》、笑ふべし。禁止をすればする程、此方《こちら》の発行数は増して往くので、敵は遂に自縄自縛《ジレンマ》に陥つて、吾輩の軍門に降《くだ》つて了《しま》つた。」

夢の中の話とはいえ、警視庁を「敵」と名指しし、自らの勝利を宣言するのである。恐るべし、天下無敵と呼ばれた所以である。もちろん、警察当局は野依を再び収監すべく、この「第二記念号」を熟読したに違いない。実際、この社説「保険界の大恐慌来らんとす——悪徳保険会社を征伐するに当たりて」は、二年後に愛国生命への恐喝罪に問われる遠因となっている。

だが、野依もまったくの無鉄砲というわけでもなかった。「第二記念号」の校了直前の六月五日、渋谷警察署から昭憲皇太后御大故の恩赦減刑令による減刑通知が届いていた。

「さる七月二十七日、全く自由の身となつた。天上天下何物も我輩を制肘《せいちゅう》し、拘束するを得ない。」(「我輩は何故入獄せしか」一九一四年八月一五日号)

欣喜雀躍する野依のさまが目に浮かぶ。さらに「海軍贈賄事件〔シーメンス事件〕の突発に依つて一大廓清《かくせい》を為すべき絶好の機会を天から与へられた」として、「実業界廓清号」(同年九月一〇日号)を刊行した。「安寧秩序紊乱《びんらん》」で発禁処分となった同号の目次には「実業界の弾正台たる本誌」と大書されていた。弾正台は律令制の監察機構だから、野依には「民間検察」の自負があったはずだ。これも警察当局には挑発と受けとられたにちがいない。同号への広告勧誘と購読要請が恐喝罪の訴因となった。すでに述べたように、主幹・大塚豊次、営業部長・宮村富男の幹部二名が共同被告人となっていたため、今回は野依が拘引された事実を誌面で公表することさえできなかった。保釈後、野依は「愚なる僕の不謹慎」(一九一五年新年号)と反省文をしたためている。仮出所中の「出獄記念号」発行、「監獄は人生の大学である」の驕慢な論旨が当局の逆鱗《げきりん》にふれたことを「誠に愚の極み、不謹慎の極であった」と言う。その文末に「予審判事の許可を得て、之を明《あきらか》にするのである」とも記されている。

## エフィシェンシー・輿論調査・選挙応援

野依が謹慎の証《あかし》として、いかにも実業雑誌らしい体裁のために次々号(二月一日号)から前面に押し出したのは、社友・池田藤四郎の科学的経営論である。その巻頭論文「実業界の無駄と不正を一掃す可き科学的経営法」以後しばらく、テーラーの「科学的経営」と「エフィシェンシー」(効率)が『実業之世界』のキーワードとなった。むしろ、経営学史で『実業之世界』は科学的管理法を日本に紹介した先駆的メディアとして紹介されることが多い。

だが一方では、とうてい謹慎中とは思えない派手な政治的企画が同時に展開されていた。往復ハガキによる大規模な輿論調査は『実業之世界』の売り物の一つであり、それは大衆参加に向けた輿論指導の実践だった。陸軍が要求する朝鮮への二個師団増設の是非を問う「増師問題に対する真正の輿論」では、政財界人から文化人まで二〇〇〇人に賛否と理由の回答を求めている。実業之世界社編集局は制限選挙による議会の正当性を否認して、次のように呼びかけていた。

「日本には真の輿論がありません、あつても発表せられません。党派心によつて意見を左右せらるゝ僅に三百余に過ぎぬ代議士の意見が輿論を代表するものゝ如く見做さるゝのは遺憾の至りです。」(一九一五年一月号)

回答は到着順に新年号から七号にわたり実名入りで掲載された。その数は最終的に師団増設への賛成二八四名、不賛成二六一名、不定五一名に達した。ジャーナリストの意見の割れ方が象徴的であり、まさしく国論を二分していた。確かに、「不賛成」に時事新報主筆・石河幹明《みきあき》、第三帝国主筆・茅原《かやはら》華山、福岡日日新聞主筆・菊竹淳《すなお》〔六鼓〕、人生と表現主宰・三井甲之《こうし》などの名前が見えるが、「賛成」にも名古屋新聞社長・小山松寿《しょうじゅ》、新潮社社長・佐藤義亮、中央公論編集主任・滝田哲太郎〔樗陰《ちょいん》〕、博文館編集局主幹・坪谷善四郎など有力メディアの編集責任者が回答している。

「回答を寄するに吝《やぶさか》なりし千四百の人々の不親切にして国事を思ふの不真面目なるを遺憾とす。」(一九一五年四月一日号)

回答率二九・八%に野依は憤っているが、これだけの著名人に対するハガキ調査としてむしろ高い方だろう。そもそもサンプリングのない任意回答なので科学性はないが、実名公表であるため影響力は少なくなかった。少なくとも回答した本人は掲載誌を確認したはずだから、『実業之世界』の知名度向上にはつながっただろう。

この段階で野依自身は師団増設について意見表明をしていないが、反対は明白だった。大隈内閣の二個師団増設予算案は一九一五年六月九日国会で可決されているが、野依は「軍国主義を排して日本帝国国是の大方針を論ず」(一九一五年一一月一〇日臨時増刊号)でこの問題に言及している。新しい二個師団は朝鮮半島に配置されるが、朝鮮人が日本の支配を受け入れない限り師団増設など無意味だというのである。

「二師団は勿論、二十師団と雖《いえど》も、内外の敵に当るに足らないのである。師団を恃《たの》まずして、朝鮮人を恃め。朝鮮人を恃まんとすれば朝鮮人を開発するよりよきはない。是れ朝鮮併有の現在から出発して、理想に向はんとする堅実なる国是である。」

こうした軍縮要求は、一九一五年三月二五日投票の第一二回総選挙で東京市から立候補した馬場勝弥〔孤蝶《こちょう》〕(自由民権の政論家・辰猪《たつい》の弟)の支援者たちとも共有されていた。野依は馬場の選挙を熱烈に支援し、その選挙資金調達のために一〇〇〇頁を超える大冊『現代文集』(一九一五年)を出版している。巻頭の夏目漱石「私の個人主義」から巻末の安成貞雄「民族遷移史序論」まで文壇八一名の文章の中に、野依秀一「「金があつたら」とは何だ」も含まれている。教養と財産を持たない青年に向けて、我につづけと呼びかけている。

「気概ある青年は一体どうすればよいかと云ふに、只《ただ》己の信ずる所に従つて現在刻下の仕事に勤勉努力せよ。俺に「金があつたら」と云はずに、俺に「誠実があつたら」と思へ。金は他人が持つて居る。それを取出す事は容易でない。然し誠実は我心の底に在る。それを取出すのは決心次第覚悟次第で訳のない事である。」

馬場の衆議院立候補も無謀だったが(結果はわずか二三票、二九名中二五位で落選)、野依の保釈中の政治活動も目立ちすぎである。選挙後に発表した「四尺八寸の天下に認めらるゝ七大理由」(一九一五年五月一日号)では、政界進出の意欲をのぞかせている。

「国家の元気は青年国民の元気にある。青年の元気が衰《おとろ》ふれば、国家の元気も亦衰頽するものだ。流石に新進の国運にある米国には、廿四歳にして紐育《ニューヨーク》の市長に挙げられた如き青年がある。嗚呼！　日本には三十一歳の野依秀一を国務大臣たらしむべき空気は起たぬか。吾輩を総理大臣たらしめば一挙にして日本帝国を大発展せしめて見せる。ホラではない、やらして見給へ！(中略)大正革新の快挙は筆によつて之を挙げねばならぬ。固陋《ころう》因襲の弊風《へいふう》はペンによつて之を攘《はら》はねばならぬ。」

## 与太大王・安成貞雄の奮迅

実業之世界社で「大正革新の快挙」を目指したのは、安成貞雄《やすなり》・二郎、久板卯之助《ひさいたうのすけ》などアナーキストだった。野依が保釈中の一九一五年、旧幹部社員が退職し(「大塚主幹外四社員の退社に就て読者に謹告す」一九一五年二月一日号)、彼らは前面に躍り出ることになった。戦後の評価ではもっぱら右翼と目される野依と社会主義者・アナーキストの交流にここでは光を当ててみたい。

キーパーソンは、安成二郎(一八八六年)が大正三奇人の筆頭にあげた実兄、「与太大王」こと安成貞雄である。ちなみに、残る二人の奇人は「遊蕩文学者の取巻き」坂本紅蓮洞《ぐれんどう》、「新しい女の箱屋」中村孤月《こげつ》である。その生涯については伊多波《いたば》英夫『安成貞雄を祖先とす』(二〇〇五年)という労作があるので、野依との関係でのみ概観しておきたい。著書『文壇与太話』(一九二六年)で知られる安成貞雄は野依や大杉栄と同じ一八八五年、秋田県に生まれている。早稲田大学英文科在学中から荒畑寒村などと平民社に出入りし、社会主義運動に加わった。『二六新報』、『万朝報』の記者などを経て、一九一〇年九月まで野依の秘書役だった白柳秀湖に代わり、『実業之世界』編集長に迎えられた。だが翌年の取材旅行における遊蕩三昧を野依から叱責され退社している。この事件については、荒畑寒村「悪友行状記」(一九五一年)に詳しい。

しかし、一九一四年野依が出獄すると呼び戻され、弟の二郎、三郎、妹のくらなどを入社させている。「学東西に亘《わた》り、識古今を貫き」と自称する安成は、抜群の英語力を武器に他人の誤訳を摘発し、自宅に「原稿鑑定所」の看板を掲げていた。自ら「高等幇間」を名乗り、「与太の大将」(宮武外骨評)として著名人に嚙み付いた。結局、実業之世界社を二度退社して二度舞い戻り、一九二四年大酒、コカイン中毒のため三九歳で没している。野依は「安成貞雄追悼号」(一九二四年九月号)で、その当時の口述筆記の大半は「天下に二人となき親友何事もお互に打ち明けた」安成貞雄の手になったと証言している。

前章で野依の新渡戸稲造攻撃を紹介したが、それを継承したのもこのヨタリストだった。一九一二年の第一次「実業之日本」征伐が新渡戸稲造顧問への間接攻撃が中心だったとすれば、一九一五年の第二次征伐では増田義一社長への直接攻撃に重心が移っていた。第二次征伐の狼煙《のろし》は一九一五年八月一五日号の野依論説「変節して変説せる『実業之日本』の「現代重役論」を痛撃す」、「偽善者増田義一政界引退の辞を笑ふ」である。だが、同号でも新渡戸攻撃は続けられた。執筆者は安成貞雄である。野依宛書簡体形式の「其著『武士道』より見たる新渡戸稲造博士の無智と無識」である。

「足下〔野依〕とは幾多の問題で、屡々《しばしば》意見を異にしたが、『青年の敵』以後、新渡戸氏に対する意見は、常に一致して居《お》つた。」

安成は野依の口述筆記者なのだから書簡など必要ないわけだが、どうしても自分の名前で表明しておきたかったようだ。

安成が「文壇の野依」たる所以を理解するためには、さらに「本間久雄君及び他の諸君を攻撃する理由」（一九一五年）を読むべきだろう。当時、安成は後輩・本間久雄（後に早稲田大学名誉教授）の翻訳書を誤訳だらけと批判し、その絶版を勧告していた。タイトルにいう「他の諸君」とは「日本古代の神話を有難がる」相馬御風《ぎょふう》、「鎖国攘夷的日本主義を唱へる」岩野泡鳴《ほうめい》、「歴史を知らぬ史的日本主義者」茅原華山、「空霊的日本主義者」福来《ふくらい》友吉、進化論の丘《おか》浅次郎、宗教学の平井金三《きんざ》、そして新渡戸稲造である。安成はこう宣言するのだ。

「此の多勢の敵を撃つ為めには、私は機会を窺《うかが》ひ、手段を選びません。戦争には、夜討、朝懸はもとより、毒瓦斯《ガス》の使用も許されます。本隊を突かうが、枝隊を攻めようが、目的に変りは御座いません。階級闘争でも同じ事で御座います。」

見事な「野依式」である。野依が二度目の入獄に際し、編集を安成に託したのも当然だろう。第一次「実業之日本」征伐では堺利彦が助太刀したが、この第二次征伐では安成貞雄に指揮権が委ねられていたようだ。長谷部泰三「旧主増田義一氏に与ふる書」(一九一六年新年号)など元社員からの内部告発、読者からの投書なども満載され、第九章で扱う一九三〇年代の野間講談社征伐の基本スタイルがここに成立している。新渡戸に代わって第二次征伐における間接攻撃の標的とされたのは、前京都帝大総長の貴族院議員・沢柳政太郎《さわやなぎまさたろう》だった(「沢柳博士に与へて其著『野心論』の絶板を勧告す」一九一六年新年号)。

野依は『野心論』(実業之日本社)が三宅雪嶺『想痕』の剽窃《ひょうせつ》、「泥棒本」だと糾弾を開始した。発端には文科大学生から匿名の告発があったと述べているが、この文献学的な批判スタイルからして、野依というより安成の作品である。沢柳は「野依君に答ふ」(二月一日号)を発表し、一部が「剽窃したと云はれても申訳のないやうなこと」と認めている。すなわち、『野心論』は沢柳の口述を教育評論家・藤原喜代蔵《きよぞう》が敷衍して執筆したものである。この弁明に対して野依は再び同書の絶版、さらに沢柳には貴族院議員、帝国教育会会長の引責辞職を要求し、藤原喜代蔵にも公開質問状を発している。

次号の特集「剽窃本『野心論』に対する諸名士の憤慨」では、福田徳三「沢柳君の行為は徹頭徹尾罪悪也」、安部磯雄「疎漏《そろう》の譏《そし》りを免れず」など錚々《そうそう》たる知識人が絶版要求に賛同している(二月一五日号)。藤原の答弁書(三月一日号)に対して野依は三度の絶版勧告を行い、実業之日本社の他の刊行物での剽窃探しも開始した。この剽窃暴露でも野依支持は少なくなく、国民英学会会長・磯辺弥一郎「沢柳博士は『野心論』を絶板し藤原氏は切腹して共に罪を天下に謝すべし」(三月一五日号)、前帝国教育会会長・伊沢修二「沢柳君の反省を促す」(四月一日号)も掲載されている。こうした第二次「実業之日本」征伐の野依論文は『斬人斬馬』(一九一六年)にまとめられている。

## 『近代思想』の「表4」と大杉栄

この第二次征伐で司令塔となった安成貞雄は、家族ともども野依の留守宅に住み込み、親友の荒畑寒村、橋浦時雄も短期間だが社員に引き入れた。ヨタリスト安成を中心に実業之世界社は主義者が自由に出入りするアナーキーな言論空間となっていた。

野依が一度目の入獄をする二ヶ月前、一九一二年一〇月大杉栄と荒畑寒村は『近代思想』を刊行した。野依がこの新雑誌に広告を出して資金を援助したこと、大杉や荒畑がこの友人の入獄を見送ったことはすでに前章で述べた。

ところで、雑誌において最も広告料の高いスペース、すなわち裏表紙は「表4」と呼ばれる。『近代思想』創刊号の「表4」は野依の新刊『無学の声』の全面広告である(図4-3)。それればかりか「表2」(表紙裏)、「表3」(表4の裏)の特等席はすべて実業之世界社の広告だった。メディア(広告媒体)として『近代思想』と『実業之世界』は表裏一体だった。

野依は一九一四年五月一六日に銀座のカフェ・ヨーロッパで催された『近代思想』同人の会合に、安成貞雄とともに出席している。荒畑寒村「〈与太の会〉の記」(一九一四年)は次のように記録している。

「馬場〔孤蝶〕、堺〔利彦〕、土岐〔善麿〕、佐藤〔緑葉〕、安成兄弟、和気〔律次郎〕、大杉〔栄〕、僕。

それに奇観だつたのは、野依実業之世界社長が、貞雄と一緒にやつて来て、飯を喰つて了《しま》ふと、「おい安成、往かう、往かう」と引つ張つて往つて了つた事だ。独り放つて置くと何処まで怠けるか知れぬ貞雄のズボラの程も、推し測られて感服した。」

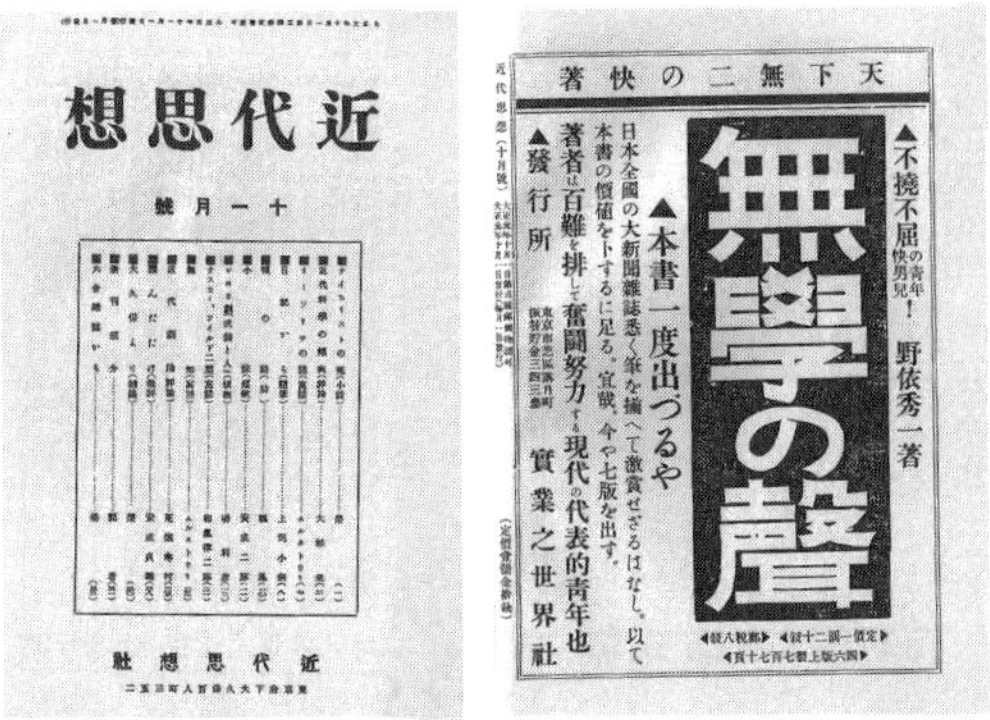


図 4-3 『近代思想』創刊号の「表4」(右)と第2号の表紙(左).

この会合に先立って大杉は、文芸思想誌を偽装した『近代思想』を「智識的手淫」と自己批判した上で、編集から手を引くことを宣言していた。大杉は後継編集者として安成兄弟を指名したが、同年六月に安成兄弟も共同発行人の荒畑寒村とともに実業之世界社に入社している。これにより第一次『近代思想』は廃刊となった。大杉は『近代思想』一九一四年九月号にこう書いている。

「其後安成兄弟は、勤先〔実業之世界社〕が馬鹿に忙しくてとても他の仕事をやれさうにもないので、遂に此の雑誌〔『近代思想』〕の継続を断念した。」

その意味では、安成貞雄が編集した『探偵雑誌』はもとより、安成二郎が編集した『女の世界』も、社会主義雑誌『近代思想』の後継誌なのである。

他方、「智識的手淫」を止めた大杉は「強烈な情欲」に駆られて一九一四年一〇月、月刊『平民新聞』を創刊した。この月刊新聞は創刊号から連続的に発禁処分となったが、その発行は実業之世界社と深く関わっている。野依は『赤裸々記』でこう回想する。

「それ〔週刊『平民新聞』〕が悉《ことごと》く発売禁止になるので、新聞を私の〔実業之世界〕社にだまつて持つて来て、だまつて隠しておいたやうな事もありました。」

この証言は大杉栄「発売禁止の記」で裏付けられる。まだ近代的な出版統制システムは確立しておらず、大杉の文章も今日の目で読むと牧歌的だ。大杉の自宅は警察が監視しており、『平民新聞』が印刷所から納入されると即座に差し押さえられた。そのため「J社」が中継基地として利用された。いうまでもなく、実業之世界社（図4-4）である。

「J社の前には例の黒いマントのうろついてゐるのが見える。先づ野沢〔仲間の車夫〕を再び印刷所の方へやつた。次ぎにHに大きな包をこしらへさせて、それを抱へて日比谷の方へ走らせた。しかしまだ黒いマントはうろついてゐる。そこでこんどは一寸僕に似た風采のYに、これ又大きな包を抱へさして、車で銀座の方へ走らした。そして其のあとで僕が本物の包をもつて、或る方面へ無事に逃げ出した。まだ三分の二は印刷所に残つてゐる。（中略）J社にある分は、明日の朝早く他へ移す事として、三人は別れた。翌日は禁止の命令を待つてゐた。」

イニシャル表記とはいいえ、これを公表されては「J社」もたまらない。野依は安成貞雄を通じて大杉に抗議し、両者の関係は一時悪化した。それでも、一九一六年野依が二回目の長期入獄をする数日前、大杉、荒畑、安成二郎は築地の待合・野沢家で野依の送別会を催している。『赤裸々記』から引用しておこう。

「大杉が、芸者を呼べと云ふ。芸者をよぶと今度は君が入獄したあと『実業之世界』を僕に経営させろと云ふからそれは困る、君等には出来はしないじやないか、第一金に困ると云ふと、大杉が、イヤ俺が広告をとりに行くよと云つたのでした。私はとにかく君には任されぬと云つたのです。すると大杉は『実業之世界』の売れたのは経済記事ばかりのせいじやない、社会記事、政治記事や奇抜な議論をのせたからではないか、それならば俺達にも経営が出来るじやないかと云つたのです。」

**図 4-4**　「入獄十分前」(『実業之世界』1916 年 6 月臨時増刊「野依号」口絵). 新刊広告の垂れ幕でうまる有楽町の実業之世界社前. 前列中央に四尺八寸生・野依秀一.

野依が断ると、大杉は堺利彦を電話で呼び出した。今度は伊藤野枝の問題で野依と堺にからみ、大喧嘩が始まったという。雑誌経営者・野依から見ると、主義者・大杉は雑誌メディアを全然理解していなかった。社会主義雑誌は「まともな」広告媒体ではない。広告収入こそが雑誌経営の本丸だからである。

## 国家主義者の大正デモクラシー

野依は「社会主義者と私」(一九二〇年一二月号)で、皇室中心主義者で国家主義者たる自分がなぜ社会主義者と交際するのかを詳細に説明している。

「国家社会に対して不満のある事は、私も堺氏も同じであります。而《しか》して其の欠陥の見方も頗《すこぶ》る同じ所があつたのであります。」

国家社会に対する不満、それを青年と主義者が同じくするのは今も昔もかわらない。では見方において何が「同じ」だったのだろうか。野依の署名記事を読み込んでいくと、「右翼」という戦後のレッテルでは理解不能な主張に数多く突き当たる。いわゆる転向であれば話は簡単だが、野依の場合、その反軍国主義や平等主義が戦後まで一貫していることも少なくない。たとえば、『大日本帝国新領土発展号』(一九一五年一一月一〇日臨時増刊号)の野依論文「軍国主義を排して日本帝国国是の大方針を論ず」である。軍国主義は時代遅れの手段であり、海に囲まれた日本にドイツのごとき軍国主義の必要なし、と野依は断言する。

「其の軍艦大砲に費やす所の費用を転じて、科学の発達、工芸の進歩、殖産興業の勃興に充てたならば、日本は真に世界文明の重鎮となり、世界の欠く可からざる国家となる事が出来る。」

さらに同年一月大隈内閣が発した対支二十一箇条要求を「日本に真の外交なし」と批判する。

「日本の外交は畢竟《ひっきょう》内政の失敗を包み隠す風呂敷であつて、真に善隣の交誼を温め、通商貿易によつて両国の富を増進する為めの手段ではない。而して其の犠牲となるものは、隣国の支那である。（中略）支那は遂に睡《ねむ》れる獅子ではないかも知れぬ。併《しか》し、其の富源は、早晩覚めたる象たらしめるに相違ない。是れを馴らして騎乗するものは、東洋の覇となる事が出来る。日本の対支外交は、是れを馴らすに勉《つと》めず、之れを怒らしめて、他人の手に追ひ落すに過ぎない。」

野依は「外交を以て用武の予備行動とする勿《なか》れ」と交易の重視を主張し、「領土を望む勿れ、利権の獲得を望む勿れ」と繰り返し訴えている。利権ではなく交易こそが重要なのだ。同じ議論は「大正日本の国是」(一九一六年一月一五日号)でも繰り返された。「戦争は一時、商戦は永久である」以上、植民地経営など「白日の痴夢《ちむ》」である。「日本は現に台湾すら充分に経営し得ぬではないか」とまで書いている。まして朝鮮をや、という。

「当初から併合を避け、朝鮮人をして亡国の憤怨《ふんえん》を懐《いだ》かしむることなからしめ、出来るだけ其の開発を促進し、一日も早く独立せしめ、日本の後援の下に、朝鮮人をして自禦せしむべきであつた。一旦併合すれば、独立を承認する事は殆んど不可能である。日本人は恐らく之れを弾圧するであらう。朝鮮併合は、一方朝鮮人の憤怨を買ひ、他方之れに対する軍備を増加せしめ、開発を遅くしたに過ぎない。」

二個師団増設の費用があるなら、朝鮮の治水植林に、あるいは港湾・道路・学校の整備に使うべきだというのである。その結果、「力づくで結ばれた両国の連鎖が、はじめて情誼《じょうぎ》と利益とによつて固まる様になる」。もちろん、石橋湛山ほどに徹底した小日本主義を唱えてはいない。台湾還付は東アジアに混乱を招くと反対し、朝鮮の同化政策も結果として容認している。とはいえ、大正デモクラシーが生み出した実業的リアリズムの一典型であるとは言えるだろう。もちろん、この時期の野依署名論説はほとんど安成貞雄による口述筆記である。ただし、野依は校正ゲラに大量の加筆、訂正を行い、一文字たりともおろそかにしなかったという。安成自身は「大学者と成り得べき野依秀一」(一九一六年六月一〇日号)で、この疑い深い「学者的」性格を高く評価している。

「疑はないものは学者になれない。疑はないのは、研究心がないのである。僕は、野依君が、漫《みだり》に人の言を信ぜず、どこまでも其の言葉を追究し、其の理論を究めなければ止まぬのを見て、若し野依君が普通の人と同じ道筋を踏んで、小学、中学、高等学校、大学と云ふ風に進んで行つたならば、立派な大科学者になれたであらうと思つたことがある。」

原稿を他人まかせにせず徹底的にチェックする野依式はすでに確立していた。たとえ、それが安成の思想であっても、野依は疑い十分に吟味した上でそれを受け入れたのである。

それは禁固四年の服役を前に思想的総決算として刊行された『野依号』(一九一六年六月臨時増刊特大号)の野依論文、正確には「野依署名」論文についても言えるだろう。四年分のまとめ書きとでも考えたのか、全二一九頁中、二五本七七頁の署名論説を載せている。いずれも大正デモクラシーの精華ともいえそうな論文だが、典型的なものをいくつか紹介しておこう。まず、「社会主義、国家主義、家族主義」(同号)では、真正の家族主義、国家主義はすなわち社会主義であり、社会主義を危険思想、破壊思想と排撃する不見識に対して、次のように反論している。

「あれは危険思想である、破壊思想であると云つて、一も二もなく之に反対するが如きは、余りに無知であり、余りに臆病であり、余りに不見識である。僕を以て之を見れば、社会主義よりも個人主義よりも、誤つた国家主義、家族主義の方が、更に一層危険であり有害である。」

次いで、「選挙権拡張の理論」(同号)では徹底した普通選挙導入を要求し、「選挙権拡張に反対するは国賊」とも断じている。もちろん、フェミニストとして婦人参政権に賛成している。

「婦人は、宜しく女らしさを捨てゝ人間となるべきである。人間でないものの女らしさが、抑《そも》も何の価値があるか。今日の法律によつて、婦人は、其の女らしさを蹂躙せられ、夫が他の女と関係するのを黙視して居なければならぬではないか。夫《そ》れが女らしいと云ふものであると云ふならば、別に言ふ所はない。併しながら、夫れは、人間らしい事ではない。婦人も人間である。人間は、政治に参与する権利を有するものである。」

さらに、「国家と癩病《らいびょう》人と新平民と」(同号)では、いっそうラディカルな議論が展開されている。新渡戸の名前は挙がっていないが、「彼《か》の武士道を唱道するが如き手合ひ」はその著書への当てこすりだろう。

「日本国民の新生活が新道徳を要求して居る今日、彼の武士道を唱道するが如き手合ひは、武力全能戦争万能の旧思想と旧迷信とを一歩も踏み出し得ない人間であつて、日本人の政治思想に取つて、一大侮辱と云は無ければならぬ。」

ハンセン氏病治療のまともな施設がイギリス人宣教師ハンナ・リデルが経営する熊本の回春病院しか存在しない現状を、「堂々たる日本帝国は一外国婦人に対し何の面目あるか。嗚《あ》呼《あ》！　無惨なる大日本帝国哉《かな》」と悲憤慷慨している。

「軍艦を拵《こしら》える事ばかりに騒いで、此愍《あわれ》む可き同胞の悲惨を歓迎する政治は、人民の生活と何等の交渉も無いものだ。斯《かく》の如き政治は政治では無くして権力者等の一種の遊戯道楽に過ぎないものだ。」

また、部落差別問題でも、新平民の生活改善は同情や慈善によるのでなく、「社会国家に対する彼等の権利と思はせなければならぬ」と論じている。その解決には知識人が率先すべきだとも主張している。

「宗教家や教育家は、口先きで特殊部落の改善を叫ぶばかりで無く進んで彼等と結婚すべきである。又た彼等に対する用語なども無論改めなければならぬ。」

こうした野依の主張は、当時の急進的な社会主義者たちの要求とほぼ重なっている。この一九一六年からちょうど二〇年後、野依秀市『私の会つた人物印象記』(一九三六年)には二月二七日、つまり二・二六事件の翌日の日付をもつ文章が掲載されている。

「私などは、堺利彦や大杉栄、荒畑寒村なぞとは親友であつたが遂に社会主義者にはならなかつたけれど、社会主義的であつたことは間違ひない。社会主義的は日本精神と一致すると信じて居る。」

こうした社会主義者への友情は戦時下でも変化しなかった。『寒村自伝』には日中戦争下の感動的なエピソードが書き残されている。一九三七年一二月一五日「人民戦線事件」で荒畑寒村は拘引され、約一年間拘禁ののち保釈された。

「拘禁中の私にたびたび金品を差入れ、留守宅の妻を絶えず慰問援助してくれた実業之世界社長、野依秀市君のところへ礼に行った時、「差当って仕事がなければ社へ来て、記者の書いた原稿でも見てくれないか」といわれた時は、渡りに舟と喜んだのである。」

野依の細やかな心遣いに対する感謝の念が行間ににじんでいる。その後、病気の妻を抱えた寒村は実業之世界社で文章の手直しをして糊口をしのいだ。その具体的な仕事内容については、第一〇章で改めて言及する。日米開戦直前の一九四一年一〇月、「妻の死去に意気沮《そ》喪《そう》し実業之世界社をやめ、転々と居を移す」と寒村の自作年譜にある。

## 『探偵雑誌』と裁判対策

野依の雑誌経営を考察する上で、彼が大正期に創刊した特異な三雑誌に触れないわけにはいかない。野依は自筆年譜で三雑誌を「いずれも我が国におけるこの種の雑誌の先鞭をつけたもの」と誇っている。次章では最も刊行期間が長かった「男が読む女性雑誌」『女の世界』

（一九一五年五月号―一九二一年八月号）にスポットを当てるが、サラリーマン向け「生き方雑誌」の元祖ともいうべき『世の中』（一九一五年一〇月号―一九一七年六月号）、さらに最初期の犯罪推理雑誌『探偵雑誌』（一九一六年七月号―一九一八年六月号）もメディア史上は興味深い。しかし、『探偵雑誌』（図4-5）についても、長谷部史親《ふみちか》「『探偵雑誌』と安成貞雄」（一九八六年）を越える内容分析は見あたらない。

安成二郎（一九四八年）によれば、野依に『探偵雑誌』創刊を持ちかけたのは高橋貞啓（雨情《うじょう》）である。高橋は後に『キング』など講談社系の雑誌に高橋雨城、定敬などの名前でも探偵小説を載せている。しかし、アルセーヌ・ルパンものの最初期の翻訳者として、安成貞雄の影響力は大きかった。生方敏郎（一九二三年）は「髭の生えた字引」の探偵趣味をこう評している。

「彼〔安成貞雄〕はまた探偵小説に非常な趣味を有ち、清風草堂主人の匿名の下に、『神出鬼没　金髪美人』（明治出版社・一九一三年）や「春日燈籠」（『やまと新聞』連載）等の翻訳がある。彼の探偵趣味は谷崎潤一郎君の秘密趣味の裏を行つたものゝ如く見える。彼は隠さんとし、此は闡《あら》はさんとするのだ。それ故彼の探偵趣味は啻《ただ》に小説の中だけに止まることなく、実行にも及んでいる。」

直接閲覧できたのは創刊号のみだが、各号の目次予告は『実業之世界』などに掲載されており、小説よりも実話ものが多い。この探偵雑誌の創刊（一九一六年七月三日発行）を決裁したのは野依社長だろうが、実際の刊行はすべて野依が禁固四年で入獄した後のことである。野依が誌面に登場しない、唯一の野依メディアである。ただし、その「発刊の辞」にいわく。

「此《こ》〔犯罪〕の学問知識が、一般に行き渡つて居ないが為めに、真の犯罪者が法網《ほうもう》を潜《くぐ》り、無罪の者が獄中に泣くと云ふ様な事件を生ずることになる。是《こ》れ実に、犯罪以上に恐るべき問題である。探偵雑誌は、斯《かか》る問題を解決する為めに生れた。（中略）探偵雑誌は、官界当局の援助を求め、有力なる私立探偵社と連絡を通じて、此の目的を達するに努力する。探偵雑誌は、此の実益を与ふると共に、興味津々たる読物をも掲げて、知らず識らずの間に、其の目的を達する方針を採る。故に、探偵雑誌は、一般社会に取つては、犯罪予防法を知らしむる唯一の雑誌であり、警察官、殊《こと》に刑事担任者に取つては、無二の教科書にして、且つ成功の階梯《かいてい》である。」

図 4-5　『探偵雑誌』(1916 年 8 月号) 広告.

　皮肉といえば皮肉であり、無茶といえば無茶である。雑誌刊行の目的として犯罪予防や科学的捜査の推進を挙げているが、発行元の社長は「無罪の者」として獄中に泣いているというのである。一般の読者向けに「探偵及法律顧問」を置いているが、その顧問弁護士・宮島次郎(俳人・宮島五丈原)は野依社長の裁判も担当していた。

創刊号の巻頭には前大審院判事・大場茂馬《しげま》博士の「現在犯罪捜査の欠点」、警視庁捜査係長・橋爪慎吾「全国の刑事巡査に望む」、私立探偵(前警視庁捜査係長)・山本清吉《せいきち》「実際的犯罪捜査の研究」、早稲田警察署長・山田一隆《かずたか》「自白による捜査と科学による捜査」などが並んでいる。

さらに、翻案小説や実録小説に加えて安成貞雄「犯罪心理学」、宮崎滔天《とうてん》「支那革命の探偵戦に就て」、中平文子(のち宮田文子)「秘密探偵の裏をかく記」など著名人も登場している。宮崎滔天は孫文の中国革命を支援した大陸浪人として有名だが、中平文子はこの四年後、安成貞雄と並び称せられる「文壇三奇人」の武林無想庵《むそうあん》と結婚して渡欧している。宮崎にせよ、中平にせよ、その実人生は『探偵雑誌』の記事よりも面白いが、それはまた別の話である。

# 第五章　『世の中』と『女の世界』の新機軸

「創刊十周年記念号を編集しつつある編集局」(『実業之世界』1918年6月1日号口絵). 着席中列右より2人目に竹森一則, 同3人目に安成貞雄, 同5人目に社長代理・武井文夫, 同7人目に安成二郎. 後列右より4人目に青柳有美. 壁右端上部に大木遠吉の書「男児之快業」, その左に三宅雪嶺の肖像, 正面左に渋沢栄一の肖像がある.

## 大正の生き方雑誌『世の中』

『世の中』というタイトルは、三宅雪嶺が『実業之世界』に寄せた巻頭論説を集めた同名書籍（一九一四年刊）に由来する。雪嶺の口述を主に白柳秀湖が筆記したものだが、その書評を大杉栄が『近代思想』一九一四年七月号で書いている。堺利彦さえも「温和派」と批判する無政府主義者・大杉栄にとって、三宅の「進歩的思想」は評価に値するものではなかった。「青年野依」を意識しつつだろうが、大杉は次のように文章を締めている。

「兎に角に『世の中』は、再び繰返して云ふが、あまり利口でない青年にとつての、一寸まれな、いゝをぢさんの処世訓である。そして人間の大部分が利口でないのだから、其の大部分の人々に、僕は此の書を推奨して置く。」

大杉の目には雑誌『世の中』（図5-1）も「あまり利口でない青年」向けの〝生き方〟メディアと映っただろう。創刊号（一九一五年一〇月号）の社告「本誌は何故に生れたるか」では、『実業之世界』『女の世界』との違いを強調しつつ、「如何にせば生き甲斐ある生涯を送り得べきか」を問い、「毎号読めば斯《か》くの如き利益あり」と訴えている。

「世間の為めには、人の世に処するに知らなければならない事、世の中の面白い事、利益《ため》になる事を知らせる為めに、我社は、実業界、婦人界の外に、広く世の中に対する考を発表する計画で、今回『世の中』を発行するに至ったのである。」

この創刊は「野依社長の例の突飛冲天《ちゅうてん》的計画」というが、雑多な事件記事の寄せ集めという印象も強い。創刊号には幸田露伴「露伴世の中雑感録」、青柳有美「和田垣博士国宝論」、白柳秀湖「世の中会議――欧州出兵の可否」、堺利彦「巡査が泥棒した話」、安成貞雄「吝《しわ》ン坊の心理」、野依秀一「嗚呼！ 乃木大将」と常連が並び、「東京弁護士の収支しらべ」、「画家はどんな生活」、「皇族と其の姻戚関係」、「世の中にはこんな惨めな貧乏生活もある」、「良民を欺《だま》す広告利用の詐偽」、「井上(馨)侯関係女物語」などゴシップ記事も満載である。生活法律相談のコーナーもあり、創刊号の横山勝太郎「通俗法律講話――親族の話」、第二号の今村力三郎「刑事裁判事実物語――弁護士の見た世の中の実際」、第三号の宮島次郎「危険なる刑事裁判の実例――有罪か無罪か恐るべき事件」、さらに花井卓蔵「刑事訴訟拷問の沿革」(一九一六年四月号)と野依裁判の担当弁護士が次々と登場している。また、これまで『実業之世界』で攻撃してきた相手のゴシップ、たとえば「世の中でゲヂ〳〵の如く嫌はれる保険勧誘員の内幕」、「慶応義塾出身者を中心とせる社交倶楽部・交詢

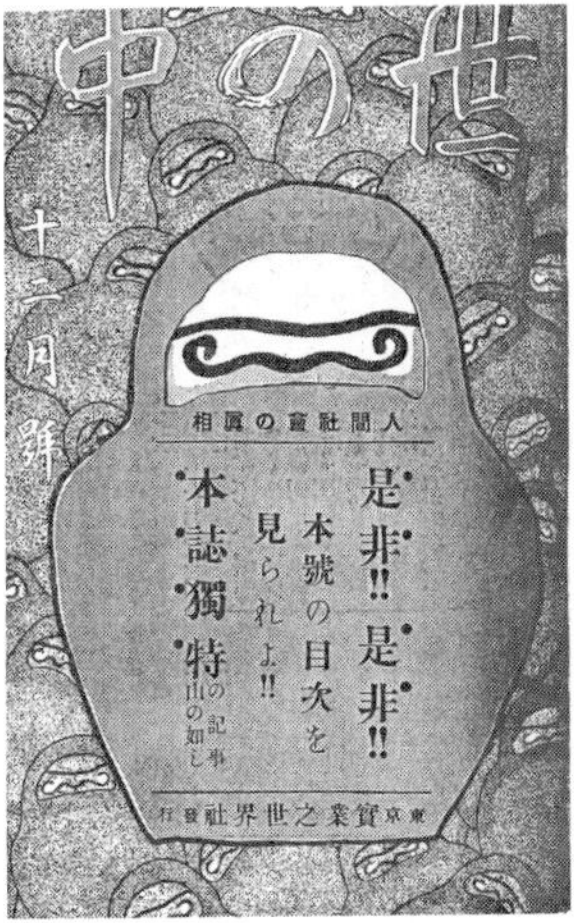

図 5-1 『世の中』創刊第 3 号(1915 年 12 月号)表紙.

社の内幕」(以上、第二号)、あるいは野依秀一「監獄の正月」(一九一六年新年号)なども自身の公判経過をにらみながらの関連記事と言えるだろう。自らの裁判までゴシップ種に利用する姿勢は、このメディア人間が終生貫いたものである。

また、『実業之世界』名物の金持ち番付が『世の中』では「ハゲ頭番附」、「当世キチガヒ番附」、「当世理想夫婦見立番附」など笑いのネタとなっている。読者への懸賞募集もあるが、その内容もユーモアにあふれたものだった。「世の中に対する不平と苦情」、「諸種の廃物利用法」、「世の中馬鹿づくし」、「余が煩悶解決の実験」、「余が詐偽にかゝつた実例」などである。

選者・安成二郎の「生活の歌」欄も、サラリーマン川柳的である。たとえば、

よくあそびよく学べよと教へ子に　教へし後のさびしき心
金沢市・仲川青戯(一九一六年七月号)

今日のサラリーマン向け週刊誌と同様に、全体として金銭、性愛、権力がらみの読み物となっている。「一億二千万円を有する三井十一家の生活振《ぶり》」、「易者の見たる易者の話と収入と信者」(一九一五年一二月号)、「各宮様の御生活」、「文学者の歳末収入調べ」、「下層社会成功者」(一九一六年新年号)、「結婚媒介所の裏表」、「文身代議士五人男」(同年二月号)なども社会史データとして興味ぶかい。最後の記事では元内閣総理大臣・小泉純一郎の祖父・又次郎の彫り物《ほりもの》について、「背中一面花和尚《かおしよう》の文身をした。四方に桜花をぼかして朱を入れた美事なもの、両腕には昇り龍、降《くだり》龍を彫つて二の腕から手首に及んで居る」とある。

野依秀一名義の記事は「野依式簡易生活」(一九一六年六月号)を最後に消えた。この簡易生活は監獄生活を意味するわけではないのだが、同号発行直前に入獄している。野依自身が『世の中』に寄稿できたのは、創刊からわずか約半年間に過ぎない。この生き方雑誌は文化史に関する資料の宝庫であり、馬場孤蝶「世の中会議――学生風紀問題」(一九一六年四月号)、柳田国男「堕落したる出版業者と陋劣《ろうれつ》なる公私図書館」(同年六月号)など意外な知識人も登場している。

また、創刊号から清風草堂主人(安成貞雄)「ブレーク探偵譚＝科学の独探《どくたん》」など翻訳推理小説も掲載されており、犯罪実録ものには現職を含む警察官僚の寄稿もある。特に注目すべき記事は、安成二郎「永田警保局長と語る――発売禁止と俳句の話」(一九一六年一二月号)である。二郎は『実業之世界』編集長の肩書で内務省に永田秀次郎《ひでじろう》(後に貴族院議員、東京市長)を訪ねている。当時の雑誌編集者と出版警察官僚の間にあった、あうんの呼吸がうかがえる。二郎の来意は、出版法による時事を扱わない(保証金不要)雑誌『女の世界』に掲載された「結婚進化の径路」が時事に触れていると警告を受けたための「御意見伺《うかが》ひ」だった。しかし、実際には『世の中』「生活の歌」の選者でもある二郎が、青嵐の俳号をもつ永田に『女の世界』俳句欄の選者就任をせまっている。もちろん永田は謝絶し、『女の世界』にも執筆していないが、同じく二郎が編集した『探偵雑誌』一九一六年一二月号の巻頭に「全国刑事巡査の為に一言す」を寄せている。とすると、この訪問は三つの雑誌の取材や依頼を兼ねていたわけである。

この一九一六年、安成二郎は野依や大杉栄の序文つきの歌集『貧乏と恋と』を刊行している。彼の代表作「豊葦原《とよあしはら》瑞穂の国に生れ来て、米が食へぬとは、嘘のよな話」はよく知られているが、社長の野依を歌ったものも含まれている。

「働けばいくらでもやる、と／雇ひ主が／百円札をわれに見せたり」

「奮闘努力！　野依秀一氏の使用人となりしより、之を標語とし、自ら嘲《あざけ》る。」

この歌集の発行人・野依の序文がすこぶる面白い。

「著者を編輯長にしたのは僕で、僕は其《そ》の為めに「貧乏の歌」を作らずに済む程度に月給をやつて居るが、増給の追つ着かぬ早さで、著者が子供をこさへるから斯《こ》う何時までも貧乏なのである。（中略）其の〔貧乏を現社会の経済組織の罪とする〕立場になると僕も著者と同じく貧乏人である。従つて著者と共に金持の横暴を慨《がい》し、彼等を筆誅せずに居れぬ。僕は、僕が売れさうも無い此《こ》の歌集を世に出だす事の出来る程度に、著者より金持である事を満足とする。」

## 男が読む『女の世界』

『探偵雑誌』（編集発行人・高橋貞啓）は野依メディアとしてはやや傍系的だが、『女の世界』は『世の中』同様、編集発行人・野依秀一、主筆・青柳猛（有美）でスタートした。創刊号（図5-2）の表紙は小川平治が描き、定価二〇銭である。このタイトルは『実業之世界』の「実業」を「女」に入れ替えたというよりも、『婦人世界』（実業之日本社）への対抗、「婦人」に

「女」をぶつける意図を読み取るべきだろう。青柳は安成貞雄の大館《おおだて》中学校（現・秋田県立大館鳳鳴高校）時代の恩師であり、安成の一時退社にともない『実業之世界』編集局長として招かれた。青柳の活躍は『女の世界』で特に際立っていた。彼は同志社出身のキリスト教信者であり、明治女学校教師時代には『女学雑誌』編集に携わったが、『女の世界』では人生相談欄「煩悶《はんもん》引受所」の所長となり、「若夫婦和合の秘訣」など色物記事を執筆している。野依入獄後は安成二郎が同誌の編集発行人となった。発刊の辞では「男も読む婦人雑誌」という性格が強く打ち出されている。

「今の所謂《いわゆる》婦人雑誌の多くは、幇間《たいこ》雑誌、乳母《めのと》雑誌、お芝居雑誌、おすもじ雑誌、お汁粉雑誌である。即ち、たゞもう奥様方や令嬢方の御機嫌を損ねない様に、お楽みになる様に、お口に甘い様にと、何処までも婦人を甘く見たお膳立がしてある。然し之が真に婦人の為めになるか否かは疑問である。

（中略）

新時代の婦人らしき婦人たらんとするものには勿論《もちろん》、真に婦人を理解せんとする男子にも、本誌は唯一の宝庫である。」

**図 5-2**　『女の世界』創刊号（1915 年 5 月 1 日発行）．

創刊号は慶応義塾塾長・鎌田栄吉「女の独立自尊」を巻頭に、幸田露伴「女学校より雑巾掛《ぞうきんがけ》」、東京帝大教授兼日本女子商業学校校長・和田垣謙三「日本の女に望む」、野依秀一「強き者よ爾《なんじ》の名は女なり」が続く。野依のフェミニズム宣言が面白い。

「良人《おっと》をして家庭を疎《うと》んぜしめぬやうにし、優秀子女を産むで、之《これ》を非凡《えら》い人物にすれば、敢て五色の酒を飲むで気焔を挙げずとも、強い者である。女は徹頭徹尾女らしく挙動《ふるま》ふ処に強さがある。女らしき女には僕等は飽迄《あくまで》同情して、その味方たる事を断じて辞せぬ。女らしき女に対し横暴する男があればドシ〳〵やつつけてやる覚悟である。此《この》決心を以て『女の世界』を発行したのだ。」

さらに堺利彦「新聞三面記事評論」、白柳秀湖の新講談「八百屋お七と白子屋お熊」など売文社作品のほか、泉鏡花の連載小説「星の歌舞伎」などもある。野依の突撃訪問「田村俊子女史との会見記」、番付表「好男子番附(実業家)」など『実業之世界』で人気の手法も取り入れている。その意味では、「女も読む実業雑誌」と言えるのかもしれない。

「新聞雑誌記者好男子番附」(一九一五年一〇月号)から「天下一品再婚番附」(一九一六年五月号)までゴシップ情報も豊富である。また、興味深いランキングも毎号発表している。「当代新らしい女　点取表」(一九一六年一〇月号)では、学問・文章から品行・容貌・魅力・気だてまで一二項目を評者六名(青柳有美、安成二郎、小野秀雄、西村陽吉、富田砕花《さいか》、荒木しげ子)が百点満点で採点している。トップの与謝野晶子九〇・四点から第二位・中条百合子八六・九点、第三位・岡田八千代《やちよ》八三・二点、第四位・長谷川時雨《しぐれ》八二・六点とつづく。第七位・田村俊子八〇・〇点までが「優」であるとすれば、第一〇位・伊藤野枝七五・五点、第一五位・神近市《かみちか》子七二・九点、第二〇位・平塚明子(雷鳥)七二・〇点は「良」といった具合である。新しい女が「新橋名妓点取表」(一九一七年九月号)などと同列に並べられることを、どう感じたかはわからないが、傍目《はため》には面白い企画である。

男性読者を意識した風俗情報も多く載せたため、読者からの苦情も少なくなかった。「編輯だより」(一九一六年五月号)にはこうある。

「『女の世界』には芸娼妓《げいしょうぎ》の記事があるから家庭に入れられないと被仰《おっしゃ》る方もありますが『女の世界』の思想は芸妓、娼妓が少しも卑しむべきものでないといふのですから、皆さんもどうぞもつと深く此《こ》の問題をお考へになられん事を切にお勧め致します。間違つた思想を持つて居る事は其人《その》にとつて大変不幸だと思ひます。」

安成二郎は『恋の絵巻』(一九一九年)で、「恋とか、女優とか、芸妓とかいふ目次を見ただけで、読むのが厭《いや》になります」と取材を拒絶した東京女子大学(学長・新渡戸稲造)の学監・安井哲子《てつこ》を名指しで糾弾している。

「あなたはキリスト教徒です。キリストは主義の宣伝のためには売笑婦《ばいしょうふ》のマグダラのマリアをさへ近づけました。」

それなのに、なぜ、現実の「女の世界」に目を閉ざすのか、と。この異色の女性雑誌については本格的な研究が待たれるが、発売禁止となった『女の世界』一九一六年六月号は神近市子(戦後は社会党衆議院議員)が痴情のもつれから大杉栄を斬りつけた日蔭茶屋事件の特集号として名高い。特集「新らしき思想と吾人の態度」には、安成二郎「大杉栄君の恋愛事件」、大杉栄「一情婦に与へて女房に対する亭主の心情を語る文」、神近市子「三つの事だけ」、伊藤野枝「申訳けだけに」など当事者たちの言い分が掲載されている。それらはすべて安成二郎『無政府地獄』〔一九七三年〕に再録されているので、そこで排除された野依秀一「野枝サンと大杉君との事件」から引用しておこう。野依は大杉についてこう述べている。

「〔堀〕保子《やすこ》サンを内縁の妻に持ち、〔伊藤〕野枝サンを征服して之を我が物とし、某大新聞〔東京日日新聞〕の錚々《そうそう》たる女流記者〔神近市子〕を魅《まど》わして恋着《れんちゃく》の情を盛《さかん》ならしめた大杉君は「両手に花」以上の艶福家で、何方《どっち》に向ひてもフラレ専門の愚人野依秀一の如きは、両手と冠《かむり》の三方に花の大杉君を、たゞ〳〵羨望するばかりである。」

さらに、婚約を破棄して辻潤と同棲し、今度は辻と子どもを捨てて大杉に走った伊藤を野依は次のように批判している。

「伊藤野枝サンといふ女は、現在の良人よりも良い男がありさへすれば、毫《ごう》も躊躇する処無く、ドシ〳〵大胆に、より良い男——より強い男の方に気を移し、之に乗換へてゆく女であるらしく思はれる。」

周知のごとく、大杉と野枝は一九二三年関東大震災において憲兵隊に虐殺された。大杉と離縁していた堀保子〔堺利彦の妻の妹〕は難を逃れた。神近は女子刑務所で二年間服役したが、昭和に入ってからも『実業之世界』誌上で野依と何度か談話している。

## メディア・イベントとしての求婚広告

一九一五年七月四日、「フラレ専門の」野依は三宅雪嶺夫妻の媒酌により、目黒不動前の料亭角伊勢《かどいせ》で結婚式を挙げた。その相手は武田のぶ子という。『女の世界』創刊のため『読売新聞』に出した「婦人記者募集」の広告を見て、面接に来た女性である。社員総代として安成貞雄は「善種学上より見たる野依秀一君の結婚」のスピーチを行った(『女の世界』一九一五年一〇月号)。

「新野依秀一夫人は、其の丈《たけ》の高い事に於いて、当今の婦人中、稀に見る所で御座います。」

この祝辞はただ野依の身長コンプレックスを暗に揶揄しているようにも読める。「新婚の野依社長夫妻」(図5-3)の写真は、三ヶ月前に創刊したばかりの『女の世界』一九一五年八月号に掲載されている。都合が良すぎないだろうか。結婚そのものが新しい婦人雑誌の話題作りではなかったか。その前号に野依の「結婚と僕の煩悶」が掲載されている。もちろん、これを執筆した六月時点でのぶ子との結婚は決まっていたはずである。

「監獄を出たら我から進んで、〔未亡人など〕怯う言ふ気の毒な境遇に沈んで居る婦人を娶つて、一人でも多く弱い女を救はうと後生気《ごしょうぎ》を起した。（中略）処が、之が世に謂ふ凡夫の浅ましさとでも言ふのであらう。（中略）僕の感情は、何を隠さう、矢張り処女を求めて動いて居るのだ。」

私小説のような告白である。五年後、のぶ子との結婚と離婚についても野依は「阿弥陀仏に救はるゝまで」(一九二〇年一二月号)で、こう語っている。

図 5-3　「新婚の野依社長夫妻」(『女の世界』1915 年 8 月号口絵).
四尺八寸の野依に対して新婦・武田のぶ子は五尺二寸.

「〔入信の動機の一つは〕私が入獄半ヶ年前に、当然破らるべき結婚をした事であります。(中略）若《も》しも彼女が、処女であつたなら、私は、如何に悲痛な思ひをなしたでせうか。」

この結婚式の三日前に発行された『女の世界』一九一五年七月号にはインタビュー記事「野依秀一氏病床に恋を語る」も掲載されている。そこで野依は「初恋の女」、「思ひ出の女」、「失恋の女」、「ふられた女」、そして「結婚を申し込んだ女」に関する過去を語っている。この号にも寄稿している下山京子への求婚については簡単に紹介しておこう。下山が『時事新報』の女性記者だった一九〇八年頃、小林一三に勧められて、野依は手紙で結婚を申し込んだ。返事がないので電報で督促したところ、「電報とは何事か」と下山の母親に叱られたという。下山は記者退職後に京橋で待合「ひと葉」を経営し、さらに女優(芸名・紅葉)として活躍したモダンガールである。『紅燈《こうとう》の下』(一九一四年)などの著作もあり、『女の世界』にも頻繁に寄稿している。ただし、野依の求婚が本気だったかどうか、それはあやしい。というのは、この結婚を申し込む前に野依は下山の勧める『時事新報』に、「妻を求む、実業之世界社長野依秀市《ママ》、当年二十五才、四尺八寸」と見出しで顔写真入りの広告を出していた。野依いわく、

「若《も》し一人も申込人がなかつたところが広告にはなると思つたもんですからネ。」

つまり『実業之世界』の宣伝と知名度アップが目的だったわけだ。これに対して、下山も『一葉草紙』(一九一四年)で「良人としての男」について野依を真逆にした理想像を語っている。

「自分の一生涯連れ添ふ主人《あるじ》としたら、西洋人の煙草入れの根附《ねつけ》になるやうな小男はいけない。」

このやり取りも「フラレ専門」をアピールする演出だったのだろう。それから二〇年後、野依は元社員との座談会「野依社長に〝もの〟を訊くの会」(一九三七年五月号)で下山京子への求婚の内幕を語っている。

野依「小林一三君が、僕に御馳走するといふので、当時福沢桃介と共同して大阪で福松商会といふのをやつてゐた松永安左衛門と一緒に北の新地でおごつて呉れた。(中略)小林君たちがさういひ置いたのだらう、女が来た。それが変な女なので、せずに〔東京へ〕発つた。そして手紙で〝女を世話をするならもつとよい女を世話せよ。あんな女ではやる気になれん、上等の嫁を世話せよ〟と言つてやつたら――〝世話をするから写真をおくれ〟と返事が来た。そこで写真を送つた。小林と松永が当時大阪時事の婦人記者をやつてゐた下山京子を世話しようじやないかと言ふのだ。」

吉井哲三「下山京子は美人でしたよ。あれは福沢社長〔捨次郎〕〔諭吉の次男、大阪時事新報社社長〕の妾《めかけ》でした。尤も下山の方で社長を手玉に取つて、金を出させて、仕度《した》い放題な事をやつてゐたのです。」

野依「あれは小笠原長幹《ながよし》〔伯爵〕ともどうかしてゐたよ。」

どう考えても、本気の求婚とは思えず、自己宣伝の一種といえるだろう。ついでに言えば、盛んに反省してみせる「芸者買《がい》」さえ社業の好景気を誇示するメディア・イベントだった可能性が高い。

「僕は女よりも仕事に執着心がありますから、とても一日、女の傍《かたわら》に居てふざけて居る事なんぞは出来ないんです。」

『実業之世界』に誌名変更した直後、二二歳の立身出世主義者は「吾輩はドコからどんな女を嫁に貰《もら》うか」(一九〇八年九月号)を発表している。この「立身出世の鼓吹者」は、権門富豪の娘との「囚徒的結婚《しゅうと》」を退けて、独特の美人論を展開している。

「吾輩の貰ふ嫁は、性質がよくて、気がきいて別嬪《べっぴん》でなければならぬと極《き》めて居る。世間では、随分顔はどうでも性質さへよければなど云ふ人もあるが、正直な所、別嬪でなければ不可《いけ》ぬ。と云ふのは、美と快感とは連結物で、妻君が美しくなければ、長い間には不愉快にもなり、芸妓買ひもして見たくなるであらう。」

この文章は『傍若無人論』(一九〇九年)に再録されたが、末尾に続いた一文が省略されている。そこで野依は「持参金つきの嫁」を読者に公募していた。

「多くは望まぬが少く共《とも》十万円以上欲しい、其十万円をドウするかと言ふと、夫《そ》れは、コノ『実業之世界』を世界的大雑誌にして、傍《かたわ》ら又世界的政治雑誌を発行して国家の為めに尽したいと思ふ。金さへあれば吾輩なら必ず出来る。(中略)新聞もやりたい。」

その持参金で新聞を出したいというのだ。メディア人間の欲望は結婚においても終始一貫している。そのため自らの結婚を読み物のネタとすることに野依が悪びれることはなかった。

## 「古風な女」か「新しい女」か

野依は女性名士へのインタビューでは例外なく結婚を口にしていた。たとえば、野依の第一回目の入獄直前に掲載された下田歌子「野依サンに適した細君は誰？」(一九一二年一一月一五日号)である。実践女学校校長の下田は、宮中、政界とのつながりから「妖婦」と評された女傑である。野依には新しい女、つまり「自覚したと思ひ違ひをした婦人」は不適切で、「江戸風の昔の女侠客と云つたやうな婦人」か「何処までも柔順な婦人」がよいと述べている。

なるほど、矢野恒太《つねた》「野依君へ註文！　大正の幡随院《ばんずいいん》長兵衛たれ」(一九一四年九月一日号)という声援もあったから、「町奴の頭領」イメージの野依に「江戸風の昔の女侠客」は似合いだろう。そうした世間の印象を野依自身も雑誌ネタとして大いに利用した。たとえば、佐藤興詮《こうせん》「良縁あり！　野依社長にすゝむ青柳先生月下氷人たれ」(『女の世界』一九一五年六月号)である。そこには写真入りで前田利同《としあつ》伯爵の令嬢・前田すみ子(学習院女学部卒)が紹介されている。すみ子は『青鞜』愛読者で、「あたしの理想の良人は幡随院長兵衛のやうな人がいゝわ」とコメントしたとの報道が引用されている。野依とは何ら関係のない伯爵令嬢にとってはとんだ災難というべき埋め草記事だが、これを掲載した編集発行人は野依自身である。

下田は野依には新しい女は不適切と断じていたが、野依は新しい女にも惹かれていた。「野依新婚号」(一九一五年一〇月号)には「野依社長と伊藤野枝女史との会見傍聴記」がある。野依がのぶ子と結婚したのは、会見の三日前である。『青鞜』の運転資金のため野依に原稿の買い取りを求めに来た伊藤をこう口説いている。

「どうです、御亭主〔辻潤〕と別れて僕にラブしちや、僕は非常に面白いですよ、新しい女は僕のやうな快活な男を有《も》たなくちやとても満足は出来ませんよ。」

『赤裸々記』によれば、後に大杉栄はこの会見で「野枝を侮辱した」野依に「五十円ばかり罰金を出せ」と迫っている。ただ、この金額については、大杉の野枝宛書簡では要求額は「五十円」ではなく「原稿一枚一円五十銭として七、八十円」だという。いずれにせよ、野依は「貸せと云ふなら貸すが、恐喝がましい事を云ふなら出さない」と答えて、喧嘩になったという。会見録を無断で公開された伊藤も、『中央公論』に「妾《わたし》の会つた男の人々〔野依秀一、中村孤月印象録〕」を発表している。さすがに男を見る伊藤の眼は鋭い。

「この人〔野依〕は、思つたよりも底の浅い人です。正直で小胆な処があります。子供らしい可愛さがあります。（中略）私は善人の虚勢はいやです。いつそ、それよりも、本当の悪人が好きです。野依さんは、どうしても善人です。」

「白昼の強盗」野依を恐喝する大杉は、はたして「本当の悪人」といえるだろうか。野依が善人か否かはともかく、のぶ子との結婚生活は続かなかった。入獄の三ヶ月前、一九一六年三月に協議離婚している。「野依社長より読者諸君への告別の言葉――妻と離婚せるに就て」(『女の世界』同年七月号)で、入獄と離婚は同時発表された。すでに「今より三ヶ月前」に協議離婚していたという。離婚の理由については、双方に言い分はあるが「弱い女の大事に関すること」として発表を見合わせ、責任は「是《こ》れ皆な私の不明に因《よ》る」という。

「離婚しましたが現在の社会制度に於て女が何時でも、不利益の位置にある事を決して忘れは致しませんでした。私の温い同情は離婚せんとしたのぶ子の上にありました。」

いずれにせよ、恐喝事件公判中の結婚、入獄前の離婚という展開そのものが、新しい野依メディア、『女の世界』のために貫行された疑似イベントと言われても否定しようはない。

離婚したのぶ子については、出所後の「阿弥陀仏に救はるゝまで」(一九二〇年一二月号)で次のように懺悔している。

「私は、出たら、彼女とまた結婚しようと思ひました。(中略)けれども、これは双方の幸福でないと云ふ事を私は感じましたので、思ひ止まつたのです。」

だが、その二ヶ月前に発表した「獄中四年の告白」(一九二〇年一〇月号)によれば、野依が獄中で恋い焦がれていたのは、のぶ子ではなく、野依を一二年間愛し続け入獄中も毎日陰膳《かげぜん》を据えてくれた「お文さん」だという。

この陰膳する女性は、すでに離婚直後に公表した「僕の好く女」(『女の世界』一九一六年三月号)にも登場していた。「僕の妻にならぬか」と言い寄ったこともあり、さらに一押ししなかったことを「一生の最大過失」と書いている。なお、同じ記事で、実業之世界社社員だった安成貞雄の妹・久良子(通称くら)が金子幸吉と結婚する前、「僕は曽《かつ》て斯《こ》のクラちやんに惚れて(お互ひ?)結婚しやうとした事がある」とも書いている。また、部下の事務員・前島花子とも「曽《か》つて結婚を志した事がある」という。こうした女性の写真を『女の世界』に掲載して、「僕は女に好かれる」と言いつのる「新婚」野依の神経はいささか理解しがたい。

「僕にして若《も》し、身丈が猶《も》う三寸高かつたら、女にベタ惚れをされて、今頃は既に生命が無かつたらう。是《ここ》に於てかかく絶世(?)の好い男子たる僕――天下の野依秀一が、四尺八寸の短身に生れた事を、僕は今更の如く皇天上帝《こうてんじょうてい》に感謝するものである。呵々《かか》。」

最終的に野依が選んだ相手は、やはり「陰膳の文子」である。「僕の好く女」に登場する、赤坂の待合・福寿美《ふくずみ》の女中・蘆川《あしかわ》文子は同一人物だろう。

「出獄したならば、自分はすべてのものを彼の女に捧げて、彼の女の誠に報いようと決心しました。若《も》しこれが為めに、諸先輩に見捨てられても構はないと迄決心しました。」

**図 5-4** 野依よし(『大分新聞』1930 年 2 月 19 日付「候補者の家庭を訪ねて」). 野依の大分遊説中, 東京の実業之世界社を切り盛りする夫人.

結局、野依は一九二二年一〇月、二歳年上の文子こと、蘆川芳《よし》と再婚した(図5-4)。野依没後の著作権継承者も「野依よし」である。

結婚後、野依が妻・よしについて語る記事はほとんどない。本当に愛していたのだろう。わずかに次の文章を発見することができた。六八歳になった野依は、よしとの結婚をこう述べている(「わが半生を語る」一九五三年四月号・五月号)。

「私が出獄したその日に第一番に見舞品として料理を届けてくれたのは、他ならぬ今の妻でありました。私が家内と知り合いになつた初めは、明治四十二年の六月頃でした。家内は当時赤坂溜池の福住《ママ》という待合の女中頭をしていたものです。私をそこにつれて行つてくれたのは、野間五造君でした。」

よしは才覚のある女性だったようで、野依が獄中にいる間に自分で商売をはじめて相当の蓄えをしていたという。野依は出獄後、よしから数万円を借りて出版事業を再開している。

「それに対し一向満足を与えることができず、どちらかと云えば苦労をかけることが少くないという有様で、洵《まこと》に相済まぬ次第です。（中略）若い時から女道楽も相当やりました。ただ一つ、自ら感心と思うのは、いかなることがあつても、私は東京におつて外泊したことは、只《ただ》の一回もない。旅行は別だが、東京にいて自宅を空けるということは女房たるものに対して余りに残酷である。だからそれだけは決してやらぬことにしております。」

よしは献身的に野依を支えたようだが、夫の勧めでも仏教信者となることだけは拒み続けた。なお、一九五〇年代前半に野依の秘書を務めた芹川幸宏《ゆきひろ》が晩年の夫妻について追悼集で触れている。野依が亡くなる五年前から夫人は脳溢血で倒れ病床にあったが、野依は自らの入院が夫人を不安にすることを極度に気にしていたという。

「野依氏は涙にもろく、病床の奥さんに泣かれるのが何よりもつらかったようであった。」メディア人間が秘めて見せなかった素顔といえようか。

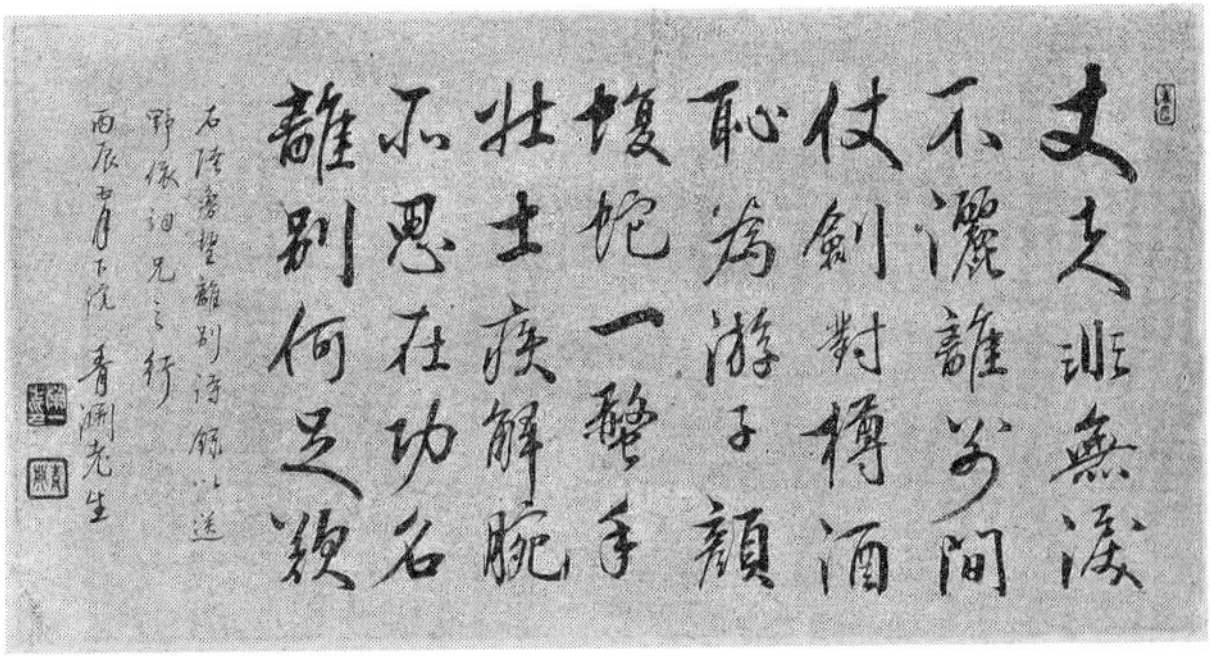

**図 5-5** 野依入獄による別離を惜しんで渋沢栄一が自ら書いた詩文．末尾の 2 行にいわく，「思ふ所は功名に在り　離別何ぞ歎くに足らん」(『実業之世界』1916 年 6 月臨時増刊特大号)．

## 実業派 vs. 社会主義派の路線対立

『実業之世界』は一九一六年五月一日号から八周年記念・臨時増刊特大号を大々的に予告していた。しかし、この『野依号』(六月一〇日発行)は「入獄記念号」になってしまった。愛国生命保険会社恐喝事件の控訴審では、渋沢栄一(図5-5)、三宅雪嶺ほか二三名連署の上申書が提出されていた。しかし、一九一六年五月二四日午前一一時、大審院は上告を棄却し、ここに禁固四年の実刑が確定した。

『野依号』には特集「一百人の見たる野依秀一」、「野依秀一が四年間下獄するに至る顛末」、さらに弁護士・今村力三郎、宮島次郎、卜部喜太郎、高木益太郎、横山勝太郎、片谷惣四郎の法廷弁論、最後に予審決定書、第一審判決、第二審判決および意見書、検事論告など裁判記録が付されている。卜部喜太郎は「野依は私設の検事にして断じて罪人ならず」と主張し、野依式こそ「新聞雑誌本来の立場」だと弁じている。

「幸ひに新聞雑誌記者といふやうな、悪徳者流から嫌がられる私設の検事、私設の刑法、私設の刑罰を加へる者があつて初めて一般社会を警戒して悪事を防止する事ができる。」

野依の「社中同人に与ふる書」は自ら不在となる四年間の指針を示す命令書である。社長に金子幸吉、編集局長に青柳有美を指名しているが、いずれも入社二年に満たない新人である。

「『実業之世界』は諸君が思ふ存分驥足《きそく》を伸すに足る自由の天地となるのだ。斯《か》くして諸君が遺憾なく其能力を発揮し、努力に対する報酬を立処に収獲《おさ》め得る如き機会は、一生のうちにも滅多に来るものでは無い。たゞ僕の入獄によつて、天より諸君に与られたのである。」

守勢に入ることなく討ち死にも恐れず攻撃せよ、と激励している。とくに、編集の全権を委ねた編集局長の青柳猛(有美)について、野依はこう述べている。

「僕に対しては三宅先生、渋沢男爵すら猶《な》ほ且《か》つ敢て言はぬヒドイ小言や悪口ばかりを言ふ程に真実僕を思つて呉れる最高人格の人である。」

だが、青柳はまさにこの『野依号』で「犯罪人たる野依秀一を賞恤《しょうじゅつ》せる文章篇を登載せる廉《かど》」により新聞紙法違反に問われ、禁固一ヶ月を言い渡された。その後、控訴審で罰金二〇〇円に減刑されている(「謹告」『世の中』一九一六年一一月号)。

経営を任された金子幸吉は台湾協会学校(拓殖大学の前身)在学中から田岡嶺雲《れいうん》、幸徳秋水の書生となり、朝鮮銀行員などを経て実業之世界社に入社していた。しかし、一九一六年九月二九日二九歳の若さで病死している。安成くらと結婚した金子は、社会主義グループとも協調できたが、後任の社長代理に実業派の武井文夫が就任すると編集部(図扉)では社会主義派との路線対立が表面化した。一九一八年の「創刊一〇周年記念号」で武井は次のように宣言した。

「『実業之世界』は、予にとつて、一《ひとつ》の委託物である。生殺を一任せられたには相違ないが、殺すよりも生かさん事を期待せられたと解するのが当然である。故に予は、一時破邪の筆鋒を収め、静《しずか》に力を蓄へて、野依社長の出獄を待つを以て、予が採るべき最善の策と思量した。」

野依は「討ち死にを恐れるな」と言い残したはずである。被造物の存在理由は創造者のみが知るということだろう。『実業之世界』を「無方針の方針」で運営できるのは野依秀一だけだった。

実業派寄りに舵を切った青柳編集局長は「社会主義に惑はさるゝ勿《なか》れ」(一九一七年一一月一五日号)で性的に放縦な主義者の生態を厳しくあげつらった。大杉の日蔭茶屋事件を念頭においた批判である。青柳は同じ内容の「社会主義者を退治せよ」を『中央公論』同年一二月号にも発表している。

### 煩悶引受所所長・青柳有美の退陣

これに対して、荒畑寒村は『新社会』一九一八年一月号を「青柳有美退治号」として編集した（ただし発禁処分）。

皮肉な見方をすれば、野依の代筆者として売文社の社会主義者が新渡戸稲造に向けた人格攻撃の刃が、いまや自らの上に及んだのである。そうした弱みもあったのだろう。寒村の「青柳有美の面皮《めんぴ》を剝ぐ」には、いまひとつ切れ味がない。言い訳じみているのだ。

「彼れ青柳が、吾々を攻撃する唯一の口実は、悉《ことごと》く社会主義者の私行である。然《しか》しながら、天下何人か清浄無垢なる人間があるか。古い諺にもある通り、「新しい畳でも叩けば埃りが立つ」、況《いわ》んや吾々は聖人君子だと称した覚へは無い、社会党或は無政府党は、宗教的団体でも無ければ、道徳家の寄り集まりでも無い。（中略）世間一統の欠点を、吾々が有して居たからとて、何で世間がその為めに損害を蒙《こう》むるのであるか。」

書いている寒村も説得力のなさには気づいていただろう。というのも、寒村が反撃するのも「青柳の私行」に他ならない。

「僕は青柳のやうに、ヤソ教女学校（明治女学校）の教師をして居ながら、（巌本善治《いわもとよしはる》）校長と二人がゝりで女（本荘幽蘭）を姦淫したり、青年に忠君愛国を説き、礼義修養を説きながら、ユスリ専門、乞食本職の『実業之世界』の禄《ろく》を食《は》むで居るやうな、そう云ふ聖人でも君子でも無いから、云ふ事が野卑で書く事が下劣だ。」

激情に駆られた寒村の矛先は獄中の野依、それを支援する渋沢栄一にまで及んでいる。

「『実業之世界』は一名『恐喝之世界』（今日では人呼んで、乞食之世界と綽名《あだな》するが）と云はれた程で、お蔭で社長の野依秀一は、目下は監獄に入つて居るが、彼れ野依が恐喝の相棒は、実に男爵渋沢栄一なのである。」

寒村の矯激な罵倒は「編集当番より」でも空回りを続けている。

「ユスリを緯《よこいと》とし乞食を経《たていと》とせる泥棒雑誌『実業之世界』編集局長の肩書つき、秋田無宿の助平小僧、溝鼠《どぶねずみ》の如く、蛆虫の如く、糞蠅の如く、不潔で小うるさくて有害なる、青柳有美の退治号にしました。（中略）今後は毎号青柳有美攻撃の一文を載せる考へです。で次号には「青柳有美、野依秀一の睾丸酒を頂戴す」と云ふ一席を演じて、忠君愛国仁義勤勉の卸問屋みたいな事を云つて居る。此の醜奴《しゅうど》の化《ばけ》の皮をヒン剝いて御覧に入れます。（荒畑生）」

寒村のいう「睾丸酒」（睾丸を盃のようにたたみあげて酒を注ぐ）のエピソードは尾崎士郎が後に「人間野依」（『世界仏教』一九五一年一月号）で紹介している。こうした虚実入り混じった文章を自ら発行する雑誌に掲載してしまうところが、いかにも野依らしい。ただし、この話には元ネタがある。『女の世界』編集部にいた鈴木氏亨《しこう》が『酒通《さけつう》』（四六書院・一九三〇年）で書いた「兆民居士と陰囊の盃」である。中江兆民が酒席で酔って、「どんな盃でも受けます」と答えた芸者に、両手で自分の陰囊を引き延ばし、それを盃にし酒を注いで呑ませた。その芸者は「先生御返盃」と熱いお燗を兆民の陰囊へ注ぎ込み、兆民を「俺の負けだ」と低頭させた、という笑話である。もっとも、売文社でそれを聞いた野依が自ら「兆民」を演じてみせた可能性もなくはないけれども。

寒村の罵倒より、むしろ「輪井影一」こと山川均《ひとし》の手になる「青柳有美先生を憶《おも》ふ」（『新社会』一九一八年一月号）の指摘が当たらずといえども遠からずだろう。山川は青柳の社会主義者批判の意図を、野依の仮出獄に向けた当局へのアピール、渋沢など財界パトロンへのお愛想、そしてなにより「社会主義者と親交ある一社員(安成二郎)を排斥して、編輯局の実権を完全に掌握せんとの一念」だと分析している。実際、安成二郎は一九一九年四月に実業之世界社を退社している。

だが米騒動やシベリア出兵の世相において、社会主義人気はますます高まっていた。結局、思想市場の流行を商品として扱う雑誌界において、青柳の批判は無力である。青柳は「実業之世界社を去るに当りて」(一九一九年一一月号)で自ら敗北を認めている。

「私は耄碌《もうろく》した。私の頭は古く成つた。私の髪はチヨン髷に結へるほど長く成つた。私は旧思想家である。迚《と》ても、今日の進歩したデモクラシーやサボターヂなんかといふ思想には共鳴しかねる。」

青柳の退社により、『実業之世界』は急速に先鋭化していった。青柳は『名古屋日報』主筆となり、後に小林一三などの支援を受け宝塚歌劇学校の舎監兼教師に就任するが、一九四五年、京都で没している。

一九二〇年新年号の巻頭言「議会の外の力」で『実業之世界』は、制限選挙と御用新聞による輿論《よろん》を批判し、街頭の直接民主主義を訴えている。

「有るも唯《た》だ是《こ》れ紙製の輿論、活版刷の輿論に過ぎない。かくして民衆は軽視されつゝある。然《しか》し、政府の死命を支配する実力は遂に議会の外にあるべきである。無力なる民衆自身の直接なる運動それである。路頭に立つてノーと叫ぶも其の一……。」

ここにおいて、同誌を『乞食之世界』とまで罵倒した寒村までも荒畑勝三の実名で「足尾銅山坑夫の為に飯場制度の撤廃と八時間労働制との正当を主張す」を寄稿している。続く一九二〇年二月号の巻頭言「出版法改正案と無産階級」では、新聞紙法における保証金の引き上げを言論資本主義システムとして批判している。

「日本の政府も多分無産階級といふ属国の独立を恐れて、其の言論の自由を抑制するのだらう。あゝ見事な資本主義的改善よ。」

さらに社説「ストライキ乎《か》投票乎」は「直接行動の危険を防止する途《みち》は普通選挙を実施して政治的手段に誘《みちび》くにあり」と叫んでいる。野依社長の出獄を半年後に控え、『実業之世界』は社会主義雑誌の性格を帯びつつあった。

## 『女の世界』の遺産

青柳退陣に先立ち実業之世界社を去った安成二郎は、一九一九年八月読売新聞社に入社し婦人部長に就任した。一九二四年正力松太郎に買収された同紙は、婦人欄の拡張とラジオ欄新設によって大躍進を遂げる。安成人脈で固められた『読売新聞』婦人欄は、一九二一年廃刊した『女の世界』の系譜にあると言うことも可能だろう。安成二郎が『女の世界』で体得した編集の極意は「新聞と婦人」(一九三一年)にまとめられている。九〇年以上前に書かれたとは思えないほど秀逸なメディア論である。「新聞にはヂエンダー(性差)は無い」の一文で始まる。さらに「新聞とは営利的商品である」と断じた上で、新聞と「読者獲得の対象として考へる婦人」との関係を次のように整理している。

「第一に、新聞を読まない〔だから婦人に期待しない〕。第二に、知識的に新聞を選択する頭がない〔だから婦人向けの編集をしない〕。第三に、経済的に新聞を購読する力がない〔だから無視する〕。第四に、新聞を読むのもある〔その婦人は男と変わらない〕。第五に、特に興味と必要の記事なら読むだらう〔だから家庭欄・婦人欄が必要になる〕。」

その上で、自ら育てた『読売新聞』婦人欄をこう総括する。

「読売の婦人欄には〔販売〕目標はあるが、目的意識はない。〝街の女〟をあるがまゝに認識して、彼女等の購読慾を唆《そそ》るやうに編輯してゐる。いい悪いの問題ではない。商品たる読売新聞に花を飾つてゐるのである。」

これこそ『女の世界』、つまり野依式メディアに特徴的なリアリズムなのである。一九二〇年五月二六日の野依再出獄後の実業之世界社についてては次章で改めて論じるが、『女の世界』廃刊に至る経緯について簡単にまとめておきたい。廃刊は編集長の頭ごしに野依が決定したものである。というのも、最後の「編輯室より」(一九二一年八月号)には野依の編集復帰により「現代唯一の婦人高級雑誌」への変化が芽生えていることが報告され、「永久に御愛読あらん事を希望致します」と呼びかけられていた。だが、その五頁前に告示『女の世界』廃刊に就いて」が割り込んでいる。つまり、校了直後に廃刊は決まったようだ。「『女の世界』編輯者一同」の名義でこう書かれている。

「時代に生きんとする婦人の為めに更に改めて新らしき婦人雑誌を発刊することを企画し、

断然《きっぱり》『女の世界』を廃刊する事にしました。」

獄中で浄土真宗に帰依した野依が考える「新らしき婦人雑誌」は、『真宗婦人』(一九二二年一〇月創刊)だった。この宗教的回心についても次章で詳しく論じるが、『女の世界』の困難性はすでに廃刊の一年前、堺利彦が「女の世界の消滅——男権の顚覆《てんぷく》と有産権の顚覆」(『女の世界』一九二〇年八月号)で示していた。女性の社会進出は進み、女教師、女医からやがて女弁護士、女代議士もできるだろうが、職業や資格の上に「女」がついている限り「男の世界」のゲットーに過ぎないと堺はいう。

「女の世界を拡大する究極の目的は女の世界を無くする事であらねばならぬ。男の世界といふものが無いのだから、男女対等の社会には女の世界といふものも無い筈《はず》である。」

『女の世界』編集部も青柳退陣後は急進化し、男女平等の社会主義が目指されていた。『女の世界』奥付の編輯兼発行人に野依秀一が復活するのは一九二〇年一一月号だが、野依の論説復帰は翌一二月号「処女号」の巻頭「処女解放論」である。この号の「婦人界時評」でも堺利彦が女性に向けてこう呼びかけている。

「諸君の敵は男子閥ばかりではない。結局は資本家閥と戦はねばならない。婦人運動はどうしても労働運動の一部とならねばならない。」

翌一九二一年一月号から「婦人界時評」担当は山川菊栄と堺が交互に行うようになり、社会主義色はさらに強まった。山川菊栄は「現代の婦人雑誌と貴女と売笑婦——現代の婦人は何故に腐敗堕落せる婦人雑誌を手にする乎《か》」(一九二一年六月号)でこう述べている。

「もし今日の日本から、女の虚栄心をそゝり、その進歩を阻害する、あの安つぽい低級極まる婦人雑誌が無くなつたら、私共はどんなに清々するでことでせう。」

この婦人雑誌批判は「父子互《たがい》に隠れて愛読する雑誌だなどゝ一部道学者から非難されてゐ」た(「編輯室より」廃刊号)、『女の世界』にも跳ね返ってくるものだった。男女平等と性的自由の両立は、一九二〇年代初頭の編集方針としてあまりにも革新的に過ぎたといえるかもしれない。時は教養主義の大正であり、まだエログロ・ナンセンスの昭和ではなかったのである。

# 第六章　仏教プロパガンディストの信仰縦横録

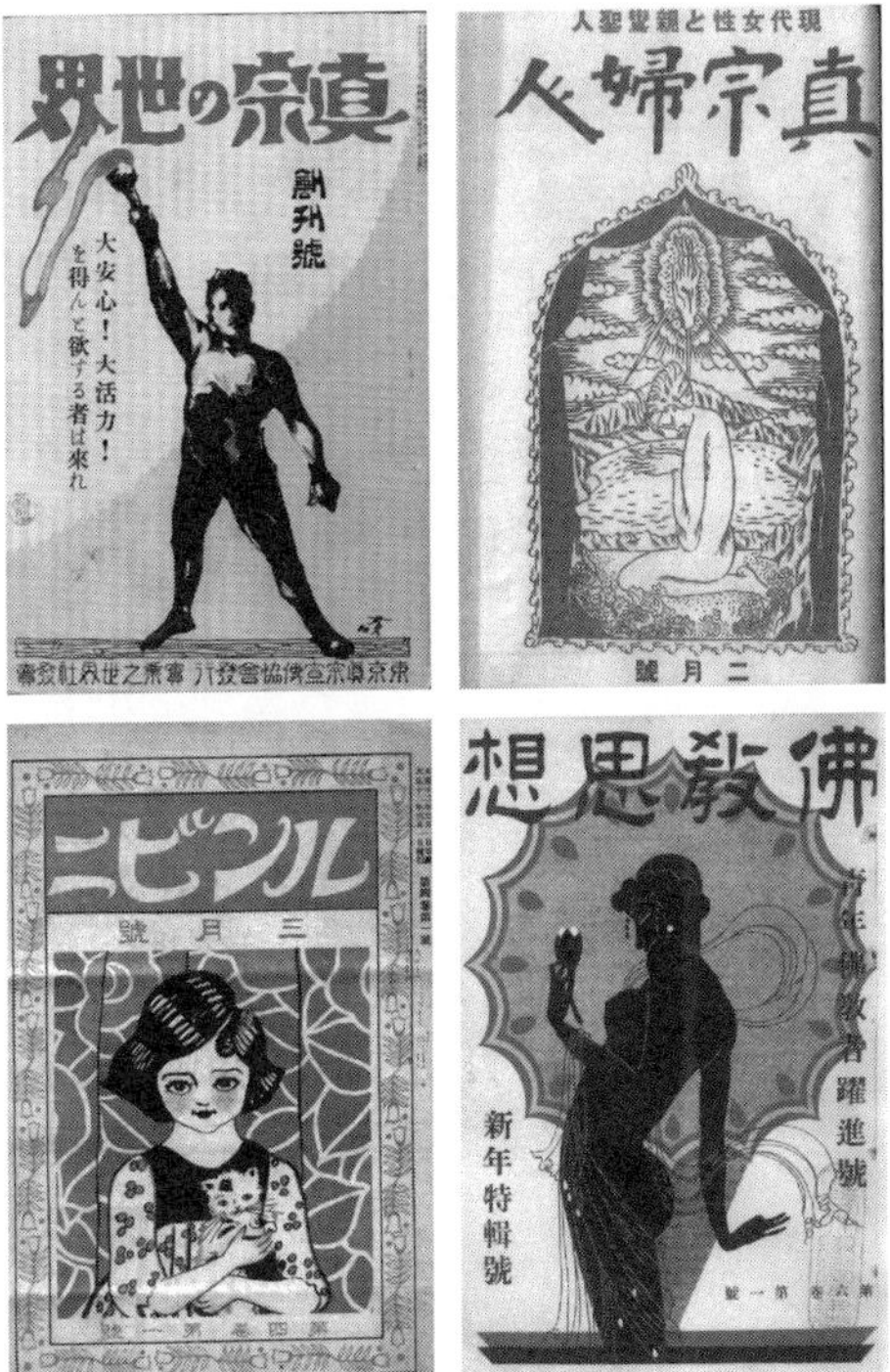


『真宗の世界』創刊号(1921年10月号),『真宗婦人』(1923年2月号),『ルンビニ』(1923年3月号),『仏教思想』(1931年1月号).

## 獄中四年の告白

実業之世界社社長・野依秀一は一九二〇年五月二六日、愛国生命に対する恐喝による禁固四年の刑期を満了した。午前六時、豊多摩《とよたま》刑務所で出獄を出迎えた人々の中には堺利彦夫婦とその長女真柄《まがら》もいた。翌日、実業之世界社の留守を預かった社長代理・武井文夫と一緒に「三大恩人」渋沢栄一、三宅雪嶺、大木遠吉に挨拶回りをしている。司法大臣・大木遠吉伯爵は、大隈が野依に紹介した改革派の貴族院議員である。大木は『実業之世界』に藩閥政治家を痛烈に批判する文章をつぎつぎに発表し、野依はそれを『我が抱負』(一九一二年)、『男児の意気』(一九一五年)として刊行した。

しかし、野依が藩閥批判のポピュリズム路線を突き進むとき、一九一〇年に大隈伯爵(一九一六年に侯爵)と絶縁したように、やがて佐賀閥の枢密院議長・大木喬任《たかとう》の息子である遠吉と決裂するのは必至だったとも言える。一九二四年清浦奎吾《けいご》内閣が成立すると、護憲運動の先頭に立つ野依は「十七年の親交を述べ清浦内閣の産婆役を勤めし大木遠吉伯の妄動を糺弾して其《その》反省を促す」(一九二四年四月号)を発表し、「恩人」に対する攻撃の手をゆるめなかった。当然ながら両者は絶交状態となり、野依は「恩人」リストから大木の名前を消去している。「三大恩人」が財界・学界・政界から一人ずつ選ばれていたとすれば、大木の「恩人」除名は野依自身の政界進出の意欲とも関係があるだろう。それは次章で検討するが、野依は『私の会つた人物印象記』(一九三六年)でこう回想している。

「〔大木伯は〕国粋会の総裁などにもかつがれ、私の国家自由思想としつくり合はなくなつて来た。従つて疎遠になつて来るのも已《や》むを得なかつた。」

ここでも「〔大木は〕一度は必ず総理大臣になるべき人物と思つてゐた」と書いている。野依が本当にそう思っていたとすれば、このメディア人間の政治センスには問題があったといえる。経済人・渋沢、学者・三宅に比べて政治家・大木の器は数段格が落ちるはずだ。実際、大木との絶交から三四年後、『実業之世界』創刊五〇周年記念号(一九五八年六月号)で「本誌の十大恩人」として野依は以下の一〇名を挙げている。桑原虎治、鎌田栄吉、武藤山治、和田豊治、大隈重信、福田徳三、後藤新平、渋沢栄一、幸田露伴、三宅雪嶺。大隈は復活し、後藤が加わり、大木は欠落のままだが、政治家の評価として妥当な判断だろう。

さて、一九二〇年出所挨拶で大木邸を辞した野依は、星製薬社長・星一《はじめ》(小説家・星新一の父)の箱根別荘で静養に入った。獄中の野依に大量の書籍を差し入れた星は、『実業之世界』の財政的支援者の一人であった。薬品も雑誌もともに広告依存度の高い商品であり、両者の経営センスはよく似ていた。星は社是に「親切第一」を掲げ「親切第一稲荷神社」を建立したが、野依も渋沢栄一没後に「渋沢神社」を創建して守役となる。星は『実業之世界』の広告スポンサーだっただけでなく、「日本の労働者は世界第一なり」(一九二〇年一月号)など多数の論説を寄せている。

野依の静養生活は三ヶ月に及んだ。ほぼ第一次大戦と重なる獄中の四年で日本社会は大きく変貌しており、再出発にはそれなりの調整が必要だったのだろう。『実業之世界』一九二〇年七月号に載った社告「野依秀一氏出獄す」はこう述べている。

「今、或《あ》る温泉場で心身の洗濯をしながら、アル計画を樹《た》てつゝあります。孰《いず》れ諸君の御厚情に酬《むく》ゆるアルものが具体化して諸君に見《まみ》ゆるでありませう。アルものとは何でせう。お楽しみにお待ち下さい。」

その「アルもの」は、なるほど読者には予想外な告白だったはずだ。「野依秀一新活動号」(一九二〇年一〇月一日号)では「獄中四年の告白」、「獄中で獲得した我が宗教信念」を掲げ、「親鸞の弟子」となったことを宣言している。

それにしても、なぜ浄土真宗だったのか。入信するとしても野依なら「文明的のクリスチヤン」か「元気の好い日蓮宗」だろうと友人に言われていたと、本人も書いている(「私はナゼ特に真宗の信者となつたのでせうか」『真宗の世界』一九二三年二月号)。確かに、明治の社会主義者にキリスト教信者は多く、昭和のファシストに日蓮教徒は多い。いくつかの理由は考えられる。『真宗の世界』一九二二年新年号から連載した自伝、つまり『我が赤裸々記』(一九二五年)では、自らの信仰の起源を信心深い母の思い出の中に求めている。中津で代々呉服屋を営んでいた野依家は真宗大谷派(以下では東本願寺派と略記)長久寺《ちょうきゅうじ》の門徒だった。だが、「私はこうして真宗の信者となりました」(『真宗の世界』創刊号・図扉)では、入獄以前の複雑な心情を吐露している。

「爺さん婆さんが、坊主にだまされて居るものなら、電燈会社や保険会社を攻撃した様に、坊主やらお寺を攻撃してやらうと考へて居《お》つたのです。」

それが独房で読んだ仏教解説書と教誨《きょうかい》師の説教で回心したという。ただし、蓮如の『御文章』を一度、『歎異鈔』を二度読んだきりで、経典類は難解で理解不能だったと開き直っている。

「経文を幾ら読んだつて御信心は頂けやしません。お信心を頂くには我身の罪悪深重と云ふ事を知るのが一番です。」

こうした「正直な」告白は、経典は読めないけれども救いは得たいと願う一般大衆に大きな共鳴板をもっていた。とはいえ、野依が信仰告白をはじめた「野依秀一新活動号」には、もう一つ別の大特集が存在した。「我社の一千名士に発したるレニン政府承認不承認に対する回答」である。野依が主幹に復帰した後の編集部には、なお社会主義の熱気があふれていた。同じ号に編集部員・竹森一則《かずのり》(凡山)が「真個《しんこ》のプロバ《ママ》ガンデイストたる野依氏と『労働之世界』への今後」を寄せている。竹森はダダイズム作家の辻潤やアナーキスト宮嶋資夫《すけお》と親しい社会主義者で、一九二二年四月に東洋経済新報に移籍している(石橋湛山「竹森一則氏の思い出」)。

「私は新しき〝野依式〟を希望するのである。新しき世界においては『実業の世界』は『労働の世界』でなければならぬ。資本主義に立脚した実業の世界は現に滅びつゝある。また滅ぶべきものである。(中略)即ち資本家的実業に代るに無産《ママ》者的実業である。」

だが、野依が翌年創刊した新雑誌は『労働の世界』ではなく『真宗の世界』だった。いみじくも竹森は野依を「プロパガンディスト」と呼んでいる。その言葉を竹森はレーニンの『何をなすべきか』から学んだはずだが、本来は「布教活動家」を意味する宗教用語である。ローマ法王グレゴリウス一五世が三十年戦争中の一六二二年に創設した反プロテスタント運動の推進組織「布教聖省」Sacra Congregatio de Propaganda Fide に由来している。信仰に燃える野依はまぎれもなくプロパガンディストだったが、社会主義の宣伝者ではなかった。

それでも、娑婆に出た野依もまた第一次大戦後の社会改造的、革新的な空気を吸っていた。また、世間で自分が「実行的社会主義者」あるいは「実業界の危険思想家」と見なされていることも自覚していた。もちろん、野依は自分が皇室中心主義者だと繰り返したが、一方で労働者の救済を考える社会政策主義者、あるいは国家社会主義者だとも述べている。その思想的立場は野依の経営方針にも反映していた。社長兼主筆の野依は、独裁者兼民主主義者だったのである。四年間の空白を短期間で埋めた野依の人心掌握術について、竹森が「芸術家振りを歓迎す」(一九二〇年一〇月号)でこう証言している。

「〔野依社長が〕九月から新に支配することとなり、社員の月給をすばらしく上げた。或者は二、三倍に上げられたといふことだ。そして六時間労働制となし、社員の任免は社員と社長の合議となし、多数決によることゝした。それが大《おおい》に歓迎に値するものであらうと思はれる。そのかはり、忙しさも二、三倍以上とになつたのだから、差引増減なしかも知れないが、社内は恐ろしく活気づいてゐる。」

このとき竹森は野依と初対面だったが、「その仕事の仕方、その仕事の出来栄え、それが天才的要素に満ちてゐる」といい、「自己表現の天才なる野依氏は一の卓越せる芸術家であらう」と評している。独裁的経営を民主的にすすめる「自己表現の天才」にとって、真宗信仰と国家社会主義は何ら矛盾しなかったようだ。つまり、国家社会主義による物資的改善だけで人間の幸福は実現できない。それゆえ精神の根本救済として「阿弥陀の絶対他力主義」が必要だと言うのだ。

「真宗の御本尊の阿弥陀仏は、社会主義者であらうが皇室中心主義者であらうが何主義者であらうが、どんな悪人であらうが、どんな善人であらうが、皆之れを同じに救ふ。」(「真宗と社会主義」『真宗の世界』一九二二年一月号)

だが、信仰だけでは資本主義の矛盾を解決できないことも、このメディア経営者は熟知していた。野依の思考において、個人を救済する宗教と社会を改良する政治は相互補完的であった。

## 国家社会主義者・尾崎士郎の当惑

野依が主幹に復帰した直後、一人の若き国家社会主義者が就職面接のため実業之世界社を訪ねている。高畠素之の食客《しょっかく》だった尾崎士郎である。堺利彦から野依の口述筆記役に推薦され、友人の安成貞雄が編集部にいた気安さもあったはずだ。しかし、尾崎は野依の開口一番で度肝を抜かれた。この面接風景を「人間野依」(『世界仏教』一九五一年一月号)で回想している。野依の怪気焰ぶりを象徴する逸話なので、そのまま引用しておこう。

「私の挨拶がろくすつぽ終らぬうちに彼〔野依〕は、私の着ている大島の羽織の袖《そで》をつまみあげた。「君は社会主義者ときいていたが、社会主義者というものはこんないゝ着物を着ているものですか?」私は自殺した兄貴がのこして行つた着物を着ていたのである。しかしそんなこと〔長兄重郎は一九一八年公金横領を苦にピストル自殺〕を説明する気持にはならなかつたので「さア、社会主義者はどうですか、僕だけは着ていますが」というと、野依社長の口からは速射砲的に、意地のわるい〔これは私の方に余裕があると一種の愛嬌にもなるが〕質問がとびだしてきた。「君はおそろしく顔の色がわるいですなア、手淫でもやるんじやないですか?」私はドギマギしてしまつたが、すぐひらき直つた。「大いにやります」「何故やるんです、女を買えばいゝじやないですか?」「つまりですね、われわれのごとき、貧乏な青年には金がない、金がないから、性慾の調節をとるために女を買うわけにゆかぬ」「じやあ、何故金を儲けないんです?」「僕は、あなたのようにユスリ、カタリをやる術《すべ》を知りませんからなア、金を儲ける方法がありません。金は衣食の途《みち》を全《まっと》うするだけで足れりと思つています、だから大いに手淫をやるのです」「なるほど、――それで、君は僕のいうことを文章にする自信がありますか」「さつきまではありましたが、もうありません」もはや三十六計逃ぐるに若《し》かずと考えたので、私はすぐ、挨拶もそこそこにして社長室をとびだしてしまつた。」

野依の秘書役になり損なった尾崎だが、翌一九二一年に時事新報社に応募した懸賞小説「獄中より」が第二席〔翌年より同棲する宇野千代が第一席〕となり、小説家へ転身している。「獄中より」は大逆事件に連座した青年の告白を描いた小品だが、次のような一文がある。

「みな革命が一つの享楽なのだ、遊びなのだ。彼等は、女郎買いをしたり、淫売買いをしたりするのと同じ気持で革命遊蕩をやっているのだ。そして、死ぬまで彼等は、その遊戯の中にあることを決して悔いないのだ。」

大逆事件の一九一〇年、野依もまた市ヶ谷未決監にいた。尾崎の脳裏で野依の言葉、「手淫でもやるんじゃないですか？」が響いていなかったかどうか。さらに、採用面接が本気であったとすれば、尾崎が野依の「獄中四年の告白」に目を通していた可能性は高い。それを口述筆記したのは早稲田大学の先輩、売文社で仲間だった安成貞雄なのである。

## 仏教宣伝と科学的管理法

冊子化された「獄中四年の告白」は「僕の新生命」、「私が救はるゝ迄」と合わせ『絶対の慈悲に浴して』(真宗宣伝協会・一九二一年)として上梓された。それ以後野依が公刊した一〇〇冊近い仏教本の嚆矢である。「天覧の栄」に浴した野依本とされており、戦後版を含め五八版を重ねたロングセラーである。宗教評論家・奥田宏雲《こううん》によれば、野依が亡くなった一九六八年でも全国刑務所における受刑者愛読書のトップだったという。正直、私には信じがたい。とはいえ、自著の重版よりも新刊の量産を重視した野依が、唯一執着したのが『絶対の慈悲に浴して』正・続編(続編は『仏教信仰の極致』を改題)である。敢えて言えば、それは野依式ジャーナリズムの福音書(エヴァンゲリオン)なのだ。

以下ではこの正・続編を構成する議論をたどりつつ、メディア人間・野依の信仰世界を分析してみたい。メディア人間とは、自分自身をも広告媒体と考える宣伝的人間である。あらかじめ結論を言えば、野依の仏教宣伝は彼の過剰な政治的エネルギーを制御する緩衝器《バッファー》として機能した。それ以上に重要なことは、『実業之世界』や『帝都日日新聞』が発行停止となった戦争末期から、公職追放となった占領期にかけて、『真宗の世界』は野依の政治言論の中心的舞台となったことである。

だが、一九二一年九月に『真宗の世界』が創刊されるまで、『実業之世界』は大きな困難に直面していた。野依の信仰告白に対して読者から投書が殺到し、それへの応答を含む野依の信仰談が『実業之世界』に異様な熱気をもたらしたことはまちがいない。しかし、社会主義者の「政治」に加え、野依の「宗教」に彩られた『実業之世界』から「実業」雑誌の性格は薄れていった。なるほど政治も宗教も読者を引きつけるテーマだが、それはセクト化を伴い購読者の範囲を狭めがちである。この編集方針で進む限り、これまでの購読者数を維持することは難しい。野依は大胆な方向転換を断行した。

『実業之世界』一九二二年三月号は社告「『野依雑誌』生《うま》る」を掲げた。政治、思想記事を新雑誌『野依雑誌』に移し、『実業之世界』を実業中心の雑誌に戻すことを宣言している。一九二一年五月に創刊された『野依雑誌』(図6-1)は、『実業之世界』の社会主義的傾向も引き継いでいた。貴族院の廃止、政党政治の推進を主張する野依とともに、堺利彦、山川均、荒畑寒村、大杉栄、安部磯雄、大庭柯公《かこう》、新居格《にいいたる》など社会主義者が多数執筆している。小説も住井すゑ子「憎まれ者」（一九二一年一二月号）や室生犀星「死水《しにみず》とるまで」（一九二二年二月号）などが掲載されている。だが、『野依雑誌』は二年間も続かなかった。一九二二年二月臨時増刊号で実質的な終刊が宣言されている。

「〔『野依雑誌』に五ヶ月遅れて一九二一年一〇月創刊した〕『真宗の世界』は予想外の売行、且つ地方講演の依頼が迚《とて》も引受け切れない程度に増加し、月の半ばは地方を講演して歩かねばならないと云ふ大繁忙を極め、愈々《いよいよ》以て時間の不足を感ずるに至つたのである。」

おそらく、野依は『野依雑誌』廃刊を『真宗の世界』創刊の際には決めていたはずである。『真宗の世界』創刊号の巻頭でこう述べている。

「三雑誌中どれかやめなければならんと云ふ事情が起つた場合には、外の雑誌をやめても、『真宗の世界』を残します。私にとつては、阿弥陀仏の御慈悲を伝へる事が、此《こ》の世に於いてやらずに居《お》れない第一の仕事であります。」

図 6-1 『野依雑誌』1922 年 2 月号広告.

『実業之世界』は広告料や協

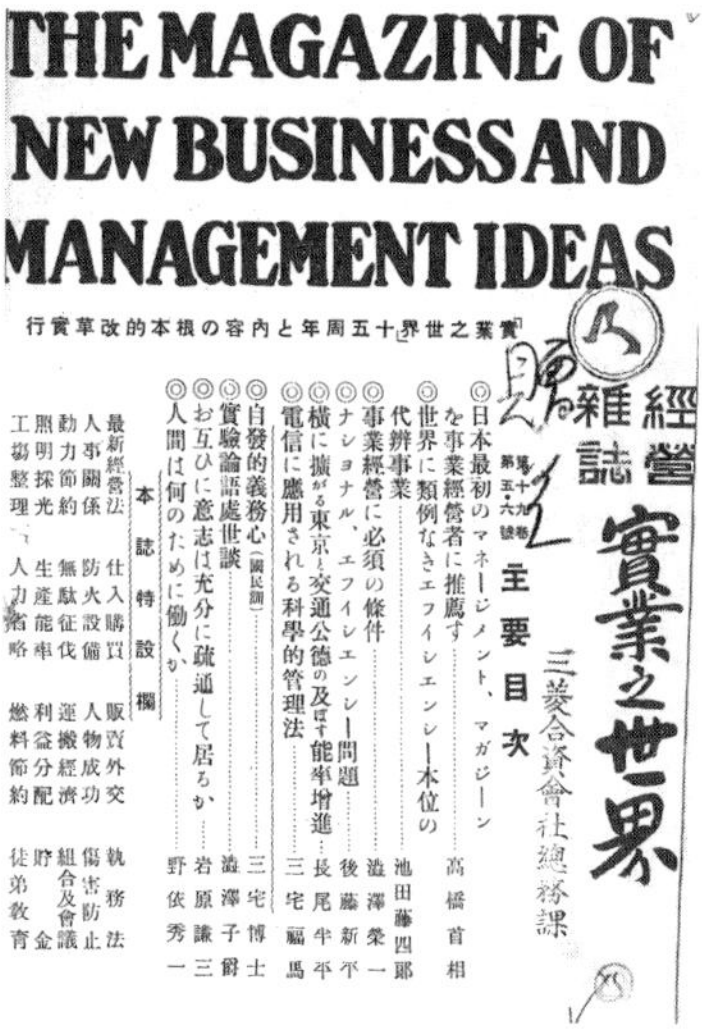


図6-2 『実業之世界』(1922年5・6月号)表紙．英文タイトル「新しいビジネスと経営理念の雑誌」が大書され，「経営雑誌」と自己定義している．

賛金による収益が期待できるとしても、『野依雑誌』で採算が取れる可能性はなかった。有名記者が主幹や主筆として看板を張った明治期「大《おお》新聞」の時代は終わっており、サラリーマン記者たちの組織ジャーナリズム時代が始まろうとしていた。穿《うが》って考えれば、『野依雑誌』は『実業之世界』から社会主義者を切り離し、実業界の要請に応える雑誌に変えるための「捨て石」だったのかもしれない。『野依雑誌』が廃刊された翌月、『実業之世界』一九二二年三月号の巻頭言に「五月より本誌の根本的改革」が告示されている。文字通りの根本的改革だった。『実業之世界』五・六月合併号(図6-2)の表紙タイトルは英文となり、巻頭言は内閣総理大臣・高橋是清が「日本最初のマネージメント、マガジーンを事業経営者に推薦す」を寄せている。編集責任者となったのは、エフィシェンシー協会会長・池田藤四郎であり、テーラー主義、科学的管理法の普及を目指す「経営雑誌」へと変身している。野依も言いわけ程度に執筆しているが、この時期の『実業之世界』を「野依の雑誌」と呼ぶことは無理である。いずれにせよ、『実業之世界』から社会主義色は一掃されている。

この『実業之世界』が「創刊当時の意気」への復帰を宣言し、「野依の雑誌」に戻るのは、関東大震災後に大阪で発行された「丸ヤケ大活躍号」（一九二三年一一月号）からである。グラビア口絵には大杉栄・伊藤野枝の肖像、甘粕正彦の裁判写真なども掲載され、いかにも野依式の激論が一挙一一本も並んでいる。「日本人は大震災でも目は醒《さ》めぬ」、「大阪に地震を起せ！」、「女子にも選挙権を与へよ」、「地震と迷信と天譴《てんけん》と神罰」、「自警団青年団亡国論」などである。

図6-3　野依事業の本拠地，仏教真宗会館（右）と印刷所（左）．側面には「実業之世界社」，屋上には「帝都日日新聞社」の大看板が設置されている（1938年頃）．

つまり、『真宗の世界』創刊と関東大震災を経て、野依は一九三〇年代に大躍進する出版事業体制の基礎を固めた。震災後、京都で印刷された『真宗の世界』一九二三年一一月号以降、「〝真宗会館〟設立」の寄付金募集が毎号掲げられている。その奉加帳の筆頭は渋沢栄一の五〇〇〇円だが、二代目安田善次郎のように名前を出さない条件で同じく五〇〇〇円を払った者も存在した(一九五七年二月号)。この「浄財」により一九三一年に完成する「仏教真宗会館」は大日本真宗宣伝協会の本部だが、同時に実業之世界社、秀文閣書房、帝都日日新聞社など野依グループ企業の拠点でもあった(図6-3)。

## 大日本真宗宣伝協会と『真宗の世界』

話を『真宗の世界』創刊時に戻したい。一九二一年九月二五日、真宗宣伝協会(「大日本」の冠が付くのは三ヶ月後)の発会式は、神田一ツ橋共立女子職業学校(現・共立女子学園)大講堂で開催された。野依会長の開会挨拶に続いて登壇したのは、東京帝大講師・島地大等《だいとう》、元京都帝大教授・谷本富《とめり》、立正寺住職・今小路了円、『無我之愛』主筆・伊藤証信《しょうしん》、明治会館理事・楠原龍誓、豊多摩監獄教務主任・河野純孝《こうのじゅんこう》、『真宗の世界』編集主任・勝岡廓善《かくぜん》である(一九二一年一一月号)。勝岡は野依の教誨師であった河野の同僚だったが、野依の仏教原稿を校閲するため編集主任に迎えられた。

発会式で講演した島地大等と谷本富は、新雑誌『真宗の世界』の看板執筆者であり、異色の仏教雑誌に多くの学者・学僧が執筆する呼び水となった。ちょうど『実業之世界』で渋沢栄一、三宅雪嶺が果たした役割と良く似ている。島地大等は西本願寺参政として宗門改革を行った島地黙雷《もくらい》の養子であり本願寺勧学を務めていた。勧学は本願寺学階制度の最高位であり真宗学の最高権威を意味する。一方の谷本富はヘルバルト教育学を紹介した近代教育学の確立者である。一九一三年いわゆる「京大沢柳事件」で京都帝大教授を辞任に追い込まれたのちも、龍谷大学で教育学の講義を続けていた。谷本の目からすれば、第二次「実業之日本」征伐（第三章を参照）で仇敵・沢柳政太郎に猛攻を加えた野依は、見どころのある青年に映ったはずだ。

『真宗の世界』一九二二年五月号で、大日本真宗宣伝協会評議員が発表された。島地、谷本の他に東京帝大教授・高楠《たかくす》順次郎、同・村上専精《せんしょう》、同・藤岡勝二、同・常盤大定《だいじょう》、東洋大学講師・高島米峰《べいほう》、龍谷大学学長・前田慧雲《えうん》、同教授・梅原真隆《しんりゅう》の九名である。さらに同年一〇月号で東本願寺系評議員を加えるべく新たに五名、元東本願寺寺務総長・石川舜台《しゅんたい》、大谷大学学長・南條文雄《ぶんゆう》、東京朝日新聞編集長・安藤正純、龍谷大学学長・鈴木法琛《ほうちん》、同教授・西谷順誓が追加された。この一四名の豪華執筆陣が『真宗の世界』読者に知的安堵感をもたらしたことはまちがいない。一方、「野依式真宗宣伝」については、一九三四年から仏教復興の「真理運動」を開始した友松円諦《えんたい》が、人気の秘密を『女性仏教』一九六八年六月号でこう語っている。

「安心沙汰をしているプロの信者には気に入らぬ論調が見うけられた。そこが、又、野依ファンというか、野依宗の信者が多く周囲に集まった所以《ゆえん》ではないかと思っている。」

実際、『真宗の世界』とは「野依ファン」の機関誌であり、その購読者組織が「大日本真宗宣伝協会」だった。会費は『真宗の世界』購読代金であり、特別賛助会員（二〇〇円以上支出の永久読者)から、賛助会員、特別会員、普通会員までの区分があったが、ほとんどは毎月三二銭の購読料を払う普通会員だった。この会員＝購読者を増やすべく、野依は台湾、樺太をふくむ全国各地、朝鮮、満州、北米大陸、欧州諸国を宣伝行脚し、各地に支部組織を作り上げた(図6-4)。その信仰講演は最初の三年間で約三〇〇回に達したという。

友松がいう「プロの信者」、つまり僧侶にとって「気に入らぬ論調」とは具体的には何だろうか。たとえば、一九二二年四月一日、帝国ホテルで開催された『絶対の慈悲に浴して』出版記念会で、東京築地本願寺別院輪番・本多恵隆《えりゅう》はこうスピーチしている。築地別院の住職は西本願寺門主が兼ねるため、輪番は実質的なトップである。

「野依さんが、「本願寺焼討論」とか「親鸞の奴《やつ》」などゝ言はれてゐるのは、これは熱心の余りであつて、形式仏教を打破するために言はれてゐるのだと、深く信じて、私は一部の人達のやうに、野依さんを毛嫌ひするやうなことは致しません。よくその真意を諒解してをります。今後とも充分御活動の程願ひます。」(「十余名士の野依秀一観」『真宗の世界』一九二二年五月号)

野依の親しみやすい演説は一般信者には人気があったから、僧侶の多くは「本願寺焼討論」や「親鸞の奴」という言説に目をつむって寺院を会場として提供していた。むしろ、『真宗の世界』評議員を含め積極的に支援する仏教学者も少なくなかった。無関心な人々の目を真宗に向けさせることがまず重要であり、それには野依の挑発的な言説も有効だと考えたからだろう。そのため、本願寺が「野依上人の活躍」に二万円を支払ったとの憶測さえも

図 6-4　「歓迎　天下無敵野依　ロッキー支部」1925 年欧米遊説旅行中の野依秀一(大日本真宗宣伝協会ロッキー支部での記念写真・前列左より 4 人目). ハワイ, 北米, イギリス, フランス, ドイツでも仏教講演会を開催している.

報じられている(「親鸞宣伝費二万円」『日本及日本人』一九二三年一〇月一五日号)。もちろん、野依はそれを『真宗の世界』翌月号で「事実無根」と否定している。

## 「本願寺焼討論」と「親鸞といふ奴」

野依の本願寺焼討論とは、「東西本願寺の破壊を主張す」(『野依雑誌』一九二一年七月号)に始まる一連の教団批判である。その狙いは真宗信仰の活性化であり、具体的目標としてまず東西本願寺合併を主張している。その障《しょう》碍《がい》となるのが、門主・大谷伯爵家であった。もともと貴族院廃止論者である野依は、「大谷家は無爵の大平民となれ」(『真宗の世界』一九二三年四月号)でこう述べている。

「一切の人類を救ふ宗教に対し、或る国家が此れを表彰すると云ふのは、甚《はなはだ》しき間違である。宗教は、そんな、狭いものではない。

（中略）宗教の力は国家を超越したものである。殊《こと》に我が親鸞聖人の趣旨から言つても、その末孫が華族に列せられるなぞと云ふ事を聞いたならば如何に苦々しく思はれる事であらう、真宗程《ほど》、平等的な、デモクラチックな宗教はないのである。然《しか》るにその宗家の末孫が伯爵と来ては沙汰の限りである。平等の宗教を説き乍《なが》ら、殊に人間の造つた階級的な爵位などを戴《いただ》いて居るとは言語同断《ママ》である。」

また、「僧侶と門徒とはどちらが馬鹿か」（同号）では、腐敗堕落した僧侶という職業を廃して、信者の同盟団体を作ることを提案している。親鸞の教えによれば、真宗に「出家」の必要はなく、信者は皆僧侶であり、僧侶と俗人との区別は存在しない、と野依はいう。

「死んで葬式の必要のある時は、信者の内から順番にお経を読み、葬式の仏事を行ふやうにしても良い、又、そのやうな場所は、今ある寺を壊さずに、それを利用しても良い。」

さらに表現は過熱してゆき、ついには「大谷光瑞《こうずい》氏に自決を勧告して本願寺の改革に及ぶ」（『真宗の世界』一九二三年六月号）に至った。こうした本願寺焼討論よりも一般信者に衝撃的だったのは、「親鸞といふ奴」という発言だった。一九二一年六月越前鯖江の西本願寺説教所で、野依は「親鸞は偉い奴だ」と発言して、並み居る門徒たちを啞然とさせた。

「私は何人にも頭を下げぬ程の自信の強い男である、此《こ》の上なく自分を偉いと思つてゐるのであるが、あの「親鸞といふ奴」ばかりには頭はあがらぬ、「親鸞といふ奴」は実に偉い奴です。」（「朝鮮釜山《プサン》の真宗信者諸氏に此の一言を呈す」『真宗の世界』一九二一年一二月号）

鯖江に野依を招請した今小路了円も、「御《ご》開山《かいさん》様」と信徒があがめる親鸞をヤツ呼ばわりするのは止めてくれと諭している。そうした周囲の反応こそがメディア人間・野依に「親鸞といふ奴」を連呼させることになった。メディア(広告媒体)が最重視するのはインパクト(心理的強度)である。反発か賛嘆かは二次的、三次的な問題にすぎない。野依は朝鮮・満州の講演でも「親鸞といふ奴」で同地の信者に波紋を巻き起こした。寄せられた批判に対して野依はこう説明している。野依の真宗信仰のエッセンスというべき内容である。

「我々は親鸞や法然や釈迦に救はれるのぢやない。我々をお救ひ下さるものは、たゞ大慈《だいじ》大悲《だいひ》の阿弥陀様だけである。(中略)阿弥陀様に救はれるこの私といふ者の他には、もう何ものもない、といふことを忘れてはならない。(中略)これは恰度《ちょうど》天皇陛下の御前に立つた場合は、大勲位公爵でも、一平民でも同じく一臣民であることに於ては変りはない。(中略)諸君がたゞ口の先で、御聖人《ごしょうにん》御開山様といつて、褒め讃えるよりか、私のこの親鸞の奴は偉い奴ぢやといつた言葉の方が、どれだけ親鸞聖人を褒め上げた言葉であるかしれやしない、親鸞聖人は私と同行《どうぎょう》である。友達である。」

『真宗の世界』では「親鸞といふ奴」の是非について読者に投稿が呼びかけられ、一九二二年五月号から八月号にかけて寄せられた意見「すべて」を掲載している。全体の印象としては否定的な意見が多い。「仏の前の平等」は正しいとしても、人として礼儀は重要だという庶民の良識が優っていた。やがて野依も創刊当初のエピソードとして語る以外には、「親鸞といふ奴」を使うことはなくなったようである。それでも、野依が親鸞を神格化することはなかった。それは「真宗の最も愚劣なる形式「オカミソリ」を排す」(『真宗の世界』一九二二年六月号)など、儀式をめぐる議論で確認できる。おかみそりは帰敬式《ききょうしき》と呼ばれ、阿弥陀仏への帰依の証《あかし》として大谷家門主が信者の頭にかみそりを三度当てる儀式である。

「私は「真宗」にキリスト教のような「洗礼」なんかのないのが、大いにいゝ所だと思つて居《お》るのです。信者になつたとか、ならぬとか言ふ事は、ただ、信仰があるか、ないかの問題のみであるのだ。」

野依は帰敬式を迷信的形式主義と批判するが、反対に葬式は人間の自然な感情に即して必要だと主張している。葬式無用論者が論拠とする親鸞のことば、「某《それがし》〔親鸞〕閉眼《へいがん》せば、賀茂河にいれて魚にあたふべし」(覚如『改邪鈔《がいじゃしょう》』)をこう批判している。

「聖人がさう云ふことを云はれたとすれば、随分下《くだ》らぬ事を云つたものだと私は思ふ。(中略)死後はただもう阿弥陀様にお委せしてあるのだから、ただ死後極楽往生のできると云ふ事のみを思つてをれば、それで宜《よろ》しい。それ以外死後の事に就て彼《か》れ是《こ》れ自分で嘴《くちばし》を出す必要はない。」(「〝葬式坊主〟とは何ぞや」『真宗の世界』一九二二年八月号)

仮定法ながら、親鸞さえも批判の的としている。「出きる事なら、相当な葬式を行つて貰《もら》ひたい」というのが、人間の自然な感情だというのである。

「親鸞聖人が何と云はうが、何様が何と言はうが、私はこの〝野依秀一〟と云ふ四尺八寸六分の我れが我れの感情に満足しないものは、断じてこれに従ふわけには行かない。(中略)肯《うなず》き得ないものは、何様が何と言はうが、決して信ずる必要はない。親鸞聖人が、鴨川の水に入れて魚に与へて呉れろと言はれたから、自分も死ぬ時に、さう云ふ事を言つて見やうかと思ふ者があつたら、それこそ大馬鹿者である。」

同じ論理をつかって、帰敬式も葬式と同じく人間の自然な感情に即して必要だと言うことも可能だろう。しかし、野依にとって葬式は自分もまた信仰宣伝に活用できる民主的儀式だったが、帰敬式は門主・大谷伯爵家が独占する特権的儀式にすぎなかった。

## 全国水平社への謝罪広告

こうした大谷家批判の延長で「親鸞はどこの馬の骨か」(『真宗の世界』一九二二年一〇月号)は公表された。それは親鸞の「身元調べ」不要論である。倉田百三『出家とその弟子』(一九一七年)以降の親鸞ブームで量産された一般信者向け伝記でも貴種流離譚《きしゅりゅうりたん》の色合いは強かった。「御開山には勿体なくも藤原の何の某《なにがし》の尊き身でありながら、石の枕の御苦労遊ばした」という類の記述である。野依はその身分差別意識に嫌悪感を隠さない。

「御苦労〳〵と言へば、私なぞも、二度も入獄して、随分御苦労して居るのです。その苦痛は、聖人以上かも知れませんよ。かやうなワケだから私が親鸞聖人なんかどこの馬の骨だか知らぬといつたわけなのだ。ただ、私は親鸞聖人の信仰に共鳴してるのみである。親鸞聖人が藤原家の出だから有《あり》がたいといふならば、若しも親鸞聖人が人足の倅《せがれ》であつたならば、その信仰が如何に徹底してをらうとも、ありがたくないか、人足の倅からとうとうあのやうな偉いお方になつたといつて賞《ほ》めそやしやしないか。其時はなるべく其の身元をかくして、其の信仰のみを褒めそやすか、そんな薄情な浅墓《あさはか》なことでどうする。」

こうした発言をする野依が同じ一九二二年三月三日に結成された部落解放組織「全国水平社」の運動を十分に意識していたことは明らかである。だが、野依は全国水平社宛の「謝罪」広告を同年一〇月一七日付『大阪朝日新聞』京都版と一一月三日付『大阪時事新報』に出している。同年一〇月一一日京都公会堂における真宗宣伝講演で、野依は次のように発言したという。

「親鸞聖人の身分が、藤原家の出であらうが、どこの出であらうが、私はそんな身分の事なんかどうでも良いのだ、たとへ、ヱタであらうが、差支《さしつかえ》ないぢやないか、それなら尚更《なおさら》面白い。」

その直後、「ヱタなんと云つたのはよくない。我々は、こう云ふ事を云ふから、はなはだ、よろしくない、こう云ふ吾々は浅ましいものである」と自ら発言を取り消し、謝罪した。しかし講演終了後に水平社社員から糾弾を受け、その場で新聞に次の謝罪文を掲げることを了承している。

「ここに、全国水平社諸氏に対して私の不心得の言を謝します。どうか同胞諸君は、従来の慣習に囚《とら》はれて、ヱタと云ふやうな、言葉や、態度を慎んでもらいたい、私は、真実にヱタなどと云つて、決して差別の考へを持つておらぬのです、私はこの私の謝罪広告に依《よ》つて同朋諸君が今後注意する事になれば甚《はなは》だ幸であると思ひます。」

この謝罪広告を読んで感動した水平社京都本部員からのハガキが紹介されている。

「此《こ》れを持つて社会の自覚を促さんとせられる先生の御誠意に深く共鳴致《いたし》候《そうろう》。」

他方で、この謝罪文を見て「水平社にコビル為の、八百長《やおちょう》でないか」と思った人々が少なくなかったという事実を野依自身が書き留めている。そのため、この事件の顚末は「日本全国水平社々員諸君に与ふるの書」(『真宗の世界』一九二二年一二月号)で以下のごとく詳細に説明されている。

「其処《そこ》に居合はせた、本願寺の人たちは、水平社と野依秀一と言ふ天下の名物揃《ぞろ》ひの喧嘩にもかゝわらず、余り事がスラ〳〵と運び、纏《まとま》つて行くので、不思議に思ひ〝野依さんの事だから、狂言ではあるまいか、又予定の行動ではあるまいか、などゝ思ひ、この問題を種《たね》にして、又、大きな事をやり初めるのではないか〟などゝさへ言つて、私のこの従順の態度を不思議に思つた位であつた。」

野依は「八百長」という誤解を解くためにこの文章を公表すると述べているが、そうした効果があったとは思えない。むろん謝罪の誠意まで疑う必要はないが、被差別部落での真宗宣伝を意識した「広告」活動であることはまちがいない。

### 原理日本社グループとの対決

「日本全国水平社々員諸君に与ふるの書」の次頁から始まる文章は、さらに思想史上で注目すべきものだった。蓑田胸喜《みのだむねき》「宗教哲学史上に於ける親鸞の思想的見地より野依秀一氏の阿弥陀仏宗を評す」である。蓑田はこの三年後、一九二五年に原理日本社を組織し、一九三〇年代の知識人弾圧事件――京大滝川事件、美濃部天皇機関説事件、河合栄治郎や津田左右《そう》吉《きち》の著書発禁事件など――で「民間思想検事」として恐れられた右翼知識人である。そのデビュー戦といってよい論文なのだが、私も編集に加わった『蓑田胸喜全集』(二〇〇四年)には未収録である。意外な人物の登場に私は一瞬目を疑った。

しかし、よく考えると野依と蓑田の遭遇は予想できたことである。原理日本社の思想的中核に親鸞主義があったことは、石井公成《こうせい》「親鸞を讃仰した超国家主義者たち」(二〇〇二年)や中島岳志「親鸞と日本主義」(二〇一〇年)で詳述されている。ここでは蓑田胸喜の紹介は必要最小限にとどめたい。野依より九歳下の蓑田は一八九四年熊本県八代郡に生まれ、一九一七年東京帝国大学に入学、文学部宗教学研究室で先輩・井上右近の感化を受け、右翼学生団体・興国同志会に加わった。蓑田の主著『学術維新原理日本』(原理日本社・一九三三年)の「はしがき」によれば、蓑田は「木村〔卯之《うの》〕、井上〔右近〕両氏に導かれて三井甲之氏を中心とする人生と表現社の同信交友世界」に加わっている。この親鸞を崇敬する歌学結社・人生と表現社の後継団体が原理日本社である。

蓑田を野依批判に導いたのも、僧籍をもつ大谷大学教授・井上右近である。蓑田論文に先立つこと一年四ヶ月、井上は『中央仏教』に「日本及真宗の寄生虫野依思想」を発表している。これに対して野依は「私の思想は日本及び真宗の寄生虫か」(『野依雑誌』一九二一年九月号)で真正面から反論している。両者の応酬も興味深いが、その論点はそのまま蓑田に引き継がれており、以下では蓑田論文の考察に集中したい。

まず注目すべきは「〔一九二二年〕十月八日脱稿」と付記された蓑田論文の肩書である。「文学士」となっているが、すでに同年四月蓑田は慶応義塾大学予科講師に就任していた。三井、井上、蓑田はいずれも東京帝大文学部の卒業生であり、人生と表現社は「ことば」、すなわち日本語による祖国救済を信じる「文学士」の結社だった。この文脈を見落とすと、蓑田の野依批判、そして一九三〇年代に彼らが展開した自由主義者批判の意図は理解できなくなるだろう。それに対して、世界主義者を名乗る野依は日本語を解さぬ外国人も親鸞の同朋と考えていた。

蓑田が批判の俎上にあげた野依のテクストは、「阿弥陀仏と親鸞聖人と私」(『真宗の世界』一九二二年八月臨時増刊号)と「親鸞はどこの馬の骨か」(同年一〇月号)である。まず蓑田は信仰と「ことば」に関する西洋の哲学的知見を示し、「「ことば」がないならば人間に思想はない」と断定する。「言語論的転回《リングウィスティック・ターン》」を経験した私たちには理解しやすいが、『真宗の世界』の一般読者には難解な議論だっただろう。

蓑田は『歎異鈔』の次の一節を引いて、「親鸞聖人を研究せずとも親鸞聖人と同一信仰に到底し得るものである」という野依の言葉を批判する。

「親鸞におきては、たゞ念仏して弥陀にたすけられまいらすべしと、よきひとのおほせをかうぶりて信ずるほかに別の仔細《しさい》なきなり。」

つまり、親鸞はよきひと(法然)のおほせ(ことば)に信順したのであり、野依の主張は「よきひとのおほせ」(親鸞のことば)を否定していると蓑田は考えた。この親鸞研究なき真宗信仰は、野依のいう「阿弥陀仏と私」、すなわち「阿弥陀仏と野依秀一」だけの世界である。「阿弥陀仏と私」ではなく「南無阿弥陀仏と私」でなければならないという井上右近の批判を継承している。ことば(念仏)を介さない阿弥陀仏など空虚であり、「よきひとのおほせ」を欠いた「阿弥陀仏と私」は個人主義者の空論に過ぎない、と蓑田はいう。

「如何に野依氏が「阿弥陀仏」を力説しても、否《いな》力説すればする程、実は阿弥陀仏を野依化するのであつて、そこには阿弥陀仏そのものも消え失せて最後に残るところのものは「野依仏」である。野依氏は曽《か》つて『野依雑誌』を出したやうに、その思想傾向は自分の外《ほか》に他人を、他人の集合を、その史的相続生活としての、親鸞のいはゆる「他力《たりき》」を認めぬところの「野依主義」である。つまり一般的の語を用ふるならば個人主義、個我主義、個体主義、すなはち親鸞が極力否定したところの「自力《じりき》」主義である。」

この個人主義批判はなかなかに鋭い。野依が凡百のジャーナリストと決定的に異なるのは、日本には珍しく徹底した個人主義者だったからだと私は考えている。「天下無敵」とは、絶対的個人主義の別称である。また、「ことば」の軽視は「ひと」の軽視であり、それが野依に「親鸞は偉い奴」のごとき軽率な発言をさせるのだ、とも蓑田はいう。その上で、「西方極楽浄土の人間の身体のしてをる《ママ》阿弥陀様」などという「低級な子供だましのまたは爺婆《じじばば》の極楽往生」を語る野依は、「ことば」と「ひと」を軽んずる物質主義者だと批判している。蓑田において、浄土とは「ことばの世界」であって、阿弥陀仏は実体ではなく「ことば」によって味わうことのできる「無窮《むきゅう》のおもひ」である。「ことば」は人から人に伝えられて尽きぬがゆえに「無窮」なのである。

しかし、こうした言語心理学的な浄土観は伝統的な真宗教学では「異安心《いあんじん》」(異端説)として排斥されてきたものである。その意味では野依の阿弥陀仏実在論の方が正統的な真宗教義だろう。実際、東本願寺派の野尻信誓が「阿弥陀仏の解釈」(『真宗の世界』一九二二年一〇月号)、さらに「日本主義と阿弥陀仏」(同前一九二三年一月号)において、真宗学の立場から井上や蓑田を「反親鸞的」と批判している。

いずれにせよ、蓑田の浄土観は歌人・三井甲之に由来するものだ。それを木村卯之(一九二三年)はこう要約している。

「南無阿弥陀仏は南無日本にかはらねばならぬ。」

蓑田論文は終盤にさしかかると、原理日本社時代を予感させるほど激烈な様相を呈する。「〔野依が〕「釈迦法然親鸞眼中になし」といふが如き、人類と祖国とのまた「ことば」の恩徳を思はぬところの「阿弥陀様と僕」といふ「阿弥陀様宗」を奉ずるならば、非祖国思想家谷本富《とめり》氏とともに、早刻日本の国籍を脱して、人種雑炊《ぞうすい》国アメリカに移住帰化して、その「何でも彼でも阿弥陀様」の阿呆陀羅経《あほだらきょう》をアメリカンイングリッシュでとなへてみるがよい。」

大日本真宗宣伝協会の評議員中、ことさら谷本が名指しされた理由は、一〇年前の筆禍事件のためであろう。谷本は一九一二年九月一七日付『大阪毎日新聞』で、乃木希典の殉死を「時代錯誤の振る舞い」とする談話を出し、右翼の新聞雑誌から集中砲火を浴びた。京大辞職の遠因でもある。この蓑田論文の末尾で、野依は「愛読者諸君へ」と題して次のように呼びかけている。

「私も蓑田氏に一言お答へしようと思ひますが、愛読者諸君に於ても、賛否いづれなりとも御感想を書いて私宛にお送り下さい。」

論争を通じて外部に雑誌を開いて拡大していこうとする野依の編集スタイルがよく表現されている。『真宗の世界』一九二三年一月号で蓑田に応える論文が予告されたが、二月号には読者四名（蓑田支持一、野依支持二、中立二）の「蓑田氏と野依氏の思想信仰に就て」だけが掲載されている。野依が蓑田に反論しなかった理由は不明だが、それ以後両者が直接対決する機会はない。

## 『真宗婦人』と『ルンビニ』

安食文雄《あじきぶんゆう》『20世紀の仏教メディア発掘』（二〇〇二年）が指摘するように、日本仏教史研究で『真宗の世界』ほか野依が発行した雑誌はほとんど無視されてきた。そのため、大日本真宗宣伝協会の歴史的位置づけは今後に残された課題である。

野依は『真宗の世界』創刊五周年を節目として、一九二六年一〇月新たに仏教一般を普及宣伝すべく仏教普及協会を組織した。その機関誌『仏教思想』（図扉）の創刊号に自称〝宗教界の大久保彦左衛門〟は「仏教より見たる宇宙の根本思想と処世の要道とを論じて現代人に告ぐ」を掲げた。

「世界第一の仏教国である我が大日本帝国の現在をいろ〳〵な方面から見渡すに如何にも信者が少いのみならず、一般に仏教の思想が普及されて居《お》らないやうに思はれるのを甚だ遺

憾に思ふ。（中略）宗教々育を排斥した自業自得の結果であるといふの他はないのでありま
す。」

その編集顧問には友松円諦《えんたい》（慶応義塾大学教授）、加藤精神《せいしん》（真言宗豊山派管長）など真宗以外の仏教者も名を連ねている。仏教普及協会会員は『真宗の世界』も併読する甲種会員と『仏教思想』のみ購読する乙種会員に分けられていたが、一九四二年一月号で両誌は戦時統合されている。戦後は一九四六年五月『真宗の世界』と同時に『世界仏教』として復刊され、一九五四年一月『大世界』に改題されたが、一九五八年九月『世界仏教』に再改題して発行が続けられた。

ここでは立ち入って論じないが、さらに注目すべき野依の仏教団体がある。一九三三年一一月に野依が結成した帝都仏教青年会である。仏教真宗会館に本部が置かれ、機関誌『帝都仏教青年』を刊行したが、野依会長下の常務委員には林霊法《れいほう》、志賀静丸《しずまる》が名を連ねている（『真宗の世界』一九三三年一一月号）。一九三一年に結成された新興仏教青年同盟（委員長・妹尾《せのお》義郎《ぎろう》）で林は書記長、志賀は出版部長だったが、野依の下で林は『帝都仏教青年』編集主任、志賀は『真宗の世界』印刷者、『仏教思想』編集主事を続けていた。一九三三年一一月一三日、時事新報社大講堂で催された帝都仏教青年会創立記念講演会には、妹尾義郎が「非常時現代と新興仏教徒」を、野依が「帝都仏青の使命と仏教思想大観」を演説している。『真宗の世界』一九三三年一二月号は妹尾の演説をこう伝えている。

「仏教を一貫する根本精神たる無我イズムの現代的実践より今日の資本主義制度並にファ

ツシヨ運動を痛烈に排撃し人類愛の純情より国際平和を絶叫し満堂の聴衆皆これに絶讃の拍手を送る。」

新興仏教青年同盟は「仏教の新時代的宣揚」「資本主義の改革」を掲げた反ファシズム組織であり、一九三六年に妹尾、翌年に林が治安維持法違反で検挙されている。労働農民運動や水平社運動と連帯した仏教青年たちの別組織の会長が野依秀市だったのである。新興仏教青年同盟が弾圧された後も、『帝都仏教青年』は一九三九年一一月号まで続いたが、戦時下の雑誌整理において『仏教思想』に統合された(『仏教思想』一九四〇年新年号)。

最後に、関東大震災までに野依が発行した仏教女性雑誌と仏教幼年雑誌にふれておきたい。すでに述べたように、関東大震災までに野依式ジャーナリズムは一時舞台を『実業之世界』から『真宗の世界』に移していた。関東大震災前の野依は『真宗の世界』一九二二年一〇月『真宗の世界』創刊一周年を記念して、野依は『真宗婦人』を創刊している。大日本真宗宣伝協会の評議員たちに混じって、神近市子、九条武子、暁烏《あけがらす》敏《はや》などが執筆している。しかし、同誌は翌年二月わずか四ヶ月で廃刊となっている。廃刊理由としては男女が平等な「真宗の世界」に性別雑誌を持ちこむ必要はないという建前論が発表された。「現代女性と親鸞聖人」(表紙ロゴ)のコンセプトでは、「男も読む婦人雑誌」『女の世界』(一九一五—二一年)を上回る成果は難しかったはずである。それでもプロパガンディスト野依は婦人雑誌に固執し続けた。婦人雑誌こそが大衆雑誌だからである。あるいは、こう言うべきだろう。成功した大衆雑誌とは本質において婦人雑誌なのである。出版人・野依が終生それに執着したことは、一九五六年一二月に最後の新雑誌『女性仏教』

を創刊したことでも明らかだろう。ときに野依七一歳である。

野依は『真宗婦人』終刊後、一九二三年三月からそれに代わる新雑誌として仏教幼年雑誌『ルンビニ』(図扉)の発行を引き受けた。それまで同誌は仏教大学〔現・龍谷大学〕内のルンビニ社で刊行されていた。ルンビニ(藍毘尼)とは釈迦の出生地である。この母と子の雑誌も広義には婦人雑誌と言える。野依自身も訓話「私の少年時代」(一九二三年八月号)、お話「仏様と猛犬」(同年九月号)などを寄せているが、この雑誌も関東大震災後に大阪で印刷された一九二三年一一月号を最後に現物は確認できない。

だが、『ルンビニ』一九二三年三月号奥付に意外な名前を発見した。印刷人は一九四六年に『仏教タイムス』を創刊する常光浩然《つねみつこうねん》である。仏教の国際交流と平和運動で活躍した常光は、仏教伝道者・野依を「幸せな人」だったとその没後に総括している。

「『絶対の慈悲に浴して』その他、自己の安心《あんじん》を率直明快に述べて多くの信者を獲得したのである。こうして野依氏は、坊さんではないけれども、相当数の信者をもっていた。私の知人のなかにも、野依先生々々々々といって、私淑する者があった。」

ただし、「私淑する者」の広がりについては疑問が残る。『世界仏教』終刊号(一九六八年四月号)の編集後記で荒木三作は、「ニセモノの声がつきまとった」野依の信仰について次のように述べている。

「その信仰がニセモノであるならば、大正十〔一九二一〕年九月創刊の『真宗の世界』から『世界仏教』の本号に至る四十七年間倦《う》むことなく口に筆に表現しましょうか、大金持の道楽信仰なら知らず、事業として成立しない仏教雑誌を、赤字を顧みず発行し続けたバカがどこにおりましょうか。そうです、野依秀市の信仰はバカの信仰であったのでした。」

「実業雑誌」以上に採算の取れない出版事業だったというのである。この「バカの信仰」は阿弥陀仏の救いの確信に根ざしたものだが、「悪人正機《しょうき》」への帰依は特に徹底していた。一九二五年から一九二九年まで『真宗の世界』、『仏教思想』の編集に携わった奥田宏雲は次のような野依の武勇伝を書き残している。

「東京の花街で当時の待合の二枚折金屏風に「敢て極楽浄土とはいわんぞ、何処《どこ》へなりとも、勝手につれて行け、クソ南無阿弥陀仏」と書いたことも一度や二度ではなかった。女将は内心不満を蔵《かく》しながら、表面「お立派な字です」などとお世辞をならべ、その勘定に際しては、当然屏風の張替代を入れていたことはいうまでもない。」

野依にとって、この「クソ南無阿弥陀仏」の書はたんなる悪戯ではなかった。日米開戦直前に発行した『死の問題』(一九四一年)によれば、これこそ「私の信仰の極致」であり、「地方等に行つて字を書かされる事があるが、その場合大抵これを書いてゐる」というのである。それは敗戦後も続いており、『信ぜずに居れぬ阿弥陀仏の実在』(一九五一年)の口絵にも刷り込まれていた。「クソ」は省略されているけれども(図6-5)。

ちなみに、「野依秀市の混沌」(一九六九年)をものした梅原正紀《まさき》は、野依は信仰においては一貫して「革新派」であったと評している。その梅原自身、一九五六年から六一年まで『世界仏教』を編集した元実業之世界社社員だったが、退社後は「革新派」の、より正確には新左翼系の仏教ジャーナリストとして活躍した。一九六〇年安保闘争で樺《かんば》美智子が死亡した直後、梅原は『世界仏教』七月号の編集後記でその心情を吐露している。樺美智子へ哀悼の意を捧げ、右翼を批判する以下の文章である。編集発行人・野依秀市は岸信介首相の盟友であり、安保改正支持の論陣を張っていたが、梅原の告発文の掲載を認めている。

「学生期を戦時中に送った文弱の徒の私は、右翼がかった同級生にいじめられ通しでした。しかし、それは許せます。許せないことはその中の一人が「アイツハ幸徳秋水ノ本ヲ読ンデイル」と憲兵隊に密告したことです。十六才の春、ムゴイ目にあいました。この傷は一生忘れません。背徳の中で密告という背徳が一番アクシツだと思います。それと裏切りです。敗戦ときまったとき責任感から自分の生命を絶った何人かの右翼の人はともかく立派だと思います。然《しか》し生き永らえて、〝キチクベイエイ〟から〝ボサツアメリカ〟に切りかえ、また若い人たちを教え導いている人たちの心は釘の生えたカシの棒より心底からコワくてなりません。」

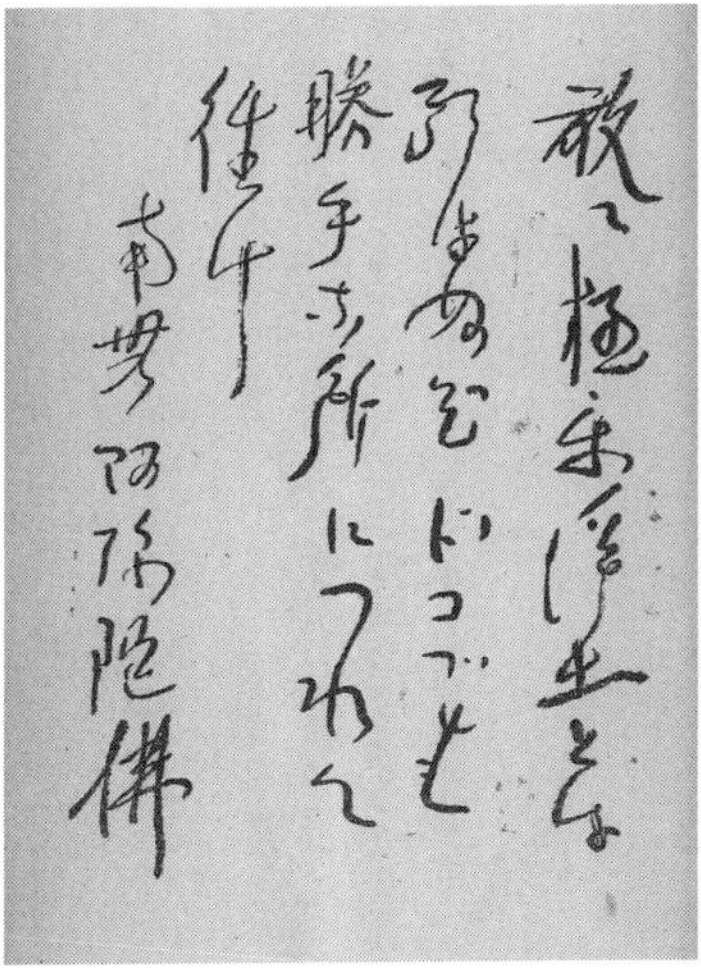

**図6-5**『信ぜずに居れぬ阿弥陀仏の実在』口絵.

実業之世界社を退社した後の梅原の活動は、遺稿集(一九九四年)の解説で簡潔にまとめられている。日大や龍谷大の全共闘との連帯、「仏教者宗教改革連合」世話人就任、水俣病チッソ糾弾の「公害企業呪殺団」組織とその全国情宣行脚……と、ある意味「野依式」活動を続けた。

そうした梅原であれば、「革新派」野依の主張が多数派に届かなかったことはきっと認めるはずだ。この意味で、その激烈な形式仏教批判を含めて「野依宗」に「私淑する者」は限られていた。そうでなければ、『世界仏教』や『女性仏教』が野依没後すぐに消滅した理由が説明できないからである。

# 第七章　護憲派ジャーナリストの有田ドラッグ征伐

「野依秀市翁頌徳碑（内閣総理大臣岸信介書）」大分県中津市宮永町．

## 忘れられた言論人の政治的記念碑

野依秀市の足跡を求めて、二〇一〇年から四度、福沢諭吉旧居のある大分県中津市を訪れた。野依の生家である呉服店は中津市旧城下の繁華街、新博多町にあった。町内で聞いても「野依呉服店」があった場所を知る人はいない。明治三三(一九〇〇)年「父の不身持から一家没落す」と、野依は自筆年譜で書いている。すでに一〇〇年以上も前のことである。人々の記憶に残るのは、叔父・暦三が設立し戦後まで続いた旧「野依書店」ぐらいだろう。

だが、旧城下とは反対側の国道二一二号線(耶馬渓《やばけい》道路)を歩いてゆくと、民家の陰に隠れた「野依秀市翁頌徳碑《しょうとくひ》」を見つけることができる(図扉)。「内閣総理大臣岸信介書」と添え書きのある高さ三メートルを超える石碑である。この石碑が象徴するように、中津で人々の記憶に残る野依は、言論人というよりも代議士である。一九五五年大分二区の日本民主党候補として、現職の副総理兼外相・重光葵《まもる》を押さえてトップ当選を果たしている。頌徳碑は保守合同に尽力した功績を讃えて存命中に建立されたものだが、その経緯を知る人はすでに地元でも少ない。

前章で「仏教者」野依秀市を概観したが、ここでは「政治家」野依秀市という側面から野依式ジャーナリズムを検証してみたい。宗教家にして政治家である言論人、この多面性がメディア人間を理解する上では不可欠だからである。

### 「原内閣擁護論」パンフ五〇万部

野依が政治、あるいは政治家に興味を持つようになった時期は早かったはずである。『三田商業界』創刊（一九〇五年）の二〇歳、おそくとも『実業之世界』改題（一九〇八年）の二三歳には、一人前の「政治青年」だった。しかし、野依が現実政治に足を踏み入れるのは、一九二一年五月の政論雑誌『野依雑誌』創刊からである。『赤裸々記』で最初の政治活動はこう語られている。

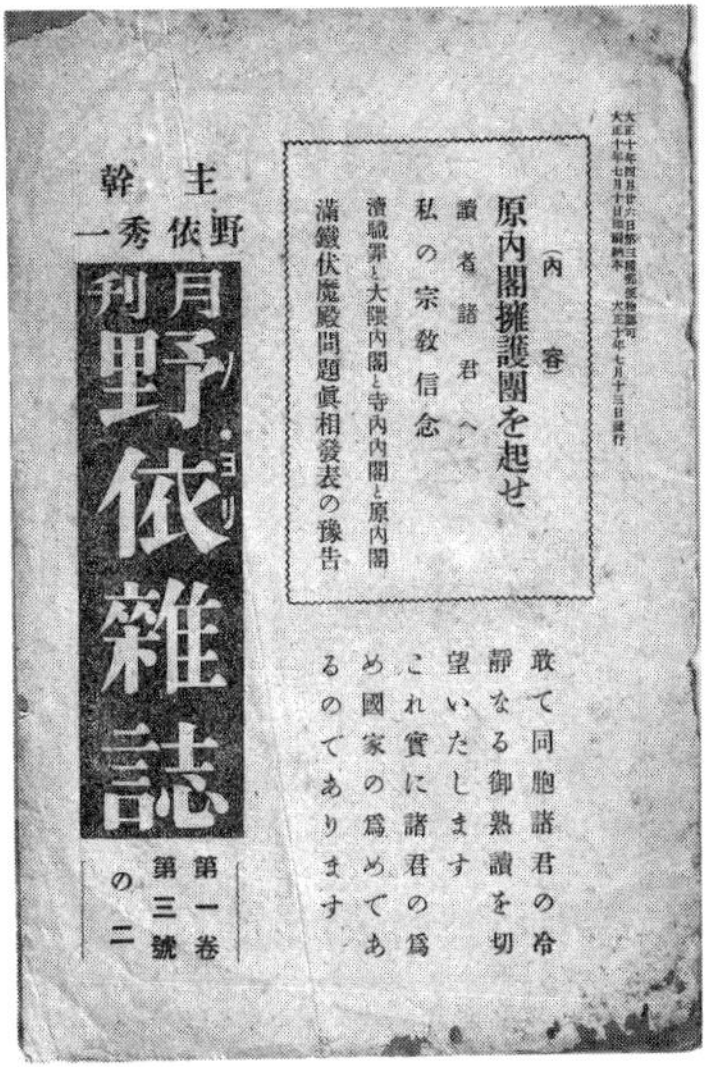


図7-1 「原内閣擁護」パンフレット（『野依雑誌』別刷・全16頁）.

「此の『野依雑誌』において原内閣擁護論を書いて、それ丈《だけ》の論文を小さなパンフレット（図7-1）にして五十万部政友会に寄附しました。政友会よりそれを全国の青年団、市町村役場及び政友会各地支部、代議士、前代議士などに十冊或《あるい》は十五冊づゝ無代で配布したのです。もとより政友会から頼まれた訳でも何でもない。金も一厘も貰はないが、私は政党内閣を確立するが日本の為めに一番よい事であると信じたから、初めての政党内閣たる原政友会内閣を、極力後援した様な次第であります。」

この「パンフレット」(全一六頁)は『野依雑誌』別刷、つまり定価五銭の第三種郵便物である。内容は「原内閣擁護団を起せ」(一四頁)と「私の宗教信念」(二頁)、表紙裏に『実業之世界』、裏表紙に『野依雑誌』の次号予告である。五〇万部を寄付したとしても、その配布費用は政友会が負担したのだろう。意地の悪い見方をすれば、政友会を自社雑誌の宣伝に利用しようとしたともいえる。それでも、野依が『実業之世界』の社論として、政党政治と普通選挙の実現を一貫して掲げてきたことはまちがいない。

### 大正デモクラシーの日本改革私案

前章で紹介したように一九二〇年の出獄から浄土真宗の布教宣伝に情熱を注いだ野依だが、関東大震災を契機として『実業之世界』での政論活動に復帰していく。一九二四年新年号には野依秀一「日本改革私案三十二箇条」が掲載されている。野依の国家観は近代主義的で、ある意味では戦後民主主義にも近かった。敢えて言えば福祉国家へ向けた「大正デモクラシーの地下水脈」の一つだろうか。

①華族身分の抜本的改革　②天皇主義の政治　③普通選挙即時実施　④言論の絶対的自由
⑤集会・政治活動の自由　⑥小学校教員の優遇策　⑦巡査の待遇改善　⑧海外在留邦人の表

彰制度　⑨発明家・学者の優遇策　⑩知事公選の実施　⑪刑務所を感化院に改編　⑫宗教家の活動支援　⑬義務教育の完全国庫負担　⑭議院内閣制度の確立　⑮貴族院改革　⑯賞勲局の全国配置　⑰爵位の世襲抑制　⑱職業倫理の涵養　⑲相続税増税　⑳宮内省を内務省の一局に格下げ　㉑保健省新設　㉒蓄財より投資の優遇　㉓労働省新設　㉔拓殖省新設　㉕農商務省の二分割　㉖労働者教育の充実　㉗帝国産業会社の組織　㉘朝鮮経営会社の組織　㉙郵便配達人の優遇　㉚鉄道乗務員の優遇　㉛ハンセン病患者・浮浪者の保護　㉜議員の国会内発言に対する責任強化。

この日本改革私案は野依個人の構想というより、野依が三宅雪嶺宅で毎月二八日に主催した「押しかけ会」の議論から生まれた試案だろう。安成貞雄「第三回押しかけ会の記」(一九二四年三月号)によれば、一月例会には野依、安成のほか高島米峰(丙午《へいご》出版社)、白柳秀湖(実生活社)、高野敬録《けいろく》(中央公論社)、尾崎昇(東京日日新聞社)、広瀬照太郎(講談社)、龍田秀吉(婦人之友社)、安成二郎(読売新聞社)、さらに堺利彦、徳田球一が参集していた。興味深いメンバーである。広瀬照太郎は翌一九二五年創刊される『キング』の初代編集長だが、新潮社に引き抜かれ一九三二年『日の出』を創刊した。野依は一九三一年から講談社・野間清治《せいじ》の糾弾キャンペーンを開始しているが、押しかけ会メンバーからも多くの情報が寄せられたはずである。野間の沖縄中学教諭時代の放蕩生活に関する情報提供者の一人は徳田球一だろう。遊郭から出勤して道徳を講じる野間教諭に猛反発した中学生が徳田だった。三宅邸で野依と知り合った徳田は、戦後「獄中十八年」の英雄として初代日本共産党書記長に就任する。一方で「戦犯ジャーナリスト」のレッテルを貼られた野依だが、徳田との交流は戦後も続いていたようだ。二〇一〇年二月二二日、中津市で野依の選挙運動を手伝った元自民党青年部員の新城玄二氏にインタビューを行った。野依から遊説中の徳田を護衛するよう依頼されたことがあった、と新城氏は回想する。野依から実業之世界社を引き継ぐ筒井弥二郎も特高警察による逮捕、GHQによるレッドパージと二度の思想弾圧を被った元共産党員である。野依のかたわらには、いつも共産主義者が身を寄せていた。

## 第二次護憲運動と政友会入党

この「反骨の国権的自由主義者」(松尾尊兊《たかよし》)にとって、一九二四年一月七日の枢密院議長清浦奎吾《けいご》の組閣、いわゆる「貴族院内閣」成立は衝撃の出来事だった。議会政治の蹂躙を阻止すべく、政友会、憲政会、革新倶楽部、いわゆる護憲三派を中心に第二次護憲運動が燃え上がった。野依は一月一三日から一七日までの東京大阪の主要十数紙に「日本危し」、「清浦内閣の撲滅を提唱す」と大書した政見広告を掲載している。「対清浦内閣問題の意見を私財を擲《なげう》つて新聞に広告したのは私が嚆矢である」(同年三月号)は自画自賛が過ぎるとしても、閣僚を「無能華族」、「少数特権の不逞貴族」、「社会の寄生虫たる貴族」と口を極めて罵倒する政権批判の過激さでは突出していた。

「吾輩は言論を以て立つ者である。故にこゝに言論によつて汚れたる内閣を痛撃する。同感の士、冀《ねがわ》くば各々其の職分に応じて汚れたる内閣の撲滅に努力せられんことを。」

清浦首相は一月三一日、議会外における護憲三派の大衆動員などを理由に衆議院を解散した。世に「懲罰解散」と呼ぶ。しかし、大震災後の混乱で選挙人名簿作成が遅れたため、投票日は議員任期が満了する五月一〇日までずれ込んだ。野依は「呐々《とつとつ》怪事解散とは何事ぞ、清浦内閣の撲滅と国民総動員の必要」と見出しを打った新聞広告を三月から各紙に載せている。野依が広告に投じた私費は総額一万三〇〇〇円という。ちなみに、一万三〇〇〇円を卸売物価指数で現在の金額に換算すると約七〇〇〇万円である。ただし、戦後の回想では広告料の一部、三〇〇〇円は政友会総裁・高橋是清を直接訪問してもらったとも書いている（一九五七年六月号）。

図 7-2　野依の立候補宣言を載せた『実業之世界』1924 年 4 月号.

野依が自ら立候補を決意したきっかけは、高橋是清が爵位を返上して衆議院出馬を表明したことだという。この壮挙に感激してさっそく政友会に入党している。立候補宣言「吾輩は何故に代議士たらんとするか」は『実業之世界』一九二四年四月号(図7-2)に掲載されている。大分県選出の政友会議員六名がすべて清浦内閣支持の政友本党に走ったため、敢えて護憲候補として名乗りを上げた。出馬の二大綱目には「日支経済同盟」、「言論の絶対的自由」の実現を挙げているが、とても選挙区の実情をにらんだ選挙公約とは言えない。

野依にどれほど知名度があったとしても、小選挙区では地元組織なくして勝算は見込めない。しかも、政友会の公認もスムーズに決まらなかった。立候補宣言では故郷中津を含む大分七区で政友本党の松田源治、憲政会の重松重治と三人で二議席を争うと述べていた。しかし、公認調整は投票まで一ヶ月を切った四月一四日までもつれ込んだ。結局、野依はまったく縁故のない国東《くにさき》半島、大分六区で初代鉄道大臣の元田肇《はじめ》、憲政会の安藤亮と一議席を争うことになった。選挙終了後に発表した「僕は何故に落選せしか」(一九二四年六月号)では、政友本党総務の元田の票を少しでも減らし護憲三派の安藤を当選させれば本望という「犠牲的立候補」だったと述べている。実際、野依の大分での組織固めは先送りされ、三月二〇日には高橋是清総裁の選挙区盛岡市で応援演説を行っている。野依が「本陣の西国東郡高田町中津屋旅館」に到着したのは四月一九日未明だった。投票日まで三週間である。

## 度肝を抜くメディア選挙

『実業之世界』一九二四年五月号には、政友会総裁・高橋是清と同総務・野田卯太郎《うたろう》、横田千之助《せんのすけ》が連署した「野依君を推薦する理由」が掲載されている。打倒清浦内閣の先頭に立った野依の功績を称えた上で、「一言にして尽せば、あらゆる方面から見て、現代日本の最も珍しい人物であります」と書かれている。この種の推薦文は立候補者自身がまず起草するものだが、野依にとって次の一文が重要だった。

「大分県が出せるあらゆる人物中福沢諭吉先生に次ぐもの野依君であると申すも敢て過言ではありません。」

この推薦状と並んで、自ら会長を務める大日本真宗宣伝協会の評議員が連署した「野依秀一君を代議士候補に推薦する理由」も併載された。こちらは龍谷大学学長・前田慧雲《えうん》、大谷大学学長・佐々木月樵《げっしょう》の名義で選挙区の寺院、門徒に発送された。「野依社長が其選挙区に於て為したる一大獅子吼《ししく》の大演説記!!」(同年六月号)によれば、演説内容の中核は元田候補の政治的変節に対する糾弾である。また、元田陣営の買収工作を厳しく批判し、後に野依が行ったドブ板選挙とは異なるクリーン選挙を宣言している。

「私は断じて投票を買収するやうな事はいたしません。斯《か》く申すと諸君は、野依は金がないからそんなことを云ふのだらうと思はれるかも知れませんが、諸君、憚《はばか》りながら、元田、安藤、野依の三候補者中で私が一番金持ちであると信じます。嘘と思ふなら、此《こ》のポケットにあるから出してお目にかけても宜しい。然《しか》し乍《なが》ら陛下から賜はつた貴重なる投票を、買収する様な金は一厘《りん》もないのであります。」

実際、野依が選挙資金の大半を投じたのは新聞広告や印刷物だった。立候補宣言のビラに加えて『政見』、『政界の真相』の二冊子も選挙区で配布された。「僕の立候補の為に発送し

図7-3 「壇上における谷本富博士」『谷本富氏大講演集』(大日本雄弁会・1927年)口絵.

た文書は実に六種であつた。斯《かく》の如きは全国に於ても其《その》例はない有様」と誇り、「野依秀一君に一票を願ひます」と大書した石版刷ポスターも東京から持ちこまれた。一九二四年五月三日付『大分新聞』には渋沢栄一ほか各界名士を動員した「野依秀一君とは果して如何なる人物か」の全面広告も登場した。

「『大分新聞』、『福岡日々新聞』が極力応援して呉れたので、大分県下は勿論、九州全体から云つても各候補者中僕が一番好人気であつたのである。」

野依が政見広告を打ったのは選挙区の新聞だけではなかった。山本武利『新聞に見る政治広告の歴史』(一九七二年)には「売名を明白にねらっている」広告の一例として、四月二八日付『東京朝日新聞』の野依広告「立候補宣言と御願ひ」が収録されている。『大阪朝日新聞』であればまだしも、なるほど『東京朝日新聞』では選挙人と無関係である。こうした派手なメディア選挙は地方では珍しく、注目を集めたことは確かだろう。

また野依が応援弁士に招いたのは、『真宗の世界』顧問格である元京都帝大教授・谷本富《とめり》（図7―3）であった。谷本は四月二九日から大分に滞在し野依とともに演説会を回ったが、谷本が指導する龍谷大学生たちも遊説隊として参加していた。五月四日付『大分新聞』は谷本のインタビュー「野依君を援《たす》ける訳」を大きく掲載している。翌日付の記事「元田老の泣言を完膚なき迄駁破《ばくは》」では、「拍手と喝采に満場沸返《わきかえ》る」様子が描写されている。また、五月七日付記事でも「野依派極めて優勢」と報じられた。

「〔演説会に出た〕同村の青年は始めて自分等の要求に一致した候補者の出た〔こ〕とを喜び演説がすむと野依氏に面会して其夜から直《すぐ》に運動を開始すると云ふ奇現象を呈したのであつた。」

ただ、普通選挙法成立前のこの選挙で「同村の青年」たちは果たして投票権を持っていただろうか。この村も元田が明治二三（一八九〇）年以来当選を続けた強固な地盤である。野依のメディア選挙は農村地帯に文化的衝撃をもたらしたとしても、得票数には結びつかなかった。

## 「理想選挙」の敗北

「あくまでも理想選挙を標榜して、言論戦一点張り」で臨んだ結果は、予想以上の惨敗だった。総有権者九七七一人中、当選した元田の五六五九票、次点の安藤三一六九票に対して、野依の二二一六票は桁違いに少ない。もちろん大分選挙区以外では護憲三派が大勝し、翌月には第一党となった憲政会の加藤高明《たかあき》が首相に就任した。「大正デモクラシー」はここに絶頂期を迎えた。

しかし、この「大正デモクラシー選挙」で野依が学んだことは、政策を訴える言論の「空中戦」よりも、地盤を固め情実に訴える「地上戦」が重要だという政界の常識だった。

「言論戦に於て偉大の効果を納め得たにもかゝわらず、大敗したのは、最後の投票と云ふ場合に於て、地方の人々が、情実の為に有力者の、態度を気兼して、自己の意志を貫き得ない事がよくわかつた。」

落選後、野依は五月一五日付『福岡日日新聞』『大分新聞』に「敗軍の将一言《いちごん》す」の広告を載せ、全有権者宛に「落選に就いてのご挨拶」を発送している。

「私は正しき道に依り、善く戦ひ得たる事を深く喜びます。金銭その他の上に於て聊《いささ》かも不義理不仕末《ママ》を致さず本日無事帰京の途につき得たるを感謝します。（中略）私は今回の敗戦に依り幾多の経験を得ましたから来《きた》る総選挙には再び起つて必勝を期します。」

ちなみに、野依は「当選代議士及び落選候補者選挙費用しらべ」（一九二四年七月号）で、自身の選挙費用も公表している。その三万五〇〇〇円（現在の約一八〇〇万円）は大分六区では当選した元田の三万円を上回ったが、全国平均の四万六二〇〇円を下回っている。出費最高額は三〇万円（現在の約一億六〇〇〇万円）を使った憲政会・斎藤太兵衛《たへえ》（栃木県）、ついで二五万円の実業同志会・武藤山治《さんじ》（大阪府）、無所属・丸茂《まるも》藤平《とうへい》（長野県）だった。野依にとって武藤山治は『三田商業界』創刊以来の「恩人」だが、八月号では「政界廓新・理想選挙」を叫んで実業同志会を組織した武藤の腐敗選挙を厳しく追及している。

「武藤氏はアブラハム、リンカーンに私淑して居るが、リンカーンは、理想選挙と称して二十五万円も使ひ、親戚部下を刑務所へ引きずり込みはしなかつたではあらう。」

続く頁には「我輩は選挙成金に非ず」が掲載されている。玄人筋の見立てでは「二百五十何票だが、あれ位取るには、一万円もかけたかかけないだらう」と噂されたという。選挙資金として集めた三万五〇〇〇円との差額二万五〇〇〇円を自分の懐に入れたのではないかとの疑惑である。逆に言えば、野依のようにメディア(広告媒体)に費用をつぎ込む「非常識な政治家はいなかったということである。

初戦で大敗を喫した野依だが、「僕は何故に落選せしか」、「第二維新実現の好機」、「愉快なる当選落選者と不愉快なる当選落選者」(一九二四年六月号)と敗軍の将として兵を語ること延々二五頁に及んだ。出馬の本当のねらいは総選挙の参与観察と調査報道だったのか、と問いたくなる執筆量である。しかも、それに続く糧刈《かてかる》信世「野依秀一氏の政戦日誌」では四月一六日から五月一〇日まで野依の選挙活動が一日ごとにレポートされている。糧刈はこう総括している。

「立候補がおくれたのと、地盤がないのと、いゝ参謀と運動者がなくて、組織的に行かなかつたのと、地方民の自覚の足りない事と、それが今度の敗戦の大きな理由だ。」

野依の文章ならまず疑って読む私だが、この一九二四年選挙については「理想選挙」を展開したという野依の言葉を信じるべきだと考えている。もちろん次章で見るように、これ以後の野依は「理想」選挙ではなく、地方議員の協力を得て「普通」選挙の手法に染まっていった。いみじくも、護憲三派内閣は翌一九二五年に普通選挙法を成立させ、一九二八年総選挙は新制度下で実施されることになった。そして驚くべきことに、その選挙で「前科者」野依に被選挙権は認められなかったのである。この失格問題の詳細については次章に譲り、ここでは政友会に入党した野依の外交観について見ておきたい。

## 「排日問題を憤慨するは愚」

一九二四年総選挙の最中、日本のジャーナリズムを沸騰させていた外電ニュースの一つはアメリカ上院における「排日移民法」可決である。野依といえば、戦時中に『米本土空襲』(一九四三年)を刊行した反米ナショナリストのイメージが強い。だが、落選後最初の巻頭論文「排日問題を憤慨するは愚」(一九二四年七月号)で、野依は日本人にアメリカを批判する資格があるのかと問いかけている。

「支那其他の東洋人に対して人種的差別待遇を与へるばかりでなく、内地の同胞の待遇にすら差別をつける日本人が、どうして米国の人種的差別の不当を云為《うんい》することが出来るか。」

排日移民法をめぐる当時の論壇で、最もリベラルな議論といってもよいだろう。こうした柔軟な国際感覚は自称「皇室社会主義者」の論文にしばしば確認できる。関東大震災時の警察発表を厳しく批判する論文「何故！不逞鮮人に同情するか」(同年一月号)でも、こう主張していた。

「同じ内地人ですら、内地の同胞に対して右のやうな暴行を働いたものがある。況《いわ》んや自分の国が併合されたのだから、朝鮮人が恨《うらみ》を呑んで居り、何かの機会に其《その》恨を晴してやらうと思ふのは、人間として当然あり得べき事である。此《こ》の意味に於いて日本人は朝鮮人の地位になつて、今後の問題を考ふべきであると思ふ。」

排日移民問題でも日本人の「一等国」意識を自惚《うぬぼ》れとして退けている。そもそも、ヴェルサイユ体制の「五大国」中、男子普通選挙制を実現していない国は日本だけなのである。

「戦争で強いと云ふ事以外、一等国たる資格を何一つ持つて居ないではないか。第一に貧乏である。商売にかけては、支那人に及ばない。学問や、発明にかけては、ヨーロッパ人、アメリカ人の糟粕《そうはく》ばかり嘗《な》めて居る。」

さらに、排日移民法の根拠を崩すべく「日本人にも同化能力はある」とアメリカ側に反論した日本政府に対しても、野依は筋違いの議論だと批判している。

「日本の政府及び日本の輿論が、〔日本人のアメリカへの〕帰化を喜ばず、帰化せんとするものを、殆ど叛謀《ママ》人、非国民と見做したのは事実でないか。（中略）移民をこんな目に合せた一半《いっぱん》の責任は、軍国主義的な日本政府と、国粋論者が負ふべきものである。」

アメリカに対して「憤慨する理由も資格もない」日本人は、やがてアジアで孤立するのではないかと野依は懸念している。むしろ、アジア諸民族への差別観念を排して、「支那と経済連盟を結び、共に相携へて東洋永遠の平和を確立しなければならぬ」と主張する。これが思いつきの発言ではないことは、先に紹介した選挙の二大綱目の最初に「日支経済同盟」を挙げていることからも明らかだろう。

### 「広告魔王」有田音松の闇

一九二四年の落選後に野依が一躍脚光を浴びた出来事は、売薬会社「有田ドラッグ」への糾弾キャンペーンだった。「有田音松《おとまつ》征伐を天下に宣す」を掲げた『実業之世界』一九二五年四月号の売れ行きはすさまじく、五回も増刷を繰り返した。翌年六月号まで一年有余に及ぶ連続攻撃によって、一世を風靡した「有田ドラッグ」は市場から急速に消えていった。後に有田が詐欺罪、売薬法違反で刑事告訴されたように、このキャンペーンに公益性を認めて拍手喝采する者は少なくなかった。とはいえ、社会悪として有田ドラッグは卑小であり、ジャーナリズムが敵とすべき巨悪なのか、そうした疑念の声は当時も存在した。

この時代の「花柳病《かりゅうびょう》広告」事情については渋谷重光「昭和初期における〝性〟の表現展開」(一九九一年)に詳しいが、治療薬として有田ドラッグが特別に悪質だとはいえない。まだ抗生物質のない当時、どの売薬も効能の乏しさにおいて大差なかった。問題なのは有田ドラッグの「効能」ではなく、その「広告」の規模と内容である。

有田音松(一八六七—一九四四年)は、新聞全面を買い切って「有田薬」とともに自らの国粋主義的政論を宣伝することで一躍有名人となった。その生涯については稲垣喜代志「ニセ国士・有田音松伝——日本のジキルとハイド」(一九六九年)、織田久「広告魔王有田音松」(一九七六年)などに詳しい。前者は梅原正紀「野依秀市の混沌」とともに『虚人列伝』(一九六九年)

に収載されており、今日では有田も野依も同類と目されている。実際、野依も征伐宣言でこう書いている。

「ある読者から日本で一番偉いのは野依秀一と有田音松であるといふ讃辞を寄せられた事があつた。」

「新聞一頁広告の元祖」を自称する野依としては、有田はまさしく広告欄上のライバルである。この意味では、一九二八年開始の「国賊朝日新聞社」征伐、一九三一年開始の「講談社・野間清治征伐」と続くメディア(広告媒体)批判キャンペーンと連続している。まずは「広告魔王」にして「ニセ国士」有田音松の生い立ちを見ておこう。

有田音松は慶応三(一八六七)年広島県三原東町(現・三原市東町)で貧乏士族の第九子として生まれた。一四歳で大阪の薬問屋に丁稚奉公に出たが、すぐに女遊びを覚えた。店の売上げ金の使い込みがばれて一六歳で大阪から逐電している。一八歳で上京し、新宗教「神理教」の布教活動に加わったが、当時流行の自由民権運動に乗り換えた。自由民権の壮士として演説会で聴衆を惹きつける表現技術を体得したが、それは恐喝取財罪、官吏侮辱罪、詐欺取財罪による三度の入獄と引き替えだった。このあたりまでの経歴は、一八歳年下の野依が語る青春の放浪生活(第一章参照)といくぶん似ている。音松が出獄したのは二六歳だったが、野依も二七歳のとき東京電燈会社への脅迫罪で入獄している。出獄した両者の違いは、野依が言論界にとどまったのに対して、音松が神戸でヤクザの盃をうけたことである。

音松は福原遊郭で妓夫太郎《ぎゅうたろう》(客引き)の元締めをつとめ、大辰親分に弁論の才を買われ遊郭内のビラ新聞『警鐘』の発行を任された。この新聞で地元名士の不正を告発し、音松は見返りとして金品を要求した。いわゆる「ユスリ新聞」である。一九〇四年、神戸市議不正事件の発覚に際して、音松は『警鐘』廃刊と引き替えに有力議員から餞別を受け朝鮮半島に渡った。ちょうど日露戦争開戦直後であり、野依が石山賢吉らと『三田商業界』を創刊する前年にあたる。音松は朝鮮でも放蕩無頼の生活を続けたが、自ら調合した淋病薬を「満韓売薬商会」の名前で売り出して成功を収めた。有田が再び神戸に戻り有田ドラッグを設立したのは、野依が『三田商業界』を『実業之世界』に改めた一九〇八年である。各地の新聞に「全国各地に支店長を募る」の三行広告を出し、応募者から保証金を詐取して資金を蓄え、大阪ミナミの目抜き通りに本店を構えた。

音松はこの詐欺を「本願寺方式」と名付けた。末寺(支店)から上納金を吸い上げる集金システムだが、第一次大戦勃発の好景気に乗って飛躍的な発展を遂げた。店頭に陳列した性病患者の蠟人形模型で人目を引き、「欧米医科大学・帝国医科大学病院等にて賞揚《しょうよう》配剤せる高貴薬」と出鱈目《でたらめ》な権威付けで患者を信用させた。「当該医薬品に関し虚偽又は誤解を招くおそれのある事項」の記載を禁止する(現行の薬事法第五四条第一号)ような法的整備は遅れていた。世間体を憚って一人悩む性病患者に対して、有田ドラッグの広告は強烈な訴求力を持っていた。「請合薬《うけあいぐすり》」広告は全国一五〇紙に同時掲載され、有田ドラッグ専売チェーンは朝鮮、満州、中華民国、ハワイまで拡大した(図7-4)。

とはいえ、やがて性病薬の効能は疑われはじめる。音松は結核患者向けの治肺《ちはい》剤に販売の

**図 7-4**　有田ドラッグ広告「りん病・ばい毒　請合薬」(『大阪毎日新聞』1925 年 5 月 14 日).

主力を移した。「はい病全快のよろこび」という写真付き体験記を全国各紙に全面、さらには見開き全二面で広告している。保《ほ》刈《かり》長治によれば、タダ同然の偽薬を「高いから効く」と信用させ、年間一二〇万円(現在の約七億円)のボロ儲けを続けていた。野依に先行してインチキ広告を批判したジャーナリストに『滑稽新聞』の宮武外骨がいるが、その情報量と衝撃力において『実業之世界』の比ではなかった。

### 有田征伐への迂回戦略

有田ドラッグの内情を野依に告発してきたのは、音松の秘書役だった渡辺新次である。渡辺は広告の総括担当者であり、『有田音松説話集』(一九二五年)の代筆者でもある。渡辺の告発文「自称国士！　有田音松の背中には一面の文身《いれずみ》」(一九二五年五月号)によれば、音松には鍾馗《しょうき》の刺青があり、自身も重度の梅毒・淋病患者だったという。社告「原稿大々的募集」(同号)で有田ドラッグに関する告発情報を読者に求めているが、次号には渡辺に続く内部告発者として前有田ドラッグ顧問で大阪商業新報社理事長の尾崎肇《はじめ》が「吸血鬼有田音松の戦慄すべき悪虐無道の数々」(同年六月号)を寄稿している。

だが、野依にとって許し難かったのは「にせ薬」による蓄財よりも、「国体破壊の思想を芟除《さんじょ》せよ」、「普選論は危険思想」など国士気取りの文章を新聞広告する音松の偽善である。あまつさえ音松が清浦内閣を支持し、甘粕正彦大尉への減刑嘆願運動を開始したことは、大杉栄の友人たるこの護憲論者を激高させた。征伐宣言で野依はこう述べている。

「それ〔ニセ薬販売〕よりも尚癪《なおしゃく》にさわるのは彼が生意気至極にも思想問題、政治問題に口ばしを入れて愚にもつかぬ暴論狂論を新聞に大々的に広告する事である。」(一九二五年四月号)

さらに言えば、「暴論狂論」の内容よりも、「新聞に大々的に広告する事」の形式が問題だったろう。野依が売薬のインチキ性を強調したのは、社会的責任を理由に有田広告のボイコットを新聞社に要求するためであった。有田商法の糧道《りょうどう》を断つ迂回戦略である。しかし、大広告主である有田ドラッグは新聞社にとって最重要な顧客である。東京朝日新聞社は野依が出稿した「有田征伐号」の広告文をそのまま掲載したが、大阪朝日新聞社は大阪に本拠を置く大広告主への配慮から削除、伏せ字などを要求してきた。同じく伏せ字を要求してきた大阪毎日新聞社は、さらに「法律上の問題になる」との理由でこの広告掲載そのものを謝絶した。野依の攻撃の矛先は、まず大阪毎日新聞社に向かった。

『実業之世界』の広告より数十倍大なる有田の広告を掲載して金を儲けたいと云ふのである。何んと云ふ憐《あわ》れにも、陋劣《ろうれつ》にも評しようのない大阪毎日新聞よ。之《こ》れと云ふも社長の本山彦一の人格が劣等だからであるのだ。」(一九二五年五月号)

一般に伏せ字や差し止めは国家権力による言論弾圧の象徴と見なされるが、野依に伏せ字を強制し広告を拒絶したのは新聞社である。野依にとって大新聞社はまさに「権力」そのものだった。

「爾来《じらい》大朝、大毎がその勢力の強大を頼み、横暴を極むるに対し、憤慨せるものはどれ程あるか知れない。が、如何せん、彼等は資本を有《も》つてゐる。大組織、大機関を有つてゐるので、如何ともなし得ない。そこで、彼等の横暴傲慢を膺懲《ようちょう》するには、筆舌以上の力を以てせねばならぬと云ふ様なことを叫ぶものが出て来るようになるかも知れぬ。」

続く文章を読む限り、「筆舌以上の力」は不買運動だけではない。十分に脅迫的な文章である。

「大朝社長村山龍平、大毎社長本山彦一の両君にして、血あり涙あり、且《か》つ一片の正義の念あらば、少《すこ》しく考へ直してはどうか。どうせ七十の老人だから長い事はないと云ふかも知れぬが、身に災禍なきを注意せよ！」

野依は大阪に乗り込み「大毎撲滅大演説会」を開催し、「大阪の名誉のために有田音松を放逐せよ」と大書したポスターやビラ四〇万枚で大阪市街を埋め尽くした。ポスターは大阪毎日新聞社周辺はもちろん有田ドラッグ本店入り口にまで貼られた。さらなる野依の糾弾を恐れたかどうかは不明だが、大阪毎日新聞社は再度方針を転じて、伏せ字の広告掲載を伝えてきたという。

「今後の大毎の態度如何《いかん》に依つて僕も覚悟する。大新聞だからとて正義に勝つ事は出来

図 7-5 「何れが狂か？　何れが義か？」放天散士『狂か？　義か？　有田音松と野依秀一』(実業之日本社・1925 年)口絵.

ぬ。」

むろん、音松も野依の攻勢に手をこまねいていたわけではない。まず野依の信用失墜を狙った逆宣伝が計画された。渡辺新次によれば、音松から小切手が届き『実業之世界』掲載の告発文は自分が書いたものではない旨の証文を書くよう懇願されたという。それを写真にとって「野依でっち上げの真相」と大々的に新聞広告する予定だったらしいが、渡辺はこれを拒絶している。さらに、元実業之世界社記者の小竹即一が経営する事業之日本社から野依批判の怪文書、放天散士『狂か？　義か？　有田音松と野依秀一』(一九二五年)が刊行されている。「野依が前科二犯に対して、有田は前科四犯」など客観性を装った対比もあるが(図7-5)、中身は九割方は野依批判で次のように結ばれている。

「有田は五百万円の金持ちで、野依が貧乏

人であり、二人とも売名と自己宣伝に汲々《きゅうきゅう》として居る人物であることは明白な事です。(中略) 毒を以つて毒を制せられるか否か、それ等は彼等今後の行蔵《こうぞう》に徴《ちょう》するの外《ほか》はありません。(をはり)」

結局、野依の正義を「五十歩百歩」と矮小化するのが精一杯だった。音松は活路を求めて、『実業之世界』の影響が及びにくい農村地帯や台湾・朝鮮半島に宣伝を集中させた。その意を体して広告代理店・帝国通信社は『実業之世界』広告の掲載を拒否するよう地方新聞社に働きかけた。音松と野依の広告収入を両天秤にかけた新聞社は少なくなかったのである。

後に「言論ギャング」とも評された野依だが、「有田征伐」キャンペーンに関しては世論の支持は圧倒的だった。「有田征伐より見たる上等新聞と下等新聞」(一九二五年六月号)では、全国の主要新聞で有田征伐を掲げた『実業之世界』広告を掲載した新聞社とそれを拒否した新聞社を列挙している。ついには有田征伐欄に「逆賊思想宣伝者大阪毎日新聞社を葬れ」(同年八月号)も出現し、キャンペーンの主要敵は有田広告を掲載する新聞社となっていった。

## 欧米外遊とチタ刑務所

そのまま新聞社攻撃に進むかに見えたが、一九二五年八月二〇日野依は突然半年間の欧米外遊に出発している。この旅行記は『実業之世界』(一九二六年一一月号)で特集された。このタイミングでの外遊旅行、その総費用一万四〇〇〇円(当時、国内最高級の帝国ホテル宿泊費が一泊一四円)の出どころを含めいくつかの政治的仮説が考えられるが、よくわからない。小島直記は『日本策士伝』で、一万田尚登《ひさと》(戦後は日銀総裁、大蔵大臣など歴任)の野依追悼文を引き、日銀総裁・井上準之助が世論工作の一環として用立てたとしている。一万田は野依との出会いを井上総裁の秘書をしていた一九二一年頃のこととして回想し、野依が欧州歴遊の費用を井上に要求する現場に立ち会った様子を描写している。井上は金額に一瞬息をのんだが諒承し、その金は「井上さんにいわれて私が送った」という。しかし、野依外遊の一九二五年に井上はすでに日銀総裁を辞めており、この証言だけを全面的に信頼することもできない。野依自身の「わが半生を語る」(一九五三年七月号)によれば、洋行をすすめて資金を出した人物は川崎造船所専務の永留《ながとめ》小太郎だった。

「あんたが愈々《いよいよ》行くとなれば、餞別《せんべつ》を幾らか差上げますといつてくれたのに力附けられて僕は大正十四(一九二五)年八月二十日に出発した。永留君の二千円を始めとしてあちらこちらから集めて一万二千円をもつて行つた。当時は日本の一円が米国の二ドルに値する為替相場の関係であつた。」

また、二代目安田善次郎も二〇〇〇円を出している(「五十年間四百人印象記」一九五七年二月号)。一九二六年新年号には「太西洋上の社長より無電の通信」と題して、一二月六日付電報が掲載されている。アメリカでの活動では、渋沢栄一の紹介状が絶大な効力を発揮したようだ。

「一二月二日(クーリッジ米)大統領との会見を終り、五日午前十時世界最大の汽船五万七千噸《トン》マゼスチック号にてロンドンに向け、出発した。アメリカに於て、僕の最も愉快に感じた一つとして、アメリカの大新聞が、肺病薬の広告を掲載せぬといふことであつた。渋沢子爵の紹介で、〔ピュリッツァー系〕ウオールド新聞の編輯監督ならびに営業部長と会見してその事実を知つた。ウオールドの調査によれば、肺病薬の効力は、全然認められぬとのことである。然るに日本では、大阪毎日、東京日々、時事新報の如き、大新聞が有田の肺病薬で全治したといふ、一頁大の広告をよろこんで掲載して居る。」

外遊中も有田ドラッグ攻撃は野依の脳裏から消えていなかったようだ。司令塔なき『実業之世界』での有田攻撃は地味になっているが、「有田薬全治者ウソの実例」(一九二六年二月号)、「有田肺病薬ニセ全治者訪問記」(同年五月号)など粘り強い調査報道が続けられた。

いずれにせよ、野依外遊の主目的は仏教講演であり、行く先々の日本人会で歓迎を受けている(「米国及欧州の真宗宣伝記」『真宗の世界』一九二六年一〇月号)。イギリスでは三井物産ロンドン支店が野依を案内するため秘書一人を張り付けた(一九五八年五月号)。当時の超円高レートもあり、野依は欧州各地の最高級ホテルのスイートルームに宿泊し、各地で「女郎買《じょろうが》い」を繰り返している。パリではポーランドの元公爵令嬢と「関係」したという自慢話など盛りだくさんだ。

「その他色んな女に関係したがどうも私はこれで日本で持てたように、外国でもチビでももてるもんだと、みずから自惚れておる。」(一九五三年九月号)

さらに、オランダ、スペイン、イタリア、ドイツでの女性遍歴を綴ってこうまとめている。

「ナゼ私が到るところで淫売買いをやつたかといえば、そんなにナニモ性慾にカツエているわけではないが、この事ばかりは、国境、人種のいかんを問わず、すぐ話が早くまとまつて、それによつていわず語らずの間に、人情風俗を知ることもできるからである。」(一九五三年一〇月号)

豪遊のあまり、パリで資金が枯渇したため、満鉄総裁・安広伴一郎《やすひろばんいちろう》に二〇〇〇円の送金を電報した。しかし、安広から返信がないので最終的には久原《くはら》房之助から送金してもらっている。安広は山県有朋側近から枢密顧問官になった慶応三田人脈である。帰朝後、安広は「僕の立場として送金はできないじゃないか」といって、野依に二〇〇〇円を手渡したと回想している(一九五七年三月号)。

一九二六年四月一五日ベルリンを立ち、帰路はモスクワ経由でシベリア鉄道を使っている。モスクワではコミンテルン常任執行委員会幹部の片山潜《せん》と旧交を温めている。片山は野依に「日本の労働者諸君に告ぐ」の一文を預け、それは『実業之世界』一九二六年八月号に掲載された。しかし、五月一日満州里駅にて「国事探偵の嫌疑で」ロシア警察に逮捕され、チタ刑務所で一〇日間取り調べを受けた。日本国内の新聞でも大きく取り上げられたが、「野依社長の奇禍《きか》」(一九二六年六月号)によれば、「手まね」談判により五月一二日釈放されたという。この旅行記は『欧米徹底観』(一九二九年)として公刊された。

## 売薬と雑誌の紙面戦争

一九二六年六月一二日、満州、朝鮮を経て帰国した野依は『実業之世界』七月号の巻頭に

「露国の未決監に十一日間拘留されて」、「正義は遂に勝てり――嗚呼！　有田音松の頭上に最後の審判は下されたり」を寄せている。後者は有田攻撃の勝利宣言である。六月八日付新聞各紙が報じた「有田ドラッグに愈々《いよいよ》検挙の手下る」の記事を引用している。実際、野依の「宣戦布告」直後から有田ドラッグの売上げは半減し、一九二六年にはさらに四分の一まで落ち込んでいた。有田ドラッグに警察が立ち入り調査を開始すると、新聞各社はこの大広告主を見切りはじめた。野依以外にも、有田ドラッグの元店員・福田周平の『有田音松の真相』(一九二四年)などが出版され、新聞各紙に有田商法を告発する投書が目立ってきた。新聞で捏造《ねつぞう》された権威は、最後は新聞によって葬られた。かくして有田薬の広告は一流紙から姿を消していった。

とはいえ、一九二〇年代末における有田ドラッグの広告量はなお無視できない。『広告界』一九二九年八月号によれば、前年度の広告主ベストテンで寿屋(現・サントリー)に続いて第七位三七万円となっている。トップの講談社一二四万円の三分の一だが、実業之日本社、博文館の三〇万円を超えている。野依が勝利宣言をするにはまだ早すぎたと言えよう。また、有田ドラッグを攻撃した『実業之世界』が「インチキ広告」と無縁であったわけではない。たとえば、「淋病の革命的新薬・ブラオン銀ケンゴールの偉力――前東京吉原遊廓吉原病院長佐藤栄先生の発明」(一九三二年三月号)など怪しい全頁広告も散見できる。野依メディアとて必ずしも有田ドラッグ広告を扱う全国紙を糾弾できるほど清潔なメディアではなかったということである。

因縁話めくが、引退した音松が事業を譲った次男・二郎も、やがて野依と同じく政界を目指した。一九四六年大阪一区から出馬して衆議院議員に当選した有田二郎である。一九五四年自由党副幹事長のとき造船疑獄で逮捕されたが、それよりも前年八月一日国会予算審議で右派社会党の堤ツルヨの野次に対して「パン助だまれ」と応じて歴史に名を残した。だが、有田二郎のインタビューを中心に構成された小堺昭三『疑獄極楽』(一九八〇年)によれば、造船疑獄も「パン助」事件も佐藤栄作の「身代わり」を有田が買って出たことになっている。

自由党の有田二郎が国会から姿を消すのと入れ違いに、公職追放を解除された野依が民主党議員として一九五五年衆議院に復帰する。一九三二年の初当選から実に二三年ぶりの再選である。野依「代議士」誕生をめぐる二転三転のドラマは次章に譲りたい。

# 第八章　「代議士」野依秀市の誕生

「野依秀市の主宰事業」(『真宗の世界』1934 年 1 月号).

## 『実業之世界』の大衆化

一九二四(大正一三)年、野依秀一は第二次護憲運動の先頭に立っていた。清浦奎吾貴族院内閣打倒を叫んで第一五回衆議院選挙に大分県第六区から立候補したのである。地盤(後援)、看板(名望)、鞄(資金)の三バン盤石たる与党・政友本党の元田肇を相手に、「理想選挙」を唱える野依の武器は演説会とポスター・パンフレットのみ。その結果は前回紹介した通り、得票数で二五分の一(五六五九票：二二六票)、無惨な完敗だった。

だが、野依には明日への希望があった。この選挙で勝利した護憲三派・加藤高明内閣は翌一九二五年普通選挙法(改正衆議院議員選挙法)を公布した。それまで直接国税三円以上を納税する成年男性に限定されていた選挙権は、二五歳以上の男性全員に与えられた。四倍に増大した有権者が大衆政治の舞台に躍り出ようとしていた。大正天皇崩御による昭和改元はこの翌年である。

一九二七(昭和二)年五月、昭和金融恐慌の中で『実業之世界』は創刊二〇周年を祝った。財界で野依の後ろ盾となった渋沢栄一は記念号(同年六月号)巻頭に次の賀辞《がじ》を寄せている。

「『実業之世界』を知らぬでも、野依秀一を知らぬ者はないと云ふ程に野依氏の存在は日本国民の間に深く強く刻み込まれてゐる。(中略)野依氏は人生意気に感ずる底《てい》の現代に珍しき人物である。氏に面識なくして氏を非難する人はよろしく一面識あつてよろしいと思ふ。」

　この二〇周年記念事業として、野依は四月に部数限定「高等通信」として日刊『実業通信』(購読料一ヶ月一〇〇円)、九月に旬刊『財界ポケット』(定価三〇銭)を創刊していた。『財界ポケット』は大衆雑誌化した『実業之世界』から移す経済専門記事の受け皿だが、『実業通信』は企業向けの「取り屋」雑誌であった可能性が高い。『言論ギャング』(一九三三年)によれば、「実業家が恐れる実業通信」の発行部数は一九〇通だったという。

　また、代理部も新設されたが、大衆雑誌と連動する通信販売事業は主婦之友社や大日本雄弁会講談社の成功に倣《なら》ってのものだろう。一九二七年一〇月号では「本誌の発行部数五倍増加計画……定価四割減＝三十銭に引下げの断行」に向け、「実益、興味の両方面より努めて社会大衆の実生活の伴侶たり指針たるべきものを掲げる」と、大衆雑誌化が宣言されている。

　この大衆雑誌化の政治的方向としては、「講談社的」かつ「改造社的」な路線、つまり「忠君愛国」と「社会改造」の融合が目指された。一九二八年新年号が典型的だろう。野依の巻頭言「天皇は国家なり」、つづく特集「サラリーマンの問題」では社会主義者・安部磯雄「サラリーマン階級の社会改革的役割と其の辿《たど》るべき運命に就《つい》て」と日本主義者・三宅雄二郎(雪嶺)「昭和の世に処する新戦術」が並んでいる。さらに「就職戦必勝法」や「結婚戦必勝法」のハウツーものがあり、性科学者・羽太《はぶと》鋭治「現代生活と性愛技巧の種々相《しゅじゅそう》」と国家社会主義者・高畠素之《もとゆき》「解り易いマルクスの資本論」が目次で並んでいた。こうした脱「経済誌」化と値下げ断行によって「発行部数は実に四倍の増加を見るに至つた」(一九二八年四月号）という。

## 普通選挙法の陥穽——一九二八年選挙

この追い風の中、人生意気に感ずる野依が第一回普選（一九二八年二月二〇日実施）をただ傍観できたはずはない。「激戦の第一区から野依君の出馬」（『万朝報』一九二八年二月二日）で、記者の電話インタビューにこう答えている。

「戸別訪問と情実の選挙は不得手だが筆と口との戦ひならば僕の最も得意とする所、明るい普選の序幕戦に名乗りあげるからには大いにやるよ。」

東京第一区（芝、麻布、赤坂、四谷、麴町、牛込）は注目の激戦区である。定数五に一五名が立候補したが、その中には社会民衆党から出馬した文藝春秋社社長・菊池寛もいた。二月一〇日、渋沢栄一、三宅雄二郎、徳富猪一郎の三名が連署した推薦状が公開された。

「老生等は同（野依）君と二十年間（徳富のみは数年間）交誼を厚くして居りますが、同君の如く世に誤解され、而《しか》も亦君の如く筋のいゝ男は一寸《ちよつと》見当らぬと存じます。（中略）何卒《なにとぞ》同君のため御投票下さるやうお願ひ申上ます。」（一九二八年三月号）

だが、「政友会改革候補」を名乗った野依の出馬表明は公示から一週間も過ぎていた。さらにいえば、前回選挙で野依が有権者に再挑戦を約した郷里の大分県選挙区でなく、すでに政友会が公認候補を確定した東京選挙区への強引な割り込みも不自然である。なるほど言論人・野依の活動拠点は東京市芝区にあり、知名度も大分より東京で高かった。とはいえ、人気作家の「文壇帝王」菊池寛が七位で落選した選挙区で野依の当選は問題外だった。野依自身、最初から普選参加の既成事実だけが重要だったに違いない。というのは推薦状を公開した翌日、野依は前科(愛国生命恐喝事件での禁固四年)による公民権失格のため立候補を取下げていた。

二月一二日、青山会館で開催された「野依秀一氏立候補中止大演説会」の内容は、『真宗の世界』一九二八年三月号で「真宗信者としての余が立候補し又それを中止せし理由」としても公表されている。この失格問題は普通選挙法のパラドクスとして大変興味深い。

普通選挙法で量的に拡大された選挙権は、質的には大きく制限されていた。四年前の総選挙に立候補できた野依が、今回は一二年も前の判決により被選挙権を剝奪されている。改正法第六条第六号によれば、前科者は刑期の二倍に相当する五年以上の期間、公民権を剝奪される。野依の場合、一九二〇年五月二六日まで四年間服役していたので、公民権が回復するのは刑期満了から八年後の一九二八年五月二六日である。失格期間がまだ三ヶ月あまり残っていた。それを野依が知らなかったわけではない。公示日の三日後、一月二四日野依は東京弁護士会会長・卜部《うらべ》喜太郎らと相談して、復権願を控訴院に提出している。だが、野依はその審査結果を待たず、供託金二〇〇〇円をおさめて立候補を表明したのである。控訴院は審査中の立候補を不謹慎として野依の復権願を却下した。こうした事情を知らない第三者が野依の立候補とその取りやめに政治的「利鞘《りざや》稼ぎ」と疑ったとしても不思議はない。

「政友会から金をとる為めとか、同志のものから中止料をとる為めの芝居であつたと噂さ

れた。」(一九二九年七月号)

と、わざわざ自分で言うところをみると、普通選挙制度の法的欠陥を訴えるためのパフォーマンスだったのかもしれない。一年後、「由々《ゆゆ》しき社会問題——前科者に対する国家の無礼を排除せよ」(一九二九年二月号)で自らの欠格事件に言及している。すでに罪を償《つぐな》った「陛下の赤子《せきし》」に対する公民権剝奪は無礼である、と。

### 野依ジャーナリズムの転向?

野依が立候補を阻まれた第一回普選の実態は「理想選挙」とはほど遠いものだった。季武《すえたけ》嘉也《よしや》『選挙違反の歴史』(二〇〇七年)によれば、理想選挙への動きは大都市の一部に限られ、地方では政党組織ぐるみの大規模な投票買収が飛躍的に増大していた。

政党の投票買収のみならず、警察、検察一体となった政府の選挙干渉も熾烈を極めた。さらに第一回普選の投票前日、一九二八年二月一九日、皇室中心主義を唱える鈴木喜三郎内相は野党・民政党(前年六月憲政会と政友本党の合同で成立)の綱領中にある「議会中心主義」を否定する声明を発表している。選挙結果では政友会が民政党をわずか一議席上回ったが、無産諸派も八名を当選させている。これに対し鈴木内相は特高警察を強化し、同年三月一五日治安維持法により共産党に大弾圧を加えた。いわゆる三・一五事件である。こうした政友会内閣の強引な手法に対して、大新聞社の論説記者がデモクラシーの立場から批判を加えたのはむしろ当然だろう。そうした新聞輿論を背景に衆議院では鈴木内相弾劾決議案が上程され、鈴木は五月三日内相を引責辞任している。

野依は「天皇中心主義者」として鈴木内相を擁護すべく、一九二八年四月号巻頭論文「「議会中心政治」及び「民政」の語は断じて非なり」を嚆矢として、翌月号から猛烈な大新聞批判キャンペーンを開始した。もし、野依ジャーナリズムに思想的転向を読み取ろうとするならば、これを「戦闘的自由主義者」野依秀一の右旋回と見ることになるだろう。実際、朝日新聞批判という視点で見れば、このキャンペーンをまとめた『国賊東京及大阪朝日新聞膺懲《ようちょう》論』（一九二八年）から戦後の『国民の敵・容共《ようきょう》朝日新聞を衝《つ》く』（一九五九年）までは一貫している。しかし、それは果たして朝日新聞社の思想、たとえばリベラリズムに対する思想的批判だと言えるだろうか。

結論から言えば、そうした思想的転向を読み取ることはできない。そもそも、野依の新聞攻撃がスタートする一九二八年四月号には、東京朝日新聞社でも屈指のリベラル派・清沢洌《きよし》が「第一回普選の文明史的批判」を寄せている。清沢は目に余る投票買収と選挙干渉という現実を認めた上で、それでも「以前よりも、より悪くはならなかつた」、「議会の勢力が始めて社会の最下層――言葉は適当でないかも知れないが――にまで到達した」、「政治教育上無二の好機会であること」、この三点から普通選挙を断固支持している。この点で、野依と清沢の意見は一致していた。

また当時、『実業之世界』はソビエトに亡命中の片山潜から届く通信文を載せて世間の注目を浴びていた。「露国共産党政府に於ける新反対派の過去と将来」（一九二七年七月号）を片山はこう書き起こしている。

「親愛なる野依秀一君よ。貴君は私に新反対派〔トロツキー、ジノヴィエフ、カメネフら〕に就いて書けとの事である。」

あるいは片山書簡「余の日本帰国説に対する妄《もう》を弁ず」(同年一二月号)の末尾には、「一記者」が次のコメントを付している。

「共産革命の親玉と、愛国皇室中心主義の親玉とが、相共鳴するとは、実に不思議でならぬ、而《し》かも不思議でないのは、共に信念に向つて突進する誠と誠が、握手することになつたのである。(中略)併《しか》し、社長は却々《なかなか》翁の主義には共鳴せぬらしい。併し、日本国民の為めには野依社長の共産主義者となる方が幸福であるか不幸であろうかは記者の俄《にわか》に断言し得ぬ所である。」

この「一記者」が共産主義にシンパシーを抱いていることは明らかだろう。その上で、これをそのまま掲載させた野依が反共主義者ではなかったことも確実だ。野依は天皇中心主義を掲げていたが、その言動は第一〇章で検討するように、当時の常識からすれば不敬罪に問われかねないものであった。その意味では、この絶対自由主義者にとって天皇は政治家や官僚、そして銀行や大企業を攻撃するための「錦旗《きんき》」なのである。

### 新聞権力への挑戦

一方、一九二八年に野依が攻撃対象とした朝日新聞社はすでに巨大メディア企業であり、その組織内に実業之世界社ほどに〝自由〟が存在したかどうかは評価の分かれるところだろう。むしろ、日刊紙創刊を自らの夢と語るメディア人間にとって、主流派全国紙は乗り越えるべき最大のライバルだった。そもそも、鈴木内相の擁護が優先された当初、野依は朝日新聞社も毎日新聞社も等しく攻撃している。「東西大新聞の亡国的暴論を排撃す」(一九二八年五月号)の見出しは、「先づ大阪毎日を槍玉に挙げ大阪朝日及び東京朝日、東京日日等の「議会中心政治」擁護論を一々撃破す」となっている。一連の新聞批判は『獅子身中の虫』(一九二八年)にまとめられるが、やがて主要敵は大阪毎日新聞から東京朝日新聞へと移動している。

東京朝日新聞への攻撃は、「其資格なくして暴力行為を否定する東京朝日新聞に与ふる公開状」(一九二八年六月号)から本格化する。ちなみに、これが掲載された六月で長谷川国雄が『実業之世界』編集部を去っている。独立した長谷川は『サラリーマン』(一九二八―三六年)を創刊し、戦後は自由国民社社長として『現代用語の基礎知識』(一九四八年―)などを刊行した。一八年前の東京電燈脅迫事件に際しても、実業之世界社を去った石山賢吉が『ダイヤモンド』を創刊している。バランス感覚ある常識人の退社は、『実業之世界』の戦闘モードを示すバロメータと言えるだろう。

野依は第四権力となった巨大メディアに対する「言論機関を有せぬ者の暴力行為」を必ずしも否定していない。同年六月号から「大新聞横暴膺懲ぺーヂ」が常設され、「正義の仮面を被れる東京朝日新聞」(一九二八年七月号)への猛攻が続いた。その一つが「紙数激減し広告主の問題となれる東京朝日新聞争議の真相――暴力を否定する朝日が岩月専売店と策応し暴力団を雇入れて争議団本部を襲撃せしむ」(一九二九年五月号)である。確かに、一九二八年東京朝日新聞直配所争議でスト破りに動員された大和《やまと》民労会の京橋支部長は東京市内『東京朝日新聞』一手売捌人の岩月《いわつき》宗一郎である。争議団襲撃や堺利彦への暴力行為で勇名を馳せた大和民労会は、一九二一年に大日本国粋会発起人だった河合徳三郎が設立した民政党系右翼団体である。河合は土木建築請負業から身を起こし一九二七年河合プロダクション(一九三三年大都映画社に改組)を設立した任俠系実業家である。新聞拡販団と暴力団の関係はよく取りざたされるが、当時最も近代的経営で知られた東京朝日新聞社でさえ販売組織末端では右翼団体とつながっていた。また、『国賊東京及大阪朝日新聞膺懲論』(一九二八年一〇月)にまとめられたキャンペーンに対しては、「政府筋」から野依に中止を求める介入があったという。

「実を云へば政府筋のアル人からは、〔朝日攻撃を〕モー止めてはどうかとまで云はれた位《くらい》で、某《ぼう》大官は却《かえ》つて迷惑がつて居る。」(一九二九年七月号)

いくら田中義一《ぎいち》首相と鈴木喜三郎内相への援護射撃として開始されたキャンペーンだとしても、全国紙との全面対決は政友会幹部の望むところではなかったはずである。いずれにせよ、第一七回衆議院総選挙(一九三〇年一月二一日公示)の直前、野依は「東京大阪朝日新聞の膺懲記事を中止するに当りて一言す」(一九三〇年二月号)で休戦を宣言している。

むしろ興味深いのは、朝日新聞社の対応だった。野依が朝日攻撃を中止した後も一年以上、朝日新聞社は『実業之世界』の広告掲載を拒絶し続けた。朝日新聞はメディア(広告媒体)として圧倒的な強者である。野依は博報堂を通じて交渉したが埒《らち》があかず、一九三二年に副社長・下村宏(海南)に直接書留郵便を出し、「一切を釈然として広告を載せてくれ」と願い上げている。その結果、朝日新聞に『実業之世界』の広告が復活している。この変化に対して、朝日新聞との裏取引を疑う投書があったため、野依は「『時事新報』及『朝日新聞』〝味の素〟の問題に就て」(一九三二年四月号)でその経緯を右のごとく説明したのである。

### 実録「野依派大選挙違反」事件

一九三〇年第一七回総選挙の争点は、田中政友会内閣の総辞職を招いた「満州某重大事件」処理やロンドン海軍軍縮条約など外交問題、金解禁や緊縮財政など井上準之助蔵相の経済政策である。「ライオン宰相」浜口雄幸《おさち》率いる民政党内閣は少数与党状態を解消すべく解散に打って出た。その結果は予想通り、民政党に絶対多数をもたらした。

すでに一九二八年五月被選挙権を回復していた野依は、今回は事前に十分な根回しを行っていた。早期解散を予想して一九二九年から野依は政友会大分県支部に運営費一万円(企業物価指数で現価に換算すると約七五〇万円)の寄付を続け、地元紙『豊州新報』『大分日日新聞』にも自著の広告料名目で資金を投入していた。実業之世界社営業部は有権者に向けて「野依は大分県出身であるから雑誌の購入を乞《こ》ふ」とのハガキを発送している。が選挙公示の約三ヶ月前『実業之世界』一九二九年一一月号で告示した「秀一」から「秀市」への復名も、立候補の決意を示すものだろう。

「本社々長野依秀市氏は、三十年来「秀一」を慣用して今日に至りましたが、今後は戸籍面の通り「秀市」を用ひる事になりましたから御承知願ひます。」

そこには、出奔《しゅっぽん》した郷里、絶縁した親族との和解の思いが込められていたはずだ。前回選挙では親族に何らの相談もしなかった野依だが、今回は実兄・野依不二男《ふじお》や弟・定太郎《じょうたろう》が資金係、金庫番として選挙運動に協力している。

それにしても、「日本のスペイン」大分は全国屈指の政争県である。野依が出馬した大分県第一区(大分市、大分郡、大野郡など)は特に注目の激戦区だった。一九二九年秋に開催された政友会九州支部大会で野依は緊急出版した『井上蔵相の正体』(一九二九年九月)を一万二〇〇〇部配布している。

こうした事前工作にもかかわらず、野依の公認決定は「政界の策士」木下謙次郎の不出馬決定を待って、投票二週間前の二月五日ようやく確定した。大分県第一区は定員四名を政友会、民政党が各二名で分け合っていたが、民政党は政友会側の足並みの乱れを見て三名を公認している。野依の出馬宣言は『実業之世界』一九三〇年二月号に掲載された。

野依は民政党を「都会本位の政党」、その政治を「金融寡頭政治」と呼び、井上蔵相の緊縮財政政策を「旧幕時代の思想」と批判している(一九三〇年四月号)。

「(大分県は日田《ひた》町生まれの)井上準之助を出した汚名をそそぐために、今回の総選挙に於て野依秀市を当選させて下さることがよいと思ひますが如何でせうか。」

それにしては、奇妙である。それまで野依の政治活動を「実況」してきた『実業之世界』誌上に今回の選挙経過はほとんど掲載されていない。選挙終了から二ヶ月後、四月号で投票日四日前の二月一六日に野依が行った選挙演説の速記録「日本改造と繁栄策」が掲載されているだけなのだ。それ以後、一九三〇年下半期の『実業之世界』では野依の消息がまったく途絶えている。唯一の手がかりは、特集「これは奇抜な面白い夢物語」(同年一〇月号)にある全国大衆党顧問・堺利彦の「社会主義者になつた野依君」である。

「野依秀市君がヒヨツコリやつて来た。ヤアどうもしばらくでした僕は昨日出獄したが、今度こそは最大の収獲を得て戻つて来た。僕は真宗信者になつて社会を驚したが今度はそれ以上に社会を驚かすだらう。僕は今度と云ふ今度ほんとに考へぬいた。そしていよ〳〵社会主義者になつた。それより外に僕の進む本当の道のない事がわかつた。」

実際、野依は六月に選挙違反で逮捕され、八月まで大分刑務所に拘置されていた。堺のいう「出獄」は夢物語ではなかったのである。投票の前日、一九三〇年二月一九日「野依派」選挙違反に対する大捜査が行われた。野依は検事局への出頭要請を無視して大分から逃亡し、六月に逮捕されるまで関西に潜伏していた。堺の夢物語と状況は異なるが、さながら治安維持法下の共産党員のごとき振る舞いである。

この事件の全貌を示す記録文書が存在する。大阪区裁判所検事・平田奈良太郎が発表した「選挙犯罪の研究」(一九三五年)である。この大論文の約八〇頁が「政友会大分県支部幹部の大買収事件」に当てられている。野依の政友会公認に至る交渉経緯から金光庸夫《かねみつつねお》候補との地盤協定問題、さらに選挙資金の流れ、買収・饗応事情、野依の逃走経路まで裁判記録がまとめられている。折込み資料「野依派起訴人員調」は展《ひろ》げると一メートルに達し、野依から流れた約五万円(企業物価指数で換算すれば約三四〇〇万円)の流れがチャートで示されている。一円あるいは五〇銭を受領した末端の運動員まで八九九人の実名が記録されている。ちなみに当時の一円は『大阪朝日新聞』購読料一ヶ月分、五〇銭は月刊誌『キング』の定価である。

全国「選挙事犯被告人員調」で大分県一五三二人は福岡県一八九六人、東京府一七五〇人に続く第三位だが、人口比で換算すれば発生率はだんぜんトップである。平田検事は「天下周知の事実」として大分選挙区をこう概観している。

「あの医者は政友会だと言へば民政党の者は決して診察を受けに行かない。又あの散髪屋は民政党だと云へば政友会の者は決して散髪に行かない。(中略)道路に於てさへ政友会の道路あり民政党の道路ありの有様であくまで対立的に設置し旗幟鮮明も茲《ここ》に至つては驚倒すべきものがある。」

両党とも県支部の下に郡部会――各町村部会を組織し、日頃から票を固める「潜行運動」を継続していた。いわゆる買収資金も大半は部会幹部に渡される運動報酬と饗応費である。野依の選挙事務を仕切った小野廉《すなお》は政友会大分県支部筆頭総務で県会議長を務めており、組織選挙におけるプロ中のプロだった。その意味でも組織的買収の「典型的なもの」だと平田検事は分析している。六年前に二二六票しか獲れなかった新人・野依が、小野に全幅の信頼をおいたのは事実だろう。野依不二男は予審調書で弟・秀市が次のように語ったと証言している。

「小野さんを阿弥陀様の様に信じて何も彼も委せてある。俺は選挙の事は判らぬ。人を疑ふ様では選挙は出来ぬ。」

野依自身は次のように供述している。

「小野廉から立候補すれば尠《すくな》くとも五、六万円位は金が要ると話がありました。（中略）私は選挙の対策に付《つき》小野さん等と特に謀議した事はありませんが候補者でありますから若《も》し違反に引掛る事があつてはならぬと云ふので其の方面に無関係の地位に置かれて居ました。選挙の運動方は小野廉に一任し私は只《ただ》演説会に出掛ける丈《だ》けでありました。」

検事局が調べ上げた野依の選挙運動費は総額五万三四五〇円である。その内訳は政友会公認料五〇〇〇円の他に、実業之世界社からの持ち出しが三万三〇〇〇円、親族から五〇〇〇円、仏教信徒総代からの二五〇円、財界からの献金は炭鉱王・麻生太吉（麻生太郎の曽祖父）から五〇〇〇円、海運王・内田信也（後に東条英機内閣農商務大臣）から一〇〇〇円、電通社長・光永星郎《ほしお》の陣中見舞金二〇〇円などである。すべての送金ルートや両替場所が『司法研究報告書集』には詳しく記録されている。

## 変装して逃亡、有馬温泉で逮捕

野依に大分県第一区の地盤を譲った木下は、「木下謙次郎氏談話速記」（一九四〇年六月二五日述）で理想選挙よりも投票買収が「労少く安上りで便利」だったと回想している。もちろん連続当選九回の木下は、違反に問われないよう万全の対策を取っていた。

「選挙中には金を渡さず、選挙がすんで法律の眼を離れた後に金を責任者に渡せば、各選挙人に行き渡る仕組みにすればよいのである。尤《もっと》も之《こ》れは信用ある候補者でなくては出来ないことであるが、信用ある候補者には信用ある選挙区が出来るもので、之れを地盤と云ふのである。この意味から云へば買収費と云ふは選挙地盤の培養肥料と云つた方が適切である。」

逆に言えば、新人・野依に最も欠けていたのは「信用ある選挙区」、すなわち「培養した地盤」だった。そのために投票前の「実弾」が必要だった。

野依は一年近い沈黙の後、「僕は落選して何故逃げ廻つた乎《か》」(一九三一年新年号)で顚末を語った。民政党が野依公認の決定に不満を抱いた木下派に「野依派の違反」を告発させたのだと、野依は分析する。『大分民友新聞』が投票前日の「野依派」幹部拘引を号外で報じたため、野依は自分が引致《いんち》されると選挙で決定的なダメージを受けると考えて、同日午後一時過ぎ単身で自動車に乗り小倉市に逃れた。

「或る旅館の宿帖に偽名出《で》鱈目《たらめ》を書き、翌日洋服を脱ぎ棄て、和服に着かへ、ロイド眼鏡をかけ口にマスクをはめ変装した。」

野依は福岡市で開票速報を待ったが、わずか五〇九票差の次点だった。その後も「野依派」運動員は次々と拘引された。「十九日に選挙干渉さへ無くば、最大多数で当選疑ひなしであつた」とは言えないとしても、接戦であったことは間違いない。

大阪にたどり着いた野依は落選の失意から風邪で中耳炎をこじらせ、「井上三治」の偽名で四月二三日手術入院している。この間、実業之世界社の指示は関西支社長・漆島参治(のちに『東邦経済』創刊)を通じて行っている。

「偽名で入院して居るんだから、人が皆刑事に思はれ、内心ビク〳〵せざるを得なかつた。」

ついに六月二四日夜、手術後の静養中だった有馬温泉で四人の刑事に踏み込まれ逮捕された。大阪府警で四日間留置された後、七月五日大分刑務所に護送され（図8‒1）、三五日間未決勾留ののち、八月一一日保釈されている。予審中の禁足と通院で九月一一日まで大分市に足止めされている。当時の新聞報道から経過を再現すると右のようになるが、戦後の「わが半生を語る」（一九五五年一月号）を読むと、いくぶん印象は変わってくる。

「毎日のように按摩《あんま》をとつていた。（中略）私も今とはちがつて、性欲的にも元気のあつた方で、その按摩を失敬した。数回の関係があつたろう。」

その後、上京したところ九月二一日警視庁捜査第二課（知能犯担当）から呼び出され

**図 8‒1** 「大分駅に着いた野依氏」(『大分新聞』1930 年 7 月 6 日)．選挙違反で逮捕，護送中の野依(中央)．手術後の耳にカバーをし，和服にインバネスで連行されている．寄り添っているのは帽子を被った福原警部補．

一四日間留置された。野依は東京での取り調べについて何も語っていないが、一〇月四日付『東京朝日新聞』によれば、森永製菓と東京乗合自動車に対する恐喝取財の嫌疑で『実業之世界』記者二名とともに東京地方検事局へ送致されている。市ヶ谷刑務所で拘置尋問の後、起訴保留のまま一〇月一五日釈放されている。

## 「皇室社会主義者」宣言

この「逃亡記」が発表された一九三一年新年号の巻頭に、野依は「皇室社会主義論」を書いている。マルクスの根本思想は日本古来の家族主義思想の変形型であり、そもそも「国体の本義が社会主義的である」という。

「昨年選挙に立候補せし頃より資本主義悪を痛切に感じ、皇室社会主義論を為さゞるを得ぬに至つた。」

もちろん、「露国の如く国家を破壊する社会主義思想の共産党には賛成し兼ぬる」と限定を付けているが、堺利彦の見た「夢」とよく似ている。ちなみに、一九三〇年二月二〇日投票の第一七回総選挙で堺は東京無産党から立候補したが、野依は堺を応援すべく宣伝冊子『階級戦線の老闘将・堺利彦を語る』(一九三〇年二月一二日)を緊急出版している。野依が寄せた「堺利彦君と僕」は一〇年前の旧稿「社会主義者と私」の再録だが、文末に次のような但書きがある。

「私も目下、今回の総選挙に当り大分県第一区に於て立候補運動中にて大多忙を極め、不本意乍《なが》ら旧稿を其儘《そのまま》に掲載しました。――野依生」

もちろん、堺も野依と同じく落選している。この二人は「無産派婦人座談会」（一九三一年六月号）で婦人活動家と談じている（図8-2）。この末尾に付された「原稿募集の宣言」で、野依はこう述べている。

図 8-2　「無産派婦人座談会」(『実業之世界』1931 年 6 月号). 後列左から伊藤よし子, 赤松常子(日本労働総同盟), 野依秀市, 赤松明子(社会民衆党), 堺利彦. 野依の前に堺真柄, 一人とばして右に平林たい子, 奥むめお(職業婦人社社長).

「現在数多くある新聞雑誌はその殆んどが資本主義に捲き込まれて、徒《いたず》らに資本家の手先となつてゐる傾向は、実に情けないことである。その意味に於いて、本誌は此《こ》処《こ》に断然この弊《へい》を矯《た》めて行く上からも資本主義の欠陥を暴露して、これを広く国家社会の輿論へ訴んとするものである。（中略）私も無産党には或る点まで理解もあり共鳴もしてゐるから、将来は左傾思想又は無産党の一人に加はる様な機会もあらうかも知れぬと思ふ。」

この宣言を信じるなら、野依の朝日新聞批判キャンペーンは「右旋回」でなく、ブルジョア新聞批判への「左傾化」だったと言えるかもしれない。この傾向は翌一九三二年二月の総選挙で当選した後も変わっていない。一九三二年五月号の特集「国家社会主義か資本主義改造か」には国家社会主義新党組織準備委員長・赤松克麿《かつまろ》「日本の現状に即せ」、日本労農大衆党常任中央執行委員・田所輝明《てるあき》「アジヤ被抑圧民族の解放へ」、社会民衆党中央執行委員長・安部磯雄「飽迄《あくまで》も暴力を排斥する」などを並べている。なお、この特集には東京地下鉄道専務・早川徳次《のりつぐ》「主義を日本式にせよ」もあり、それは左傾化する野依を厳しく批判しているように読める。

「最近社会主義者、或は共産主義者と称するものゝ中に、表面皇室中心主義を唱へ日本国家主義に共鳴して居る様に装ふて居るものがあるが、これ程国家社会を毒するものはない〔の〕である。」

「野依派」選挙違反事件の判決は一九三一年四月二五日に下り、野依と小野は禁固四ヶ月、多数の市村会議員も禁固刑、罰金刑に処せられた。もちろん、野依ほか被告全員が即日控訴している。皮肉なことに、「野依派」として罰せられた地方名望家たちが共有した被害者意識こそ、野依が再挑戦で勝利する「信用ある選挙区」を生み出したのである。

## 地方紙『大分日日新聞』

この選挙違反事件が大分県で野依の声望をかえって高めたことは、大分日日新聞社の社長就任からも確認できる。一九三〇年一〇月市ヶ谷刑務所から釈放された直後、野依は小野廉の仲介で『大分日日新聞』の経営権を譲渡された。「野依氏を新社長に――発展の大分日日新聞」が一二月号で告知されている。その全面広告(図8-3)のコピーが奇抜である。

「今回野依秀市氏が過般の総選挙に立候補の際選挙違反を惹起したるを遺憾とし、何事か大分県の為めに尽さんとの決心から社長に就任したものである。」

選挙違反の反省から新聞社を買収したと語る人物は珍しい。自分のメディア(広告媒体)を欠いた「実弾戦」には懲《こ》りたということだろうか。この政治新聞のセールスポイントが知識人向け「論説」ではなく、大衆向け「小説」であったことは間違いない。

「元旦紙上より未だ曽《かつ》て地方新聞に執筆されたことなき菊池寛氏の小説「結婚三世相」を掲載し得たことで、地方新聞界破天荒の快事として斯界《しかい》驚異の的となつてゐる。然《しか》して氏に続いて目下柳原燁子《あきこ》(白蓮)夫人作「われなくば」を連載し、各方面に沸くが如き好評を以て迎へられつゝある。」(一九三一年二月号広告)

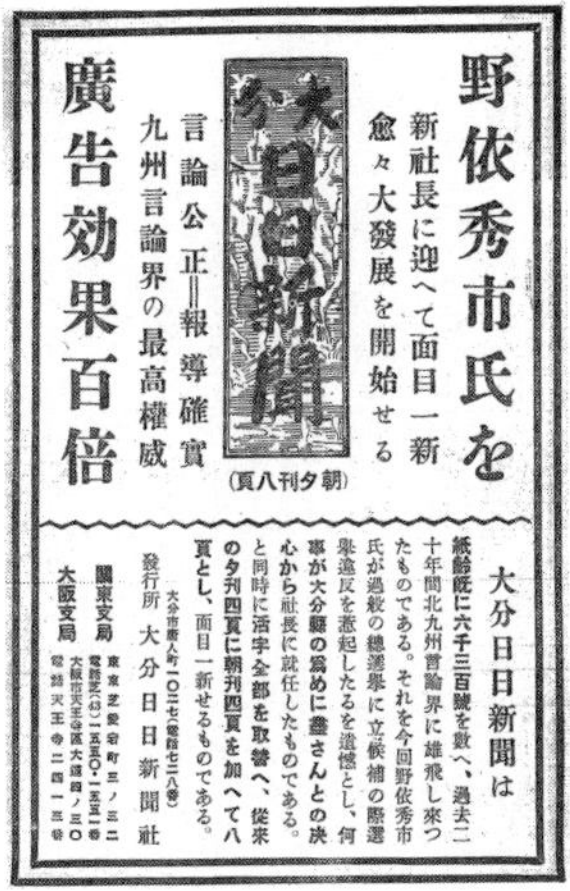

図8-3 『大分日日新聞』の全面広告(『実業之世界』1930年12月号).

ただし、野依が経営した時期の『大分日日新聞』は現在まで所蔵先が確認できていない。また、『出版警察報』第五六号などの処分事例を見る限り、同紙は野依地元の中津市(一九二九年市制施行)に向けてはタイトルのみ変えた『中津日日新聞』名で発行されていたようだ。特に「新聞県」大分県の場合、戦前の地方新聞のあり方について、いくらか説明が必要だろう。野依の新聞経営にも大分県人として独特な思いがあったはずである。『時事新報』を創刊した慶応義塾創設者・福沢諭吉を筆頭に、大分県は著名な新聞人を多数輩出している。明治四(一九七一)年創刊の『新聞雑誌』編集長・長三洲《ちょうさんしゅう》、『郵便報知新聞』社長の箕浦勝人《みのうらかつんど》、矢野文雄、あるいは『時事新報』初代社長の中上川《なかみがわ》彦次郎などである。そもそも野依自身が福沢の書生たらんとして単身上京したわけで、ジャーナリズムに身を置く以上、この福沢山脈に連なることが一つの目標だった。

野依が一九三一年七代目の社長に就任した『大分日日新聞』は一九一一年に中立紙として創刊された。すでに大分県では立憲帝政党(のち政友会)系の『豊州《ほうしゅう》新報』(一八八六年創刊)、改進党(のち民政党)系の『大分新聞』(一八八九年創刊)が二大新聞として苛烈な販売競争を展開していた。やがて政友会系となる『大分日日新聞』も三大県紙の一角を目ざしたが、二大紙の前に苦戦を強いられていた。野依が経営に乗り出したのは選挙地盤固めのためだが、その経営状態は改善せず、野依も五年間で経営権を手放している。その後、一九三八年に『大分新聞』に吸収合併され、一九四二年には情報局が推進する「一県一紙」政策により『大分新聞』と『豊州新報』が合併し、今日の『大分合同新聞』が誕生している。

新聞の総力戦体制を象徴する「一県一紙」システムについては第一一章で論じるが、それ以前の状況について簡単にふれておきたい。昭和戦前期の大分県下で新聞紙法の保証金を積んで正規に刊行された新聞だけで一二〇種あったが、輪転機印刷による日刊紙は上記三大紙のみで、大半は隔日、隔週刊の平版印刷だった。しかし、こうした弱小新聞の乱立こそ地方選挙区の政治状況を如実に反映していたともいえるだろう。姫野良平「大分県新聞史」（一九五六年）は戦前の状況を次のように描写している。

「ただ新聞の題字だけをタネに月一回か二、三回発行して地方名士や、いわゆるウィーク・ポイントをもつ方面から金をもらう手合いはいつの世にもなくならず昭和に入っても〝統制〟にあうまで約九十種類の小新聞があり、なかには〝祝創刊〟の合法的広告収入を目あてに改題また改題でかせぐというひどいのもあった。」

いずれにせよ、言論人・野依秀市に転換点があるとすれば、社会的には一九三一年の満州事変勃発であり、個人的には一九三二年選挙での当選である。前者については第一〇章に譲り、以下では「代議士」野依秀市の誕生に絞って検討しておこう。

## われ勝てり——一九三二年選挙

野依は一九三二年新年号を「『われ勝てり』号」と名付けている。前年一二月満州事変処理をめぐって若槻礼次郎内閣は閣内不一致となり、犬養毅《つよし》を首班とする政友会内閣が成立した。「われ勝てり」は、野依が主張してきた金輸出再禁止の閣議決定を意味している。強力内閣を望む国民的世論を背景に、議会開会劈頭の解散が断行された。大分県第一区より二度目の立候補となった野依の選挙事務所には、犬養毅総裁の色紙が飾られていた。

「奮進の前に難関なし　決戦せよ　血戦せよ　野依秀市君」（図8-4）

鐵火の辯を揮つて主義政策を批判す
聊か苦戰の形勢を傳へらるゝ
野依候補の大獅子吼

理非極めて明白に
誤れる敵黨
大野町に

奮進の前に難關なし 決戰せよ 血戰せよ
野依秀市君
犬養毅

図 8-4 「鉄火の弁を揮つて主義政策を批判す」野依候補と犬養毅政友会総裁の書(『豊州新報』1932 年 2 月 18 日).

「血戦せよ」とは穏やかではない。この数日後、二月九日に血盟団員が選挙中の民政党候補・井上準之助前蔵相を射殺した。自ら選挙運動中の野依も「暗殺された井上君の死を何んと見るか」(一九三二年三月号)を寄せているが、「正に気の毒ではあるが実は自業自得である」と切り捨てている。しかし、井上蔵相を徹底的に糾弾し続けてきた『実業之世界』への風当たりは強かったようだ。「編輯室から」で愛宕三郎はこう書いている。

「井上は死んだ。世間には『実業之世界』が殺させたやうなことを言ふものもある。何といふ見当違ひのことをいふのだ。吾々には井上を生擒《いけどり》にして降《こう》を軍門に乞《こ》はせやうことを楽しみにこそしたれ、彼を死なせてノウノウさせたいナゾといふ雅量といふものゝ持合せはなかつた。さう思ふと井上にピストルを向けたものゝ無法さ加減に痛憤を覚える。」

実際、前二月号にも小汀利得《おばまとしえ》「井上前蔵相にトドメを刺す」ほか、矯激な井上財政批判が並んでいた。選挙後の三月五日には同じく血盟団員が三井合名理事長・団琢磨《だんたくま》を射殺している。野依の所感は不屈信念居士「団琢磨男《だん》の横死は、何がさうさせたのか、それが又何を思はせるか」(四月号)として発表された。左翼と右翼の両面から行われた財閥攻撃を紹介した上で、「理窟なしに可哀相な且つお気の毒な気がした」と述べている。

「私は左傾も右傾もしてゐない。まアどちらかといへば右傾の中道を行くものと見られても仕方のない立場にある。」

それまでの野依であれば、「左右の両道を行く」というべきだが、「右傾の中道」と自己認識していることに注目したい。前年の満州事変勃発以後、日本社会全体が「右傾」化していた。

さて、この「血戦」選挙における野依候補の第一声は一九三二年二月一三日付『豊州新報』夕刊に掲載されている。同紙の報道を見る限り、今回は政府側の干渉が民政党候補に襲いかかっている。前回の「野依派」捜査と同様、投票前日に民政党大分県支部が家宅捜策され、選挙幹部が検事局に拘引されている。野依自身は第二位で見事当選を果したが、三月二二日付『豊州新報』でこう語っている。

「民政党側では惨敗を選挙大干渉に帰せんとするだらうが僕が前二回の落選は実に悲憤極《きわま》る大干渉大圧迫で今回のはそれに較べて問題でないではないか。」

今回の野依陣営は「地盤」も「鞄」も盤石だった。第二区の政友会候補・綾部《あやべ》健太郎（後に池田勇人《はやと》内閣運輸大臣)が『大分県及び大分県人』(一九六八年五月号)でこう回想している。

「昭和七(一九三二)年の選挙に、僕は十万円を懐にして初めて衆議院選に臨んだのだが、対立候補がおりて無競争で当選が決まった。四万円つかっただけで、別府の米屋旅館で悠々としているところへ野依君がやってきたので、ポンと三万円やった。彼はすっかりよろこんで、これで当選疑いなしだよと帰っていつた。」

当選した野依は三月一日付『東京日日新聞』ほかに広告「当選と宣言」を載せている。

「私は飽《あく》まで主義主張で行く、言論で立つ。理想に生きて行く。仏教の信仰に生きて行く。予《かね》て抱持《ほうじ》する皇室中心主義の徹底のために一身を捧げるつもりだ。」

その「皇室中心主義」は、やはり正確には「皇室社会主義」というべきだろう。三宅雪嶺邸の「二八会(押しかけ会)」では野依当選を祝う二月例会が催されている。出席者の社会主義色は強い。野依、三宅のほかに安成二郎、荒畑寒村、竹森一則、白柳秀湖、若宮卯之助など元実業之世界社員たち、生方敏郎、市川房枝、金子しげり(婦選獲得同盟理事)などである。また、野依は同じく初当選した在日朝鮮人代議士・朴春琴《パクチャングム》に「斯くして日鮮間の誤解を一掃せよ!」(一九三二年七月号)を寄稿させている。

初当選の公式祝賀会は三月一九日、東京會舘に二八三人を集めて盛大に営まれた。司会は『三田商業界』の共同創刊者だったダイヤモンド社社長・石山賢吉である。発起人総代として挨拶に立った今村力三郎は「今に野依内閣(しかも最も弾力性に富む内閣)が出来ると信ずる」と野依を持ち上げた。続いて挨拶に立った「一年生議員」野依秀市は、政界の現状が「私のごときものを容れ得るとは思はない」としつつも、「勿論《もちろん》周囲の事情が自然に野依内閣を出現さすならば、勿論断然奮起する」と大まじめに答えている。「野依代議士当選祝賀会盛況記」(一九三二年五月号)によれば、政治家、財界人、新聞人に加えて出版人も多く出席している。発起人に岩波書店店主・岩波茂雄、主婦之友社社長・石川武美《たけよし》がおり、新潮社社長・佐藤義亮、中央公論社社長・嶋中雄作も出席していた。

「新米代議士の感想」(同年七月号)では、満州国承認問題で松岡洋右《ようすけ》、畑桃作《ももさく》とともに発起人となって有志代議士会を開き、衆議院決議を全会一致で可決させたと、新人離れした活動振りが報告されている。しかし、一九三三年三月二八日、野依の議員生活はわずか一年で突然打ち切られた。大審院は一九三〇年総選挙の選挙違反事件の上告を棄却し、野依の有罪が確定した。大分地裁の禁固刑は長崎控訴院で罰金一〇〇〇円に減刑されていたが、この有罪確定により一九三二年総選挙の当選が無効となった。罰金刑の場合、判決で参政権保留の但書きが普通なら付くのだが、前科二犯の野依に恩典は適用されなかった。「代議士を失格した私の言葉」(一九三三年四月号)で、一年間の代議士生活は有益だったと述べている。

「いくら菓子が甘いといつても、実際に口にしなければ、その甘さの程度は分らない。」

だが、「菓子」を味わうために「ずゐぶん高い名刺代」を使ったとも告白している。

「選挙の時ばかりでなく、その間には地元の県会議員の選挙だとか、友人のため、公共事業のためとか、いろ〱のことがあつた。また『大分日々新聞』が(中略)月額二千円の損失を続けて来てゐる。つまり私が代議士となるまでには、二十五万円の名刺代を使つてゐる

図 8-5 「野依代議士失格慰安会」(『実業之世界』1933 年 4 月号．日本橋浜町富久家にて)．右より安藤正純，山崎達之輔，秋田清，浜田国松，加藤久米四郎，崎山武夫，望月圭介，松野鶴平，野依秀市，久原房之助，床次竹二郎，山口義一，鳩山一郎，熊谷巌，木舎幾三郎，島田俊雄，前田米蔵，中島守利，中島知久平．

訳だ。」

失格確定の三日後、政友会幹部による「代議士失格慰安会」が日本橋浜町富久家《ふくや》で催された(図8-5)。挨拶に立った望月圭介(田中義一内閣内務大臣)は、野依代議士が政務調査会の拡充案に尽力したことを称賛している。

### 「議席を持つ言論人」のアポリア

代議士を失格した野依は、今後の抱負を巻頭論文「言論界廓清《かくせい》の最大急務」(一九三三年四月号)で語っている。すでに前年八月一〇日『帝都日日新聞』を創刊していたが、それは長崎控訴院判決の後であり、あるいは代議士失格も予想した上での決断だったのだろう。

「これをやる時も最初二、三十万円の基金が欲しいと奔走したが、どうも出来ない。」

この時、「菓子」を味わうために使った「名刺代」二五万円が脳裏をよぎったかどうか。いずれにせよ、メディア人間にとって、代議士の名刺より自分の日刊紙の方がよほど魅力的だったはずである。そもそも、野依式ジャーナリズムと代

表8-1 「戦績表　二勝八敗一取下げ」

| 選挙年(回) | 当落(選挙区・順位) | 所属政党 | 得票数 | 惜敗率(%) |
|---|---|---|---|---|
| 1924(15回) | ●落選(大分6区・3/3位) | 政友会 | 226 | 4 |
| 1928(16回) | ▲取下げ(東京1区) | 政友会改革候補(非公認) | | |
| 1930(17回) | ●次点(大分1区・5/5位) | 政友会 | 19,527 | 97.5 |
| 1932(18回) | ◎当選(大分1区・2/6位) | 政友会 | 18,544 | |
| 〈19回は逮捕中，20回は失格中で不出馬〉 | | | | |
| 1942(21回) | ●次点(大分1区・5/10位) | 無所属(翼賛政治体制協議会非推薦) | 9,074 | 66.4 |
| 〈22回から24回まで公職追放中で不出馬〉 | | | | |
| 1952(25回) | ●落選(大分2区・6/9位) | 自由党 | 21,380 | 82.9 |
| 1953(26回) | ●落選(大分2区・5/8位) | 無所属 | 23,282 | 58.6 |
| 1955(27回) | ◎当選(大分2区・1/5位) | 日本民主党 | 65,412 | |
| 1958(28回) | ●落選(大分2区・5/11位) | 自由民主党(非公認) | 24,108 | 67.6 |
| 1960(29回) | ●次点(大分2区・4/7位) | 無所属 | 42,330 | 98.3 |
| 1963(30回) | ●落選(大分2区・5/6位) | 無所属 | 35,532 | 76.8 |

議士活動が両立可能だったかどうかも疑問である。「読者の頁」(一九三二年七月号)には代議士当選後の『実業之世界』から「思ひ切つた攻撃、胸のすく様な筆誅」が消えたと苦言が寄せられている。実際、与党代議士であることは「野依式」ジャーナリズムに大きな制約を与えていた。そのことは、失格の翌々月号に発表された「鈴木政友会総裁の蒙《もう》を啓《ひら》く」、「斎藤首相は果して正気の沙汰か」、つづく六月号の「元老重臣共は慚《ざん》死せよ」、「政友会は高橋蔵相を除名せよ」など政府・与党を批判する論説の激しさからも裏付けられる。

しかし、野依はその後も政界復帰をめざし続けた。その戦歴をひとまずは概観しておこう(表8-1)。一九三六年

第一九回総選挙は恐喝事件被告として拘束中のため、翌年第二〇回総選挙も保釈中のため立候補を見送っている。それでも東条英機内閣が行った一九四二年第二一回総選挙、いわゆる翼賛選挙には大分県第一区から「非推薦」で出馬している。

ジャーナリストから転身した政治家は決して少なくない(佐藤卓己・河崎吉紀編『近代日本のメディア議員——〈政治のメディア化〉の歴史社会学』二〇一八年を参照)。その多くは筆を捨てて経営者になるか、専業政治家となり当選を重ねた。それに対して、社主兼主筆のまま政治家であり続けようとした野依の書生的ポーズは際立っている。その姿は大《おお》新聞(政論新聞)なき時代の「貧強新聞」、次章で分析する『帝都日日新聞』ともダブって見える。

# 第九章　「貧強新聞」奮戦記

帝都日日新聞

自由論壇

國家を禍する「自力更生」論

發刊の辭

筆は劍よりも强しと。蓋にさうだ。然るに現今

主義を散々に攻擊しながら、新聞社自身、資本主

て御免を不氣でやると同時に、利益の爲めには何

る。筆の力が現代ほど惡用され濫用されてゐるこ

を愧する者、世上少なしとしないが、即ち新聞の

である。

貧强新聞

帝都の一隅から

『帝都日日新聞』創刊号(1932年8月10日)と社賓・三宅雪嶺(『「帝都日日新聞」十年史』帝都日日新聞社・1943年).

## 『帝都日日新聞』創刊！

一九三二年二月二〇日第一八回衆議院総選挙で当選した野依秀市(図9-1)は、同年八月一〇日、『帝都日日新聞』(図扉：以下、『帝日』と略記)を創刊した。野依は一九三〇年すでに選挙区で『大分日日新聞』を買収し、その翌年からは「エロ・グロ特ダネ満載」と謳った週刊『我等の新聞』(全四頁)も発行していた(図9-2)。その創刊に際して広告掲載を出版社に募った案内状には「正味一五万部」、東京市内と郊外で「売り子六〇〇人」を動員すると、誇大宣伝されていた。『我等の新聞』寄稿者の一人として元読売新聞社政治部長・花見達二は次のように回想する。

「昭和六(一九三一)年ごろ、野依氏は『我等の新聞』という週刊新聞を発行し、東京銀座に編集室があった。野依氏は〆切日になるとそこへきて、編集長の大友温《あつし》氏をつかまえて滔々《とうとう》と口述の時事論を始めるのであった。大友氏が緊張した真っ赤な顔で鉛筆を走らせていた。昭和七(一九三二)年犬養内閣の総選挙に、野依氏は大分県で出馬した。大友氏初め寄稿家四人が大分へ乗り込んだ。選挙応援というよりも、野依派の『大分日々新聞』紙上でコッピどく論陣を張るためであった。」

編集長の大友温は『東京日日新聞』記者などを経て、『大正日日新聞』編集次長、寿屋

（現・サントリー）広告部長などを歴任したベテランである。だが、言論人・野依が夢みたのは首都圏での「日刊紙」発行であり、総選挙出馬もある意味、それを実現する手段だった。そうした野依の野望を『新聞と社会』一九三三年三月号の「新聞界珍風景」は次のように揶《や》揄《ゆ》している。

「野依の『帝都日日』は一万二、三千部刷つてゐるさうだが、その半分は郷里の大分に送つてゐる。何《いず》れは政治的地盤の道具に使つてゐるのだらうが、これから政治家として押して出ようと考へてゐる丈け、この男どこまで図々しいか底がわからぬ。」

これはデマ情報というべきで、『出版警察報』の押収実績表からは『帝日』の大半が東京圏で読まれていたことが読み取れる。ちなみに『昭和八年版日本新聞年鑑』によれば、この

図 9-1　1932 年代議士初選出の記念写真.

図 9-2 「野依秀市氏経営の二新聞」. 週刊『我等の新聞』(土曜日発行・全 4 頁・定価 2 銭), 選挙区対策メディア『大分日日新聞』(朝夕刊・全 8 頁)広告(『実業之世界』1931 年 9 月号).

年「総選挙に当選の新聞人」は七二名(政友会四八名、民政党二一名、中立三名)で議席の一五%を占めていた。安藤正純(東京朝日)、川島正次郎《しょうじろう》(東京日日)、中野正剛《せいごう》(九州日報)、小山松寿《しょうじゅ》(名古屋新聞)、町田忠治(報知新聞)、秋田清(二六新報)など錚々《そうそう》たる政治家に混じって、野依秀市(大分日日新聞)がリストアップされている。当選から約一年で野依は前回選挙での有罪(買収)確定で議席を失うが、エネルギーの大半を議会活動より日刊紙創刊に注いでいた。

今日では所蔵先さえ確認できない『大分日日新聞』や『我等の新聞』とはちがって、東京大学明治新聞雑誌文庫で一部閲覧可能な『帝日』だが、新聞史研究で言及されることはほとんどない。二つ折り全四頁、一部定価二銭(一ヶ月五〇銭)の弱小新聞は、「三流紙」「朦朧《もうろう》新聞」のレッテル貼りで無視するのが世間一般の良識とされてきた。とはいえ、三宅雪嶺が社賓として第一面のコラム「帝都の一隅《かたすみ》から」を隔日で執筆した『帝日』は、知識人の併読紙として独自の位置を占めていた。雪嶺は創刊号で「貧強新聞」の出現を言祝《ことほ》いでいる。

「世間に随分貧弱新聞があり、貧弱新聞は珍らしくないが、何処かに富強新聞があるか。堂々たる大新聞は相率《あいひき》ゐて富弱新聞でないか。金金金金《カネ》、これが大新聞のモツトーらしく、是非曲直悉《ことごと》く金で決すると見える。金を出しさへせば、何頁でも紙面を提供し、引札の代りにして呉れる。金を出せば針小棒大となり、金を出さねば棒大針小となり、世間を誤るを憚《はばか》らない、富弱でなくて何であらう。今のところ新聞は富弱か貧弱か、いづれかをえらぶの外ない。貧弱は厭《いと》ふべく、富強は望まれず、一機軸を出さねば気の済まない野依氏は、今回貧強新聞を創刊し、乗るか、反《そ》るか、新聞界に活躍せうと決心したと考へられる。」

雪嶺の新聞連載はそれ自体が大きなニュースだった。三宅自身、コラムをこう書き出している。

「自分は相当の老人、東日大毎の徳富〔蘇峰〕氏より三歳の年長、時事の武藤〔山治〕氏より七歳の年長、二氏の新聞執筆を余計な事と思ふ程であつて、自分が新聞に書くなど、真平御免を被《こうむ》つてゐた。」

その雪嶺が『日本新聞』以来の口述でなく、自ら「全部鉛筆書き」を続けたことを、野依は感激をもって回想している。三宅の連載は一年毎《ごと》にまとめられ『一地点より』（一九三三年八月）から『爆裂して』（一九四二年）まで一〇冊が公刊されている。

『帝日』創刊の三年前、雪嶺が朝日新聞社からの社賓招聘を断ったエピソードを、同郷の林安繁《やすしげ》(宇治川電気社長)はこう記録している。

「大阪毎日新聞が徳富蘇峰先生を招聘したとき(一九二九年)に、大阪朝日においても、これに対抗の意味であつたかどうかは知らぬが、先生を招聘せんとして、先生の内意を余に聞いてくれといふことであつた。然《しか》るに先生は肯《がえん》ぜないで、かへつて一野人の野依秀一《ママ》氏の帝都日日新聞のために気焔を吐かれたのである。」(『真善美』第三号)

むろん、雪嶺が朝日新聞社を嫌っていたというわけではない。日本新聞社での雪嶺門下、長谷川如是《にょぜ》閑《かん》や丸山幹治などが結集したのは同社であり、愛娘を嫁がせたのも朝日新聞記者・中野正剛だった。野依は「三宅先生と私」(一九四六年)で次のように回想している。

「私が『朝日新聞』を数回攻撃した或る時、左傾思想が少し伸び上つて来るかと見れば、すぐ『朝日』がそれに火を付ける。何んでも時のまにまに新聞の売れるやうな方向にむかつて行くのですから怪しからんです。偉さうな事を云つてゐるが、商売第一主義なんでせう、と云つたところ、先生は一も二もなくそうなんだと言はれたのである。それればかりでなく、先生は『朝日』に対しても、『毎日』に対しても、よく大阪者は儲け第一だと言はれて居《お》つた。」

雪嶺が「大阪式」ジャーナリズムを苦々しく思っていたことは、雪嶺自身の文章からも明らかである。「帝都の番犬」(『帝日』一九三二年八月二二日)では次のように書いている。

「日本一を誇つた『時事(新報)』も田舎《いなか》新聞の両横綱なる『大朝』『大毎』に兜《かぶと》をぬいだ。両横綱が帝都に出張所を設ければ、そこで当るを幸になぎ倒してしまふ。田舎の特別首席なる大阪は、大手を振つて帝都に進出し、金で出来る事に於て力を伸ばさぬ所がない。」
この「黄金で魔術を行ふ者共《ども》を見、ワン〳〵吠え立て」る『帝日』に三宅は期待するというのだ。一九三九年八月八日、日本青年館で催された『帝日』創刊七周年記念重大時局講演会でも三宅は「今の時局に野依君が十人あれば」と題した講演で、大新聞をこう批判している。

「大新聞の社長で、誰が自身の思ふやうなことを発表しますか。意見があるのですか、無いのですか、有るとしましても社長は意見を発表しないものとなつてをりまして、社長は兎も角、新聞をどれ程売らうか、なるべく儲けようとするのでありまして、金はあるにはあつても弱いものである、その金も新聞社に依つては無い所もある、が先づ金があるとして富弱である。」

この大新聞はもちろん「だいしんぶん」であって、政論新聞を意味する「おおしんぶん」ではない。明治期の大《おお》新聞のスター記者だった三宅は、思想の左傾化よりも新聞の広告媒体《メディア》化を嫌悪していたのである。この哲人がメディア人間・野依秀市を信頼した事実こそ、メディア史上の大いなる逆説というべきだろう。メディア人間とは、われとわが身までも広告媒体《メディア》化し、ひたすら自己宣伝につとめる人間である。しかし、というより、だからこそ、野依は自分が有名人《ビッグ・ネーム》になれても、偉人《グレイト・マン》になれるとは考えていなかった。そのため、大企業化した新聞社が偉大であるとする通俗的発想から野依は自由だった。雪嶺が愛したのは、その自由奔放な愚直さに他ならない。

## 「新聞と戦う新聞」の天下無敵

愚直といえば、満州国建国から五ヶ月、犬養毅首相暗殺の五・一五事件から三ヶ月の後、「非常時」の真っ直中で創刊された『帝日』の「発刊の辞」であろう。軍部、財界、新聞界を正面に見据えた堂々たる「天下無敵」宣言である。

「筆《ペン》は剣よりも強しと。真にさうだ。然るに現今の新聞界を見るに、その紙面では資本主義を散々に攻撃しながら、社主自身、資本主義を極度に発揮し、以《も》つて更に書き捨て御免を平気でやると同時に、利益の為めには何者にも屈従阿附《あふ》の醜態を敢て演じてゐる。（中略）皇室中心の精神に則《のつと》つて立論の基調とし、威武《いぶ》に屈せず、富貴に淫せず、同業者に遠慮せず、同業者とグルにならず、読者に媚びず、所信に邁進するのみ。」

「威武に屈せず」の言葉通り、野依が『帝日』で展開した軍部批判、ファシズム批判は痛烈で、右翼陣営からの妨害圧迫、警察当局からの注意警告、発禁処分を繰り返し受けている。記念すべき発禁第一号は、一九三三年三月三一日付の自由論壇「近く首相と会見の西園寺公に与ふ」である。「警視庁に於ける出版物取締の現状」(『出版警察報』第五八号)のリストで一九三三年三月三一日号が確かに発禁処分だったことは確認できるが、その詳報は掲載されていない。発禁理由の詳細がわかる最初の記事は一九三四年四月一一日付「政変を前に軍部の蒙を啓く」である。これは「反軍思想ヲ鼓吹《こすい》煽動」とみなされ押収された(『出版警察報』第五六号)。

こうした野依の軍部ファシズム批判の評価については、次章でまとめて取り上げたい。すなわち、この強硬な反ファシズム論者はなぜ最も強硬な対英米開戦論者となったか、と。その前にまず検討するのは、「同業者に遠慮せず、同業者とグルにならず」の新聞批判である。

日刊紙創刊によって週刊『我等の新聞』はその土曜日付録となり、その編集局長・大友温が『帝日』に異動した。しかし、野依は新聞業界の常識に馴染《なじ》んだ大友のスタイルに満足しなかった。野依が求めたのは「新聞と戦う新聞」であり、「新聞らしい新聞」ではなかった。社長と編集局長の対立は創刊直後から業界ゴシップとなっていた。「新聞界珍風景」(『新聞と社会』一九三二年九月号)はこう伝えている。

「ヘマな編輯ぶりに、すつかりご機嫌を損じてしまつた帝都日日の野依社長一日数回編輯室にドナリ込んで「どれもこれも皆馬鹿な無能なヤツばかりだ」とカン〳〵。大友編輯局長もどうやら先が長くなささうだといふ評判。」

翌一〇月号の同欄にも、酒場で憂さ晴らししている大友の姿が報じられた。

「日頃、野依から馬鹿だ、低能だ、と吐鳴《ママ》られてゐる腹いせに、蔭では部下に「あのチビが、あの気狂ひが」とコキ下して溜飲を下げてゐるようでは、ます〳〵部下からナメられるばかりだ。」

結局、新年を迎えることなく大友は退社している。その後任人事が業界に衝撃を与えた。抜擢された並木博とは、元共産党再建大会準備委員・門屋《かどや》博、その人である。「新聞と戦う新聞」を創りあげるためには、業界の垢にまみれた玄人ではなく、ブルジョア新聞に立ち向から新人が必要だった。だが、この並木(門屋)登用は『夕刊帝国』『新聞と社会』など右翼系メディアに格好の攻撃材料を与えてしまった。『新聞と社会』一九三二年一〇月号の巻頭言で、主筆・高杉京演《きょうえん》はこう述べている。

「皇室中心主義を表看板にして創刊され、最近盛んに暴れまわつてゐる言論ギャング新聞が、三、一五事件の立役者門屋某を変名させて使つてゐる事実がある。われ等は皇室中心主義の下にかくれた、かくのごとき怖るべき、憎むべき新聞の横行に対して、社会的制裁を以て、これを膺懲《ようちょう》し、これを退治しなければならぬ。」

門屋博は陸軍大佐・島野翠を父として生まれ、門屋家の養子となった。東京帝大文学部で社会学を学び、新人会で学生社会科学連合会中央委員を務めている。一九二六年東京毎夕新聞社入社後、『無産者新聞』主筆代理・市川正一の推薦で共産党に入党し、一九二八年検挙され拘置中、除名されている。一九三六年一一月の『帝日』編集局長退任後は、元『帝日』営業部長・佐野完が創刊した『新評論』の主幹となった。同誌は一九三七年八月四日、「社会主義系雑誌」として安寧秩序紊乱により発禁処分を受けている(『出版警察報』第一一〇号)。『新評論』廃刊の後、門屋は南京政府顧問となり、上海の特務機関、敗戦後はGHQキャノン機関で活動し、日本貿易社常務、東北産業航空社長などを歴任している。いわば情報活動のエキスパートである。ちなみに、『帝日』顧問弁護士は門屋の実弟・島野武(新人会幹事長、共産主義青年同盟員、戦後は仙台市長)だった。

『帝日』の呼び物、「新聞戦線」欄では門屋を中心に転向知識人が総動員され新聞各紙の報道を分析し、その内幕《うちまく》を暴露していた。それは新聞批判を目的に創刊された月刊誌『新聞と社会』や自由主義的言論への攻撃を使命とした右翼新聞『夕刊帝国』にとって、最大のライバル出現だった。同誌顧問・宅野田夫は「二重橋を題字の模様に使ふ」『帝日』(図9-3)を「不謹慎至極」と断じている(『新聞と社会』一九三二年九月号)。

大宅壮一主宰『人物評論』一九三三年七月号の「ヂャーナリズム内報」も「無新から帝都日日へ——門屋博と野依秀市の取組」において、右翼紙の反応をこう報じている。

『帝都日日新聞』の現編輯局長並木博氏は、実は往年の学聯の指導者、第一期無産者新聞の編輯長で、「三・一五事件」に連座し、後にいはゆる〝解党派〟に転じて執行猶予になつた門屋博氏であることは、一般には知られてゐなかつたが、同紙の競争紙である『夕刊帝国』がこれ(並木編集長の正体)を素破《すっぱ》抜いて、『帝都日日』を目して共産党の機関誌だな

賀正
昭和八年元日
帝都日日新聞
「帝都日日」は創刊日尚淺きも、金力、權力に阿らず、他の新聞の言はんと欲して言ひ得ざる所を卒直に言ひ切る點に於て、正に日本一なりとの讃辭を受く。この言果して當れりや否や敢て御一讀を乞ふ。
社長 野依秀市
購讀料一ヶ月五十錢
廣告料金
十五字詰一行金壹圓五拾錢
場所指定一行金貳拾錢増
雑報欄一行金參圓
本社 東京芝公園五號地
電話芝(〇五一五、〇五一六番 一五五〇、一五五一番)
大阪支社 大阪市東區北濱二丁目
電話東四九七、四九九番
三宅雪嶺先生隔日執筆
「帝都の一隅から」と題し學東西に亘り識古今を貫く一代の巨碩三宅雪嶺先生が隔日靈筆を振はれつゝあり。本文こそ新聞論壇の最高指針にして帝日の眞價を倍加する所以なり。

図9-3 『帝都日日新聞』広告(『実業之世界』1933年新年号). 題字と同じ大きさの社長名が「社長宣伝」紙の性格をよく示している.

どゝ攻撃しはじめたので、さすがの野依社長も大いに心痛してゐるといふ。」

当時もいまも各新聞は熾烈な販売競争を続けているが、同業者が互いを正面から批判することは稀である。新聞と社会社同人「帝日、野依先生にもの申す――余り逆《のぼ》せ上がるな・自惚《うぬぼ》れるな」(『新聞と社会』一九三二年一〇月号)によれば、このケンカは野依が『新聞と社会』は生意気だ、やっつけろ」と『帝日』編集部に攻撃を指示したことに始まるという。

同業者への攻撃を専《もっぱ》らにする日刊紙の登場は、新聞業界の異観でもあった。そうした新聞批判がどれほど珍しかったかを確認するために、『帝日』創刊の翌月、馬場恒吾《つねご》(元国民新聞編集局長、戦後に読売新聞社社長)が書いた「新聞時評」(一九三二年)を引いておこう。

「新聞は汎《す》べてのものを批評するが、殆んど誰れにも批評されない。(中略)新聞界に於ては新聞相互の間の批評すら稀れである。時たま、世間一般には知られざる小新聞が特定の新聞社を目指して攻撃することがある。攻撃された新聞はさうした場合、大低《ママ》それを黙殺する。金を与へて、相手を沈黙さす事はあつても、紙面でそれを取合ふことは少ない。固《もと》より此《こ》の如き場合には攻撃する方の動機にも褒められぬ事情がある。大新聞を攻撃して、自分の地位を高めんとするもの、或は初めより買収されることを目的としてゐるものもあらう。」

「世間一般には知られざる小新聞」が『帝日』だと名指しされてはいない。だが当時、多くの読者の脳裏に浮んだのは間違いなく、この「野依新聞」であったろう。というのも、続けて馬場は「近時の新聞界の一つの傾向は社長を宣伝することである」と書いている。大衆向け「小《こ》新聞」から全国紙に成長した朝日新聞社、毎日新聞社では組織の近代化が進み、創業者である村山龍平(一九三三年没)、本山彦一(一九三二年没)の後には誰が社長であるかを意識する読者はほとんどいなくなった。逆に、近代化の速度に対応できない二流紙が採用したのは、明治の知識人向け「大新聞《おお》」への伝統回帰、つまりカリスマ社長の前景化戦略だった。一九三〇年『報知新聞』が野間清治、『国民新聞』が伊東阪二《はんに》の手に渡り、一九三二年には『時事新報』が武藤山治の経営に帰した。これを馬場は「社長宣伝の三輪対《ママ》」と呼び、「これらの新聞は社長を宣伝することに依つて新聞が売れると思つてゐるらしい」と批判している。もちろん、規模こそ異なるが、野依の「自由論壇」を社説とする『帝日』は、究極の「社長宣伝」新聞だった。

三流紙『帝日』がこうした二流紙をライバル視していたことは創刊期の第一面大見出しから読み取れる。「富弱新聞・悪徳新聞・暴君『朝日』を撃つ」(一九三二年八月一五日)、「国民大衆を煽動する奇怪極まる東京日日」(同年八月一八日)に続いて、「国民新聞の醜態は驚くべき非常識——株式市場の混乱を誘発せん　伊東阪二君に忠告す」(同前)、「営利会社の積りで新聞を経営する武藤山治君」(同年八月二二日)、そうした批判の極めつけが同年九月から一一月まで芝園釈弟《しばぞのしゃくてい》(野依のペンネーム)で連載された「野間清治先生著『栄えゆく道』厳正批判」である。

「積悪の雑誌王」野間征伐

大日本雄弁会講談社社長・野間清治は『キング』『少年倶楽部』『婦人倶楽部』など九大雑

誌を擁した「雑誌王」である。その余勢を駆って『報知新聞』で「新聞王」を目指した野間に対して猛攻を加えたジャーナリストこそ、野依秀市と宮武外骨である。『滑稽新聞』などの過激な風刺で発禁記録を更新した宮武だが、一九三〇年代の野間攻撃は個人雑誌『公私月報』を舞台にしており、その影響力は限られていた。それに対して、『実業之世界』『帝日』はもとより『真宗の世界』『仏教思想』まで傘下の全媒体を総動員した野依の野間攻撃は突出していた。そこには近親憎悪を思わせる激しさがあったが、確かに野依と野間はよく似た一面を持っていた。つまり、苦学体験をバネに自己宣伝を主義として雑誌経営から新聞経営に進んだワンマン社長である。

野間批判の嚆矢は「雑誌『キング』は何故恐喝されたのか――雑誌報国屋・野間清治君果《はた》して何の顔色《がんしょく》ありや」(一九二八年九月号)にさかのぼる。だが、その四ヶ月前には「小店員中心に依つて起されたる岩波書店争議の赤裸々記――奴隷の如き酷使・囚人の如き虐遇《ぎゃくぐう》マルクスを売つてマルクスを泣かしめる」(同年五月号)も掲載していた。講談社批判で繰り返された「少年社員」の酷使虐遇が当時の出版業界で特殊なものとはいえなかった。岩波争議団の告発は、後の講談社批判でも繰り返された紋切り型である。

「常に学者その他を利用して清き仮面の影に富を貪るイカサマ出版屋のお勝手元《かってもと》は大方《おおかた》此類を出ない。恐ろしや出版報国の甘言のかげにこの企《たくら》みありとは!」

この記事を安倍能成『岩波茂雄伝』(一九五七年)は「争議側の筆と覚しい虚構の多い誇張的記事」と評している。事実関係はともかく、当事者性の高い文章であったことは確かだろう。

しかし、「雑誌報国屋」講談社に対する第一撃の後、『帝日』創刊以前の『実業之世界』にはあからさまな提灯記事も掲載されている。「斯《か》くして築き上げられた・雑誌界の王座・大日本雄弁会講談社と野間社長」(一九三〇年一一月号)、「目醒《めざま》しき大飛躍をなせる!――報知新聞と野間清治君」、「大日本雄弁会講談社の九大雑誌新年号の大飛躍」(同年一二月号)。ここで野間を「国士的純情と、国民道徳の涵養に基調した国家的熱誠」をもつ「国宝的快人物」とまで持ち上げた野依は、その掲載誌を持って講談社を訪れたという。快く広告掲載に応じる企業を絶賛し、それを断った企業を痛罵する「取り屋ジャーナリズム」の風景を、『夕刊帝国』はこう再現している。

「お世辞を並べ立てた上さて、切り出したのが、彼れが経営する『大分日日新聞』に対する講談社の広告料金値上げの交渉であつた。(中略)野依は広告料値上げを現在のよりも二十数倍にもせんとする魂胆であつたのに、さすがの講談社も、その不当極まる要求に対して、応諾すること能はずその要求を拒絶したのである。彼れのことだ、奮然と席を蹴つて「覚えて居ろ」といはんばかりの気色を示しつゝ講談社から飛び出したのである。」

野依が『大分日日新聞』社長となるのが一九三〇年一〇月、講談社への提灯記事が同年一一月号、一二月号だから、この内幕話の辻褄《つじつま》は合っている。これに加えて、翌年九月に完成予定の仏教真宗会館(野依グループ企業が入る総合ビル)竣成《しゅんせい》への献金二万円を野間が拒んだため攻撃に転じた、と『夕刊帝国』は書いている。いかにもありそうな話だ、と眉《まゆ》に唾《つば》をつけながらも読んだ者がいただろう。

## 広告代理店の暗躍？

「野間征伐」の宣戦布告は『実業之世界』一九三一年六月号(正義巨弾号)の特集「暴漢野間清治の正体」である。だが攻撃の狼煙《のろし》は同年五月号の「野間清治氏解剖材料募集に就て」で上がっていた。野依は在京各紙に「野間氏の人物や氏を続《めぐ》る人々、野間氏の仕事に対する態度、金儲け振り、隠れたる一切の私行等」の記事材料を公募する広告掲載を申し込み、全紙から拒絶されている。

「野間氏は大広告主であるから、氏の感情を害するが如くに思はれる広告は掲載出来ぬと言ふのである。(中略)新聞社が、該《がい》広告を掲載し得ざることは、野間氏の思ふ存分に振り廻しつゝある資本主義の威力に気兼ねして居るのである。これでは大新聞の権威も大資本家野間氏の前に叩頭百拝《こうとうひゃくはい》する事になる。愈々《いよいよ》本誌の奮起を要する。」

このキャンペーンは、『実業之世界』一九三一年六月号から一一月号まで半年間続くが、「新渡戸イズムと野間イズム」、「野間清治先生と有田音松先生」(九月特集特大号)が示すように、野間講談社攻撃はその喧嘩ジャーナリズムの伝統に位置づけられる。この糾弾キャンペーンの最中、九月一八日に満州事変が勃発しているが、野依の視界を占めた「戦争」は野間講談社への総攻撃だったに違いない。また、野依の野間攻撃を喝采する文筆家が少なからず存在したことも確かである。講談社は社内に原稿審査会や稿料査定会を設けるなど、当時の出版事業にはめずらしい資本主義的合理化をすすめていた。一九三〇年一一月文芸家協会が講談社を名指しで批判し、翌年二月には直木三十五《さんじゅうご》、葉山嘉樹《よしき》など委員が講談社側と交渉し、最低原稿料協定など二一ヶ条を確約させている。これを「講談社折れる」と報じた『東京日日新聞』に野間は激怒し、広告出稿を停止した。これを資本の横暴と憤慨し、野依に情報を持ちこむ文壇人も少なくなかったようだ。

だが、一九三一年一二月号で突如「野間攻撃中止の理由を発表す」が掲載された。同年一〇月二五日の仏教真宗会館開館式に博報堂社長・瀬木博尚《ひろなお》が訪れ、「この際、何も言はずに野間さんの攻撃をやめて呉れませんか」と申し入れたという。同月四日に講談社は広告の出稿を停止していた『東京日日新聞』とも和解しており、ここでも広告代理店・博報堂が仲介に動いていた。瀬木は『実業之世界』一九三二年五月号(二五周年記念号)に「書籍の広告を顧みて」を寄せて、野依青年が日本新聞社広告部主任だった当時からの親密な交流の思い出を語っている。講談社との仲介役としては最適任だったといえよう。野依は瀬木との付き合いを戦後こう語っている。

「今日まで『実業之世界』の新聞広告は博報堂一手扱いということになつている。大正十二、三(一九二三、四)年頃、博報堂に二千円か三千円の借りがあつた。ナカナカ払えなかつたが、とうとう何でも棒引きにしてくれたと記憶している。それのみでなく、私が刑務所から出て来た時は、倅《せがれ》にも社員にも知らせずに、二千円見舞金をくれたものである。」(一九五三年七月号)

一方で、「野間征伐」キャンペーンに電通vs.博報堂、二大広告代理店の暗闘を読み込む見方もある。『夕刊帝国』は「野間氏攻撃の材料は新聞広告界のギャングの親玉とされてゐる電通の広告部員からも相当売り込まれてゐる」、「電通から野依は通信を無代で貰《もら》つてゐる」と報じた。にわかに信じがたい陰謀説だが、当時はまだ広告代理店がそうした謀略的な存在と見なされていたことは確かだろう。

もちろん、野依と野間の停戦は長続きせず、『帝日』が創刊されるとライバル紙攻撃、すなわち『報知新聞』攻撃として再開された。この「新聞と戦う新聞」が攻撃対象にまず報知新聞社社長・野間清治を選んだのは、すでに『実業之世界』における講談社攻撃でのストックがあったためだろう。記事内容は『実業之世界』の使い回しで新鮮味はないが、『「帝都日日新聞」十年史』(以下、『十年史』と略記)は「吸血鬼・野間清治を徹底的糾弾」の見出しでこう要約している。

「野間清治は良風美俗とか信用とかを表看板にしながら、自分自身には驚く可きほどのカラクリがあり、口に「文章報国」を唱へつゝ或は株式投機に耽《ふけ》り、或は土地思惑、金山稼業を試み、又、雑誌の代理部事業として怪しげなる飲料水「どりこの」の販売を試むるなど、彼の意図するところは利殖以外に一歩も出でず、殊に彼の主宰する報知新聞の北太平洋横断飛行失敗とその後始末の怪醜事《かいしゅうじ》に至つては、真《まこと》に人間悪の極みともいふ可きであるので、断《だん》乎《こ》としてその糾弾に出でたのである。」

この批判記事は、芝野山人(野依のペンネーム)の『積悪の雑誌王　野間清治の半生』(一九三六年)にまとめられた(図9-4)。同書刊行と連動して、『実業之世界』誌上でも再び野間批判キャンペーンが再開されている。特集「報知新聞の無恥と野間の欺瞞性」（一九三六年三月号）には大宅壮一、山崎靖純《せいじゅん》、戸坂潤、頭山満、新居格《にいいたる》、高津正道、長谷川国雄と左右両陣営の「ヂャーナリストの正義派」を総動員して、野間攻撃を行っている。この攻撃は断続的に二年間続き、野間の死を挟んで海野鉄人「小説・野間清治」（一九三八年九―一二月号）を連載している。「小説」とはいうものの、目次には「皇軍将士を商売に利用する大日本雄弁会講談社及社長野間清治を弾劾す」と添え書きされていた。野間没後の一九三八年一二月号にも「死せる野間清治を如何に取扱ふべきか」ほか八本の記事を掲げ、死者への鞭を振るい続けている。

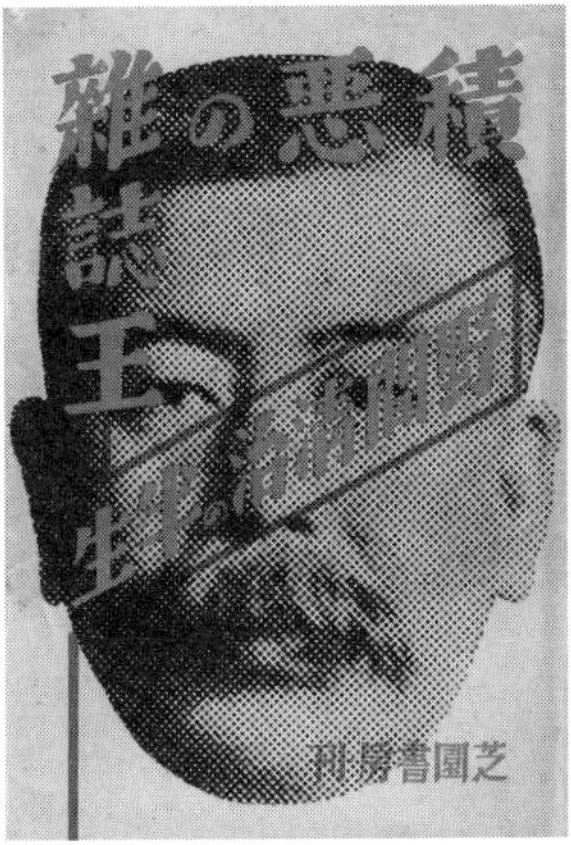


図 9-4　芝野山人〔野依秀市〕『積悪の雑誌王　野間清治の半生』芝園書房・1936 年.

皮肉なことに、『積悪の雑誌王』はその激烈な筆致のため、検閲により「徒《いたずら》ニ皇室ニ関スル事例ヲ以テ攻撃シ却《かえ》ツテ不敬ニ渉《わた》ル」二箇所四頁、「卑《ひ》ニシテ羞恥ヲ感ゼシムルニ因《よ》リ」一箇所二頁が「安寧削除」の対象とされた（『出版警察報』第九八号）。当然ながら、『キング』や『講談全集』で右翼から「不敬」と批判された箇所を強調引用して公開することは、それ自体が「不敬」だろう（この削除箇所の全文は、拙著『『キング』

の時代——国民大衆雑誌の公共性』岩波現代文庫の第Ⅲ部第三章第二節「野依秀市の言論資本主義批判」で読むことができる)。ちなみに同書を出版した芝園書房の住所と電話番号は秀文閣書房と同一である。秀文閣書房は『野依全集』刊行のため一九二九年に設立されている。野依秀市の文章を閣《はり》だすべく設立されたグループ企業だが、「醜聞《しゅうぶん》書く」と連想した者もいただろう。

これに関連して興味深いのは、野間攻撃に前後して『実業之世界』が講談社のライバル出版社を盛んに持ち上げていることだ。「業界に光る岩波茂雄君」(一九三一年八月号)では、「自ら教職を擲《なげう》つて身を落し古本屋から叩き上げた」岩波の「低く働き高く想ふ」姿勢が絶賛されている。さらに「通信教育界の第一人者——河野正義君と彼の畢生《ひっせい》の事業・大日本国民中学会」(同年六月号)、「文芸出版の覇王——新潮社を築き上げた佐藤義亮氏奮闘伝」(同年一〇月号)、「東洋一の発行部数を誇る婦人雑誌界の覇王! 石川武美《たけよし》氏が『主婦之友』を育て上げた奮闘の跡を語る」(一九三二年二月号)なども掲載された。いずれも、学術書、教育書、文芸書、婦人雑誌とジャンルこそ違うが講談社と競合する出版勢力への提灯記事である。さらに言えば、その誉め方が『帝日』広告欄での大きさに比例しているようにも思える。実際、『帝日』紙上の雑誌広告では、講談社の各雑誌と競合する『日の出』(新潮社)、『主婦之友』(主婦之友社)、『婦人公論』『中央公論』(中央公論社)が際だっていた。

そもそも『帝日』の創刊資金はどのように調達されたのだろうか。『帝日』創刊時に東京で発行されていた新聞紙(有保証金)一三六〇紙中、日刊紙は一九八紙も存在した。そのうち『日本新聞年鑑』が会社別に現勢を報じる上位三〇紙の中に『帝日』は創刊から入っていた。

「金力では作れぬ新聞」「嘘を書かぬ新聞」をモットーとする『帝日』の創刊費用五万円の出資者について、『十年史』は「金三万円を抛げ出した某篤志家《とくしか》」を含めすべて匿名としている。一九二〇年代に株式会社化した大新聞と異なり、『帝日』は社主・社長・主筆を野依が兼ねる完全な個人経営だった。野依は『私の会つた人物印象記』(一九三六年)で、創刊資金のうち一万円は「石油王」小倉常吉《つねきち》からの寄付だと書いている。戦後になって、「金三万円を抛げ出した某篤志家」が三井合名理事・池田成彬《しげあき》であり、それとは別に創刊後、三菱合資会社総理事・木村久寿弥太《くすやた》から二万円をもらったと告白している(一九五四年八月号)。他方で、『夕刊帝国』連載の野依攻撃をまとめた『言論ギャング』(一九三三年)によれば、創刊資金すべてが明治製糖社長・相馬半治《はんじ》から出たとされている。

『帝日』創刊の一九三二年、新聞各紙は「明糖疑獄」を連日大々的に報じていた。原糖輸入における明治製糖の脱税を大蔵省が黙認し、その裏金が政界に流れたとの疑惑である。結局、司法省調査で組織的犯罪はないとされたが、野依は終始一貫して明糖無罪を主張し、『明糖事件の真相』(一九三二年)を公刊していた。明糖から野依へ運動費の供与ありと睨《にら》んだ『夕刊帝国』は、まるでその場に居合わせたかのごとく内幕を描いている。

「野依は此《この》五万を現金で摑んで薄きみの悪い笑ひを漏らして「これで新聞を出す、何年か心に思つてゐた計画だ、時機が来た」その金は金庫の中に入れて『帝都日々新聞』創刊に取りかゝつた。」

もちろん、野依は「『夕刊帝国』の記事は全部嘘」と否定している。いずれにせよ、匿名資金五万円だけでは自前の輪転機は用意できず、当初は仏教真宗会館の地下工場で紙型を取り、他社工場に印刷を委託していた。だが、翌年には発行部数も一万部を超え、マリノニ式輪転機、鋳造機、ステロ各一台を備えた自社工場を整えている。ちなみに、『帝日』の発行部数は内務省警保局が示す取締統計によれば、一九三五年七月三〇日に一万二〇〇〇部、同年九月四日は九〇〇〇部となっている。警保局資料で確認できる最高部数は、一万五〇〇〇部(一九三三年三月二一日)、その次が一万四〇〇〇部(一九三九年三月一一日)である。

『夕刊帝国』が「言論ギャング」野依を糾弾する一三四回の連載を開始した理由は、ライバル『帝日』の順調な滑り出しに脅威を感じたためでもあろう。これに対して野依は『夕刊帝国』を名誉毀損で告訴する旨、一九三二年一二月一二日付『中外商業新報(現・日本経済新聞)』に広告を打っている。『新聞と社会』一九三三年新年号はこう伝えている。

「どつちが原告になるか、被告になるか、この勝負面白いと世間では興味をもつて、新聞街に一種のナンセンス的センセーシヨンをまき起してゐる。」

だが、「野依秀市遂に悲鳴」(『新聞と社会』一九三三年六月号)によれば、同年五月一日付『中外商業新報』に野依は「夕刊帝国を相手にせぬ弁」という広告を出している。この間、野依と『夕刊帝国』の間で何が起こったか。その舞台裏を戦後「日本の黒幕」と呼ばれた大物右翼・三浦義一は『大分県及び大分県人』野依追悼号でこう漏らしている。

「あれは『新聞の新聞』(『夕刊帝国』の記憶違いか)というのだったか、何かそのような新聞に彼が攻撃されたことがあり、その時頼まれて間に入ったことがある。」

両者の手打ちを仲介した三浦義一は、大分市長、衆議院議員を歴任した三浦数平《かずへい》の長男だが、一九三二年二月「資本家階級独壇の社会組織、経済機構および諸制度の合理的改革」を綱領に掲げた大亜義盟を創立していた。三浦は一九三九年に政友会革新派総裁・中島知久平《ちくへい》への狙撃事件を引き起こしている。政友会中島派に属する野依からすれば、同郷人ながら三浦とは敵対陣営にいたことになる。同じ追悼文で三浦は野依をこう評している。

「たしかに手前勝手なところがあり、これは欠点であったと思うが、ひと口でいえば、先輩をそういってはおかしいが、かわいげのある人だった。」

## 転向左翼の梁山泊

「かわいげのある人」だったからだろうか、『帝日』編集部には規格外の異才が集まった。一流の雑誌社や新聞社では近代化、もっといえばエスタブリッシュ化が進むにつれて、その編集者や記者はサラリーマン化、つまり規格化されていった。広告代理店の発展とも相まって、旧来の雑誌社、新聞社につきまとっていた「取り屋」的性格は周辺化され、それは三流新聞に濃縮蓄積されていった。新聞社が大学出のエリートの人気ある就職先となっていくなかで、「前科三犯」野依が率いる編集部には転向左翼を中心にドロップアウトの秀才が集まった。一名、野依学校という。

「当時の左翼といえば社会のツマはじきで、普通の会社ではこわがって、とても使ってくれなかったが、その点、野依という人物は昔から度量があるというか、人の使い方が巧いというか、仕事本位で過去の業績とか思想関係など問題にしなかった。そのかわりよくケンカもして、社長と社員が取っ組み合いで、階段をころげ落ちたなどということもあった。」

こう回想する平等文成《びょうどうぶんせい》は東京帝大文学部卒業後、治安維持法違反で逮捕され、一九三五年出所後に本願寺派教誨師の紹介で『帝日』に入社している。退社後、大陸に渡って北京大学教授となり、戦後は社会党議員、私学新報社社長などをつとめている。

編集局長・並木(門屋)博が元共産党幹部であったことはすでに述べたが、その後任の坂本徳松《とくまつ》も唯物論研究会メンバーであり、日中戦争勃発後は『帝日』特派員として前線を取材し、戦後は日本ベトナム友好協会を創立し、アジア・アフリカ人民連帯日本委員会理事長などを歴任している。主だった編集部員を列挙すれば、小堀甚二《じんじ》(『文藝戦線』同人、平林たい子の夫、戦後は民主人民連盟事務局長)、小森武(戦後は黄土社、都政調査会を設立し、美濃部都知事ブレーン)、樋口見治(戦後に復党し、赤旗編集局日曜版編集長)、山崎一芳《かずよし》(のち東海出版社社長、戦後は新夕刊社長)、長部《おさべ》慶一郎(元新劇俳優、戦後はアド・東京社役員)、島崎蓊助《おうすけ》(藤村の三男、プロレタリア美術家同盟員)などである。

そうした『帝日』編集部員中、今日最も有名なのは文化勲章を受章した詩人・草野心平だろう。草野は実業之世界社に勤めていた宮嶋麗子《うらこ》(プロレタリア作家・宮嶋資夫《すけお》夫人)の紹介で一九三二年五月実業之世界社に入社し、まず高橋亀吉編『財政経済二十五年誌』全八巻(一九三三年)の校正を担当した。一九三四年五月からは『帝日』編集部で野依の口述筆記をつとめ、「新聞戦線」欄や「大東京女万態」欄も担当していた。特に後者は草野の独壇場であり、女給、ダンサー、芸者、女優などの噂話をあつめた人気ルポルタージュだった。『帝日』の人気連載に「法廷記録」があるが、そこにも草野の文才は活かされていたようだ。一九三六年八月一五日付「拒む力も失せて激情に任す奪はれた妻の貞操(十)」は、「姦通場面ヲ露骨ニ描写シタルモノナルニ因リ禁止」の処分を受けている。一九三五年以降の『帝日』バックナンバーは所蔵先が確認できないので、『出版警察報』第九六号から検閲当局が問題視した文章の全文をそのまま引用しておきたい。

「その腕の強さは夫の欣之助のそれより強いことを織江は必死の中にも考へてゐた。(中略)が河田の身体が温みをもつて迫まつてくると、織江は男の力にはどう逆らつても逆らひきれないだらうと思つた。(中略)河田がソツと脇の下から腕を入れて自分の身体を抱きしめた時、織江はもう反抗しなかつた。額に汗を滲ませて、彼女はむしろ異状な激しい強い後悔を含んだ刺戟の中に酔つてゐた。」

他の「風俗禁止」事案のようにストレートな猥褻《わいせつ》表現は存在しない。だが、検閲官は情欲に強く訴えるものを感じ取ったのだろう。

草野は自伝『わが青春の記』(一九六五年)で野依の面影を巧みに写し取っている。

「野依社長は熊ン蜂のようにとびまわっていた。カンシャク持ちですぐ怒る。勤勉家だがそれは努力からきているのではなく動かないではいられない本能がそうさせる。狂信的で暴れんぼうで、いわば火だるまみたいな人物だった。その火だるまのなかには一種独自なユーモアがあった。」

『帝日』編集部にはもう一人の詩人、鳥見《とみ》迅彦《はやひこ》(橋本金太郎)もいた。「帝日時代の心平さん」(一九八一年)でこう述べている。鳥見も共産党シンパとして拘束され、起訴保留で横浜検事局から釈放後に入社していた。

「部員たちはおおむね素人《しろうと》っぽくて、まだ新聞記者臭も身につかない、いいやつばかり。左翼的もいたし、アナキスト的もいた。小説の習作を書きつづけている文学的もいた。元新劇俳優もいたし、元ボクサーもいた。元教師もいた。時代の風に吹き寄せられた木の葉のように、あちらこちらからここへ集ってきた人たちだ。」

この「文学的」が誰かは判然としないが、創刊時第一面の連載小説は久野《くの》豊彦《とよひこ》の「夫婦乱行」(挿絵・川原久仁於《くにお》)である。久野は前衛モダニズム文学の新進作家で、その作風は宣伝臭の漂う紙面によくマッチしていた。一九三二年一一月、久野の『人生特急』(千倉書房)が発禁処分を受けているが、その理由を嶋田厚は「独自な資本主義批判、なかんずく、銀行攻撃の戯画的な描写」によると解説している。やがて文壇から遠ざかった久野は日本大学芸術科で「宣伝学」を担当し、『諜報の理論と技術』(育生社弘道閣・一九四一年)などを上梓した。

だが学芸部長・草野に最も強烈な印象を残した連載小説は、「ナチ国民革命」の暗部を鋭く告発した鈴木東民《とうみん》「燃ゆる議事堂」(挿絵・島崎蓊助)だった。鈴木は反ナチ記事により第三帝国から国外追放された日本電報通信社（現・電通）ベルリン特派員である。記者を連載小説に起用するのも『帝日』ならではの型破りである。鈴木は読売新聞外報部長、論説委員となり、戦後は労働組合長として読売争議を指導し、のちに釜石市長を三期つとめている。

草野は一九三八年三月、野依の秘書兼案内役として陥落後の南京を視察している。しかし、二人の詩人、草野と鳥見は、一九三九年一一月突如として野依から解雇を言い渡された。草野は東亜解放社に入って『東亜解放』編集長に就任し、翌年七月南京政府宣伝部顧問となった。鳥見は編集局長・坂本徳松の紹介で満鉄東亜経済調査局に移っている。こうした『帝日』の梁山泊ぶりを見れば、右翼が「帝日は共産党の機関紙」と糾弾したのも不思議ではない。

## 検察ファッショの生贄？

野依は一九三四年八月二一日、突如警視庁に検束されている。翌日付『東京朝日新聞』夕刊によれば、大蔵省疑獄事件（のちに帝人事件と呼ばれる）に関連して台湾銀行頭取・島田茂、財界人グループ「番町会」の永野護《まもる》らを恐喝したとの容疑である。

「警視庁の見込みでは、同〔野依〕氏は実業家の利殖内容及び株式街兜町関係の内幕をすっぱ抜いて、多数実業家や株屋連から数万円を恐喝する等、全額十数万円に上る悪事を働いているものといはれてゐる。」

いかに警察の情報リークとは言え、「悪事を働いてゐる」との表記からは「国賊朝日新聞」

キャンペーンへの意趣返しさえ読み取れる。さらに九月二日付同紙夕刊は、野依が起訴前に市ヶ谷刑務所に強制収容されたことも速報している。

「同氏は既報の如く某事件を種に本年一月番町会員永野護氏から一万円を恐喝した外《ほか》、昨年六、七月実業通信紙上で川崎財閥を手ひどく攻撃して一万二千円、同年八月兜町の株式店高垣甚之助《じんのすけ》氏に関する攻撃的記事を実業之世界に掲載二千円等等《とうとう》約三万円を恐喝した嫌疑によるものである。」

野依が「恐喝した」島田や永野も背任罪などで起訴されたが、一九三七年一二月帝人事件被告全員が無罪となっている。今日、帝人事件は倒閣を狙って司法官僚出身の平沼騏一郎《きいちろう》が仕組んだ謀略とする説が有力である。実際、この「空中楼閣」の責任を取って斎藤実内閣は総辞職した。検察の有無を言わせぬ取り調べと強引な起訴から「検察ファッショ」の言葉も生まれた。皮肉なのは、帝人事件被告、島田、永野たちが無罪となったにもかかわらず、その被告を恐喝したとして野依が有罪になったことである。

野依が永野から援助金をもらったのは事実だが、帝人事件とは無関係だった可能性が高い。そもそも永野は渋沢栄一の書生から身を起こした政商である。一九五六年「野依秀市言論活動五十年記念」文集で参議院議員・永野は生前の渋沢から直接聞いた野依評をこう披露している。

「財界では野依のことを、こわい、こわいといっているそうだが、野依程《ほど》かわいい男はない。あんなにかわいい男を、どうして財界の連中がこわいなんて言っているのか、不思議で仕様がない。」

しかし、検察は国策捜査で帝人事件に当たっており、逮捕した永野に「〔野依を〕おそれて出した」との自白を強要し、調書をでっち上げた。

松山健一は野依にもインタビューしているが、取り調べの舞台裏をこうまとめている。

「併《しか》し、永野も相当に頑張つたので予審調書を七回も書き改めたといふ。永野は野依に相《あい》済まぬとして再三わびたが、それは後の祭りで何の役にも立たぬ。馬鹿を見たのは結局野依である。」

野依は一九三四年一〇月一三日の保釈まで豊多摩刑務所に五三日間拘禁された。それから半年余り後、翌一九三五年五月二日に野依は再び新場橋《しんばばし》警察署に留置された。五月九日付『東京朝日新聞』夕刊は、これを「暴力団検挙」として報じている。同月七日には保釈が取り消され、野依は半年間刑務所に拘束された。一九三五年一一月二六日再び保釈が認められると、野依は一二月一四日の新聞各紙に次の「一つの宣言」を載せている。

「最も痛切に感じたことは、今後自分の主宰する新聞雑誌の経営は、購読料及び広告料の収入増加は大に計らねばならぬが、所謂援助金の如き収入に依存してはならぬといふことであつた。そこでわたくしは今後援助金は一切受けぬことに決意した。」

恭順謹慎の意を示したわけだが、一九三七年四月一四日の最終審判決では禁固二年の実刑が確定している。実際に服役したのは同年六月一八日から仮釈放の一二月二八日までだが、それは蘆溝橋事件と南京陥落を挟んだ歴史的半年間だった。他の帝人事件被告が全員無罪となり、自分だけが馬鹿を見たと知った野依は、翌一九三八年一月二八日付『帝日』に「余の新聞雑誌経営に対する大信念を告白し国民の大自覚を促す」を発表している。反省の反省、すなわち先の宣言の撤回である。営利本位で「売らん哉《かな》主義」に走る大新聞社の轍を踏まないために、あえて購読料、広告料の増加、まして株式会社化は目指さない、と野依はいう。発行部数の大きさに幻惑される大衆読者にも批判の矛先を向けている。

「読者の弱点につけ込むこと、時流を追ふて行くこと、之が実際に読者を益するか、益せぬかなどゝいふことは考慮せず、ひたすら読者の心理を摑んで行くといふ事にすれば、経営は楽になるに極《きま》つてゐる。」

野依の目には、こうした大衆読者の欲求水準にまで降りていくジャーナリズムの象徴が大新聞『朝日新聞』であり、大雑誌『キング』だった。「ソンナにまでして強ひて成功を願ひたくない」という捨て台詞も、単なる負け惜しみと解すべきではないのだろう。だからこそ、「〔この貧強新聞のために〕進んで援助するのが金持の義務である」と野依は断言する。

「法律に触れないやうにすれば好意に基く援助金は、勿論之を受け取つてもよし、或は金持などには大に出させるがよいと検事も言はれてゐるのである。」

本当に検事がそう言ったかどうかは怪しい。いずれにせよ、戦時体制下で進む新聞統合の中で、小新聞が生き残る余地は狭められていた。

日中戦争勃発の二ヶ月前、恐喝罪での服役を控えて野依は、『実業之世界』改題三〇周年記念パンフレット、『善戦楽闘の三十年を想ふ』（一九三七年）を発行している。

「大正五（一九一六）年に入獄する前の私は、兎角《とかく》強がつてゐた傾《かたむ》きがあつた。〝百難と闘ふ〟とか、好んで〝悪戦苦闘〟とかいふやうな文字も使つたものだ。（中略）その根本の心持はいまでも同じことだが、その所謂〝悪戦苦闘〟だつて、心からいやならば決してやりはしなかつた。いやでなく、愉快を感ずるからこそやつて来たので、実は矢張り〝善戦楽闘〟だつたのだ。」

ここに反省の色は微塵《みじん》もない。世の新聞雑誌とその読者こそ批判精神を喪失しているのだ、と。この信念を貫くために、社長兼主筆の個人メディアを自分は選び取るのだ、と。

「私は何と誤解されようが、そんなことは苦にならぬが、間違つたことを書くことは大いに責任を感ずる。だから私は記事には今でもナカ〳〵やかましい。原稿、校正、記事に手を出す、広告に手を出す、こんな新聞雑誌社長は世間にないさうだが、私はそれをやつてゐる。それが私の本分なのである。」

いささか極端な例だが、『帝日』第七号（一九三二年八月一六日）で野依は「恐縮千万」と題し、第五号の誤植一二〇箇所の訂正と陳謝で第三面四段すべてを使っている。こうした訂正記事の多さは、野依の生真面目さの証拠といえなくもない。

新聞企業化と組織ジャーナリズムの流れに逆らって、野依は逆張りに固執した。その反時代性ゆえに、『帝日』は「非常時」日本で不思議な魅力を保持していた。検閲当局も『帝日』

を「国家主義系」「社会主義系」などイデオロギーで分類することができず、「普通新聞紙」として扱っている。だが、それは「普通新聞紙」のまま残していいと当局が考えていたことを意味しない。一九四〇年五月四日に首相官邸に招待された「日刊新聞社六六社」の中に、『帝日』はもちろん含まれていない。「貧強新聞」のサバイバル・ゲームは、やはり善戦楽闘というよりも悪戦苦闘の連続だった。

それでも、悪戦苦闘する野依を『帝日』文化部長をつとめた詩人・草野心平は、こう追憶している。

「私は自分の生涯で、あのような特異な怪物に接したことはなかった。今後もおそらくないだろう。氏の思想や宗教には私はついてゆけなかった。むしろずっと反対の立場だった。いまでもそうである。然しながらあの赤裸々の人間性には不思議な魅力があり、つつぬけでユーモアがあった。滅多には生まれない人物であることはたしかである。」

# 第一〇章　筆《ペン》は剣よりも強し

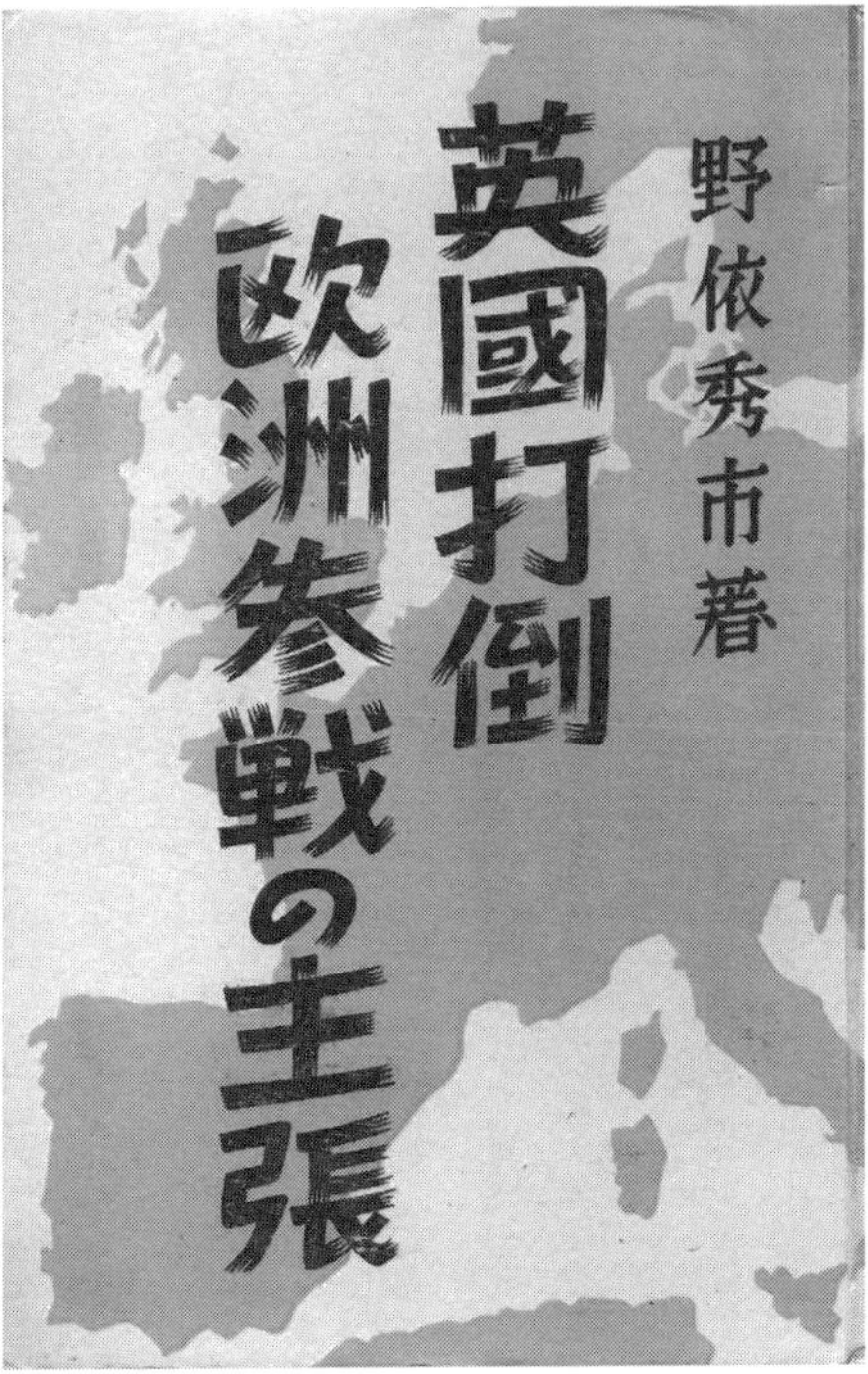


『英国打倒欧洲参戦の主張』(秀文閣書房・1939 年 10 月刊).

## 「輿論の世論化」の先駆け

明治、大正、昭和戦前期のメディア人間・野依秀市の活動を追ってきた。大正期には最も戦闘的なリベラリストであり、一九三〇年代に入っても自ら経営する実業之世界社、帝都日日新聞社には多数の左翼知識人を抱え込んでいた。この野依メディアを「ファシズム vs. 民主主義」の硬直した旧図式で理解することは難しい。あえて「民主的ファシズム」、あるいは「ファッショ的民主主義」のメディアと呼びたい気持ちもなくはない。

こうした「形容矛盾」が最も鋭角的に顕れたのが一九三〇年代、特に満州事変から日中戦争に至る「非常時」の言論活動だった。歯に衣着せぬ軍部ファッショ批判で突出した野依は、一方で最も過激な対外強硬路線の唱道者になっていた。

満州事変勃発の二ヶ月前、野依は「国民塗炭《とたん》の生活苦と西園寺公の責任」(一九三一年七月号)を発表した。民政党内閣の内政と外交を厳しく批判し、元老・西園寺公望に若槻礼次郎首相の更迭を求めている。

「現内閣に反対の輿論さへ強ければ内閣は潰れます。けれども輿論は新聞紙の上に現れた世論の趣向のことであります。(中略)現代日本の幼稚な立憲政治の下では輿論よりも元老の一言がもつと有効なのだから仕方がありません。」

ここでは、野依は輿論《よろん》と世論《せろん》をいったん使い分けた上で、それを融合させている。公論(public opinion)と略される公議輿論と区別すべく、世論は民衆感情(popular sentiments)の意味で明治期に使われ始めた。明治天皇は五箇条の御誓文で「万機公論に決すべし」と唱える一方、軍人勅諭では「世論に惑はず」と諭《さと》している。輿論と世論はベクトルの異なる概念だった。しかし、一九二〇年代の普通選挙導入とマスメディア発達によって「輿論の世論化」、つまり政治の大衆化が加速した。「輿論は新聞紙の上に現れた世論の趣向のこと」は、大衆新聞によって「輿論の世論化」、すなわち「意見の感情化」、その結果として「空気の支配」が生じていたことを示唆している。一方で、この文章は『帝日』を発行する自分こそ、世論(国民感情)を反映した輿論、「世論の輿論化」の体現者だ、との自己主張でもある。

実際、野依メディアはその攻撃対象である大新聞、大雑誌よりも「世論の趣向」に忠実だった。振れ幅の大きい社説も、世論を投機的に先取りしようとしたためだろう。ある意味、その直感は天才的だった。たとえば、軍縮問題である。不屈信念居士「八面観」(一九三一年三月号)では民政党内閣に近い主張が展開されている。軍縮要求はまさに大衆世論の望むところであった。

「日本の軍事費は実に、世界無比の高率なり。而《しか》して国民の納税率も亦《また》、世界第一なり。軍備縮少の絶対必要なる、当然すぎる程当然なり。飛行機の発達せる今の世は断じて陸軍の半減を当然とするなり。愛国心を我が物顔にするクセのある軍人達よ。卿等《けいら》、今一歩愛国心を向上せしめて、以て卿等自ら軍縮を提唱せざるか。」

不屈信念居士こと野依は民政党内閣の退陣を強く求めながらも、「輿論が一致してゐる」師団整理、つまり軍縮には賛成を続けている。だが、中村大尉殺害事件の報道が一九三一年八月に解禁されると、対支強硬策を求める大衆世論は沸騰した。野依の筆致も急変する。満州事変が勃発した九月一八日当日に印刷された一〇月号の巻頭論文は「武力！　武力！　武力　日支の懸案は断じて武力で解決せよ！」であった。

「今や国論は沸騰しつゝある。之に対して新聞紙なども報道的には支那の暴慢無礼を憤るかの如く見ゆるも未だ国民の総意の反映としての其の社説に於て幣原《しではら》外交の軟弱を強く責むるものなく、況《いわ》んや武力に訴へてもとの意気などは見るべくもないのは何事か。」

もちろん、まだ柳条湖事件の第一報を野依は耳にしていない。この段階で武力行使を唱える野依の主張は「普通新聞」の論壇で突出していたことは間違いない。ただし、その突出は「世論の趣向」の先読みとしては正確だった。たとえば、同号で発表された名士五〇〇人へのアンケート「次の戦争はイツ・ドコで・ドウして起るか」の結果と比べてみよう。二七名の回答が掲載されているが、次に日中間の戦争を予測したのは第一次日本共産党幹部だった近藤栄蔵だけである。安部磯雄、高島米峰、鈴木文治など多数は「可能性なし」、荒畑寒村は「世界戦争」、里村欣三《きんぞう》は「帝国主義戦争」、白井喬二は「日米戦争」と回答している。

## 満州事変から社会改革へ

私のような戦後世代は満州事変を「十五年戦争」の幕開けとして教えられてきた。つまり、

「満州事変から太平洋戦争へ」の流れだが、野依を含め当時の人々が「日露戦争から満州事変へ」の流れで状況を理解していたことを忘れてはならない。野依も日中の対立を日露戦争の戦後処理問題と見なしていた。一九三一年一〇月号巻頭の「武力！　武力！　武力」論文はこう続く。

「思へ！　今より二十七年の昔、我国がその運命をかけて露国と戦ひしは、果して何の為ぞ、（中略）日露戦争は日本の為めであつたが、同時に支那自身、異民族に一切を蹂躙さるより救はれしわけであるにも拘《かかわ》らず、北方政府、南方政府、奉天政府が何《い》れ《ず》も日本を軽視して条約をも無視し、事ごとに排日をあふり、日貨排斥を事とする有様で、其結果今日の如く拾収すべからざる事態となつた。」

「今より二十七年」という時間が、一九四五年の敗戦から一九七二年日中国交回復と同じ長さであることを改めて想起したい。しかも、昭和金融恐慌以来の不景気が続いていた。「十万の英霊と二十億の国帑《こくど》」で手にした満州権益を守れという国益論は抗しがたい熱気を帯びて語られていた。それが世論沸騰の前提である。だが、野依がいち早く武力行使を主張した理由は、それだけではない。「革命は銃口から」という毛沢東の発想を野依も左傾思想家たちと共有していたからである。

「吾人は決して他国を侵略する意味で武力解決を提唱するものではない。只《ただ》経済発展、共存共栄の為、或は又延びんとする道を拒《こば》まるゝ為めの武力に訴へて、之を拓かんとするまでである。自己生存、自己主義の為めには、左傾思想家でも現に国家に於て非常手段に訴へんとしつゝあるではないか。」

実際、社会変革のための戦争、この思考回路は多くの左翼知識人を転向、さらに戦争協力へと導いた。「十月二八会記」(一九三一年一二月号)によれば、満州事変勃発から四〇日後、一九三一年一〇月二八日に雪嶺邸で野依が主催した二八会では、国際連盟脱退が話題となっている。三宅夫妻、野依のほか、白柳秀湖、安成二郎、竹森一則など元社員の左翼知識人に加えて、高島米峰、若宮卯之助、さらに婦人運動家・金子しげり、市川房枝が参加していた。若宮は国際連盟脱退後の経済封鎖も日本経済に影響は少なく、中国も全面戦争には踏み切らないと楽観的な展望を語っていた。しかし、若宮の予測に対する反対意見が参加者から発せられた様子は記録されていない。

大正護憲運動の闘士だった野依は、すでに第四章や第七章で見たように植民地支配に否定的で、むしろ合理的な経済進出を主張していた。しかし、一九三一年一二月号(渋沢栄一追悼号)では不拡大方針の民政党内閣が軍事予算を認めないなら、「満洲軍の費用は国民が直接送れ」と絶叫している。皮肉にも、この一二月号は満州事変を批判する全国労農大衆党・鈴木茂三郎(戦後の社会党委員長)の論文掲載により安寧秩序紊乱《びんらん》で発売禁止の処分を受けている。

翌月、野依は「われ勝てり」号(一九三二年新年号)で犬養毅政友会内閣成立に勝利の歓声を上げている。巻頭社説「皇室の御繁栄と皇室中心日本の行くべき途」には「草莽《そうもう》の微臣《びしん》 野依秀市謹記」の署名がある。「草莽の微臣」は、田中正造が明治天皇に足尾鉱毒事件を直訴した文章の冒頭に登場する。この直訴状を書いたのは幸徳秋水である。野依が自身を田中か幸徳に重ねていたことはまちがいない。昭和天皇はこの戦争に批判的だったが、この自称「皇室社会主義者」は聖慮を無視して、事変を国内改造の契機にすべしと提案している。

「先づ何よりも国民が各自の地位、財産等に拘泥せず、一切を皇室中心日本に還元し、以て富、地位、爵勲等に思ひを絶ち、より尊き民族的慾望に目ざめ、真に忠誠一徹の国民として働くことが最高の愉悦たることを認識するにある。」

社会変革に戦争をどう役立てるか、そうした発想から野依は以後の「非常時」言論を展開した。この思考枠組みを採用するなら、改革支持者が反戦を唱えることは事実上困難となる。ここに軍部ファッショ批判、天皇機関説擁護、強硬外交煽動という、一見奇妙な三位一体が成立する。また、こうした主張は大衆世論の趣向にそっていたに違いない。二ヶ月後、野依は第一八回総選挙で代議士に初当選している。

### 五・一五事件で「軍部を衝く」

五・一五事件を論じた不屈信念居士「犬養首相の兇変《きょうへん》をめぐりて」は、『実業之世界』創刊二五周年を記念する一九三二年六月号に掲載された。この時期にペンネームが多いのは一九三〇年選挙での選挙法違反裁判を控えての自粛である。野依は政治テロを「言語道断」と否定するが、犬養暗殺は想定内であったという。

「党の内部でも、とても通常議会までは犬養では遣《や》つて行けんと言はれた程で、政治家としての死花を咲かせたとはいへないまでも、のたれ死をするよりはまだ好い最後であつた。」

そう死者に鞭打つ前振りをした上で、批判の矛先は軍閥の政治介入に向かう。五・一五事件は青年将校、士官学校生徒が引き起こしたが、野依は軍隊内の不平等にその原因を見出している。この軍隊批判では伏字が多用されているが、誰にも推定可能なものだろう。むしろ、文中で悪目立ちさせることで読者の視線を誘導するレトリックだろう。

「同一〇〇〔軍人〕のうちでも、〇〇〔戦争〕で〇〔死〕ぬのは〇〇〇〇〔中尉少尉〕以下だ。比較的恵まれてゐるものに苦労尠《すくな》く、恵まれざるものの方に苦労が多い。そこで〇〇〔軍人〕の中の不平も、〇〇〇〇〔中尉少尉〕級の青年〇〇〔将校〕の間に一番熾烈《しれつ》だと聞くが、財界に於ても同じことがいへる。」（〔　〕内は引用者の推定）

続いて、有閑階級への相続税強化、華族制度の改革、さらに商業主義的新聞の官営化など持論を展開している。論理の精緻さには欠けるとしても、一般読者の鬱憤《うっぷん》を晴らす爽快さは読み取れる。一九三二年六月二六日付『帝日』では第一面全部を使って粛軍のため荒木貞夫陸軍大臣の引責辞職を勧告している。テロ横行で萎縮した言説空間において、野依は暴力防止のために「徹底的言論の自由を許せ」（一九三二年一二月号）と説き続けた。

「日本は世界有数の言論圧迫国である。日本よりも言論の自由な国は沢山――否、比々《ひひ》みな然《しか》りである。といつてそれ等の国が、日本以上に思想混乱し、或ひは暗殺横行、安寧秩序が乱れてゐるかといふに、決してそんなことはない。」

また、同号掲載の「共産党事件の判決を如何に見るべきか」でも、軍部クーデター、いわゆる十月事件の噂を引き、「共産青年の矯激《きょうげき》さと選ぶところがない」と痛烈に「フアツシヨ的独裁主義」の将校グループを批判している。さらに「国民政治に対する無理解を指摘し、軍部に警告を発す」(一九三三年五月号)では、政党人の腐敗堕落を指摘する声に対して、軍人の方が清廉潔白だとは言えない理由を次のように説明している。二ヶ月前に選挙買収の有罪確定で失格した元代議士の発言には実感がこもっている。

「国政のために立候補し、選挙場裡《じょうり》に悪戦苦闘し、巨額の私財をこれに投ずるは、軍部諸君が大蔵省から経費を受け取り、これを余り苦労せずに使ふのとは些《いささ》か趣《おもむき》を異《こと》にしてゐる。(中略)顧みて軍部自身の過去をみよ。陸軍に於ける山県〔有朋〕、桂〔太郎〕の如き、海軍に於ける山本〔権兵衛〕の如き、現在の政党政治家より以上に清廉潔白であったと、何人《なんぴと》が断言し得るであらうか。」

たまたま軍人に金銭授受の機会が少なかっただけなのではないか、と。もし反論があれば必ず全文を掲載するので投稿するよう、野依は軍人読者にも呼びかけている。

こうした軍部批判は『軍部を衝《つ》く』(一九三三年)にまとめられた(図10-1)。既発表原稿に伏字を施した論集だが、一九三三年七月二一日付『帝日』の「謹告」によれば、「発売禁止は免れたが其筋から遂に大削除」が求められた。すなわち、一九頁から四〇頁(「重ねて軍部に対して一言す」「満洲利権に反対の軍部の蒙を啓く」など)、三〇二頁から三六〇頁(「五・一五事件発表と政党の意気地なさ」など)、三九五頁から四〇〇頁(「共産党員に対する判決と日本の政治」)まで計八七頁の削除命令である。全国書店に当該頁の切除を要請しているが、ぶざまな切除済書籍が実際に販売された例はまれだったろう。店頭の在庫は処置以前にほとんど売り切れてい

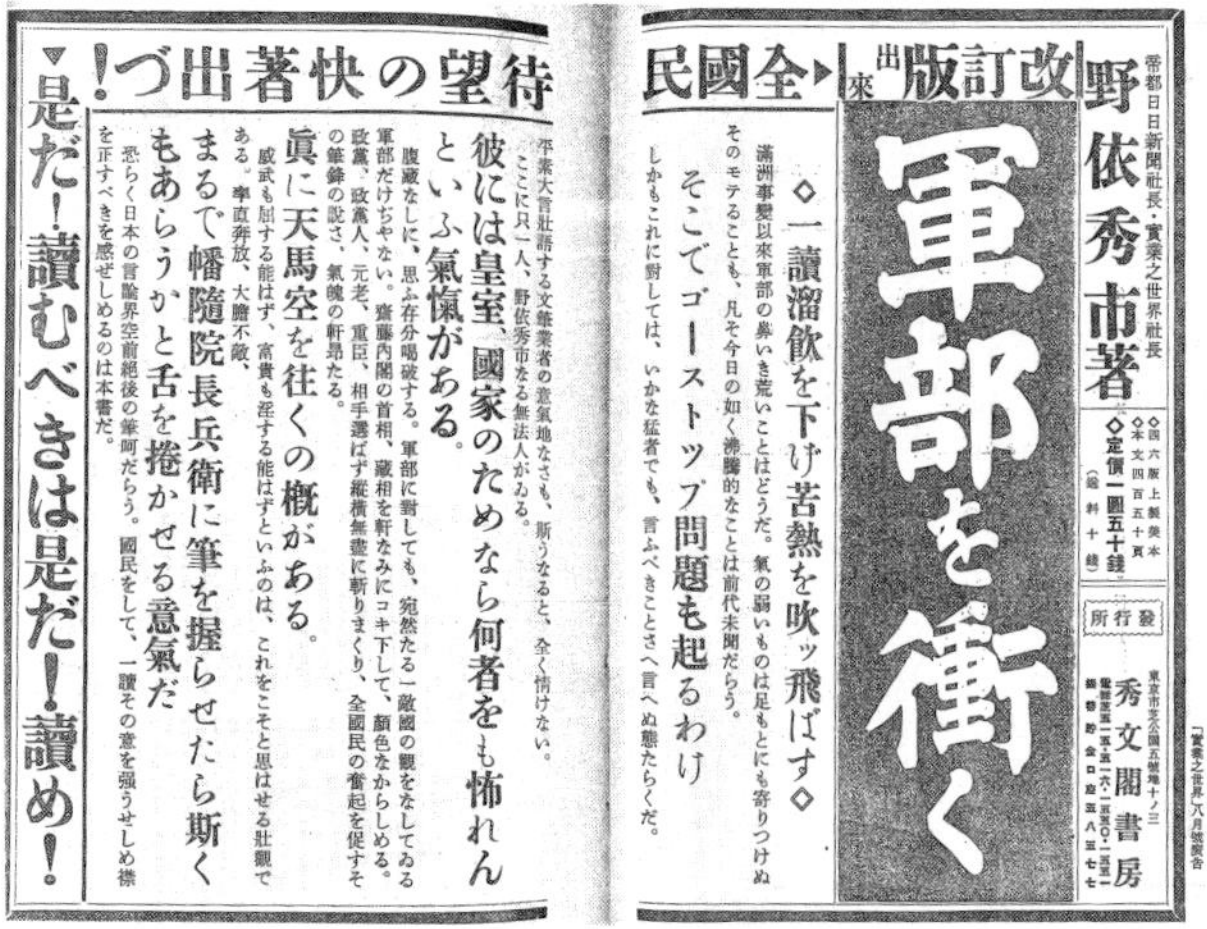


図 10-1　『軍部を衝く』(秀文閣書房・1933 年)の改訂版広告．五・一五事件を中心とした軍部批判の時論集(『実業之世界』1933 年 8 月号)．

た。

「この程度の主張すら、その発表を許されないとあつては、国民は果して何を語り、何を主張することが出来るであらうか。（中略）この結果、国民大衆は言ふべきことをいひ得ず、論ずべきことを論じ得ず、精神的沈滞状態に陥り、その暗流の激発するところは右翼左翼のテロリズムとなつて突発してゐるのである。」

言論の萎縮が始まる一九三〇年代、野依が筋金入りの政党主義者だったことは、内務省警保局の検閲官が一九三四年六月の「出版物の内容傾向」で認めている。

「『帝都日日新聞』は政党政治の復活を要望する趣旨よりして、頻《しき》りに政党内閣を阻止する〝官僚系の陰謀〃等と暴露記事を掲載する外《ほか》、五月二十三日の朝刊は自由論壇に於て「斎藤内閣の総辞職を要望し、政党内閣の成立を主張す」と全紙面に亘《わた》つて政党政治の復活を力説してゐる。(中略)斯《か》く大胆に且《かつ》卒直に政党政治の要望を社説に掲げてゐるのは、普通新聞中『帝都日日』を以て第一と云はねばならぬ。」(『出版警察報』第六九号)

軍部や元老、官僚への批判と並んで、野依は「不心得金持」糾弾キャンペーンを開始した。「全国金持の寄附金額調べ――一文も出さぬは誰れ誰れか」(一九三三年一一月号)は、過去一〇年間で全国的に募られた義捐金《ぎえんきん》(関東大震災、満州事変、上海事変、中華民国水害救済、東北北海道凶作救援、三陸津波慰問)に資産家が寄付した総額を個人ごとに公表している。三井高公《たかきみ》(資産六億円)の寄付金五三一万円から始まり、岩崎小弥太《こやた》(五億円)の五三一万円、安田善次郎(一億二〇〇〇万円)の三〇七万円、住友吉左衛門《きちざえもん》(二億円)の二六三万円と続く財閥家、大名華族に加え、資産三〇〇万円以上の地主、事業家についても実名で二〇頁にわたり列挙されている。中野忠太郎・新潟「こんな奴こそ大《おお》にやつてやる可《べ》きだ」、辰馬《たつま》吉左衛門・兵庫「コンナ守銭奴はヒドイ目にあはせるがよい」などの寸評も辛辣で、テロ教唆と受け取る資産家もいただろう。さらに不気味な予告が末尾にある。

「此外《このほか》誌面の都合で掲載せざりしものが何百名かある。或は次号に掲載するやも知れぬ。」

翌一二月号では三井財閥が公益事業のため三〇〇〇万円を投じて財団法人・三井報恩会を組織することを報じ、「自惚れかも知れぬが、予々吾々《かねがね》が勧告してゐたことが実現した」と勝ち鬨《どき》をあげている。同時に公開状「三井以外の金持に警告す」を並べ、照会に応じた「不心得金持」の回答文、未回答者全員の氏名も掲載している。『帝日』も一九三五年元旦から連載「特権階級を暴く」を始め、前田利為《としなり》侯爵、細川護立《もりたつ》侯爵など大名華族の贅沢三昧に集中砲火を浴びせている。

## 野依拉致未遂事件

こうした軍部・財閥・華族に対する攻撃のため、野依は『夕刊帝国』など右翼陣営から「言論ギャング」とレッテル付けされ、反撃を受けることになった。一九三四年二月六日野依を軍民離間を狙う偽装共産主義者として憲兵隊に拉致しようと試みた怪事件が発生した。二月七日付『東京朝日新聞』は「右翼団壮士の仕業か」と大々的に報じている。

六日午前一〇時、紋付を着た壮士二人が通勤中の東京製綱《せいこう》会社監査役・山田進に「貴様野依だろう」と迫り、無理やり山田を円タクに押し込んで大手町の東京憲兵隊に連行した。ほぼ同時刻、在京新聞各社に「野依秀市、憲兵隊に連行」との匿名電話があった。野依家の隣に住む山田を間違えて拉致したのは、国粋大衆党関東本部隊員の森田盛清、柏木勇である。野依後に自首した二人は野依の反軍的言動を糾問する目的だったと述べている。取り調べた麹町憲兵分隊長・斎藤少佐は、次のような談話を発表している。

「憲兵隊を籠抜《かごぬ》けの舞台にして、「野依氏検挙さる」といふ記事をかかせやうと仕組んだ芝居ではないかとも考へる。」(「野依社長を憲兵隊に拉致せんとした怪事件」一九三四年三月号)

事件は国会でも取り上げられた。林銑十郎陸相は憲兵隊は無関係であり、右翼団体が陸軍の建物を利用したことに遺憾の意を表明している。国粋大衆党も、二人の個人的行動であり、同党や軍とは無関係とする声明書を出した。同党は笹川良一（戦後は日本船舶振興会会長）が一九三一年大阪で結成した親軍的右翼結社である。当時ムソリーニに心酔していた笹川は、隊員にファシスト党を真似た黒シャツを着用させていた。実行犯二人を憲兵隊に伴った同党副部長・藤吉男《ふじよしお》は「喧嘩八段」と自称した武闘派で、翌一九三五年の天皇機関説問題で一木《いちき》喜徳郎枢密院議長宅を襲撃している。ちなみに同じ一九三五年、野依は企業恐喝の暴力団として拘引されたが、笹川ほか国粋大衆党幹部も高島屋、阪急電鉄などへの恐喝容疑で検挙されている。世間では同業者間の争いと見る向きもあっただろう。

　だが、野依自身はこの拉致事件の背後に軍部ありと考えており、「何が「軍民離間」ぞ!!!言論と軍部と暴力」（一九三四年三月号）を発表した。その末尾はこう結ばれている。

「自由なる言論と正しい批判を恐るゝ程《ほど》愚劣なることはない。これを恐れる蒙昧《もうまい》の徒のみが正しい言論と正しい批判に、暴力をもつて代《か》へようとするのだ。明朗日本から、暴力よ、永久に去れ。」

　野依ジャーナリズムの主要敵は明治の藩閥、大正の官僚、昭和の軍部だったが、一方でそうした権力者に十分な批判をしない同業者にも激しく噛み付いた。この二正面作戦はジャーナリズム業界で孤立化を招いたが、孤立した弱小メディアの社長兼主筆であることで野依が手にしたものも大きかった。大新聞社と比べて格段に大きな「言論の自由」である。それを三宅雪嶺は「貧強新聞」と呼んだが、この反ファシズム新聞を評価する声は左翼陣営からも上がっていた。一九三四年一〇月一日付『現代新聞批判』に掲載されたX・Y・Z「帝都日々新聞論〔一〕」が典型である。同紙は元大阪朝日新聞記者・太田梶太《かじた》がファシズム批判のために発行した新聞内報である。

「この中〔非常時日本〕にあつて「嘘を書かぬ」ことをモツトーとし敢然として自由の筆陣を張つてゐるのは『帝日』だ。（中略）軍部に対して、忌憚ない筆を『帝日』ほどに振ひ得た新聞があるか。」

## 天皇機関説事件で美濃部支持

野依拉致事件が新聞で報じられた一九三四年二月七日、貴族院では政府の軍縮方針に反発する菊池武夫男爵が「尊氏事件」で中島久万吉《くまきち》商相を糾弾した。『現代』一九三四年二月号に転載された中島の随筆中にある足利尊氏評価の一文は、「逆臣礼賛」にあたるというのだ。さらに三室戸《みむろど》敬光《ゆきみつ》子爵は中島に「日本人たることを辞職せよ」と迫った。議会外右翼もこれに連動したため、同月九日中島は大臣を辞職している。これを野依は「全くドウかと思はれる騒ぎ」と評し、むしろ非礼極まる言葉で議場を汚した「有閑な国粋子爵」こそ引責辞職せよと論じている。

「この国粋華族が、生活苦に呻吟《しんぎん》してゐる大衆の生活を無視して、それには一向熱意を持《もた》んともしないことを吾々は大衆の名に於て不満にも思ふ。」（「中島商相を辞職させた三室戸子爵は議員を辞せよ」一九三四年三月号）

国会質問で点火し新聞雑誌で煽る「事件」捏造《フレームアップ》の手法とファッショ化の効果において、この尊氏事件は一年後の天皇機関説事件と酷似している。一九三五年二月一八日貴族院で菊池武夫は東京帝国大学名誉教授・美濃部達吉に対して、その憲法学説を国体に背く「緩慢なる謀叛」であると批判した。これに呼応して原理日本社など右翼団体が「学匪《がくひ》」美濃部に対する糾弾キャンペーンを展開した。野依が所属した政友会も党利党略から岡田啓介内閣に国体明徴声明を迫った。

これに対して、野依は「皇室中心思想普及協会会長」の肩書で「国体の実相を吟味して「天皇機関説」の是非に及ぶ」、「天皇機関説を排する――余は断乎官僚内閣を排撃し政党内閣を主張す」の二大論説を『実業之世界』四月号に並べている。大活字で組んだ前者をタテマエ論説、四段組に詰め込んだ後者をホンネ論説と仮に名付けよう。タテマエ論説で野依は「機関」の用語を不適切と退けるが、美濃部の忠君愛国心までは疑い得ないという。末尾にいわく。

「動《やや》もすれば隙《すき》に乗じて台頭せんとするファッショ気運に対しては美濃部博士の憲法論も一服の清涼剤となるかも知れぬ。」

続くホンネ論説はタイトルでこそ天皇機関説を排しているが、穂積八束《やつか》、上杉慎吉の天皇主権説は反立憲的、官僚主義的であり、美濃部の天皇機関説こそが皇室中心主義だと断じている。

「然《しか》り、美濃部博士の憲法論は、民の心を以て心とし給ふ天皇の大御心《おおみこころ》を充分に学説を通じて顕彰してゐる。進んで国民に対して参政権をお与へになつた天皇の御仁徳が、博士によつてハツキリと説かれてゐる。（中略）「天皇機関説」への反対に藉託《しゃたく》し偽装して官僚政治、特権政治、フアツシヨ政治の出現を野望するが如きは天皇政治への叛逆である。」

徹底した美濃部礼賛の文章であり、これを糾弾する右翼陣営こそ天皇政治への反逆者だと逆ねじを食わせている。野依は自らの美濃部支持の背景に雪嶺の叱咤激励があったことを「三宅先生の霊前に捧ぐ」（一九四五年）で告白している。

「先生は寧《むし》ろ美濃部達吉博士の天皇機関説に好意を寄せて、〝美濃部の弟子までも黙《もく》して居るのは何事であるか〟と叱咤《しった》されたのであつた。」

こうして立憲主義の立場を堅持した野依は、反政党的な岡田啓介内閣への批判を強めていった。「疑はるゝ忠君愛国」（一九三五年五月号）では「劣悪内閣の倒壊」のため言論機関の大同団結を呼びかけている。

「希《ねが》くば、社会の輿論を喚起し、一挙にこの無責任内閣を駆逐せんことを。世の新聞雑誌の業《なりわい》に従ふ人々が、この際営利観念を去つて起ち、この劣悪内閣の倒壊に戮力《りくりょく》されんことを希望して止まない。」

だが実際に岡田内閣を倒したのは「社会の輿論を喚起し」た新聞雑誌ではなく、二・二六事件の銃弾であった。

## 二・二六事件での「朝日を護れ」

二・二六事件の反乱軍による朝日新聞社襲撃は、野依の言論の自由に対する信念を試すものとなった。それまで「国賊」朝日新聞批判の最右翼だった野依だが、一九三六年三月三日付『帝日』で朝日新聞を護れと主張している。

「一朝日新聞の問題としてゞはなく、全言論機関の問題として、全国民の問題として取上げねばならぬ。（中略）我等は今回の朝日新聞事件を通じて言論機関の防衛を主張すると共に、社会的批判の自由を確保することが、如何に社会の合理的発展に寄与するかに就《つ》いて、当局の啓発を要求するのである。」

事件後最初の巻頭言「不祥事件に関して大御心《おおみこころ》を拝し奉る」（一九三六年四月号）の上には、昭和天皇の肖像と明治天皇の御製が掲げられている。野依は叛乱将校の厳正処分と新たに就任した広田弘毅首相への支持を表明し、さらに言論の自由の保護、朝鮮・台湾からの衆議院議員選出、公娼制度廃止などを「火急国策」として要求している。だが、この主張欄は以下三つの記事とともに安寧秩序紊乱とされ、この号は差し止め処分となっている。平野力三《りきぞう》（皇道会常任幹事、戦後は社会党議員）の「五・一五事件と二・二六事件の比較考察——国家革新運動は国民大衆ともに」、「二千名士への質問〝我が眼に映じたる日本国家社会に於ける不合理的存在とその排除策〟」、「噂で殺された名士達——デマ恐るべし」である（『出版警察報』第九二号）。ただし、雑誌はすでに流通済みで、押収はごくわずかだった。

二〇〇〇名はがきアンケートは『実業之世界』恒例企画だが、期限内に回答を寄せた一三四名の中には左右の革新派が多く目につく。たとえば、建国会・赤尾敏《びん》の「（資本主義を打倒して)天皇絶対中心の国家主義的皇道経済組織に変革」、作家・林房雄の「一、不合理的存在――財閥。二、排除策――産業国有」、衆議院議員・浅沼稲次郎「すべての不合理の根源は資本主義経済組織です」、同・亀井貫一郎「一、資本主義精神」などである。また、先に野依拉致事件を起こした国粋大衆党の笹川良一が「元老重臣」を、岩波書店主・岩波茂雄が「政党閥、官僚閥、財閥、学閥、軍閥などの閥」を挙げている。

岩波茂雄は野依と同じく雪嶺を敬愛しており、このアンケートにも長文の返信を寄せている。岩波は「一切の特権を廃し実力本位として本質的国家的立場より凡《あら》ゆる人材を採用すること」、「研究の自由、言論の自由を与へることも閥をなくする一策」と訴え、次の言葉で結んでいる。「今回不祥事件に関係せる青年将校にも視野の狭かりしように思はる。」

二・二六事件前後に野依が発表した論説は「不祥事件を中心として」のタイトルで近刊予告されていたが(一九三六年四月号)、一九三六年六月に『筆《ペン》は剣よりも強し』として刊行された。戦後の歴史認識では二・二六事件以後は「言論暗黒時代」と理解されている。だが、なおも筆が剣より強い理由を野依はこう述べている。

「今日の如く文化の発展、人智の進歩したる時代、民衆の覚醒、輿論政治の行はれてゐる時代に於ては、いかにしても剣の力は民衆輿論の後援なくしては、その威力を発揮し得ないのである。」

確かに、大衆社会においては民意を無視した政治はいかなる独裁権力によっても不可能だった。同時代の独裁者、たとえばヒトラーにせよ、スターリンにせよ、その政治基盤は絶大なる大衆的人気であり、決して親衛隊や秘密警察など暴力装置だけで政権が維持できたわけではない。戦前の日本においても事情は同じである。とりわけ、総力戦の遂行には世論の沸騰と輿論の支持が不可欠だった。こうした民意に対応するため第一次大戦後、陸軍省は一九一九年新聞班(のち情報部)、海軍省は一九二四年軍事普及委員会(のち軍事普及部)を設置している。その意味で、民意の政治は大正デモクラシー＝昭和ファシズム＝戦後民主主義を貫いていた。だとすれば、軍部が発揮した政治力は必ずしも「剣」の強さゆえではない。むしろ「筆《ペン》」の弱さに原因がある、と野依は言うのだ。

「いかに軍部が強大なる力を握つてゐるにしても、もしも全国の新聞雑誌がこれに反対するやうなことがあつたら、それは全く位置顚倒《てんどう》、問題にならない惨めな結果になるに違ひないのである。ただ、筆を持つものに信念乏しきが故に、却《かえつ》て軍部横暴の声あらしむる如き結果になるのであつて、その罪、寧《むし》ろ軍部にあるにあらず、操觚《そうこ》者《しゃ》自体の恥辱でなくて何であらうか。」

もちろん、「筆」の弱体化が加速したことは事実である。山浦貫一は「新聞戦線異状あり」(一九三六年)で、「資力と人力の揃《そろ》つた新聞社」の言論の萎縮をこう説明している。

「新聞紙をして斯くの如く無力従順にしたのは、新聞が大部数を出す様になり、金持喧嘩せず主義を以て保険と心得るのと、記者に、社是を指導し、官憲と戦ふの覇気を有つた人物が居なくなつたこと、これにつけ込む官僚その他の圧迫干渉である。」

そのことが流言蜚語の氾濫をもたらしたことは、社会学者・清水幾太郎の『流言蜚語』(一九三七年)が指摘している。清水は「検閲の厳格さの程度と流言蜚語の量とは一般に正比例す」と書いているが、野依も「百害あつて一利なき言論の不自由」(一九三六年四月九日付『帝日』)で同じことを指摘している。

「現下の如き超国家非常時の場合には宛《あたか》も明治維新当時に於ける如く、全国に処士の横議《おうぎ》充満する位の意気がなくてどこに国民の元気を見ることが出来るか。言ふべきを言はせない程《ほど》国民の元気を消磨《しょうま》し、且つ怪文書を飛ばし、奇々怪々の流言蜚語に放《ママ》ち、国民は不安の中に彷徨《ほうこう》しなければならないではないか。」

皮肉なことに、この論説を収めた『筆《ペン》は剣よりも強し』は発行と同時に「二・二六事件ニ関シ未発表ノ記事ヲ揣摩憶測《しまおくそく》ヲ以テ掲載シ人心ヲ惑乱《わくらん》スルモノト認メ第二六四頁乃至第二六六頁削除」の処分を受けている(『出版警察報』第九三号)。

かくの如く言論が圧迫される中で、一九三六年五月七日民政党代議士・斎藤隆夫の「粛《しゅく》軍《ぐん》に関する質問演説」は大きな注目を集めた。大新聞各紙は速記録を全文掲載して、これを絶賛した。野依は「議会の軍部警告論と吾等《われら》の立場」(同年六月号)で次のようにコメントしている。

「もとより、斎藤隆夫氏が議会で演説したことは結構なことで、同感に堪へないことではあるが、吾々の主宰する『実業之世界』及び『帝都日日新聞』では五・一五事件以来絶えず熱叫して来たことである。」

まさに「他人の褌《ふんどし》で角力《すもう》を取」る大新聞の姿勢を野依は厳しく批判している。これに対し

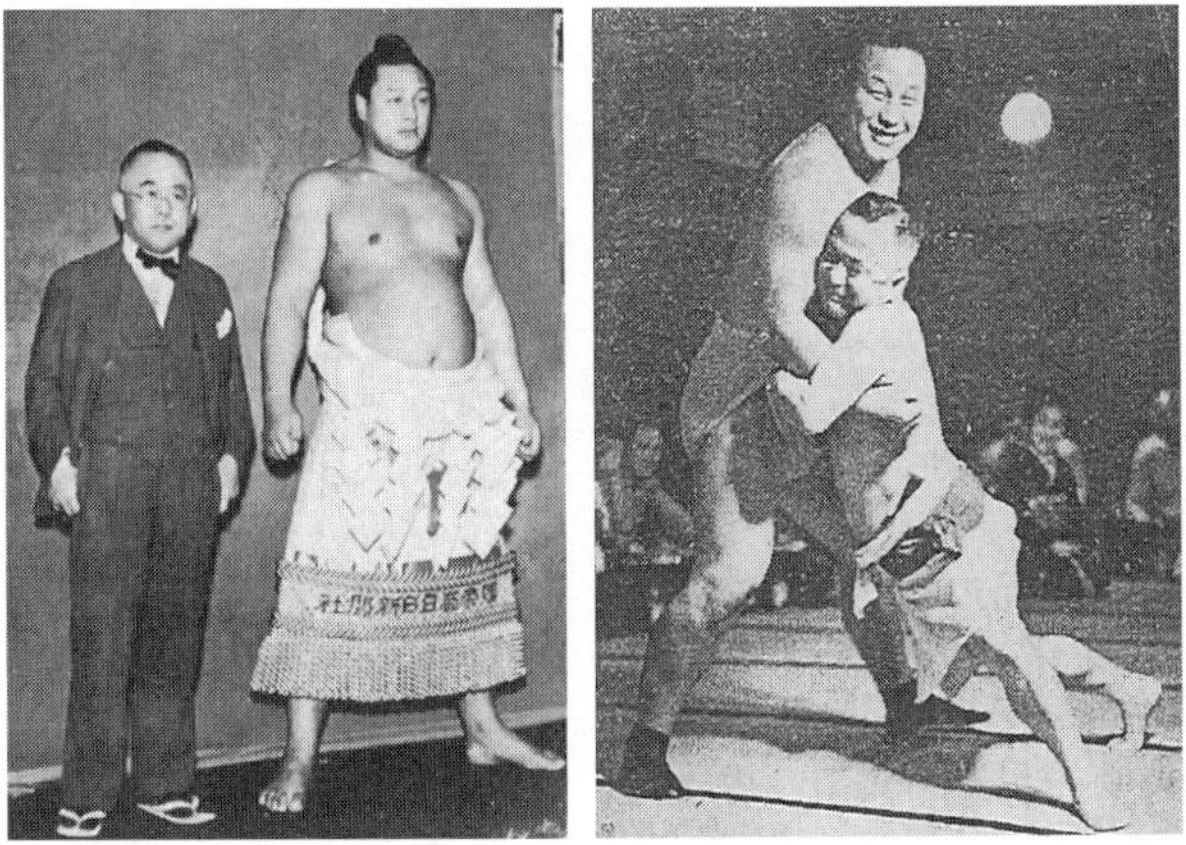


図 10-2　帝都日日新聞社の化粧回しを付けた横綱・双葉山と野依（左）と双葉山と野依のお座敷取り組み（右）.

て四尺八寸の小兵ながら、野依は天下無双の双葉山に『帝日』の化粧回しを付けさせた男である（図10-2）。野依は双葉山後援会を南次郎大将（大分県出身・のちA級戦犯）を会長として組織し、自ら副会長に就任した。双葉山関係の書物で結婚式の媒酌人でもある野依が言及されない理由の一つは、野依が一九六三年に時津《ときつ》風《かぜ》親方（元双葉山）が理事長をつとめる日本相撲協会と絶縁したためだろう（絶縁宣言の経緯については「活動余録」一九六四年一月号を参照）。

### 横綱は双葉山、宰相は近衛公

二・二六事件は「双葉山時代」の幕開けに続いた大事件だった。一九三六年一月場所七日目以来、双葉山は一九三九年一月場所まで「不滅の六九連勝」を続けた。その横綱在位(一九三八年一月から一九四五年一一月)は大東亜戦争とほぼ重なっており、「不敗日本」の象徴として絶大な人気を博した。この不世出《ふせいしゅつ》の大横綱の後援団長を自任したのが、天下無敵・野依秀市である。大分県出身の双葉山が初入幕した一九三二年二月、野依は大分一区から代議士に初当選している。同年八月創刊の『帝日』は、読者拡大の文化事業として大相撲を選んだ。すでに新聞業界は「飛行機と野球時代」(『昭和八年版日本新聞年鑑』)に突入しており、大新聞社は航空イベントと野球大会主催に力を注いだ。前者では毎日新聞社「春風《はるかぜ》号」の日本一周飛行(一九二四年)、朝日新聞社「初風《はつかぜ》号」「東風《こちかぜ》号」の訪欧飛行(一九二五年)、報知新聞社「日米号」の北太平洋横断飛行(一九三一年・失敗)などが評判になっていた。野球大会主催では朝日新聞社の全国中等学校優勝野球大会と毎日新聞社の選抜中等学校野球大会、読売新聞社の大日本東京野球倶楽部(のちに読売巨人軍)などが有名だろう。

しかし、弱小新聞社には飛行機も野球も高嶺の花であり、『帝日』は野球人気で落ち目だった大相撲に敢えて逆張りを試みたわけである。一九三三年一月一三日から大相撲春場所を第二面全部を使って報道したほか、地方巡業まで詳報して「相撲は『帝日』」の定評を確立させた。また、双葉山に対する野依のタニマチぶりは徹底しており、場所中は連日押しかけ他の同部屋力士にも大盤振る舞いしている。そのため、立浪《たつなみ》部屋は当時「野依部屋」とも言われたという。一九三七年五月三一日、『帝日』は創刊五周年記念イベントとして「角道奨《かくどう》励大相撲観覧会」を両国国技館で開催し、以後毎年恒例の行事となった。

相撲で双葉山に賭けた野依は、政界では近衛文麿に急接近していた。二・二六事件直後、近衛は組閣の大命を受けたが辞退していた。野依は鎌倉の近衛別邸を訪問し、五項目の質問（組閣辞退の理由、政党政治、元老制度、貴族院制度、官僚制度に関する構想）をぶつけている。近衛が答えた内容を野依は、近衛文麿「国政一新・華族の特権廃止其他」（一九三六年四月号）として公表した。

近衛の辞退により組閣の大命は文官出身の広田弘毅《こうき》に下ったが、広田内閣も一年と続かず、一九三七年二月林銑十郎《せんじゅうろう》内閣が成立した。林は満州事変勃発に際して独断で朝鮮軍を投入し、「越境将軍」の異名をとった陸軍大将である。野依は「政党は非立憲・非礼極まる林内閣を支持せよ！」（一九三七年二月号）で、政権獲得への意欲さえ示せない政党への絶望を表明している。同月、これまでの軍部批判の文章を『武人国を謬《あやま》るか』（一九三七年）として公刊するが、野依の脳裏で「国を謬るもの」は軍部から政党に移っていった。正式に野依が政友会を脱党するのは翌一九三八年二月だが、「政党の態度を難じ林内閣の猛進を望む」（一九三七年六月号）では新党樹立運動へ踏み出している。野依の念頭にあったのは、「われ等のホープ」近衛文麿である。

「現在の林内閣出現後の政党の態度を観るに及んでは何ともかとも言ひやうのないほど呆《あき》れかへり、進んでこれを撲滅するこそ却つて純真なる政党を出現せしめる捷径《しょうけい》であると考へるに至つた。」

この掲載号が発行された三日後、一九三七年六月四日、大衆の輿望《よぼう》に応えるべく近衛は大命を拝受し首相に就任した。翌五日、野依は「双葉山関横綱昇進祝賀会」（帝都日日新聞社主催）

を丸の内の東京會舘で開催している。

近衛内閣成立を受けて、野依はすでに広告していた時論集『政局輿論の蒙を啓く』のタイトルを急遽変更し、六月一四日『近衛内閣の出現に当りて』として刊行している。野依はこの挙国一致内閣の成立を歓迎し、新党樹立の決意表明を近衛に強く迫っている。

だが、この四日後、六月一八日、野依は一九三五年の恐喝罪が確定して東京拘置所に入った。「四度失敗の弁」(一九三八年二月号)によると、今回の「失敗」の本当の理由は貴族院議員や華族に対する暴露糾弾だった。取り調べで警視庁警部は野依にこう語ったという。

「「君は世渡りが下手で困るナア」といひ、更に、「今度は貴族院とか華族方面が、やかましかつたんださうだ、云々」と聴かせて呉れた。さう聴かされて見ると、成るほど自分は、今は保釈の身であるにも拘らず、斎藤内閣でも、岡田内閣でも徹底的に攻撃し、一方に於ては貴族院改革についても、華族の不仕鱈《ふしだら》な私生活についても、前田侯や元司法大臣の渡辺千《ち》冬子《ふゆ》〔爵〕その他を幾回か『帝都日日新聞』紙上で暴露し糺弾したのがたゝつたのかと思つた。」

真実だとすれば、一種のフレームアップということになる。貴族院改革を近衛に期待していただけに、野依も運命の皮肉を感じただろう。服役は一二月二八日までの半年間だが、多忙な野依にとって刑務所の中だけが「大学」だった(「刑務所での修得を公表す」一九三八年二月号)。

「仏教関係以外の書籍では、私は今度こそと考へて、日本精神に関する方面の本、古神道に関するもの、古事記等の古典に眼を通して、従来の国体観、皇室中心思想、日本民族の拠つて来る根源を究めたいと考えた。」

野依不在の『帝日』は蘆溝橋事件の第一報と同時に「北支重大化に際して国民に告ぐの書」を掲げ、武力を以て断乎膺懲《ようちょう》すべしと宣言した。不拡大方針を取る政府に対しては、「長期膺懲戦の用意を整へよ」と叱咤している。とはいえ、『実業之世界』では衆議院議員・大口喜六《おおぐちきろく》「戦後経済政策大綱」(一九三七年一一月号)、アンケート調査「戦後の対支経営を如何にすべきか?」(同年一二月号)など、「戦後」構想がすでに検討されていた。南京占領をもつて講和成立という楽観論も誌面には漂っている。「戦後の対支経営」アンケートの回答では、貴族院議員・下村海南が最も先見の明を示している。

「「刀を抜くはやすし、刀を納むるはかたし」といふ古語が思ひ出され候。(中略)次に来るべき支那の赤化と抗日の空気とソ聯の極東進出につき考へさせられ候。」

元朝日新聞社副社長の下村は、終戦時の情報局総裁として玉音放送を演出する人物である。ちなみに、一九三六年九月から日本放送協会総裁の座にあったのは近衛文麿である。世論を何より重視する野依も、いち早く天皇の勅語朗読放送の実施を求めていた。「ラヂオ中継につき宮内大臣に要望す」(一九三八年五月号)でこう述べている。

「天皇陛下の玉音を電波を通じて一般国民にも拝聴せしむるの光栄に浴せしむるやうに一大英断をもつて、その途を開かれ度《た》いといふことである。」

すでに大相撲のラジオ中継は一九二八年から始まっている。それまで無制限だった仕切りに時間制限が加えられたのは、取り組みをラジオの番組時間内に収めるためである。

ラジオ中継される双葉山の連戦連勝に人々の関心が集中する中、一九三八年一月一六日近衛は「爾後《じご》国民政府を対手《あいて》とせず」、いわゆる第一次近衛声明を発表し、日中戦争の短期終結の可能性は消滅した。翌月号の巻頭言「長期戦に臨む国民の要諦《ようてい》」(一九三八年二月号)で、野依は容易ならざる事態を指摘しつつも、統制経済の倹約奨励とは真逆の主張を展開している。

「緊張しすぎることも考へものである。時には大いに笑ふもよし、時に角力、芝居、映画を見て興を尽すもよし、それが国内消費に止まることなら、寧《むし》ろ大いに〳〵使ふこともよい。その方が生産力を刺戟し、活気立てゝいゝ位である。」

野依は戦時特需に過熱気味な大衆の空気に敏感に反応していた。ついに一九三八年二月一〇日、野依は政友会に脱党届けを提出した。明治憲法発布五〇周年に当たる翌日付『帝日』第一面に「政友会を脱党して新党樹立に邁進す」を発表している。『十年史』はこう自画自賛している。

「この一国一党的の新党運動こそは、後の第二次内閣の近衛新体制の構想と軌を一にするものであり、我等はその先見の明を誇りとするものである。」

もちろん、野依の脱党が一九四〇年の近衛新体制運動とストレートに繋がるわけではない。なぜなら、翌一九三九年四月三〇日「飛行機王」中島知久平《ちくへい》が政友会総裁に就任すると、野依は欣然《きんぜん》として政友会に復党している。『帝日』は中島派と対立する久原《くはら》〔房之助〕派に連日猛攻を加えたため、中島から多額の資金が流れたと当時から噂されていた。戦後、野依は中島からの資金提供を次のように回想している(一九五一年二月号)。

「私は、〔政友会〕総務同様に、盆暮に三千円づゝを受けた。今の金にすれば百万円位ということになる。その外に、私は戦争中、満州から支那に十一回視察に出かけた。そんな時に彼から三、四回旅費の一部を受取ったことがある。」

野依の心中、政党政治に対する未練は最後まで残っていただろう。しかし、そうした思いを振り切るように、野依は二人の大衆的アイドル、双葉山と近衛文麿へ傾倒していった。双葉山定次《さだじ》は「我が自叙伝」の連載を『実業之世界』一九三八年七月号から開始したが、同号で野依は「伸展日本の象徴双葉山関」をこう書き始めている。

「今、日本一人気者の双璧《ママ》は近衛文麿公と双葉山定次君だといふべきだらう。」

## 東亜再建座談会——鈴木庫三登場

一方、野依は「長期戦と日本青年の認識覚悟」(一九三八年一〇月号)において、日中戦争はすでに世界大戦だとの認識を示している。

「日本の長期応戦は、名目は蔣《しょう》政権の打倒であつても、その内容は、独、伊を除く欧米勢力、西洋勢力との闘争と観るのが正しき見方なのである。」

実際に日本政府が米英へ宣戦を布告するのはまだ三年も先である。近衛内閣は一九三八年一一月三日、「東亜新秩序建設」の名において中国との早期和平を目指す第二次近衛声明を発表した。これに応えて汪兆銘《おうちょうめい》が重慶からハノイに脱したが、この工作は成功せず、翌一九三九年一月四日近衛内閣は総辞職した。その一一日後、六九連勝中の双葉山は前頭三枚目の安芸ノ海に敗れている。翌日の朝刊各紙は「あゝ遂に双葉敗る」を伝えた。この一九三九年四月、野依は妻よしとともに双葉山の結婚式で媒酌人をつとめている(図10-3)。

その結婚祝いというわけではあるまいが、翌月二八日付『帝日』は「双葉山関を讃へる歌」懸賞公募を発表した。応募期間が一週間と短かったにもかかわらず六〇〇以上の応募作品があり、鳥越強《とりごえつよし》(高松商業学校教諭)が一等賞金一〇〇円を獲得した。その三番、五番を引用しておこう。

「腰の強さよ　寄り身のすごさ　日本刀かよ　冴《さ》えた技
上手《うわて》双差《もろざ》し　ぐんぐん押せば　天下無敵の　双葉山」
「咲いた桜か　み国の花と　匂ふ昭和の　男伊達《だて》
みんな勝鬨《かちどき》　揚げよぢやないか　おれのわたしの　双葉山」

この他に『帝日』は他の新聞社同様、多くの国民歌謡を懸賞公募している。一九三三年「芝音頭」、一九三四年「行けエチオピアへ」、一九三八年「支那事変一周年記念の歌」、「靖国神社を讃へ奉る歌」、「皇居を拝して」、一九三九年「皇紀二千六百年を讃へる歌」、一九四〇年「日独伊同盟成立祝賀行進曲」、一九四一年「東亜共栄を讃ふる歌」(情報局後援)である。大新聞社の懸賞公募曲がほとんどレコード会社とタイアップして発売されたのと比較すれば、レコード発売は「東亜共栄を讃ふる歌」(テイチク専属・長津義司《ながつよしじ》作曲、東海林《しょうじ》太郎歌唱)だけにと

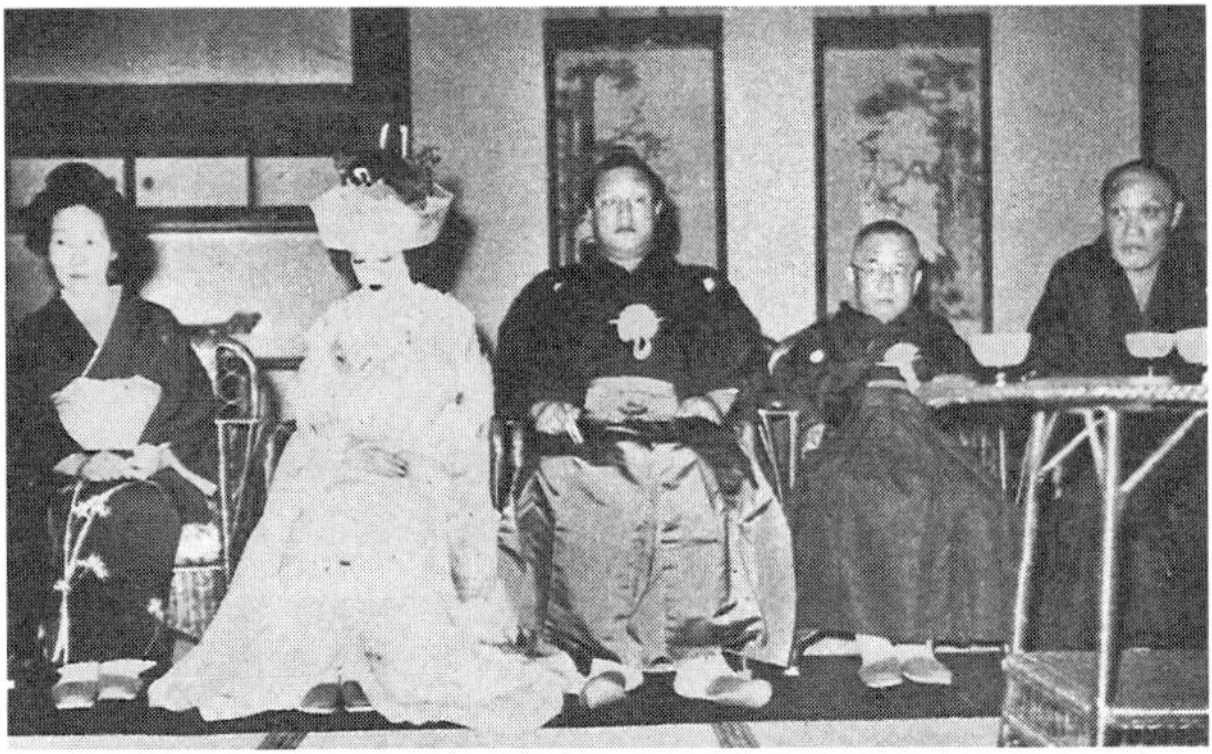

図 10-3　双葉山定次・小柴澄子の結婚式で媒酌人をつとめる野依夫妻．右より立浪親方，野依秀市，双葉山夫妻，野依よし．

どまった。

　一九三九年一月、近衛退陣を受けて成立した平沼騏一郎内閣に対しても、野依は「悪意の第三国」イギリスを討つべく日独伊三国軍事同盟の即時締結を主張し続けた。他の革新勢力と同様、野依もまた長期戦による国内改造を模索しており、「長期戦下に於ける財界革新特輯号」（一九三九年三月号）の巻頭言は「願つたり叶つたりの長期戦」となっている。

　「何百何十〔万〕からの同胞をして、あの支那大陸を見学させたゞけでも、国家将来のために、どれほど利益になるか知れないことを忘れてはならぬ。」

　膨大な戦費さえ国内改革への有効な投資となる。この革新パラダイムで戦争が論じられるとき、社会主義者でさえ、否、社会主義者であればなおさら反戦の主張は難しくなった。

　たとえば、野依は国民生活安定と国民皆兵

主義の徹底に向けて、「大地主を撲滅して全部自農たらしめよ」（『帝日』一九三九年一二月一二日）と主張している。

「何町以上かの持主たる大、中の地主から国家が土地を買上げて、それを小作農に悉《ことごと》く分配して了《しま》ふ。所謂不在地主なぞ絶対に存在せしめないことにする。（中略）真逆《まさか》露国のやうに大地主の土地を無償で没収するわけには行かないから、彼等の土地を政府が買上げて、それに土地公債と云ふものを与へればいゝ。国家はその利子だけ払つてやればいい。」

明治維新で士族に秩禄《ちつろく》公債を与えて身分制を解体したように、支那事変では土地公債で階級制を消滅させよというのである。一つの昭和維新論であり、戦後の農地改革に先駆けた構想の一つと言えよう。あるいは、「農村への文化施設と娯楽機関設置の最大急務」（『帝日』一九四一年五月四日）では、都会と農村の格差是正を次のように訴えている。

「農村を護れと云ひながら、農村に都会の相当の家庭から嫁をよこす者が果してあるか、考へて見て貰ひたいと云ふやうな可成《かな》り悲痛な叫びを聞くのであるが、為政者はこの点深く考慮するところがなければ、大御心《おおみこころ》に対し奉り甚だ恐縮せざるを得ない事に相成りはせぬだらうか。かう云ふ意味に於て、旧藩主の令嬢達を旧城下や、付近の農村に嫁入りさせるやうにしたらどうか。」

こうした主張は『重臣を衝《つ》く』（一九四〇年）、『世界戦争と日本の行動』（一九四一年）などに収められた。その主要敵は『軍部を衝く』（一九三三年）の軍閥から内外の現状維持派に代わっていた。

**図 10-4** 「東亜再建座談会」(1939 年 8 月 7 日，赤坂・あかね)．向こう側右から譚覚真，鈴木庫三，吉田政治，野依秀市，堀切善兵衛，円内は誌上参加の永井柳太郎(『実業之世界』1939 年 10 月臨時大増刊号)．

一九三九年六月に日本軍が天津《テンシン》イギリス租界を封鎖すると、国内でも反英運動が活発化した。野依は自社ビル屋上に「打倒英国」の大看板を掲げた。そうした中で『実業之世界』が企画したのが、対中経済政策の展望を論じる「東亜再建座談会」(図10-4)である。そこに出席した陸軍省情報部員・鈴木庫三《くらぞう》少佐は、後に情報局情報官として「日本思想界の独裁者」(清沢洌《きよし》)と恐れられた人物である。拙著『言論統制——情報官・鈴木庫三と教育の国防国家』(二〇〇四年)では、鈴木の日記から座談会の様子を引用している。

「大座談会であつたが、何《ど》うも建設の根本理念に於て旧来の個人主義、自由主義、資本主義的理念を脱却出来ず、将来の国策をして英国の植民地経営の失敗の経験の跡を迹《たど》る様な傾向にあるので、余は断然、八紘一宇の家族主義に基く理念を以て之に即応する一切の処置を講じて行くべきことを論じたところが、一同あつけにとられて、しどろもどろになつて了《しま》つた。」

だが『言論統制』執筆当時、座談会記事を『実業之世界』誌面で確認できなかった。「しどろもどろになつ」たため、掲載自体が見送られたのだろうと文献探索を諦めた。だが今回、この記事を一九三九年一〇月臨時大増刊号『興亜産業経済大観』で発見した。この一二〇〇頁に達する超弩級の別冊は図書館で「書籍」扱いだったのである。この座談会記事で鈴木少佐の発言量は圧倒的である。鈴木は戦時統制経済によって国内消費を抑え、逆に朝鮮半島、中国大陸の生活水準を内地並みに引き上げることを要求している。

「昔は石炭を掘るのに日本人がやつて居《お》つたのです。道路の建設も日本人がやつて居つた。ところが今日体力気力と困苦欠乏の訓練に弛緩《しかん》した日本人は、半島人を使はなくちや出来ないぢやないか、結局英米のやり方を踏んで来てゐる。だから私は支那の苦力《クーリー》といふものは解消しなければならないと思ふ。苦力に働かして日本人が資本主義的に経営して行くといふのは根本的な誤りです。どうしても共に働かねばならぬ、そして同化政策をとらなければならない。」

「私は鈴木少佐の説に全然《まったく》同感です」とは野依の弁だが、他の出席者は困惑していたに違いない。政友会中島派代議士・堀切《ほりきり》善兵衛は途中で退席している。鈴木は東亜協同体ではなく敢えて「アジア村」と呼び、「日満支新生活運動」を提唱している。家族主義の「アジア村」を実現するため、日本人がまず我慢すべきなのだ、と。そこには戦時共産主義的な思想が色濃く顕《あらわ》れている。

「日本人は生活費が高い、満洲人、支那人は非常に低い、この儘《ま》まで行つては到底手を握ることが出来ない。この高い生活標準を無暗に上げたならば英米の轍を踏んで、支那人から搾取するやうなことになつて了ふ。（中略）〔その生活標準を引き上げてやれば〕やがて技術に於ても其の他の文化に於ても、五十年以内で満人、支那人は日本人に追ひつきます。」

この戦争で「アジア村」は実現せず、日本人は「英国の植民地経営」を上回る怨嗟《えんさ》を買ってしまった。それでも、鈴木の「アジア村」構想に野依が全面的な賛意を示していたことは書き留めておくべきだろう。ちなみに、この座談会を含む臨時大増刊号の編集校正を担当したのは、実業之世界社に身を寄せていた社会主義者・荒畑寒村である（一九五四年一一月号）。

いずれにせよ、「アジア村」構想は日本政府の採るところとならなかった。日米開戦後、野依は「朝鮮の徴兵制度準備に併せて考ふべきもの」（『帝日』一九四二年五月一〇日）で、「朝鮮からも衆議院議員を数名出す」ことを強く要求している。この記事は情報局検閲課により「時局柄朝鮮統治上悪影響アリト認メラルヽニ因リ禁止」とされていた（『出版警察報』第一四三号）。

## 「打倒英国！　日本参戦座談会」

この座談会から約二週間後、一九三九年八月二三日ドイツはソビエトと不可侵条約を結び、さらに一週間後にはポーランドに侵攻した。第二次世界大戦の勃発である。同年九月四日、日本政府は欧州戦争への不介入を宣言したが、野依はアジアからイギリス勢力を一掃すべく即時参戦論をぶち上げている。「打倒英国!!　日本参戦座談会」（一九三九年一一月号）は、「敢《かん》然《ぜん》と我が朝野に送る爆弾提議」として企画された。一〇月七日丸ノ内会館には錚々《そうそう》たる開戦論者が参集した。先の座談会にも出席した堀切善兵衛の他、橋本欣五郎(大日本青年党統領)、中野正剛(東方会会長)、ラス・ビハリ・ボース(「中村屋のボース」で知られる亡命インド活動家)、下位《しもい》春吉《はるきち》(ムソリーニと親交あるイタリア研究者)、陸海軍から加藤重雄(陸軍省情報部嘱託)、匝瑳《そうさ》胤次《たねつぐ》(海軍少将)である。かつて桜会クーデターを首謀した橋本欣五郎の発言も過激だが、この座談会で最も急進的だったのは中野正剛である。中野は朝日新聞記者から民政党代議士となり、一九三六年「内なる民主主義、外なる民族主義」を掲げて東方会を結成していた。前年ヒトラーと会見してナチズムに魅了された中野は、独ソ不可侵条約を支持して、ドイツの立場を理解しない日本政府こそ「複雑怪奇」だと主張する。三国同盟反対の海軍首脳を罵倒する中野発言には多くの伏字が使われている。親英米派に対しては、世論の「爆発」、つまり内乱を匂わせて牽制している。

中野「今農村辺《あた》りが爆発しようとしてゐるのに爆発しないのは、戦時中だから、戦時中だからといつて国が可愛いゝから黙つてゐるんだ。」

野依「戦後が恐ろしい。今にして吾々の主張を実行せぬとね。賢《かしこ》きあたりに吾々共の声をお聞かせ申したい。」

加藤「戦争がなかつたら何か起つてゐますね。」

匝瑳「やるだけはやらせなければ駄目だ。」

橋本「僕は兵が戦地で死んだ時に祭文《さいもん》を唱へて、諸士の血は、諸士の英霊は東亜の守護神なり、以て瞑《めい》すべし、といつて居《お》つた。(中略)断乎として英国を叩き出すより手はないと思ふ。」

中野「こゝの議論と反対の方向を日本の政治外交が歩いてゐるやうに思ふ。さうすれば何《ど》処《こ》かでガチーンとの分裂が起る。」

加藤「一遍ガチーンとやらなくてはいけないんです。」

「一遍ガチーン」発言は、嘱託とはいえ陸軍省情報部員だけに問題だろう。

この座談会の後、野依は『英国打倒欧洲参戦の主張』(扉図)を一九三九年一〇月二九日に発行している。その序文では、英国打倒にむけ日独伊三国同盟と日ソ不可侵条約、それを発展させた四国同盟の締結を訴えている。同書は『帝日』自由論壇の記事をまとめたもので、すでに一度公表された文章だが、同年一一月一三日「論旨不《ふ》穏《おん》当《とう》、措《そ》辞《じ》不敬ニ亘《わた》ルニ因《よ》リ」、五頁の削除命令を受けた。ただし、大半は販売済みで、実際に削除されたのは二三一冊、約一五%に過ぎなかった。『出版警察報』第一二三号が指摘する問題の削除部分、四箇所を示しておこう。

①「一体全体、皇居遥拝なんてことを市民に勧めるのがをかしい。(中略)それから早起きして云々なんて云ふのも実に滑稽なものだ。こんなことを云へば大《たい》体《てい》の人は馬鹿にするだらう。(中略)奉公日一日だけに酒をやめて見たり、食物を節して見たりして何が役に立つか。皇軍に対する感謝の念といふものは、奉公日に特にやらねばならぬやうな遣《や》り方では仕《し》様《よう》がない。」(「興亜奉公日に葬式日の感を与ふる勿れ」『帝日』一九三九年一〇月一日)

興亜奉公日は国民精神総動員運動の一環として、同年九月から毎月一日に実施された生活運動である。自由主義者・野依秀市の面目躍如たる文章である。以下もそうだが、『帝日』に掲載された際に注意や警告を受けなかったのが不思議なくらいである。

②「日本が、此秋此際《このとき》、ソ聯と不可侵条約を締結することこそ、（中略）支那式に申すならば天意が日本　天皇陛下に課せられ給うた有色人種自覚の一大使命であると我々は自覚してゐる次第である。」（「欧州参戦論」『帝日』一九三九年九月一九日）

その際、日ソ同盟にともなう共産主義浸透の懸念について、次のように語っている。

③「我々は共産主義などは少しも恐れない。共産思想にも一面いゝところがあるから、いゝところは学んで悪いところを断然受け入れないやうにしてゐるから一向平気である。」（『帝日』一九三九年九月一四日）

また、昭和天皇が摂政時代のイギリス訪問を追想して反英運動に難色を示しているとの情報を次のように斥けている。

④「親英派なるものが潜行的に力強く日英の衝突を避けるのが大御心に副《そ》ひ奉る所以であると放送してゐるとか伝へ聞くが、その辺の事に一向手蔓《てづる》のない我々には、それが真か疑か判り申さずと云ふわけであるが、果してどんなものであるか。」（「日英の政体共通と利害の大衝突」『帝日』一九三九年一〇月四日）

野依が要求した三国同盟締結が実現するのは、これから約一年後の一九四〇年九月二七日、日ソ不可侵条約締結はさらにその半年後の一九四一年四月一三日である。この優柔不断を野依は厳しく攻撃し続けた。野依は「賢《かしこ》きあたりに吾々共の声をお聞かせ申したい」と述べているが、この皇室中心主義者の叫びは昭和天皇にもあるいは達していたかもしれない。その上で、明治天皇の言葉、「世論《せろん》に惑はず」(軍人勅諭)に最後まで忠実だったのは、大元帥たる昭和天皇であったと言えるのだろう。だが、それは天皇が大衆から最も遠い場所にいたためでもある。天皇は対英米の開戦を拒否すれば「大内乱」が発生しただろうと『昭和天皇独白録』(一九九一年)で述べている。過熱した反英世論を退けて大胆な政策転換に踏み切る胆力は、他の政治家にも軍人にもなかったのである。

そうした状況下、野依の姿に時代の閉塞感に風穴を空ける先導者を見たものは少なくない。一九四二年一〇月九日帝国ホテルで開催された『帝日』創刊一〇周年祝賀会で谷《や》萩《はぎ》那《な》華雄《かお》・大本営陸軍報道部長はこう評している。

「『帝都日日新聞』のその功績の一つとして挙げるならば「打倒英米論」である、「打倒英米」を言論機関で始めて活字にして表はしたのは実に『帝日紙』であつたと言はれて居る。」

軍部批判の急先鋒だった野依が、対米英戦争の先唱者となり、陸軍報道部長から絶賛される。我と我が身を広告媒体《メディア》とするメディア人間の悲喜劇というべきだろうか。大衆世論への嗅覚は鋭い。だが、メディア人間は独自の政治基盤を持たないため、世論を先読みし、世論の波に乗ろうとする。こうした野依メディアの政治的軌跡は、輿論の世論化、すなわち公的意見(輿論)が大衆感情(世論)に飲み込まれるプロセスの縮図といえる。

それは、野依が期待した「世論のアイドル」近衛文麿にも言えることだ。近衛は世論に押し流され、ついには世論に見捨てられた。近衛内閣総辞職の翌日、一九四一年一〇月一七日

『帝日』社説「辞職のみでは責任解除とならず」では、「国民は政治家としての近衛公の存在を認めなくなつて来たのは事実である」と断じ、近衛の政界引退まで要求している。可愛さ余って憎さ百倍ということだろう。さらに、この社説は「我々は軍部内閣の出現に対しては徹頭徹尾之《これ》を声援して止まない」と軍部内閣の待望で結ばれている。東条内閣成立はその翌日である。だが、『出版警察報』第一四〇号によれば、この社説は以下の理由で発禁処分となっている。

「国民ハ次期内閣ハ軍部内閣出現ニ依ル強行政策ヲ期待スルモノナリト主張シタルモノナルガ、右ハ日米交渉ヲ絶望視シ日米即時開戦必至ノ如ク推断セシメ、時局柄《じきょくがら》対内外的ニ極メテ悪影響アリト認メ禁止。」

戦時下における過剰に好戦的な主張は必ずしも体制的言論ではなかった。次章では野依の日米戦争中の活動からこの問題を考えてみたい。

# 第一一章　総力戦体制下の「反体制」言論

『米英撃滅――我れ勝てり』(秀文閣書房・1942年2月20日発行).「本書はシンガポール陥落の記念出版と相成つた」.

## 炎上する浅間丸事件

野依秀市にとって、一九三七年に始まった日華事変は日英戦争だった。中国の抗日をイギリスが裏で糸引く、そう確信する野依は、一九三九年九月に第二次大戦が勃発するといち早く対イギリス参戦論を展開した。野依は本社ビルの屋上に「打倒英国」の大看板、壁面には新刊『英国打倒欧洲参戦の主張』の垂れ幕を掲げた。しかし、欧州戦争への不介入を表明した阿部信行内閣は、過激言論の取締りを強化した。一九三九年一一月、当局の命令により野依の看板・垂れ幕はすべて撤去された。

いったんは抑え込まれた野依の反英運動は、一九四〇年一月二一日に発生した浅間丸事件で再び燃え上がった。同事件は阿部内閣総辞職を受け米内光政が首相に就任した一週間後に勃発している。千葉県野島崎沖の公海上で日本郵船所有の客船・浅間丸がイギリス軍艦に臨検され、「敵国人」ドイツ人乗客二一人が拉致された。新聞各紙はイギリスの行為は「中立国」に対する主権侵犯にあたると激しく批判し、この国辱事件に大衆世論は沸騰した。

ちょうど日米通商条約が失効する一月二六日が五日後に迫っており、米内内閣は穏便な外交処理に努めた。野依はこの「英米媚態《びたい》外交」を攻撃し、『実業之世界』二月号は「英米の日本イヂメに敢然と挑戦せよ」を特集している。中原龍夫「米国に此の弱点あり」、真木善六「日・英米開戦とならば」などすでに対米開戦をも射程に入れた論文を並べている。『帝日』自由論壇でも浅間丸事件を連日取り上げたが、一月二五日付「軍部は浅間丸事件の責任を感じ日英開戦に猛進せよ」は即日発禁となっている。

「海軍ガ親英的ナルガ如ク臆説シ、更ニ日独伊軍事同盟問題ヲ繞《めぐ》リ陸海軍間ニ意見ノ対立アリシガ如ク暴露的ニ論述シタルモノナルガ、（中略）対外的ニモ対内的ニモ極メテ悪影響ヲ及ボス虞《おそれ》アリト認メラルヽニ因《よ》リ禁止。」（『出版警察報』第一二五号）

この発禁にもめげず、翌々日には「浅間丸事件を惹起した英国の魂胆」（『帝日』一九四〇年一月二七日）で、事件をイギリスの外交的挑発とみなしている。

「この侮日《ぶにち》行為、抗日敵性の挙動が、日本の朝野に如何なる反響を与へるかをも、試験的にやつて見たものだらうとしか思へないのである。即ちどれ程日本朝野の輿論が沸騰するか、日本の意気が、どこ迄《まで》現はれるか、を試験したものと見るの他はない。」

結局、この事件ではイギリス政府が折れ、ドイツ人乗客の一部を日本に引き渡し、今後は日本汽船への臨検をしない旨を約した。しかし、この解決に野依は満足せず、「浅間丸事件と大失敗の有田外交」（『帝日』同年二月七日）でも打倒英国を主張する。さらに、野依は二月一一日「衆議院各派代議士　打倒英国時局懇談会」（帝都日日新聞社講堂）、二月一五日「暴英膺懲大講演会」（酒田市公会堂）で熱弁を振るった。この間、二月一一日付『帝日』自由論壇「米国の欧洲平和工作乗り出しと日、独、伊、ソ四国同盟の急務」は、「重臣等《ら》ニ対シ通〔直の誤記〕接行動ヲ示唆スル虞《おそれ》アル箇所アルニ因《よ》リ」即日発禁となっている（『出版警察報』第一二六号）。現状維持派の重臣に対する野依の攻撃は確かに脅迫的といえるだろう。

「今にして我々の提言を容れないならば、何が飛び出すか知れない、現状維持派や、重臣は面白からざる覚悟をしなければならぬであらう。」

もちろん、一九三九年九月四日に欧州戦不介入を表明していた日本政府にとってもそれは迷惑な世論煽動と映ったはずだ。野依メディアは明白に反政府的であり、政府が情報管理体制の強化を狙って推進した新聞雑誌の整理統合で処分対象と目されていた。

## 開戦世論の先導＝煽動者

一九四〇年七月二二日、第二次近衛文麿内閣が成立すると、野依は新たな主要敵にアメリカを加え、より激烈な反英米運動を開始した。「近衛内閣への要望」（一九四〇年八月号）でこう述べている。

「英米依存の戦時経済及び世界政策を一擲《いってき》し、日独伊同盟、日ソ協約を締結し、断然英米と正面衝突を敢てし、蔣介石の背後勢力を悉く《ことごと》断ち、蘭印、仏印、ビルマ等に吾が軍艦と軍隊とを送り、東洋の父日本の東亜の安定勢力たる実を示し、更に支那にはソ満国境に配備しある兵力を転移せしめ、又内地よりの更に大増兵派遣をも断行し、根本的に支那の上に日本の威力を示し、徹底的に支那事変を解決するの根本策を確立せしめねばならぬ。」

さらに、香港、シンガポール、マニラの攻略までの主張が並ぶ同号は、「全巻右強硬論ヲ以テ基調トシ当局ノ輿論指導方針ヲ曲筆批難セル等《など》現下ノ情勢ニ鑑《かんが》ミ内外ニ対スル悪影響少カラズ」として安寧秩序紊乱《びんらん》により発禁となっている(『出版警察報』第一三九号)。ただし、八月一日発行の『実業之世界』六〇〇〇部を禁止と決定したのは同月八日であり、差押えは八五八部(一四・三%)にとどまった(『出版警察報』第一四〇号)。こうした捕捉率の低さは、当局に検閲対象を絞り込むための雑誌整理を喫緊の課題として意識させたことはまちがいない。

いずれにせよ、その後の日本は、ここで野依が示したコースを驀進《ばくしん》してゆく。一九四〇年九月二三日の北部仏印進駐開始、同月二七日の日独伊三国同盟調印、翌四一年四月一三日の日ソ中立条約調印……、まさしく対英米戦争に向けて歴史の針は時を刻んだ。もちろん、野依が発行する『実業之世界』や『帝日』、あるいはその講演会、いずれも現実政治を動かすほど力があったわけではない。ただ、このメディア人間が最も単純に当時の大衆感情、つまり世論を体現していたことは確かである。

実際の対米英開戦は一年以上も先だが、「近衛内閣特輯」(一九四〇年九月号)には斎藤瀏《りゅう》「英国撃滅の絶好機」、下中弥三郎《しもなかやさぶろう》「対英戦争から対米戦争へ」、満井佐吉「英米討滅は神の摂理」、ラス・ビハリ・ボース「討て！　世界悪の元兇英国を」、浅沼稲次郎「英国を東洋から追放せよ」などが並んでいる。浅沼は同年七月に大政翼賛会への合流にむけて解党した社会大衆党の衆議院議員である。

「我等は容共抗日の国民政府――蔣介石とその軍隊と戦ひつゝあるのであるが、実質的には英仏の帝国主義、ソ聯の赤色帝国主義と戦ひ来《きた》つたのである。これ等の勢力を排除し、反共親日の支那として更生せしむるこそ東亜新秩序建設の第一段階である。」

図 11-1 「野依花子嬢，松岡外相に花束を捧ぐ」『実業之世界』1941 年 6 月号（花束をもつ松岡，その右下に野依秀市）．

この「人間機関車」浅沼は、過剰なるエネルギーという点では野依とよく似ている。一九六〇年社会党委員長に就任したが、右翼青年・山口二矢《おとや》の兇刃に倒れた。このとき野依は山口を讃えるパンフレット『烈士山口二矢君・国民精神の鼓舞』を発行しているのだが、一九四〇年当時この両者の世界認識は一致していた。おそらく、浅沼は野依の「近衛内閣基本国策要綱批判」(一九四〇年九月号)に全面的に賛同したにちがいない。野依は総力戦遂行のために社会福祉政策の拡充を要求していた。たとえば、肺結核や性病に対する「国営治療機関の設置」、農家保護のための「米穀及び肥料の国営」、華族や富裕層に対する「兵役税の新設」などである。また、「八紘一宇」のスローガンを実体あるものとするために、各学校で英語に代えて中国語を必修とすることを繰り返し要求していた。

野依は「三国同盟+日ソ中立=対米包囲網」の図式を念頭に、三国同盟成立後は日ソ不可侵条約締結に向けたキャンペーンを展開した。浅沼も識者アンケート「日独伊同盟と輿論」(一九四〇年一一月号)に次のコメントを寄せている。

「此の圧力の前に現状維持国家が如何なる出方をする共《とも》、歴史の必然と新秩序建設国家群の共同の圧力は世界の歴史を転換せしむるであらう。」

一九四一年四月二二日、野依はモスクワでの条約調印を終えて帰国する松岡洋右外相の歓迎式典を立川飛行場で催している（図11-1）。欧州戦不介入を表明していた政府当局にとって、野依はやっかいな世論煽動者と映ったはずである。内閣情報部がこの反体制新聞を整理対象と見なしたのは当然だった。

## 発禁で売れた「普通新聞紙」

発禁回数では『帝日』も『実業之世界』も抜群の記録を更新していた。だが、取締当局もこれを「政治的傾向」で分類することはできなかった。内務省警保局検閲課は、『帝日』を「右翼要注意新聞紙」でなく、まして「無政府主義要注意新聞紙」や「左翼要注意新聞紙」でもなく「普通新聞紙」に、『実業之世界』を「経済誌」に分類している。

野依は一九四一年五月二八日付『帝日』に「帝日よ、発売禁止を注意せよ」、「何故帝日は屢々《しばしば》発売禁止になるのか」を執筆して、予定通りの発禁処分を受けている。このメディア人間は「国家権力さえおそれぬ普通新聞」という世評を求めていたのだろう。以下の処分理由を記録した当局者は、なんとも苦々しい思いをしたはずである。

「発売頒布禁止処分ニ附セラレタル事実ヲ逆用シテ読者獲得ノ営業政策ニ利用セルモノト認メラレタルニ因リ禁止」（『出版警察報』第一三六号）

事実、一九四〇年一二月二五日には九五〇〇部まで落ち込んでいた『帝日』は、度重なる発禁が評判となり一九四一年二月一一日には一万六八〇部まで発行部数を伸ばしている。もちろん、当局は本腰を入れて弾圧に乗り出した。『十年史』はいう。

「特に昭和十六(一九四一)年六月から七月にかけては、支那事変完遂、英米打倒の問題を中心として鉄火の論陣を張り、当路を鞭撻し、国民の蹶起《けっき》を要望するところあつたが、当局の忌諱に触れて両月に亘り発禁処分を受けること前後十数回に及び、遂に八月一日以降新聞巻取用紙の配給を停止さるるの制裁を受くるに至つた。」

『出版警察報』によれば、一九四一年六月は六回、七月は九回、確かに一五回の発禁処分である。しかし、この発禁の連打をくらっても、『帝日』の発行部数は減じることなく七月二四日まで一万六〇〇部を維持していた。そのため、最後の切り札として用紙配給の停止が断行された。

その効果はてきめんだった。「新聞紙差押執行状況調」(『出版警察報』第一四〇号)によれば、一九四一年九月九日に四五〇部、一〇月一七日に三〇五部にまで追い込まれている。新聞紙の押収が続いたため、野依は「宣戦布告、直ちに断行せよ」と大書したポスターを印刷したが、これも六月二六日「第三国ヲ刺戟シ対外的ニ極メテ悪影響アリト認メラルルニ因リ禁止」となった(『出版警察報』第一三七号)。

用紙配給停止は新聞を廃刊に追い込む切り札だったが、野依は一九四一年七月二六日から『帝日』を二頁(一枚ビラ)に減頁し、「手持用紙」によって発行を継続した。しかし、「手持用紙」を調達できるルートは限られていた。野依に便宜をはかることができた人物がいるとすれば、その一人は統制経済を担った革新官僚のリーダー、岸信介である。戦後、岸は『帝日』を回想して次のように述べている。

「野依君の『帝都日日新聞』は東条内閣の下に屢々《しばしば》発売禁止に逢い、遂に発行禁止の処分もうけたのであるが私はひそかに同情していた。」（一九五一年九月号）

「ひそかな同情」が意味するものは明らかではないが、岸が次官、大臣として君臨した商工省は用紙流通を一元化する洋紙共販会社の監督官庁である。「岸信介と野依秀市との時局対談」（一九四一年新年号・図11－2）以来、戦時下の『実業之世界』で両者は繰り返し対談している。このとき野依は岸に本音をこうぶつけている。そもそも自分の経営する新聞雑誌は採算のとれる媒体ではないのだ、と。

「僕は経済上の独立は出来ぬが、言論の独立は出来てゐる。経済上の独立を誇る新聞雑誌社の言論は全く駄目じやないですか。」

『帝日』に対する用紙配給の停止が解

**図 11-2** 「岸信介と野依秀市との時局対談」『実業之世界』1941 年新年号（1940 年 12 月 4 日，中野の岸私邸にて）．

除されるのは、日米開戦から四ヶ月以上も後、一九四二年四月一日である。用紙配給の再開により、発行部数は上昇に転じている。

## 新聞雑誌統合のサバイバル戦略

もちろん、情報局（一九四〇年一二月内閣情報部から昇格）は、野依メディアが「経済上の独立を誇る新聞雑誌社」に吸収合併されることを狙っていた。野依もそれを警戒しており、他をもって代えがたい独自性を強調するとともに、積極的に用紙問題を取り上げている。まず、「新聞用紙制限の実行方法」（『帝日』一九三九年一〇月三日）では、内閣情報部が民間に廃刊を迫るなら、まず自らが発行する『週報』『写真週報』、大蔵省の『財政』など「無用の長物」を全廃して襟《えり》を正せと要求している。だが、言うまでもなく野依メディアの主要な攻撃目標は『実業之世界』において実業之日本社、大日本雄弁会講談社、『帝日』において朝日新聞社、毎日新聞社である。たとえば、『帝日』電話問答欄で「読者」に答えて雑誌統制問題をこう説明している。

「〔婦人雑誌も〕先づ『主婦之友』と『婦人公論』だけを残したらいいでせうな、それに特異の存在として『婦人の友』もいゝんぢやないですかね。」（『帝日』一九四〇年一〇月二日）

野依が言外に廃刊を求めたのは、講談社『婦人倶楽部』、実業之日本社『新女苑《じょえん》』である。

新聞統合についても、「新聞・雑誌は宜しく合同乃至廃刊せよ」（一九三八年八月号）では、まず大新聞社が範を示すべきであり、『東京朝日新聞』と『東京日日新聞』、『大阪朝日新聞』

と『大阪毎日新聞』の東西合同、『読売新聞』の夕刊化、『報知新聞』『国民新聞』の廃刊などを主張している。もちろん、朝日と毎日の合併はありえず、実際にはそれぞれの東西本社が合同した。両社が題字から大阪・東京を外したのは、『朝日新聞』が一九四〇年九月一日、『毎日新聞』が一九四三年一月一日である。

また、「用紙節約から見た新聞紙の改革」(『帝日』一九三八年一月一三日)では、すべての新聞の建頁数を朝刊八頁、夕刊四頁までに制限し、派手な見出しの特大活字の禁止を要求している。さらに、紙面の半分を超える大広告も禁止せよ、とも主張している。各社が一斉に広告を小さくし、その代わり料金を上げることにすれば、広告料収入が減ることもないはずだ、と。しかし、この野依案では広告料収入で稼げる大新聞ほど大きな痛手を受ける。弱小新聞はむしろ広告を集めることに苦心していたからである。そもそも広告の少ない『帝日』には痛みのない改革なのだ。

地方における一県一紙への統合は進んでいたが、大阪・東京の大新聞の動きは遅れており、野依は「新聞亡国論」(『帝日』一九三九年六月四日)で、「勅令を以て新聞に大統制を加ふるがよろしい」と先手を打っている。政府は国民教育のために文部省を設けていながら、なぜ「学校卒業後死ぬまでの教育機関とも云ふ」べき新聞を野放しにしているのか、と。社会教育という言葉は戦前にもあったが、「生涯教育」は野依没後に使われ始めた。それでも、野依の主張はメディアによる生涯教育論として読むことができる。

とはいえ、満州事変以後の「非常時」に終始一貫して「言論の自由」を訴えたメディア人間の主張としては、このメディア統制要求は一貫性を欠くように見える。しかし、新体制への流れに身を置くとき、自由と統制の境界は流動的だった。たとえば、岩波書店店主・岩波茂雄が『実業之世界』に寄せた「正しき言論の自由から」(一九四一年新年号)を見てみよう。当時、野依と岩波は三宅雪嶺の全集編纂について協議していた。『帝日』に雪嶺が執筆した論説を岩波が文庫化する話も持ち上がっていたようだ。岩波は「心の欲する所に従つて矩《のり》を踰《こ》えず」(論語)を引いた上で、「統制も自由も究極は一致する」という。

「統制は名刀の如く、達人これを用ひて世を救ひ、狂人これを手にして人を害《そこな》ふ。その使ひ分けが仲々むづかしいのである。」

岩波は「達人」ならぬ当局者に慎重な態度を求めている。おそらく岩波の「統制も自由も究極は一致する」と、野依の「新聞・雑誌・単行本の統制を厳《おごそか》にし言論の自由を寛《ゆたか》にせよ」(一九四〇年五月三〇日)の距離はそう大きなものでもなかったろう。

それでは、この統制時代に野依メディアが生き残る積極的な意義はどのように説明されていただろうか。『実業之世界』は「三十年間〝経済警察〟を実行し来れる吾等の使命」(一九三八年九月号)で、同紙がどれほど「公正な批判力」を発揮してきたかを訴えている。

「吾々は悪口専売のやうにいはれ、時としては恐喝専門屋の如く讒誣《ざんぶ》中傷もされて来た。勿論、吾々に於ても、そんな風に思はれる欠点のあつたことも認めるには認めても、余りに誤解、誤認が多すぎる。」

それに引きかえ、他の経済雑誌、すなわち『実業之日本』、『ダイヤモンド』などは、教訓業者、企業幇間として儲けただけではないか、と。『実業之世界』一九四〇年一二月号の編集後記では自ら「綜合大衆雑誌」と名乗り、他の経済雑誌への吸収を回避する途を模索していた。

現実の雑誌統合では、一九四一年六月までにもっぱら寄付金や広告料を目当てとする不良雑誌はほぼ淘汰《とうた》され、経済雑誌は一一二誌から三三誌に減少している(『昭和一七年版雑誌年鑑』)。

野依もまた多数の小雑誌を買収して、「整理済み」の承認を得ようとやっきになっていた。

「東京市に経済雑誌と称するものが、三百七十からありましたのが、二十二に統合され、私が三十五年間経営し来つた『実業之世界』は、同種の小雑誌十社を買ひ潰《つぶ》しました。」(『真宗の世界』一九四二年新年号)

野依もさらなる整理への取り組みを形で示す必要があったのだろう。『仏教思想』は一九四一年一二月号を最後に『真宗の世界』に吸収され、その『真宗の世界』も一九四四年三月号で『実業之世界』に統合されている。

「従来私は〝若し『実業之世界』を廃《や》めることがあつても『真宗の世界』は廃めぬ〟と公言して来たのであつたが、当局の方針と時局の推移は遂に『真宗の世界』の方を犠牲に供せざるを得ない立場に立ち至らしめたのである。」(『真宗の世界』終刊号「終刊の辞」)

「今後の宣伝方法」として、紙媒体に代わって仏教講演会、信仰座談会による活動を継続すると述べている。かくして、『実業之世界』だけは戦時下にも生き残ったのである。

『東京毎日新聞』を吸収した「貧強新聞」

明治四一(一九〇八)年創刊の『実業之世界』に比べて、昭和七(一九三二)年創刊と伝統の乏しい『帝日』の生き残りは誰の目にも厳しかった。もちろん、『帝日』も『実業之世界』と同じく存在理由の正当性を主張している。統制経済で闇取引や暴利を取り締まる経済警察が必要なように、言論統制でも国家的使命感を帯びて破邪顕正の筆を揮《ふる》う「新聞雑誌警察」が不可欠なのだというのである(「経済警察と新聞雑誌警察の必要」『帝日』一九三八年七月一九日)。

この自称「新聞雑誌警察」『帝日』の仕事の一例として、「颯々《さっさつ》と女軍《じょぐん》行進、東京家政の軍事教練」(『東京日日新聞』一九四〇年一二月二四日)に対する批判記事を紹介しておこう。鉄砲を担いだ女子学生が教練する様子を写真入りで伝える当該記事は銃後報道の典型ともいえるものだが、「女学生鉄砲訓練の馬鹿」(『帝日』電話問答欄・一九四〇年一二月三〇日)は、これを「東日も東日だが学校も学校だ」と痛罵している。日本では女学生に兵隊の真似をさせるほど兵員が枯渇していると外国人に誤解を与えるではないか、と。

「そんな女に鉄砲を担がせることよりか、女をもつと工場に出すなり、それから所謂《いわゆる》中流、上流の女に仕事をさせるやうにすることこそ必要ですね。」

野依は一九四〇年一一月、『東京毎日新聞』の発行・営業権を五万円で買収した。同紙はわが国最古の日刊紙(明治三年創刊)『横浜毎日新聞』の末流である。「買収費は二万円」と報じた新聞内報に対してこう訂正している。

「野依社長は向ふの言ひ値次第、一厘《りん》も値切らずに買つたのですよ。（中略）活字も輪転機も受取つたわけではなく、五万円といふのは、東京毎日新聞の発行及び営業権を全部買収したわけなんです、ずいぶん高いもんですよ。」（『帝日』電話問答欄・一九四〇年一一月三〇日）

『東京毎日新聞』の発行部数は内務省警保局の取締統計で一九三九年八月に三五〇〇部（『出版警察報』第一二〇号）、『帝日』一万四〇〇〇部の四分の一に過ぎない。それでも、伝統ある他紙を飲み込んで「整理済み」と表示する必要があったのだろう。一九四〇年一二月二一日付電話問答欄で野依は読者に新聞統制への本音をこう漏らしている。『帝日』のような「三流新聞」からすれば、一県一紙体制は「勝ち組」新聞の安楽な護送船団方式に見えたはずである。

「新聞統制と云へば、地方でも一県下一新聞は矢《や》つ張《ぱ》りいけませんね。二新聞或《あるい》は地方の情勢によつては三新聞ぐらゐないと、新聞が横暴になります、又なまけがちになります。」

東京以外ほぼ整理が完了した一九四二年一一月一日現在の「普通日刊新聞調」（『出版警察報』第一四三号）に、「整理未完」として東京七紙がリストアップされている。『朝日新聞』『東京日日新聞』『読売報知新聞』『東京新聞』『ジャパンタイムズ』『帝都日日新聞』『やまと新聞』である。つまり、『帝日』と『やまと』が最後の整理対象として残ったわけである。

いずれにせよ、こうした戦時統合の結果が、今日まで続く全国紙－ブロック紙－県紙の日本型新聞システムに他ならない。このシステムは検閲にとって好都合であり、占領下のＧＨＱにも引き継がれた。つまり、この新聞カルテルも終身雇用、年功序列、源泉徴収などと同じく総力戦遂行のために生み出され、戦後日本社会を規定した「一九四〇年体制」の一要素である。このシステムが新聞読者にとって好ましいものだったのかどうか、それは別に議論が必要だろう。

## 来たるべき日と勝つべき相手

英米に対する『実業之世界』の宣戦布告は実際の開戦よりも少し早い。一九四一年一二月一日に発行の一二月号は特集「敵性アメリカの実態を衝く」であり、ちょうど一週間後にハワイ真珠湾奇襲攻撃が行われた。巻頭言「和戦いづれか」で、野依は臨時議会で公表された日米交渉を無意味と一蹴している。また、「首謀者」が従来のイギリスからアメリカに変化している。

「米国が首謀者となり、所謂ＡＢＣＤの包囲軍を結成し、日本を脅《おびや》かしてゐる。而《しか》して如何に、米国にその敵性放棄を交渉したところで、絶対に成立しようと思はれないのであると申すのが、吾々の二年前からの主張なのである。」

これにつづく社論「宇佐神宮の御神託を忠良の国民に告ぐ」(同号)によると、一一月九日宇佐八幡宮の遷座祭《せんざ》で野依は次のような御神託を受けたという。

一、「東条内閣は断乎として東亜共栄圏確立に邁進せねばならぬ」、つまり開戦決意である。

二、「民の言はんと欲するところを言はしめよ、言論を自由ならしめよ」、つまり言論の自由である。

野依の脳裏で「開戦」と「自由」は必ずしも矛盾せず、その緊張関係が異常なエネルギーを生み出していた。続く「若《も》し日米戦へば」(同号)では、長期戦になってもかまわない、むしろ大東亜共栄圏の確立を前提とすれば長期戦ほど日本に有利とまで論じている。こうした見通しの甘さを、戦後の視点から批判するのは造作《ぞうさ》もないことだ。むしろ、一九二〇年代に日中協商論から植民地放棄論まで唱えていた合理主義者・野依が、なぜかくも非合理的な主張をするに至ったのかを考えることが重要である。それは野依ひとりの問題ではない。同じく大正デモクラシーを担った大新聞社にしても、程度の差こそあれ非論理的な開戦論を展開していた。野依ジャーナリズムは日本の言説空間の変質を典型的というより象徴的に体現している。

真珠湾攻撃から香港占領までの戦果を報じた『実業之世界』一九四二年新年号(一九四一年一二月二五日印刷)の巻頭言「我れ勝てり」は、なぜ開戦論がかくも非合理的なのかを理解する手がかりとなる。結局、野依が勝ちたかった相手とは実際の英米ではなく、国内の親英米主義者だったのである。国内思想戦で「拝英・恐米の徒」を打ち破ることが目的だから、必ずしも英・米をリアルに見つめる必要はなかった。「国内の敵を一掃せよ」(『帝日』一九四二年一月二三日)では、西洋かぶれの知識階級を生み出した文部省の責任を追及している。

野依がどれほど対米英戦争の現実を見ようとしていないかは、「英国本土占領の時期」(『帝日』一九四一年一二月二二日)が典型的だろう。驚いたことに、英国本土を占領するのはドイツ軍ではなく日本軍なのである。

「フランスの基地に日本機が二、三百台も止まつて、そこで身仕支度をして、ロンドン爆撃に出掛けるのは訳のないことである。（中略）日本の潜水艦が、地中海を通つて英国本土の周囲に活躍すれば相当面白い。（中略）〔インドを占領した日本軍が〕イラン辺りで独逸兵と相会して、感激の握手をするのが四月頃でないか。（中略）兎に角、英国遠征を日本国民は断じて忘れてはならない。」

こうした冒険小説のような記事が少なくないのだ。押川春浪と日本青年党を結成した血気盛りの無鉄砲（第二章参照）は衰えていないようだ。『帝日』記事の見出しを眺めるだけで十分だろう。「マニラ陥落より米国本土占領へ」（一九四二年一月五日）、「米国からの講和断じて肯《うなず》くべからず」（同年一月九日）、「生殺しは断じて不可、米国を日本の属領とするまで撃つ可《べ》し」（同年一月一〇日）、「東亜の天地より〝英語英文〟を撃滅せしめよ」（同年一月一七日）……。

その荒唐無稽さは『実業之世界』一九四二年四月増大特輯号に掲載された、藤沢親雄《ちかお》（情報局嘱託・大政翼賛会調査委員会幹事）の大論文「〝すめら世界〟興国の理論」で頂点に達する。シュメール文明もスメラミクニ（神国日本）に発し、「人類の始祖は皇祖」だという。ミユ〔ムー〕大陸や神代文字などが登場する偽史ワールドである。

「要するに「すめら世界」再興の理論は全人類始祖の親の生命をそのまゝ万世一系に伝承して来た皇国と、それから出生し分岐して来た多くの枝国とを緊密に再び結合せしむる「むすび」である。此の意味に於けるむすびは「帝国主義」でもなく、又「民族自決主義」でもない。（中略）然《しか》るにむすびの生命理論によつて基礎づけられる「邦域奉公主義」は、親国と枝国との上下立体関係即《すなわち》道義に基く世界新秩序を建設せんすとする新しき世界主義である。」

もちろん、この藤沢論文も「天皇ニ対シ不敬ニ亘《わた》リ、皇統ヲ紛議《ふんぎ》シ、国史ヲ晦冥《かいめい》ナラシムルモノ」として削除命令を受けている(『出版警察報』第一四三号)。

## 勝った戦争と負けた選挙

野依秀市『戦争と選挙』(一九四二年)の予告タイトルは『勝つた戦争と負けた選挙』だった。一九四二年四月三〇日、第二一回総選挙、いわゆる翼賛選挙の落選記を含む時局論集である。衆議院はすでに任期を一年延長していたが、日本軍の快進撃が続く中で、より強力な戦争協力体制を求めて総選挙が実施された。これまでの自由選挙に代わって、翼賛政治体制協議会による推薦候補制度が導入された。野依は「大戦の完遂を決定する総選挙」(一九四二年四月号)において、この推薦方式が現状維持派、すなわち「未だ心から英米主義を捨て切れない連中」を排除できないと批判している。全国平均八三・一%の高投票率により、推薦候補者の獲得議席は八一・八%に達したが、中野正剛や斎藤隆夫など非推薦議員八五名も当選している。

野依は大分一区から非推薦で立候補し、次点で落選した。その選挙資金として中島知久平から二万円が渡されたという(「二十世紀のナポレオン　中島知久平君と私」一九五一年二月号)。「敗軍の将・兵を語る　野依秀市は斯《か》くして敗れたり」(一九四二年五月号)によれば、非推薦のため市町村会議員の協力が得られず苦戦したという。もっとも、恐喝事件の禁固刑により一九三七年から公民権は停止されており、野依の被選挙権が回復したのは公示日直前だった。徹底的な理想選挙(図11-3)を戦ったというが、「危き人心を知りて」(一九四二年六月号)では、「光秀みたいな奴」に煮え湯を飲まされたとも語っている。野依「信長」の明智光秀とは、一九三二年の初当選で野依陣営の参謀を務めた「二十年来の盟友」小野廉《すなお》である。

一九三六年の総選挙では失格中の自分の代わりに別府市長だった小野を擁立し、地盤確保を狙っていた(一九三六年三月号)。「選挙ノ公正ニ疑惑ヲ生ゼシムル虞《おそれ》アリ」と発禁処分となった一九四二年五月六日付『帝日』記事ではこう語っている(『出版警察報』第一四三号)。

「小野廉君までが、自分は大政翼賛会大分県支部の顧問をしてゐる関係上、非推薦となつては応援演説もやれず、頭山満先生等と一緒の推薦にも署名せぬと云ふ為態《ていたらく》であるから、他は推して知る可きのみである。」

よほど頭にきたのだろう、野依はパンフレット『総選挙に就いて東条総理大臣閣下に呈するの書』(一九四二年八月二一日発禁)で、翼賛選挙体制に激しく噛み付いている。こちらはあらかじめ発禁を見越した上でばらまいた「宣伝印刷物」だが、政府の選挙干渉の厳しさをよく表現している。

「東条総理大臣閣下。何様《なにさま》、私共に対しては、刑事が事務所の向側に三、四人も張り込んで居り、私共の味方らしく見へる者には刑事が変装までして尾行すると云ふ次第でありました。私の主任参謀とも云ふ可き者には刑事が二、三名位附き通しでありました。その兄なる者を警察に引致して、ありもせぬ事を取調べたりしたものです。私の親戚に当る化粧品問屋の前に二人の刑事が見張りをするやら、或る警察署長が、私の推薦署名人に対し、その取やめを迫つたりした事実もあり、又、カラクリ(多分刑事のする事)の電話が、一日に何回となく私の選挙事務所や関係方面にかゝつて来たりするのでありますが故に、私共の方としては、文書と演説以外には全くどうにも出来ぬのであります。」(『出版警察報』第一四四号)

それにもかかわらず、この落選から二ヶ月後、今度は六月一五日の東京市議会選挙に芝区から立候補している。一五名が立候補して七名が当選、ここでも野依は次点だった。この立候補も「東京市議選に立つたわけと落選したわけ」(一九四二年七月号)を読む限り、場当たり的である。五月二八日に名古屋から帰京の列車中で決意したという。三宅雪嶺から双葉山定次《さだじ》まで豪華有名人が並ぶ推薦状が印刷された。横綱・双葉山は六月九日に帝日講堂で応援演説までしている。もっと早く立候補を表明していれば勝てただろうと総括しているが、本当

図11-3　1942年翼賛総選挙における「衆議院議員候補者・野依秀市」のビラ.

にそうだろうか。「落選演説の公開」(同号)は演説速記だが、自分語りに終始しており市政への展望は皆無である。

「諸君、野依秀市を市会に送ることは、東京市のためであり、諸君のためであり、日本のためであり更に世界人類のためと言つたやうなことになつて来ます。」

こうした自惚《うぬぼ》れで説得される有権者は、一部の野依ファンに限られたろう。この選挙の一〇日前、一九四二年六月五日のミッドウェー海戦で日本海軍は大敗を喫し、太平洋の戦局は急速に悪化していた。予告通り『勝つた戦争と負けた選挙』をタイトルとしなかったのは、何らかの戦局情報に通じていたためだろうか。

この『戦争と選挙』発行の直前、一九四二年八月一六日に野依は満州建国一〇周年の視察旅行に出発している。日中戦争勃発以来、野依の大陸視察は八度目である。いずれにせよ、新聞社社長で戦時下にこれだけ飛び回った「人間飛行機」は珍しい。

## 横浜事件と抵抗の逆説

「大東亜戦争一周年号」(一九四二年一二月号)の特集「一二月八日の感想」に改造社社長・山本実彦《さねひこ》のハガキ回答が載せられている。

「米英は大きな敵だ、その敵を潰滅するためには大きな味方をつくることを常に忘れぬこと。日本が孤立にならぬ為めには同盟国にたいして誼《よしみ》をつくすこと。一周年の戦果を前にしてこの感を深くす。」

山本の念頭に、自ら発行する『改造』の同年八・九月号に掲載された「世界史の動向と日本」があったはずである。満鉄調査部嘱託・細川嘉六が執筆したこの論文を発端として、「横浜事件」が発生した。細川は、東亜新秩序建設は欧米の植民地支配政策ではなく、民族の自由と独立を支持するソ連の民族政策に学ぶべきだと訴えていた。もちろん情報局の検閲済みの内容だったが、陸軍報道部はこれを「共産主義宣伝」として改造社の責任を追及した。神奈川県特高警察は細川の交友関係から「泊《とまり》共産党再建事件」をでっち上げ、治安維持法違反で改造社、中央公論社、日本評論社、岩波書店、朝日新聞社などの編集者や執筆者四九名を検挙している。これを口実に情報局は一九四四年七月、中央公論社と改造社に自主廃業を指示し、『中央公論』と『改造』も廃刊となった。横浜事件が「戦時言論弾圧のクライマックス」と評されるゆえんである。

この事件の発端で『帝日』は奇妙な役回りを演じている。細川論文を告発した谷萩《やはぎ》那華《なか》雄《お》・陸軍報道部長は、一九四二年七月七日付『帝日』の「一問一答」欄「蔣介石断じて降《くだ》らず、国民は覚悟を新たにすべし――谷萩大佐、野依社長と語る」で戦局をこう解説している。

「やツつけるのは支那よりは比較的に英米の方が容易ではないかと思ふのです、イギリスは別としてもアメリカは今度の戦争をスポーツのやうに思つて居る。彼らの国民性からいふとスポーツといふものを楽しむ、所謂戦争は一番大きなスポーツであると思つてゐる。だから若《も》し負けたら手を上げてもよいといふ。今度の南方の戦《いく》さに於てもさうである、支那のやうにいつまでも喰ひ下つてやつては来ない。実にさつぱりして居る。さういふ心境ですから、アメリカといふものは、自分の戦さが不味《まず》いと思つたらぱつと退却をする。戦さを止めてしまふ。」

これにつづく発言も現職の陸軍報道部長として軽すぎるし、認識も甘すぎる。

「日本がスエズ運河から出て行くといふことになつて即ちこゝにイギリス、アメリカは手を上げる。」

情報局第四部検閲課はこのお気楽な戦況分析を「安寧秩序を紊《みだ》す」として発禁処分にしている。

「谷萩大佐ノ答弁中米国ハ英国ノ遺産相続ヲ目標トシ参戦シタルガ現在ノ戦争遂行状況デハ遺産相続ハ勿論、自国自身モ危殆《きたい》ニ瀕《ひん》シヲリ、本年末ニハ翻意セントノ個所及英国モ今度ハ完敗スベシトノ個所ハ大東亜戦遂行中ノ現時局下ニ徒《いたずら》ニ国民ニ楽観気運ヲ醸成《じょうせい》セシメ戦争完遂上悪影響アリト認メラルヽニ因《よ》リ禁止。」(『出版警察報』第一四四号)

この検閲官は「楽観」というわけだが、陸軍報道部長として谷萩が主張したかったのは、むしろ中国軍の手強さ、すなわち大陸戦線の重要性であったかもしれない。

「私は一番処理に困るのは重慶だと思ふ。所謂大東亜戦争に於て英、米が屈伏しても尚ほ屈伏せずして、最後の勝利を呼号《こごう》して居るのは重慶ぢやないかと斯《こ》う私は思ふのです。」

その意味では、この情報局と陸軍報道部の対立も、太平洋を向く海軍と大陸を向く陸軍の戦略的齟齬が原因だったといえるだろう。

いずれにしても、野依秀市の発言ではなく、「谷萩大佐ノ答弁」と名指しての発禁である。報道部長の面目を潰された谷萩の情報局第四部に対する個人的意趣返しが「共産主義宣伝を見逃した手抜かり」という細川論文告発であった可能性を、荻野富士夫『横浜事件と治安維持法』(二〇〇六年)は指摘している。このときの情報局第四部長は内務省警保局から着任した橋本政実《まさみ》である。一九三三年に大阪市の天満橋交差点で陸軍と警察がぶつかった「ゴーストップ事件」のとき、橋本は兵庫県警察部保安課長、翌年に大阪府警察部警務課長となっている。陸軍の専横に思うところがあったとしても不思議はない。だが、逆にいえば、陸軍報道部と情報局第四部、憲兵隊と特高警察など権力内部のさまざまな対立があればこそ、『帝日』は発禁の連打をくらいながらも発行を続けることができたといえる。

戦後の常識からすると、戦時下で東条首相や政府を公然と批判すれば、即《そく》監獄行きだったかのごとく考えがちである。しかし、戦時下に野依が執筆した論説に目を通すと、いたるところに政府批判を見いだせる。『翼賛会と国民生活』(一九四三年)のように、大政翼賛会が配布した小冊子『国民総力戦思想確立に就いて』(一九四二年)を逐条批判する文書さえ公刊している。言うまでもなく、大政翼賛会総裁は東条首相が兼任していた。

一般には一九四〇年の情報局改組で検閲体制が強化され、伏字の使用は以後認められなくなったと言われてきた。しかし、「官民懇談会に於ける東条首相の長広舌《ちょうこうぜつ》を検討す」(『帝日』一九四二年一一月一七日)などは伏字だらけのまま『日米決戦の鍵を開く』(一九四三年三月)に収められている。「喧嘩し乍《なが》ら戦争する米国は強いか弱いか」(『帝日』一九四三年七月二二日)では、「言論の自由」を戦争遂行に役立てるアメリカの強さを評価して発禁を食らっている。

「日本人の種《スペシース》をなくせよと迄《まで》極論して民意を煽る傍《かたわ》ら一方に於て、(大統領と議会との衝突、政府部内の衝突を隠さず)国民の言論を相当自由にさせてゐるといふ所に戦争遂行の上に於ての鬱屈《うっくつ》の気分が除去されて、而《しか》も結局戦争遂行に邁進するといふ所に存外米国の馬鹿に出来ぬ点があるのではないかとさへ言ひたい気がする。」(『出版警察報』第一四七号)

次章でふれるが、野依は敗戦後、自分の生き方こそアメリカ風だと言っているが、確かにうなずける点もある。また、年譜で戦時下に政府から受けた弾圧を「光栄ある烙印《らくいん》」と誇っている。

「当時の東条内閣の滅私奉公、肉弾戦等の掛け声ばかりのやり方を痛撃し、生産増強の根本義を誨《おし》える等、毎々彼の痛いところを衝いて敢然と抗争を続けたので四十五回の発禁処分の末、遂に廃刊となったのは目の上の瘤《こぶ》とされたもの。これ実に決戦下『帝都日日新聞』のみが受けた光栄ある烙印であった。」

一九四四年二月、『帝日』廃刊の二ヶ月前までの発禁処分を記録した『出版警察報』で確認したところ、『帝日』の発禁は日米開戦以後で四〇回、東条内閣成立以降であれば四八回となる。「四五回」とは日米開戦以後の実数なのであろうか。

『日本人戦力論』(一九四四年四月)は、『帝日』が廃刊に追い込まれた直後に公刊された論文集である。「批判を好まざれば独善暗愚となる」(『帝日』一九四二年八月九日)など東条内閣の戦争指導に対する批判は色濃い。むしろ、これほど伏字を含む書籍が統制団体・日本出版会の承認を受けて三〇〇〇部も印刷されたことが驚きである。

野依の東条内閣批判を集大成した一冊が、『日米決戦必勝論』(一九四四年八月)である。この発行元は『帝日』廃刊後に版権を継承すべく設けた「帝都出版株式会社創立事務所」となっている。徹底抗戦の意志表示と言えるだろう。序文の日付は、サイパン島陥落により東条内閣が総辞職して八日後の一九四四年七月二六日である。

「本書の内容の大部分は、実に東条前首相の言説に対する批判を以つて占めてゐる。そこで、本書発刊の企画に当つては、書名を『東条首相と日米決戦の諸問題』としたのであつたが、校了に至つた頃に新内閣が出現したので、急に書名を『日米決戦必勝論』と変更した。」

厳しい弾圧のため「筆致がキビ〳〵して居《お》らぬこと」、「そのダラシなき」を言い訳しているが、前年一〇月に盟友・中野正剛が東条批判で自刃に追い込まれるなかで、野依がなおも東条批判を続けた事実は、その影響はたとえ小さくても重く受けとめるべきだろう。

「一年半も前から筆者等の言に耳を傾け、以つて東条氏の頭が切り替へられて居《お》れば、今頃は大日本帝国勝利のもとに、世界平和会議の段取りと相成つたかも知れぬと言はざるを得ない。」

現実味に欠ける話ではある。だが、もうしばらくその言に耳を傾けてみよう。

### 航空イベント「米本土空襲」

ミッドウェー海戦の直後から、野依は「航空省を設けよ」(『帝日』一九四二年七月一四日)、「生産省を設け飛行機戦に備へよ」(『帝日』同年七月一六日)と航空機増産の必要を唱え続けていた。さらにスターリングラードのドイツ軍敗退、日本軍のガダルカナル撤退が明らかになった段階で、社論「日米決戦の正しき見透し」(一九四三年二月号)をこう述べている。

「日本としては米国を徹底的に米国本土を爆撃に爆撃し、数百万の皇軍を上陸せしめて、真《まこと》に城下の盟をなさしめるまで行かねばならぬのは言ふまでもない。」

太平洋の戦局が絶望的であればこそ、乾坤《けんこん》一擲《いってき》の米本土爆撃は熱烈に主張された。この論策をまとめた『米本土空襲』(一九四三年九月)は、野依の著作で最も知られたものの一つだろう。戦時下の野依著作はいずれも三〇〇〇部だったが、この冊子は一万部が印刷されている。序文ではギャラップ輿論調査を引用してアメリカ人の対日感情も分析している。アメリカで「第一の敵」をドイツ人より日本人と答える者が急増しており、戦後にドイツとの和解を六七%が想定するのに対して、日本との和解はわずか八%しか考えていない。こうしたアメリカ人と戦う以上、太平洋戦線で多少の戦果を挙げたぐらいでは無意味であり、米本土に対する徹底的な空爆のみが有効だというのだ。

野依は一九四三年六月一六日から「米本土空襲飛行機献納資金募集」を帝都日日新聞社、実業之世界社の共催で開始し、『帝日』紙上で募金者氏名を公表していた。募金キャンペーン中、「今こそ親譲りの財産を」(『帝日』一九四三年七月六日)では華族に対して財産供出を強く求めている。キャンペーンのきっかけは、一九四三年四月一四日に陸軍省で開催された第二回陸軍技術研究会で佐藤賢了《けんりょう》軍務局長が言及した米本土に対する航空作戦研究だったという。

「佐藤軍務局長が斯《か》く申される以上、既に皇軍に於て一大決心をされると共に、着々その準備完了に邁進してゐることを確信する。」

こう切り出されては、陸軍当局としてもキャンペーンに口を挟みづらかったにちがいない。中島飛行機株式会社の創業者・中島知久平は、一九四二年に「必勝防空計画」を策定し、超大型爆撃機によるアメリカ空襲を構想していた。野依は政友会中島派に所属していた。「二十世紀のナポレオン　中島知久平君と私」(一九五一年二月号)によれば、中島の本心はアメリカ空襲ではなく、ドイツを支援するためのソ連空襲だったという。もちろん、日ソ中立条約が存在するため、それは公言できなかった。一九四四年当時の中島との会話を野依は次のように回想している。

「ドイツが敗けたら、日本も敗けるにきまつている。だからどうしてもドイツを勝たせなければいけない。それには日本が背後からソ連を討つの外ないと決意して、私にその事を語つた。こればかりは絶対に秘密にしておかなければならぬ、これは二人切りの話だといつたことがある。」

だとすれば、野依の唱えた「アメリカ本土空襲」も建前であり、本音は「ソ連空襲」だった。「六発機三万馬力の飛行機を三百機完成させれば、ソ連も撃てる」という中島案は、技術的にも戦略的にも「アメリカ爆撃」よりは現実的である。

いずれにせよ、中島飛行機で設計された「富嶽」は、エンジン六基を搭載し、機体はB-29の一・五倍、航続距離はその三倍を想定していた。アメリカ本土の空襲後はそのまま大西

図 11-4　獅子吼する野依秀市．米本土空襲講演会．

洋を横断してドイツに飛び、補給を受けて再びアメリカを爆撃しつつ日本に戻るという壮大な計画だった。しかし、技術的困難に加えて、陸海軍の航空戦略が対立しており、東条内閣退陣後は戦局悪化の中で開発計画そのものが打ち切られた。

戦略爆撃という高度な軍事機密に野依がどの程度通じていたかは不明である。興味深いことは、この開発計画が中止となった一九四四年七月から、野依の「米本土空襲講演会」(図11-4)はむしろ活発化し、同年九月には募金総額二九万五〇〇〇円を陸海軍に折半納付していることである。また、野依は米本土上陸作戦についても言及しているが、さすがに「米本土上陸講演会」までは開催していない。メディア人間が思い描く「空襲キャンペーン」は、朝日、毎日など大新聞社が一九二〇—三〇年代に繰り広げた航空イベントの記憶と重ねられていたのだろう。戦後、「野依秀市と財界人の会見記」(一九六二年一二月号)で元朝日新聞社常務取締役で全日本空輸会長の美土路《みどろ》昌一《ますいち》と対談している。美土路は一九三七年「神風号」イベント当時の編集局長である。野依は一方で朝日新聞批判をしながら、初風《はつかぜ》号・東風《こちかぜ》号の訪欧飛行(一九二五年)では朝日新聞社に寄付をしたという。

「僕は『朝日』のやることでもいい事はいいんだからといって二百円寄付したんだよ。僕はケチナ感情にはとらわれぬ。」

航空イベントだからだろうか、『米本土空襲』の表紙イラスト(序章扉図)も爆撃シーンとは思えない明朗さを示している。『帝日』が廃刊となった一九四四年四月三日以降、米本土空襲講演会は実業之世界社主催の「新聞紙なき新聞社イベント」として続けられていた。というのも、すでに「社内新体制」で実業之世界社と帝都日日新聞社の編集部は統合されていたからである(一九四一年四月号編輯便り)。実業之世界社は『帝日』恒例の懸賞イベントを引き継ぎ、「米本土空襲の歌」を募っている。第一等・間宮志津夫《しずお》の歌詞、一番と五番を引用しておこう(「筆剣四十五年の回顧　その二十五」一九五五年八月一日号)。

「何が正義だ人道だ　あくなき魔手《ましゅ》をうち振ふ　鬼畜のごときアメリカを
倒すは今だこの秋《とき》だ　そうだ翼の日の丸に　大和魂うち乗せて　やるぞヤンキー大空襲
遂にやつたぞ大空襲　見ろニユーヨーク、ワシントン　濛々《もうもう》あがる黒煙に
飛ぶは白堊《はくあ》だ摩天楼　廃墟と化した敵首都に　あがる日の丸日章旗　万歳々々大空襲」

一九四四年三月一〇日、深海《ふかみ》善次《ぜんじ》作曲で発表された。レコードにはアメリカの残虐性を糾弾する歌詞の四番までが収められたが、さすがに「万歳々々」で終わる五番は省略されている。

# 第一二章　敗戦者の勝利

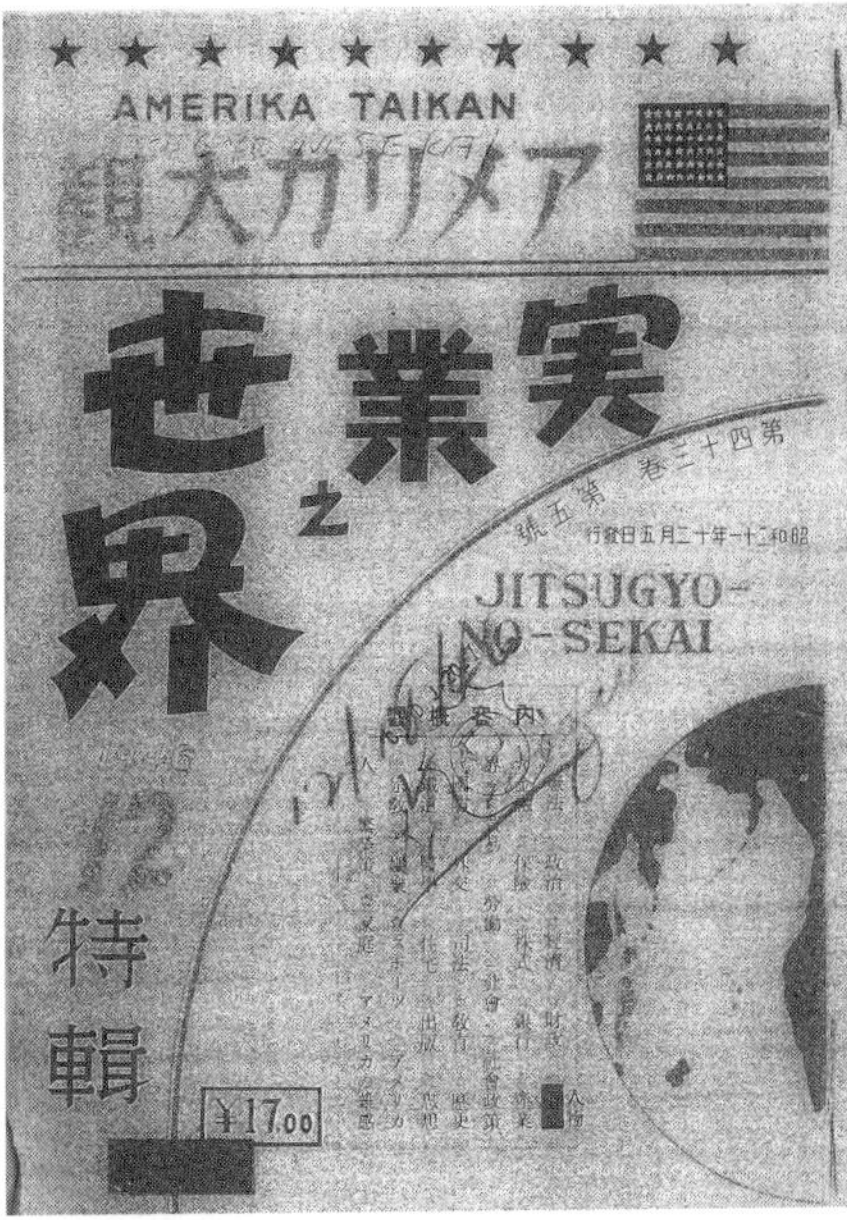


『実業之世界』アメリカ大観(1946 年 12 月号)の表紙．GHQ 民間検閲支隊による検閲の痕跡が残されている(プランゲ文庫所蔵)．

## 反東条運動のメディア

『出版警察報』は第一四九号(一九四四年三月発行)までしか存在が確認できない。四月二日の刊行停止、翌三日の廃刊まで『帝日』が最後の一ヶ月でどのような弾圧を受けたのかは不明である。記録が残る最後の発禁記事は一九四四年二月一三日「玉砕必ずしも勝利の途《みち》に非ざるを知るべし、軍需省航空兵器総局長官遠藤三郎中将の放送に接して(上)」である。アッツ島玉砕を例に引いて「精神的の勝ち方」に満足する遠藤演説を、痛烈に批判している。

「玉砕しなくて勝つ方が現実の戦に於ては尚《な》ほいいのでないか。(中略)〔遠藤〕中将は敵が物資力の過信といはるゝけれど、必ずしも過信のみとは云はれないのでなからうか。我々の推測するところでは、米国が日米戦争開始以来蒙《こうむ》つた損害位は殆んど痛痒《つうよう》を感じてゐないのではなからうかと思はれる。」

まことに冷静にして合理的な分析だが、情報局検閲課は「皇軍ノ玉砕ノ意義ヲ歪曲シ殊更之ヲ軽視スルガ如キ記述」が「国民ノ士気ヲ阻害スル虞《おそれ》アリト認メラルヽニ因《よ》リ」発禁とした。それでも、野依は一二日後「国民は空論に飽《あ》ひてゐる」(『帝日』一九四四年二月二五日)を発表している。

「東条総理大臣が、廿二日の閣議に、烈々《れつれつ》火の如き決意を述べられたので、各新聞紙は筆を揃《そろ》へて、一億総進軍とか、一億総蹶起《そうけっき》とか、何んとかかんとか謂つて、国民士気の昂揚を頻《しき》りに煽り立てゝゐるのも悪くないのであるが、然《しか》しいづれも空論であつて、所謂《いわゆる》唯単なる掛声にしか過ぎない。」

表面的には東条発言に便乗した新聞各紙の空論を糾弾しているが、その射程は首相の決意表明の空疎さにも及んでいる。さらに「五大新聞主催の国民総蹶起大会の演説を評す」(『帝日』一九四四年三月一一日)では、大日本言論報国会会長・徳富蘇峰の「空論空言」も槍玉にあげている。

「徳富さんの外に、空襲など日本精神の前に塵芥《ちりあくた》の如きものだと云ふものが一人でもあるだらうか。」

野依の歯に衣着せぬ「空論」批判よりも、同時期の戦時言論史で有名なのは「竹槍事件」である。一九四四年二月二三日付『毎日新聞』の一面に掲載された戦局解説記事「勝利か滅亡か　戦局は茲《ここ》まで来た」で、海軍省担当の新名丈夫《しんみょうたけお》記者は「竹槍では間に合はぬ　飛行機だ、海洋航空機だ」を執筆した。その精神主義批判が東条首相の逆鱗に触れ、当該朝刊は頒布禁止となり、三七歳だった新名は指名召集され最前線の部隊に送られそうになった。背後には陸軍と海軍の対立などがあったとも言われている。

考えようによっては、「竹槍では間に合わぬ　飛行機だ」よりも「太平洋ではだめだ　米本土空爆だ」の方が戦争指導に対する本質的な批判だと言えなくもない。東条首相は『毎日』は読んでも『帝日』は読まなかったのだろう。さすがに五八歳の野依に赤紙が届くことはなかったが、二ヶ月後に『帝日』は廃刊に追い込まれた。野依は一九四四年五月一一日付『帝都日日新聞』廃刊についての御挨拶状」を広告主などに送付している。なおも野依は意気軒昂だった。

「『実業之世界』が全国経済雑誌十一社の一として存続することに決定仕《つかまつ》り候《そうろう》。（中略）〝秀文閣書房〟も全国に散在せし二千八百余の出版業者中、今回整理残存せる百七十二社の一として茲に〝帝都出版株式会社〟と改称改組の上、華々しく出版報国の途に就く。」

『帝日』は廃刊に追い込まれたが、野依にはまだ『実業之世界』があり、帝都出版があり、また何より演説会というメディアが残されていた。とはいえ、『実業之世界』も一九四三年六月号から一九四五年一〇月号までバックナンバーが確認できず、戦争末期の刊行状況はわからない。一九四五年四月の空襲で社屋の一部が焼けており、それ以後は休刊だったはずである。

戦争末期における野依の動向を伝える文献は極めて少ないが、支那派遣軍嘱託を勤めた元朝日新聞記者・太田宇之助《うのすけ》の日記（望月雅士・二〇〇五年／二〇〇九年）に、野依の名前が何度か登場している。野依は駐華特命全権大使・重光葵《まもる》や前情報局総裁・緒方竹虎など有力者から情報を収集しており、一九四三年三月と一九四五年五月では野依の心境も大きく変化していたことがわかる。一九四三年三月二二日、十数年ぶりに野依が太田を訪れたという。

「既に白髪となれるを見て、人生の過ぎ行く姿を他人を通じて見る。夜久し振りに重光〔葵〕大使に、野依、笹川良一氏弟、北一輝氏息〔大輝〕等と共に招かる。野依氏相済《ママ》らずの向ふ見ずの議論にあてらる。」

翌二三日は「野依氏の旧部下」吉井哲三、門屋博、草野心平も集まって昼食をしている。「昼間に芸妓《げいぎ》をあげて野依流の大騒ぎ、遂に吉井と草野君と喧嘩を初め帝日式を発揮、迷惑な会であった。」

同年四月に山本五十六《いそろく》連合艦隊司令長官が戦死し、さらに翌五月にアッツ島守備隊が玉砕しているが、この段階では野依はいつも通りの「向ふ見ずの議論」を行っていたようだ。

この二年後、一九四五年五月二日に太田は緒方竹虎邸で野依と再会している。すでにアメリカ軍は二月に硫黄島、四月に沖縄本島に上陸していた。一方、野依は二月に静岡県伊東町劇場で「米本土空襲講演会」、四月に東京日比谷公会堂で「勝つ為の講演会」を開催しているが、太田日記によると、壇上では勝利を絶叫する野依さえ意気消沈の様子だった。

「野依氏も戦局に対して大方《おおかた》悲観のやうだが、どうなるものやら具体的にはやはり云はない。誰もが触れることを惧《おそ》れるのである。」

緒方から戦局不利の情報を得ていたのだろうか。玉音放送を聴く約三ヶ月前のことである。

## 「日本的民主主義者」の戦前―戦後

戦後の視点では、野依は時流に便乗した言論人と見えるが、戦時下の時流からは大きく外れていた。大日本言論報国会の発会に際しても、野依には案内状が来なかった。会長の徳富蘇峰に請われて顧問に就任した三宅雪嶺に、野依は不満をぶつけている。

「結局、彼等の仲間が私を鼻摘みにしてゐるんでせう。実際私はどこに行つても嫌はれ者です、鼻摘み者です。遠慮会釈なく勝手な事を言へば嫌はれます、仕方がありませんと申上げると。先生はさういふ者も一人位なくては仕方がないと申された。」(「三宅先生と私」)

その意味では、確かに野依は反体制的言論人だった。「天佑《てんゆう》とは何か、そんな空虚な、迷信的な信念でどうするか」、「やたらに玉砕を尊しとするような戦法では敗ける、玉砕必ずしも尊からず」、「〝滅私奉公〟〝利潤追及怪しからん〟というが如きは愚論の極《きわみ》である」と、翼賛標語の紋切り型を痛罵しまくり、合理的戦略論、生産力増強論を繰り返した。

「私は当時の軍部初め、経済学者、新聞雑誌の論調に断然反対の生産増強論を唱えたのが、これは恐らく私一人であつたろう。」(「追放の内幕」一九五一年九月号)

もちろん、「私一人」だったわけではない。総力戦遂行が社会の平準化をもたらすことを意識しつつ、戦時下に生産力理論を唱えた学者——たとえば大河内《おおこうち》一男、風早八十二《やそじ》など——は、少なくなかった。だが、戦後民主主義のリーダーとなる彼らは、戦時下に野依のように「反体制的」ではなかった。その意味で、野依は突出していた。

とはいえ、反体制的言論ならなんでも良いわけではない。たとえば、「独立のみが必ずしも民族の幸福とは限らぬ」(『帝日』一九四三年一〇月一一日)では、日本政府のビルマ・フィリピンの独立承認に反対し、帝国版図として合併することを要求している。野依は、その論拠として「日韓併合による朝鮮民族の幸福」を挙げているが、それは大正時代に自ら主張した議論(第四章参照)とは大きく矛盾している。こうした反体制的主張が「大東亜共栄圏建設上支障ヲ生ズル虞《おそれ》アリト認メラルヽニ因《よ》リ禁止」とされたのは当然だろう(『出版警察報』第一四九号)。

野依の終戦前後の行動は「四等国から理想国家へ」(一九四五年一一月号)に描かれている。長崎に原爆が投下された八月九日、野依は山形県天童町の町役場でまだ「米本土空襲講演会」を開催している。同月七日に始まったソ連の攻撃に対しては、「ソ聯の参戦に驚く向《むき》は日本外交の甘チヤンが判つて居なかつたと笑ふべきのみ」と切り捨てている。一〇日夜に東京に戻り、翌一一日には早くもポツダム宣言受諾の御聖断の詳細を聞きつけている。さすがに情報通である。軍首脳や政治家への糾弾状をしたため、皇居大手濠《おおてぼり》の和気清麻呂《わけのきよまろ》像の前で割腹自殺することを考えた。しかし、盟友・中野正剛の自殺を早計と惜しんだことを思い出して、新日本建設のために生きることにしたという。

「如何に神州不滅とか神国日本とか言つて見たところで、それは世界には通用せぬ。敗戦したからさう云ふのでなく我々は戦争中からさう云つて来た。日本敗戦の理由の一は正に独りヨガリ的の神国日本論に禍《わざわ》ひされてゐる神風論にも自ら錯覚したかの感がある。」

だが、神風論を批判する野依は自らの米本土空襲論が「独りヨガリ的」だったとは思わなかったようだ。『実業之世界』戦後第一号の巻頭言「新日本建設に題す」では、日本には古来から立派な民主主義の伝統があったと指摘し、この天皇を中心とした民主主義が機能しなかった理由として、藩閥、軍閥の跋扈《ばっこ》、官僚の我儘《わがまま》と政党の意気地無《いくじな》さを挙げている。「日本的民主主義者」の自己証明とするためだろうが、野依が大正時代から主張し続けた「宮内大臣民選」、「枢密院・貴族院廃止」、「華族全廃」などの旧稿を再録している。

　この「新日本建設号」で興味深いのは、野依による終戦詔書、いわゆる玉音放送の解題「詔書を空文に終らしむる勿《なか》れ」である。終戦詔書の逐語解説において、野依の敗戦観がよく示されている。たとえば、「朕カ陸海将兵ノ勇戦」を引いて、この敗戦責任は前線の兵士になく、終始対立した陸海軍首脳部にあるという。ここでも、陸海軍の航空機資材の奪い合いで米本土空襲が不可能になったことの責任を追及している。

「日米決戦の上に勝敗を定むる底《てい》の大型機の製作に出《い》で得なかつたのも、軍が一旦決定せる戦闘機作戦の変更を、自己の面目上よりして改め得なかつた憾《うら》みがなかつたか。等々を思ふ時、陸海の首脳部は慚死《ざんし》すべきが当然でないか。」

「戦局必スシモ好転セス」に対しては、「どうせ降伏するなら、もつと早く決意するやう何《な》故《ぜ》取計らはなかつたのか」と戦争指導の無策を批判している。さらに、「万世ノ為ニ太平ヲ開」くためには、国民的道義の再建が必要であるが、そのためには法律ではなく「新聞雑誌の膺懲《ようちょう》に待つことが最も有効である」と自己PRに努めている。

「独り此間《この》に在つて我が『実業之世界』並に『帝都日日新聞』がその任務を完全に行使し来たつたのみと言つていい程でないか。我等はこの職分を果すが為めに各方面より恨みを受け、或ひは誤解を招きどれ程の圧迫迫害を受けたか知れない。」

　敗戦から二ヶ月後、一九四五年一〇月一五日、野依は日比谷公会堂で『帝日』復刊を記念して「新日本建設講演会」を開催している。そこで二時間しゃべり続けた内容は、自らが体験した言論弾圧裁判と四度の入獄、戦時下での東条内閣に対する抵抗だった。あたかも、戦時中の憂さを晴らすように万丈の気焔を吐いている。一九四六年三月の『帝日』に連載した「三宅先生と私」で、野依は前年一一月に日本自由党を結成した鳩山一郎をこう批判している（終戦直後の『帝日』は未確認だが、これを収載した『三宅雪嶺先生を語る』（一九四七年）から引用する）。

「言論が如何に戦時中不自由であつたにしても、真に国を愛する立場から言ふならば、相当言へぬことはなかつた。無論、そのため『帝都日日新聞』は屢々《しばしば》発売禁止を喰ひ、遂に発行禁止の暴挙に遭ふには遭つたが、鳩山〔一郎〕なんかも本気で国家を思ふならば、相当やれるわけなんです。今、日本が戦争に敗けてからノコノコ選挙に乗り出して自由党を結成して総裁になるなんて言ふんですから、チャンチャラをかしいです。」

一九四六年四月一〇日の総選挙で鳩山を総裁とする自由党は第一党となっている。真に国士たる政治家なら、新聞が発禁をくらうように、刑務所に何度でも行く覚悟は必要なのだ、軽井沢に隠遁《いんとん》していた鳩山などは同じ反東条派でも信用できない、と野依は主張するのである。

「未だ日本国民の間に、政治家として風上に置けない鳩山に対する制裁力が行はれない事実を悲しまざるを得ない。」

野依の憤怨《ふんえん》がGHQに届いたわけではないが、このとき首相就任を待つばかりだった鳩山は五月四日公職追放を受け、再び軽井沢に戻っている。

## 野依の「改正憲法」理解

一九四五年に発行された『実業之世界』は一一月号のみで、翌一九四六年の一・二・三・四月合併号は憲法改正特集(四月五日印刷)だった。巻頭言「民主主義に愧《は》づる勿《なか》れ」では憲法の民主化を訴えている。

「民主国家の根本問題は、憲法の民主化なんであるが、此頃《このごろ》政府から発表された憲法改正草案なるものを一読して、スラスラ理解し得る者が専門家以外に幾人《いくにん》有り得るだらうか。宜しく言文一致に判りよく書き換へるべきことだ。」

この憲法改正草案は、二月一三日に日本政府に提示されたマッカーサー草案(GHQ原案)を土台として新聞発表された「三月六日案」である。口語化の作業はその後に行われている。象徴天皇の大権は大幅に縮小されたが、野依はこの改正憲法案に国体護持を読み取っていた。

「幸ひにもマッカーサー司令の聡明なる理解に依り、天皇制が認められたといふことは、我々臣民としては誠に喜ばしき限りである。」

政党内閣制を主張し、天皇機関説の美濃部を支持した野依からすれば、確かに「日本的民主主義」に回帰したと言えるかもしれない。むしろ、この「三月六日案」で野依が嚙み付いていたのは、この段階でまだ残存していた華族制度である。幣原喜重郎首相も男爵であり、現存する華族一代の間はその栄爵を認めることになっていた。野依は華族制度の即時廃止を主張しているが、結局その方向で修正が行われている。

一九四六年の『実業之世界』第二号も五・六月合併号(六月一〇日発行)で、用紙調達が困難を極めたことが判る。同号には戦時下に実業之世界社で働いていた衆議院議員・荒畑寒村の「日本社会党の成るまで」が掲載されている。この号に掲載された「御放送反響批判その他」、「国賊新聞のデマ吹き飛ばす」で、野依式ジャーナリズムは再び以前の活気を取り戻した。

終戦詔書の「玉音放送」があまりに印象的なため、翌一九四六年五月二四日に行われた二度目の「玉音放送」は忘れられがちである。五月一九日の飯米獲得人民大会を受けての放送である。この大会は一般に「食糧メーデー」と呼ばれるが、食糧難を訴えるデモ隊が皇居に押しかけた。特に、日本共産党員・松島松太郎が「ヒロヒト詔書 曰ク 国体はゴジされたぞ 朕はタラフク食ってるぞ ナンジ人民 飢えて死ね ギョメイギョジ」のプラカードを掲げ、不敬罪(翌年刑法から削除)に問われている。起訴された「最後の不敬事件」として有名である。

その五日後、昭和天皇は「国民が家族国家のうるはしい伝統に生き、区々《まちまち》の利害をこえて現在の難局にうちかち、祖国再建の道をふみ進むこと」を呼びかけた。正午、午後七時と九時に三度ラジオ放送された。

野依は、同日夜「今日の御放送は時機が遅れて気の抜けたビールの如きものである、云々と言ふ者がある」と解説した日本放送協会のラジオ・ニュースをまず批判する。さらに、翌日付『朝日新聞』第二面に掲載された反響、特に「家族国家」を批判し、食糧難まで天皇の戦争責任とする共産党幹部・野坂参三に反論を加えている。

「あなたは共産党に起つた一切の責任をとるか。(中略)野坂サンなどは頻《しき》りに今、大衆々々と言つてゐるが、敗戦については労働階級の大衆にも責任がありますぞ。」

さらに「宮内省台所問題の真相」では、宮中の食事を過度に贅沢だと報じた『読売新聞』の記事を「国賊新聞のデマ」として批判している。「新聞戦線」復活を思わせる記述である。

## 公職追放令のG項該当者

敗戦直後、野依は帝都日日新聞社を復活させたが、その際GHQとの仲介役をつとめたのは文芸評論家・木村毅《き》である。木村は『帝日』の愛読者だったが、木村が監修した出版社史の金字塔『講談社の歩んだ五十年』(一九五九年)に野依の野間攻撃に関する記述はない。

野依の言動は主観的には戦中も民主主義的だったろうが、世間一般の目からは米英撃滅を叫んだファシストに見えただろう。出版界でも戦犯追及の旋風は吹き始め、日本出版協会は一九四六年一月二四日の臨時総会で「戦犯出版社」を処分する粛清委員会の設立を決定した。日本出版協会会長に就任したのは、『新渡戸稲造伝』(一九三四年)の著書もある石井満《みつる》である。新渡戸の愛弟子である石井が、野依をどう見ていたかは明らかだろう。佐和慶太郎(人民社)など左翼出版業者が多数を占めた委員会には、外部委員として山川均《ひとし》、辰野隆《ゆたか》、末弘厳太郎《いずたろう》が選任された。野依の秀文閣書房は第二次戦犯追及として同年三月新潮社、博文館などとともに召喚された。その場に居合わせた辰野隆・東京大学教授(フランス文学)は次のように回想している。辰野は雪嶺宅の二八会で野依と知り合った、相撲好きの『帝日』購読者である。

「左翼出版業者の面々を向うにまわして、堂堂と反撃したのは野依さんただ一人だった。此度《こんど》の戦争では自分は終始日本が勝たんことを祈念して、この戦を応援した。不幸にして敗戦の憂き目をみた以上、自分は陛下と国民に対しては真に自責の念に堪えない。しかし自分は諸君に対しては責任を感じもせず、何も諸君から裁かれる理由もない、という意味だったが、洵《まこと》に男らしい、きびきびした言辞でもあり、態度でもあった。」

一方、GHQも一九四六年三月から「日本の民主化促進のため」、戦前―戦中の「宣伝用刊行物」の没収を開始した。この没収図書七一一九点中、野依の著作は個人として第一位の二三冊を数えた。興味深いのは、日本の検閲当局から削除命令が出された『軍部を衝く』『日本に鞭《むち》つ』も含まれていること、米英批判としてもっと激烈な『英国打倒欧洲参戦の主張』、『日米決戦必勝論』、『日本人戦力論』などが脱落していることである。また、戦争ではなく自らの衆議院議員当選を論じた『我れ勝てり』が選ばれているのも、選書した者がタイトルだけで戦争宣伝本と判断したためだろう。いずれにせよ、不徹底で杜撰《ずさん》な作業といえる。

当時はこの没収作業そのものが秘匿されていたため、野依はこの没収著者ナンバーワンの事実を知らなかった。もし知っていれば「冠たる栄光」と後に書きたてたにちがいない。ちなみに、徳富蘇峰は一四冊で六位、新潮社社長・佐藤義亮は、軍事評論家・池崎忠孝、元国民精神文化研究所員・藤沢親雄と並んで一一冊二〇位である。ここで焚書(正確には没収・裁断の後、再生紙化)の是非を論じるつもりはないが、それは戦中―戦後の言論空間を考える上では、避けて通れないブラックボックスである。

そもそも戦後のマスコミはなぜこの「没収図書」問題を積極的に語ろうとしなかったのか。それは自社の出版物が数多く含まれていたからである。出版社別では一四〇点の朝日新聞社を筆頭に、八三点の大日本雄弁会講談社、八一点の毎日新聞社がトップ3である。戦前に「宣伝用刊行物」を最も多く刊行した大新聞・大出版社は、敗戦後は「一億総懺悔」の先唱者となり、GHQ占領下では「日本の民主化促進」の担い手となった。戦時体制＝占領体制に有効に機能したこの世論制御システムは、今日もなお存続している。

野依は一九四七年七月二〇日、公職追放令のG項該当者（「言論、著作若《も》しくは行動に依り好戦的国家主義及び侵略の活発なる主唱者たることを明にしたる一切の者」）に指名されている。『昭和二三・二四年版日本新聞年鑑』によれば、八月二二日に正式発表されたG項該当の新聞人は三五一名であり、『帝日』関連では主筆・野依のほかに、編集主任・坂本徳松、編集総務・宇野正盛が指名されている。「追放に際して告白」（一九四七年八月号）で、野依は実業之世界社、帝都日日新聞社、帝都出版社の経営権を手放すと宣言するが、そこに微塵も反省の色はない。

「我々は今後とも、従来の態度を変えることなく、ドコ〳〵までも、一以《いちをもつ》て貫く大精神を発揮する決心である。」

一九四七年七月三〇日以降は政治論説の執筆はできなくなるので、追放中の社長として保《ほ》科《しな》勇を指名し、野依は名目的には宗教雑誌の執筆者に専心した。翌一九四八年一月二二日に保科が死去したため、堀人之《ひとし》が社長に就任している（一九四八年三月号）。

暴露雑誌『真相』は一九四八年六月号に伊志井《いしい》萬「追放出版ボスは何をしている？」を掲

載したが、野依の近況はその冒頭で報じられている。不正確な記述だが、悪意は読み取れる。

「右手に剣ならぬペンをふりかざし、左手に数珠《じゅず》を爪《つま》ぐりつつ、キヨウカツ前科何犯、タカリ雑誌中の白眉だつた『実業之世界』の前社長野依秀市居士は戦災で家を焼かれ、社屋の一隅《かたすみ》に割りこんで住居をかまえていたが、追放風に吹かれてからは、（中略）一般の常識とは主客顚倒の形で『実業之世界』を追いだし、爾来もつぱら念仏を主とすることになつて、社屋の名も仏教真宗会館と改め貸ビルとする。」

すでに第六章で紹介したように、戦前から実業之世界社、帝都日日新聞社などの野依メディア企業はすべて仏教真宗会館内に置かれていた。追放逃れの小細工などではない。一九五一年の追放解除まで野依は「日本再建仏教講演会」の弁士として全国を飛び回ることになる。

## 還暦青年の夢

終戦の一九四五年、野依秀市はちょうど還暦を迎えていた。野依メディアにとって、戦後の大きな変化は三宅雪嶺（一九四五年一一月二六日没）の不在である。メディア人間の信用を裏書きした渋沢と三宅に代わる存在は容易に見出すことはできない。まずは霊界から渋沢を呼び出して、「冥土《めいど》の渋沢栄一翁と語る」（一九四六年七・八・九月合併号）の連載をはじめた。やがて、野依は「渋沢〔青淵《せいえん》〕翁と三宅〔雪嶺〕先生を合体した〝青雪神社〟といふものを建立したい」と述べ、「夢に雪嶺三宅雄二郎先生と語る」（一九四七年六月号）も開始している。

しかし、「渋沢対談」の第二回（一九四六年一〇月号）はGHQ民間検閲支隊（CCD）で差し止められた。一九四六年五月に始まった極東軍事裁判で拘束された鮎川義介や正力松太郎などへの弁護論が展開されているためだろうか。夢の中で渋沢から、自らに戦犯容疑が及ぶ可能性を尋ねられて、野依は楽観的な見通しを語っていた。

「米国は言論の国ですから、言論でやったことは何でも差支《さしつかえ》ない、といふことでありますから、野依の行動はいいわけなんです。それは、戦争中大々的に勝つために、言論一点張りで大《おお》いにやりました。米本土空襲論も唱へました。それればかりでなく米本土空襲飛行機献納資金の募集もやりました。然《しか》し、それらの行動が全部軍にも政府にも又財閥にも更に飛行機会社にも関係なく、野依個人の意志で『帝都日日新聞』と『実業之世界』を提げ、それに持前の舌三寸で全力を挙げてやつただけの事です。所謂《いわゆる》、時局便乗者流とは全然違ふのです。」

当然ながら、野依には一九四六年四月の衆議院選挙立候補が不許可となった理由も理解できなかった。だとすれば、この文章は検閲するアメリカ人に向けて弁明する意図で書かれたものかもしれない。プランゲ文庫に残る当該ゲラには大きく×印、「Hold」（差し止め）の文字が書き付けられている。次号の特集「アメリカ大観」（一九四六年一二月号・図扉）でも、野依はひたすら楽天的だった。一九二五年の欧米講演旅行などもふり返りつつ、自分はアメリカンな性格だという。

「アメリカ人の性格及び行動は、一くちに言へば斯《か》く申す野依秀市そのものである、と言つたら、野依を知る日本人に最もよく理解されるのでないかと思ふ。アメリカ人の特徴は、先《ま》づ天真爛漫といふことである。（中略）だから筆者の如く、日本で無遠慮ものとか、傍若無人とか、重々しさが足らない、社長態度でない、と言はれたりする者があちらでは、大いに持てるのである。」

アメリカ人には「大いに持てる」はずの野依だったが、すでに見た通り翌年に公職追放を受けている。追放中の野依の生きざまは、一九四六年五月に復刊した『真宗の世界』、同時に創刊した『世界仏教』(正確には『仏教思想』の復刊)から読み取れる。

「雑誌経営の社長にも、主幹にも、編集者にもなれない。でも書店の主人公にはなれるので此度《こんど》、芝園書房というものを開業した。」(『世界仏教』一九四八年六月号)

もちろん、芝園書房の名称はすでに『積悪の雑誌王』(一九三六年)などで使用していた。野依事務所内に実業之世界社とは別の取次・販売部門として設置したようだ。雑誌の経営や編集からパージされていても、著名な執筆者には野依が対応していた。一九四八年四月二〇日、やがて戦後の野依メディア常連執筆者となる尾崎士郎を伊東に訪ねている。

「話は段々と進んで、高杉晋作など創作にしたように、野依秀市をも作品として見たいと思つてゐると言う様な話が起つた。」

『人生劇場』の作家に不朽の小説『野依秀市』を是非とも書いて欲しかったのだろう。連載初回でも触れたが、中江兆民の書「文章経国大業不朽盛事」を野依が尾崎に寄託したのは二〇日後の五月一〇日である。この三年後、尾崎は「人間野依」(『世界仏教』一九五一年四月号)で青年野依をこう総括している。野依にとって、追放解除後の再起を促すはなむけの一文となったであろう。

「若き日の、翁《おう》の眼中には天下に恐るる何者もなかつたであろう。紅顔の一青年でありながら、翁はすでに、伊藤博文、大隈重信等の大先輩から、政治界、実業界を通じての一流の人物と、ひとたび会えば無雑作に膝を交えて語ることのできるような環境を、自然に生じた人間関係の中につくりあげていた。才能に恵まれた人物が、その才能を生かし切ることほど愉快なことはあるまい。特に無一文の貧窮から身を起して、傍若無人に金持のあいだをノシ歩き、好きなやつがあればこれと結び、気に喰わぬやつは片つぱしから蹂躙してゆく。名誉も権勢も手に唾《つばき》してとるべしである。」

## 日本再建仏教講演時代

野依の自宅は一九四五年五月二五日の空襲で全焼しており(『世界仏教』一九四八年一一月号)、鉄筋コンクリートのため焼け残った仏教真宗会館、つまり野依事務所ビルの一室に、疎開先の伊香保から戻った妻、娘と共に寝泊まりする生活が続いた。

「私は所謂仕事三昧に生きて居る人間で、朝から寝るまで自己の仕事に全力を打込んで行く人間だから、私にとつては机が床の間であり、混雑している机の附近がきれいな応接間同様に感じられるわけである。朝は五時或は六時に起き、七時頃から仕事に取掛り、夜は早くて八時半、或は九時十時頃に飯を食い、必ず清酒一本を傾け、いい気持になつて直ちに寝込むのである。」(『世界仏教』一九四八年六月号)

一九四八年九月八日に自宅の再建がなって、この職住一体型の生活も終わった。自宅建築の費用に充てるため、仏教真宗会館の二階・三階フロアーを全国農業会に賃貸ししている。一九三九年から二九年間にわたり野依の口述筆記者を務めた越川貞一《ていいち》は、追放下でも『真宗の世界』や『世界仏教』で続けられた野依の言論活動についてこう回想している。

「事実上の言論活動をつづけたので、それやこれやが追放令違反の嫌疑をうけ、検事局からは何度も呼出しをうけた。その度毎に私が代って出頭し、何とか切り抜けるだけは切り抜けたものの、安宅関《あたかのせき》の弁慶ではないが、私の心配はひと通りでなかった。それだけに、係りの富田検事から、最後に〝野依をしばるのは、金庫の中のものを取り出すより易しいが、君の忠義に免じて、そこまではやらぬことにした〟といわれた時は全くホッとした。」

実際、「追放令違反で野依氏を告発」(『西日本新聞』一九四九年九月七日)のように、仏教講演会の聴衆が野依の「政治論」を検事局へ通報することもあったのだろう。野依本人は天衣無縫に振る舞ったとしても、周囲の心配は並大抵ではなかったようである。

追放解除後、野依は自ら「戦争張本人」ではあっても「戦争犯罪人」ではないと胸を張り、追放を当然のことと受けとめている。

「私は一個の日本帝国の国民として、自由の意志によつて戦争論を唱え、そのため全力を注いだのである。(中略)それ故に戦争張本人の一人でありながら、戦争犯罪人にならなかつたのである。私は断じて軍部の尻馬にも乗らなければ、軍部と同調もしなかつた。」(一九五一年九月号)

多くの言論人が戦時下の言動を軍部に転嫁した中で、野依の個人主義は鮮烈な印象を与える。

## 夢に昭和天皇と語る

『真宗の世界』も一九四六年六月号のあと用紙不足のためだろう、七・八・九・一〇月合併号となる。その巻頭論文「敗戦者は斯くして勝利者となれ」は、のちに『敗戦者の勝利』（一九四七年）の序文となった。タイトルも挑戦的だが、そこに書かれた野依の天皇論も刺激的である。かつて大正デモクラシー時代に野依が身分差別批判で使用した「アミーバー進化論」を、昭和天皇の「人間宣言」の解釈に適用している。

「天皇も、すべての生物もその発源地は同じである。と曽《かつ》て論じたところ、内務省検閲課より削除を命ぜられたことがあつた。（中略）その時の論旨は、等しくアミーバーから出ていながら、天皇の地位に即く御方に生れるとは、是れ全く幾億幾兆々万年の前世からの善根功徳の結果である、と言つたのであつたから、何も不敬にも当るわけでない。」

野依にとって戦時下の天皇神格化、すなわち「現代の科学を無視した妖論」こそ、日本精神に反するものだった。その上で、天皇の戦争責任を次のように論じている。

「無論、東条英機及びそれをめぐる身の程知らずの軍閥、或ひはそれに追従するボス政治家、議員達や、よからぬ官僚の徒輩《とはい》や、我慾の強い資本家や華族の徒《てあい》や、貴族院中の殆んど大部分と言つてよい程の不忠の鼠賊《そぞく》の輩《やから》の罪である事は云ふまでもないけれど、又以てそのやうな輩の罪悪の中に御身《おんみ》みづ〔か〕らが在らねばならぬといふ御不幸は、陛下御自身の前世からの深き深き因縁である。」

　つまり、「前世からの深き深き因縁」であるがゆゑに、現世の戦争責任は問えないという のだ。平等主義と天皇崇拝を融合した野依の「皇室社会主義」は、確かに戦前から一貫している。むしろ民主化の影響が顕著なのは、その語り口である。たとえば、「天皇陛下に上《たてま》つるの書」(一九四七年二月号)の書き出しである。

「陛下よ。明けてお目出度う存じ奉《たてまつ》ります。といふやうな言葉を文字に現はし得るやうになつたといふ事は、これ全く戦争に敗けたお蔭で御座います。」

　いわゆる右翼人なら、こんな書き方はしない。ついに渋沢栄一や三宅雪嶺と同じく、「夢に天皇陛下と語る」(一九四七年四月号)が登場する。昭和天皇は野依にこう語っている。

「東条首相が戦争中に〝陛下の官吏〟といふ言葉を屢々《しばしば》使つたが、あれは聞き苦しい言葉だつたなア。それに対して『帝都日日新聞』や『実業之世界』では相当異議を唱へて、「陛下の」をつけるなら官吏ばかりでなく、陛下の新聞記者、陛下の議員、何でも陛下を持ち出さなければならなくなるぢやないか、といつたのは至極尤《もっと》もである。私もさう思ふよ。」

　後述するように、野依は深沢七郎の小説「風流夢譚」を厳しく糾弾したが、夢譚の政治利用では野依に一日の長があった。次号には「夢にトルーマン大統領と語る」もある。

　ト氏「官僚、華族、元老、重臣、軍閥といふやうなものが、自分達の私慾に急で、天皇の意志に副《そ》ひ得なかつたらしいね」

　野依「全く左様でございます」

この腹話術スタイルは、われと我が身を広告媒体とするメディア人間が得意とした手法である。戦前の『帝日』の人気コラム、読者と記者の電話問答欄でも駆使されていた。この自己内対話の上に、「天皇すなはち我れなり」(一九五二年一月号)も登場する。野依式の象徴天皇論である。

「天皇とは実に国民一人々々のまとまりのしるしであるが故に、国民一人々々から見れば、天皇とは即ち自分の別名であるという風に思つてよいのでないか。だから天皇を崇敬せぬというものがあるならば、それは真実に自己を崇敬せず、自己を軽んずるということに相成《あいな》つて来るのだ。」

他方で、すでに見たように野依は「戦争張本人の一人ではあっても戦争犯罪人ではない」と胸を張って追放を受けとめていた。もしも「天皇即ち我れ」であれば、天皇もまた戦争犯罪人ではないが戦争張本人となる。だからこそ、この戦争は聖戦でなくてはならないのである。なお、こうした「日本民族即《すなわち》皇室、皇室即日本民族」思考を、野依は戦時下でも表明している。たとえば、「天皇と日本民族に徹底せよ」(『帝日』一九四二年六月九日)である。もちろん、それは「皇室ノ尊厳ヲ冒瀆スル虞《おそれ》アリ」として即日発禁処分になっている(『出版警察報』第一四三号)。しかも、この不敬事案は特に当局を刺激したようで、翌一〇日から二四日まで一五日間にわたり異例の発行停止を受けている。もちろん、野依に不敬の認識はなく、『十年史』では「〔発行停止の解除から〕当局の意向を想察するに、我社の憂国の熱誠を認めてゐるであらうと想像し得らるゝのは欣快《きんかい》に堪えない」と書き流している。

一九五二年四月二八日の講和条約発効により正式な独立が達成されると、再び「独立に当り夢に天皇陛下と語る」(一九五二年五月号)が掲載された。

秀市「戦争した事は悪いことではありませんから、それをお止めになられなかつた事は結構で御座います。」

陛下「でも、私は戦争はキライだよ。」

秀市「臣秀市も戦争はキライで御座いますけれども、相手の出方で戦争しなければ納《おさま》らぬと来ましては仕立《ママ》ありません。」

こうした「天皇即ち我れ」の思考を前提とすれば、野依が「天皇の生活費を削つても戦死者遺家族と傷病兵と引揚者とを救済せよ」(一九五一年九月号)と唱えたとしても不思議ではない。むろん、左翼と異なり天皇の生活を贅沢だと論難しているわけではない。

「全く贅沢な御生活をなさらない天皇様から幾らかお出し願つて、それを模範として全国に呼びかけたならば大いに効果があろうと思うからである。(中略)天皇様をお担ぎ申せばこの仕事が為し遂げやすいからのことである。」

野依式天皇機関説というべきロジックである。皇室主義者を自称する野依が、右翼思想史において黙殺される理由は、こうしたウルトラ合理主義の象徴効果論があるためだろう。

## ガラパゴス的進化の個人ジャーナリズム

GHQ検閲当局は野依が繰り返す夢対談を「非政治的」言論とは見なさなかった。何らかの圧力がかかったはずである。野依は「保科社長を悼む」(一九四八年三月号)で『世界仏教』での執筆に専念すると表明している。さらに『実業之世界』一九四八年五月号の巻頭言「文化国家と本誌の使命」で、堀人之《ひとし》社長は『実業之世界』の脱野依化を宣言している。

「今回時勢に鑑みるところあつて、前経営者の従来の編集方針を一新し「民主主義を基調とし大衆を対象とする経済を中心とした平易な綜合雑誌」として新出発することとした。」

確かに、この五月号から翌一九四九年一〇月号まで野依の論説はまったく存在しない。むしろ、徳田球一「経済復興を阻害するもの」(一九四八年六月号)、坂本徳松「中日文化交流の条件」(同年七月号)、秋田雨雀《うじゃく》「演劇文化の向上を」(同年一〇月号)など共産党系執筆者が目立っている。だが、この「綜合雑誌化」あるいは左傾化により、プランゲ文庫の検閲資料で見る限り、それまで八〇〇〇部だった部数は一九四八年一二月号には五〇〇〇部にまで減少している。

野依の華々しい再登場は、一九五〇年一二月号である。同年六月二五日、朝鮮戦争が勃発し、翌七月にはレッドパージが始まっていた。同年一一月八日にはA級戦犯の元外相・重光葵が巣鴨拘置所を仮出所し、その二日後から政府、旧軍人の追放解除が始まった。まだ占領は続いていたが、すでにGHQの検閲は一九四九年一〇月で終了していた。野依は自らの追放解除を控えて一九五〇年一一月堀社長を解任し、『実業之世界』の編集を広瀬隆基《たかもと》に委ねている。

野依の正式な追放解除は一九五一年八月七日、つまりサンフランシスコ講和条約調印の一ヶ月前である。野依が編集を直接指揮するのは、一九五一年二月号からである。巻頭には東宮御教育常時参与・小泉信三「福沢先生と日本の独立」、大蔵大臣・池田勇人「我が経済政策の重点」、特集「第三次準大戦下の有望株式」など人目を引く記事・企画が並べられた。興味深いのは、「英傑！　中島知久平《ちくへい》と私」（一九五一年二月号）、「山下亀三郎《かめさぶろう》君と私」（同年三月号）、「武藤山治《さんじ》君と私」（同年四月号）と続く野依の人物論であり、戦前の財界人がどれほど自分に資金援助したか、細かく金額をあげて論評している。財界読者に訴えたかったのは、つぎのような箇所だろうか。

「彼〔津田信吾・鐘淵紡績社長〕が鐘紡の総会が東京で開かれる時、上京する度に私は必ず訪問した。すると彼は黙つて二千円の小切手を私に渡すのであつた。今の金にすれば卅万円に相当する。今、三十万円は愚か、五万円も津田君のような気持で出すものはありはしない。」（一九五一年四月号）

一方で、読者からの内部告発を求める告示（一九五一年七月号）も掲載されている。日本復興、民主化のための暴露情報、いわば「昭和版ウィキリークス」宣言である。

「原稿書くのはイヤだが材料だけ提供される方も歓迎、経済界の不合理、不正を糺《ただ》し経済復興に資すべき原稿を殊《こと》に歓迎します。人物評も無論結構です。柄《がら》不相応にその地位に居るようなのをヒキ下す事も必要と同時に実力相応な地位を得て居らぬのもヒキ上げたいです。官界の革新の具体的方法なぞ最も歓迎します。会社事業の徹底的解剖も歓迎します。要するに、日本復興の為めになる原稿ならなんでも結構です。（中略）採用のものには相当の料金御支払いします。」

追放解除で名実ともに『実業之世界』社主兼主筆に復帰した野依は、再出発に際して新しい読者に過去四八巻の来歴を示す必要を感じたのだろう。「追放解除記念号」(一九五一年九月号)では「下獄四年事件の真相」、「追放から解除まで」、「諸名士の野依秀市観」と戦前からの活動を大々的に自己PRしている。

巻頭言「気風一新会の発起」では、「このダラけた気風を一新し、正しき日本精神を発揮し、進歩せる日本を建設するために」、読者組織・気風一新会の結成を宣言している。野依一色に染まった「追放解除記念号」を揶揄する声に対し、「売名是非論」(同年一〇月号)でこう答えている。

「真実の雑誌というものは、全誌面にその主宰者の精神が漲《みなぎ》つているのが、却《かえ》つて価値もあり、且《か》つ意義があるということになるんである。」

個人ジャーナリズムという点で、野依メディアは明治期「大新聞《おお》」のガラパゴス的進化だったと見ることもできる。「大正巖窟王」として長期の獄中生活を過ごした野依は、一九二〇年代のメディア環境の激変から取り残されたといえるかもしれない。株式会社化した組織ジャーナリズムが主流となる昭和時代において、この明治的な個人メディアの活路は同業メディア批判にしかなかったのである。一九三二年創刊の『帝都日日新聞』が「新聞を批判する新聞」だったゆえんである。野依は戦後の『実業之世界』をこの伝統へ引き戻そうとしていた。

それゆえ、「講和成立特集記念号」(一九五一年一〇月号)の目玉も「朝日新聞の横暴を誅《ちゅう》す」であり、それ以降は新聞批判がこの雑誌の売り物となった。後に朝日バッシングで部数を伸ばす保守系雑誌が簇生《そうせい》するが、こうした主流メディア批判をビジネスとして確立した人物こそ野依秀市だ、と言うことも可能だろう。ただし、「朝日新聞の不正を撃つ」(同年一一月号)で野依が列挙する事例はすべて戦前のものである。戦後の『実業之世界』は、戦前戦中の「遺産」で食いつないでいたと言えるかもしれない。

実際、「吾《わ》が半生を語る」(一九五二年一月号開始)、「四十五年人物印象記」(一九五三年七月号開始)、「筆剣《ひっけん》四十五年の回顧」(同年八月号開始)など、その連載はすべて戦前の活動の自己言及である。それは変化する状況のなかで個人メディアが存続する基盤であり、自らの主張を首尾一貫させようとする意志の表明でもあった。だが、首尾一貫した言論はしばしば妥協の余地を欠いており、ときに一方的、あるいは暴力的となりがちだ。この一方的な姿勢において一貫性を確保することで、野依は「青年」であり続けた。

逆にいえば、そのために野依は死ぬまで「青年」を演じなければならなかった。そして、戦後の野依メディアの看板となった執筆者、すなわち武者小路実篤《さねあつ》、小泉信三、尾崎士郎はいずれも大正巌窟王の獄中期に「メディアの青春」を謳歌した明治生まれの青年たちだったのである。

# 第一三章　広告媒体か、モラル装置か

「保守結集促進国民大会」(1955 年 6 月 10 日・日比谷公会堂)で，自由党と民主党の総務会長，大野伴睦(左)と三木武吉(右)を握手させる野依秀市(中).『実業之世界』1955 年 9 月 15 日号表紙.

## 再建日本同志会

野依が総選挙の立候補に最後までこだわった理由も、それがメディア人間のハレ舞台だったからだろう。一九五二年から六三年まで六回の総選挙に出馬しているが、当選は一九五五年の一回にとどまった(二六五頁、表8-1参照)。追放解除後の戦歴を整理しておこう。

一九五二年一〇月の第二五回総選挙では大分県第二区(定員三名)で与党・自由党から立候補し、元横綱双葉山の時津風親方など応援団を大動員したが第六位で落選している。選挙参謀が選挙違反で留置されたことが最大の敗因だという(「何故に敗れしか」一九五二年一一月号)。その演説内容は「敗れて大《おお》いに語る」(同号)に記録されているが、三大公約が後ろ向きであることは否めない。遺族援助、軍人恩給復活、引揚者支援である。

一九五三年「バカヤロー解散」につづく第二六回総選挙では自由党を脱して無所属で立候補し、「農民の恩給制度の創設」などを訴えるが第五位で落選している。「相撲に勝つて勝負にまけた(再び敗れて大いに語る)」(一九五三年六月号)では、安定的な地盤がないため違反者多数を出したことを反省している。地盤構築のため、一九五三年九月には「日本再建仏教講演会」を「再建日本同志会」に再編し、会報(一九五六年に『再建の友』と改題)を発行している。さらに一九五四年一月に『世界仏教』と『真宗の世界』を合併して『大世界』を創刊するが、そこには仏教運動を自らの選挙活動に連動させようとする意図が込められていた(「仏教者の政界乗り出しの次第」『大世界』一九五五年四月号)。

この当時、反安保・反基地を唱える「進歩的」雑誌『世界』に対して、野依は社論「我輩は親米である」(一九五三年一〇月号)を掲げている。戦時下の米本土空襲運動提唱者が唱える親米に呆《あき》れた読者もいただろう。

「アメリカが日本を東洋の赤化防壁とする希望、東洋の番犬としようとする希望に反感を持つ向きのあるのは全くわからん話である。米国の希望は日本民族の頼むに足るを認識している証拠である。(中略)すでにアメリカが戦争の事を一切忘れて、日本に好意を寄せているからには、日本も忘れ難き原子爆弾のお見舞もこれを忘れ真に文字通り雨降つて地固まるの関係を確立すべきである。」

一九五四年一月の「造船疑獄」発覚を契機として、野依は吉田茂首相の即時引退を要求し、「吉田内閣打倒国民大会」を各地で開催している。「汚職王・吉田茂」(一九五四年五月号)、「国民の敵吉田茂を葬れ」(同年九月号)と攻撃をエスカレートさせた(図13-1)。同年九月一〇日に神田共立講堂で行った「吉田内閣打倒国民大会」には、三木武吉《ぶきち》(日本自由党)、川崎秀二《ひでじ》(改進党)から浅沼稲次郎(社会党右派)、山花秀雄(社会党左派)まで有力国会議員を引っ張り出している。地元大分に戻った野依は、九月三〇日の宇佐神宮境内における講演で「吉田は道鏡にして我輩は清麿なり」と絶叫している。一一月に野依は日本民主党へ入党している。一二月七日の吉田内閣総辞職により、鳩山一郎を首班とする日本民主党内閣が成立した。野依はさ

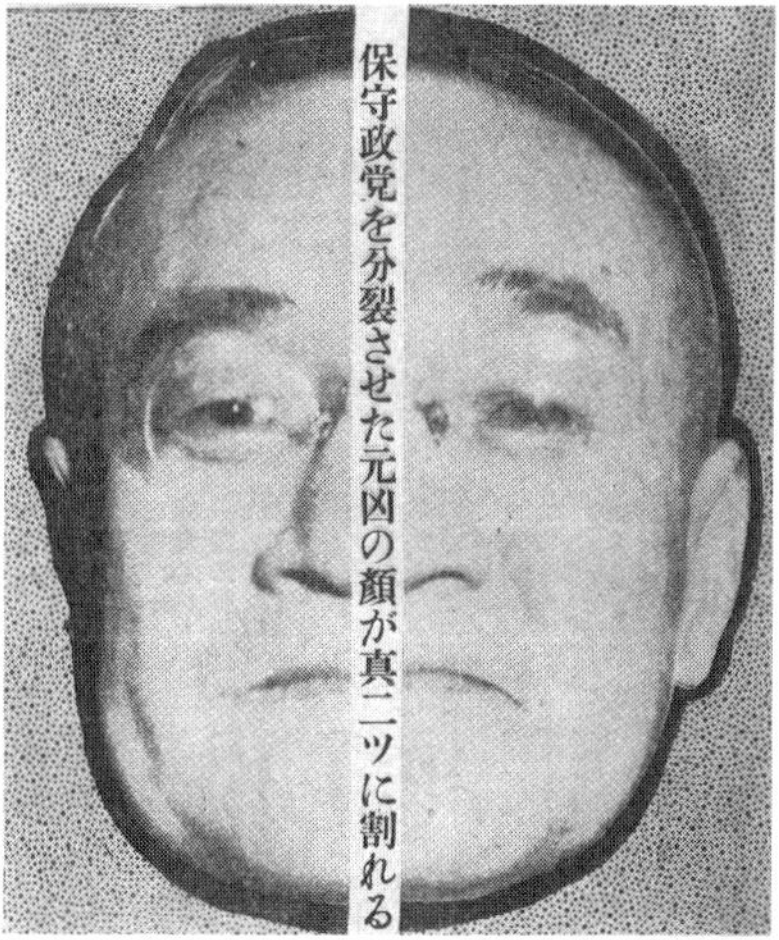
保守政党を分裂させた元凶の顔が真二ツに割れる

図 13-1 「国賊」吉田茂への糾弾キャンペーン(『実業之世界』1955 年 1 月号).

っそく一二月一二日に鳩山邸を訪問し、戦前からの対立を水に流す対談を行っている(一九五五年一月号)。

「僕は、鳩山君をずいぶん悪く書いた。しかし、悪く書かせる原因もあつたが、僕の方にも鳩山の人物について、誤解していた点があるから、今は心からお詫びして、徹底的に鳩山擁護に廻つている。」

一九五四年一二月二四日には鳩山首相自身を引き出して「鳩山内閣激励大演説会」を有楽町読売ホールで開催している。開会の挨拶で野依は次のように語っている。

「実に吉田前首相は憎みても余りある代物《しろもの》です。実に国賊と云つてもよい。私は彼を殺してやろうと思つたが、立憲国に於ての暗殺は国辱《こくじょく》だからヤメた。又国賊と国宝のイノチの取替はツマランです。私は国宝を以て任じている。」

最初の弁士は、厚生大臣・鶴見祐輔である。鶴見はかつて野依に糾弾された新渡戸稲造の愛弟子である。四五年前に敵として出会った「青年野依」を次のように回想している。

「当時より既に白面《はくめん》の書生野依氏は新渡戸先生を眼中におかず侃侃諤諤《かんかんがくがく》の議論をもつて自分の信念に邁進せられていたのを未だにはつきりと覚えている。」

まことに政界の一寸先は闇、昨日の敵は今日の友である。だが、野依に関していえば、そもそも彼に罵倒されていない政治家などほとんどいないのである。

## 保守合同の立役者

それまでの華々しい「反吉田自由党」宣伝も功を奏して、一九五五年二月の第二七回総選挙で野依は大分県第二区からトップ当選している。その選挙演説は「一生一代の訴え」（一九五五年四月号）に収録されている。

「或る人は野依の演説ぶりは、全く今までとは白と黒ほど変つて来た、全く今度の演説は泣き落しじやないか、野依に似合わない演説振りだと申すかも知れませんが全くその通りで、私は泣き落し戦術をとつております。」

輿論（パブリック・オピニオン）ではなく、もっぱら世論（ポピュラー・センチメンツ）に訴えたわけだ。「七〇歳青年」は演説に広告出稿企業の商品名を織り込むことも忘れていない。

「武田薬品工業、三共なぞから注射薬や健康剤を贈呈として送つて呉れたが、注射は三回したのみであつた。（中略）但し、武田のフローミン薬は毎日二個宛《ずつ》のんだのは事実である。」

現職の副総理兼外相・重光葵《まもる》を抑えてトップ当選を果たした野依は、さっそく日本民主党総務に抜擢されている。「政界だより」欄を新設した『実業之世界』には財界からご祝儀、あるいは協賛金が流れ込んだようで、この五月号から月二回刊に移行している。いずれにせよ、米ソ冷戦下の国際情勢と労働攻勢の中で反共色を強めた財界には、強力な保守政党を望む声が生まれていた。

そうした保守合同の機運を野依代議士はメディア・イベントとして具体化させた。一九五五年六月一〇日の東京日比谷公会堂、一六日の大阪中之島公会堂で「保守結集促進国民大会」(主催・再建日本同志会、後援・実業之世界社)を開催している。新聞各紙への広告はもちろん、東京では目抜き通りに立て看板七〇〇本、ポスター二〇〇〇枚、前日の飛行機投下ビラ七〇万枚、手渡しビラ一〇万枚など、総力を挙げたキャンペーンが展開された。

特に、日比谷公会堂では犬猿の仲とされていた日本民主党総務会長・三木武吉と日本自由党総務会長・大野伴睦《ばんぼく》を同じ壇上に引き出し、会場の喝采の中で野依は二人を握手させている。この写真は「保守合同実現への決定的瞬間」として繰り返し掲載された(図扉)。

この「保守結集促進国民大会」は全国各地でも連続的に開催されたが、「天下無敵」の振る舞いは国会内でも物議をかもしている。一九五五年七月三〇日に国会で開かれた民主党代議士会で「これ〔保守合同〕に反対するものはヤツツケなければならん」と野依は叫び、その発言取り消しを求められた。野依は保守系全議員に釈明書を発送しているが、これも政治的パフォーマンスの一種だろう(一九五五年九月一五日号)。

『実業之世界』は財界との連携を強めるためだろうか、翌一〇月一日号の巻頭言は野依から元日銀総裁・渋沢敬三に代わっている。さらに潤沢な資金が流入したのだろう、一一月には中央政界向け『新政界』、一二月には選挙区向け『大分県及び大分県人』を創刊している。

一九五五年一一月一五日、ついに自由民主党が誕生した。ここにいわゆる「五五年体制」が成立する。『実業之世界』一二月一日号には、三木武吉「野依君の離れ業」、大野伴睦「火の玉の如き活躍」など野依の功績を称える文章が満載されている。一一月二六日、鳩山一郎首相ほかを発起人として、永田町グランドホテルで「野依秀市君慰労の会」が開催された。鳩山首相以下の慰労の言葉に応えて、新党の総務となった野依はこう返答している。

「さて私の女房が申すには「あなたは今度は大臣になるのでしょうね」何故かと聞くと「あれほど保守合同のために働いて、大臣位にならなければ、どうしますか。引き合わないじゃないか」というわけです。」

自分は「大臣になる必要などない」と妻を諭《さと》した、とつづく。「引き合わない」というのは本当に妻の言葉だったか、あるいは野依自身の内面の声だったたか。後者と受け取った者もいただろう。

いずれにせよ、保守合同なった翌一九五六年は野依の政治活動のピークだった。この年四月二日日比谷公会堂で「野依秀市言論活動五十年記念大講演会」を開催している。地元・中津市の福沢会館建設のために五〇〇万円を寄付する一方、一一月にはネパールで開催された世界仏教徒会議に副団長として出席し、帰国後の一二月『女性仏教』を創刊している。

## 現職国会議員の指名手配

一九五六年一二月の鳩山内閣退陣後、野依は岸信介の擁立に尽力した。一九五七年二月二五日の岸内閣成立で野依の政治力も一段と高まった。しかし、現状批判を売りにした敵本位主義者にとって、政府与党総裁派閥の総務という立場は、戦前の政友会代議士時代よりもいっそう矛盾に満ちたものだった。新たな敵を見つけ出そうという焦りは、社論「戦争気分」(一九五七年五月号)に色濃く滲んでいる。

「人間世界は、他の人々と相伍して、お互いに切瑳琢磨し、我れは彼れよりも人生に寄与し、自らも向上したい、地位を得たい、また自らの職業、仕事も向上発展させたい、新機軸を出したい、というところにこそ、人間の生き甲斐があるのは云うまでもない。それには、何としても戦争気分がつねに体内にただよっていることが必要。」

こうした「戦争気分」に乗じて、野依は大東亜戦争を再評価、いや讃美している。日本民族の向上心の発露だったのだ、と。

「もし日本があの際、米英側の要望に従つて、大陸からムザムザと引き下つたら日本の将来はただ亡国的の一途を辿るのみであつた。」

この視点から見れば、戦後復興とは「平和への戦争」、貿易立国は「世界相手の貿易戦争」なのである。このバルカン政治家が国内政治でこの戦争気分をいかんなくぶつけられる対象は、社会党や共産党を支持する進歩的知識人とその論説を載せる主流メディアだった。こうして、野依は立ち位置をますます右傾化させたが、自民党代議士会副会長として政治権力を握ったことで、いわゆる右翼利権屋と見分けがつかなくなっていった。

一九五七年五月二〇日、野依は実業之世界社副社長・広瀬隆基《たかもと》、同営業部長・砂沢朋三郎《ともさぶろう》とともに恐喝容疑で警視庁捜査第二課から出頭要請を受けた。国会会期明けで中津市に帰省中だった野依は、同日午前から行方《ゆくえ》をくらまし、国会議員に対する異例の全国指名手配が行われた。一九五七年五月二三日付『毎日新聞』はその容疑を次のように伝えている。

「去る(昭和)三十年初めから三十一年暮までに都内でも一流のF、T銀行などを訪れ、雑誌の賛助金を要求。「お宅は不正融資を行なっていますね」などと、暗に暴露記事を書くとみせかけて一口五十万円ぐらいずつ総計一千万円をまき上げていた。」

野依は五月二七日出頭と同時に逮捕され、六月に恐喝罪で起訴されている。七月一九日付『朝日新聞』によれば、この事件で恐喝した金額は追起訴を重ねて一五〇〇万円、賛助金など不起訴分を含めて二億円に達するという。七月二七日の保釈後、知人や取引先に配った「失敗に就《つい》ての御挨拶」(一九五七年九月号)では、その原因を「進むを知つて退くを知らざる」自分が「愚物でカシコクないからであります」と認めている。戦争気分の昂揚が招いた陥穽《かんせい》といえようか。ただし、集めた資金は保守合同、岸内閣激励などのキャンペーン費用であり、「党本部や政府筋から全く支援を受けず、財界方面からの寄附金を全部打ち込んで、なお借金した」という。さらに借金約三〇〇〇万円があり、社屋も自宅も抵当に入れているため、保釈金九〇万円は時津風親方と広告代理店・博報堂から借金したとも告白している。保釈後の経営継続にむけた金策についても、次のように収支を公表している。

「岸総理大臣の懇意な財界人から二百万円の寄附があり、私としては掛軸を売って二百万円を得、尚、大野伴睦、高碕《たかさき》達之助の両君からも見舞があり、また財界から百万円の援助もあつてとにかく急場の切り抜けはできました。」

野依逮捕で新聞各紙はここぞとばかりにバッシング報道を過熱させた。特集「新聞が騒いだ私の恐喝事件の真相」(一九五七年一〇月号)では新聞各紙の「誤報暴力」すべてに反論を加えている。「ウソ八百を書き立てた極悪――朝日・毎日・読売・産経・日経・東京――新聞のデタラメ記事を衝く」は各紙の報道を一望できて便利だが、ここでは野依の心境にスポットを当てたい。

「私の金づかいは実にキレイなものだが、集める方でも利権や周旋の如き金儲を只の一度でもやつた事がない。全体金儲を考えた事がないというのはその方面に手出しする事になれば、利害損得をはなれての活動が出来なくなるからである。私の所に集まるお金は野依寺、野依神社への御賽銭と思つている。」

むろん協賛企業がすべて「御賽銭」と考えていたわけではない。中野謙二「勇敢になった有名会社――まだ似たような雑誌が二百も」(一九五七年六月二四日付『毎日新聞』夕刊)が示すように、当局にとって『実業之世界』は「取り屋雑誌」の象徴だった。

「暴露雑誌のナンバーワンといわれる『実業之世界』が摘発されたことにむしろ重要な意義があるのだと当局ではいっている。(中略)捜査二課では昨年秋から半年余り、この恐喝事件を内偵してきた。その間検挙した『財界往来』の代表(木舎《きや》幾三郎《いくさぶろう》)の調べから、野依代議士らの悪どい恐喝ぶりがわかった。」

野依は「暴ペンの王者〝毎日新聞〟の中野謙二記者に与う」(一九五七年一〇月号)で次のように反論する。むしろ刑事が「金の出しかたによっては背任になる」と企業の担当者をおどして被害届けを出させたのだ、と。「検事と刑事と私」(同号)では、さらに詳しく経緯を解説している。

「昨年の八、九月号にキリンビールの攻撃(八月号「売掛金二十五億の〝麒麟麦酒〟解剖」、九月号「キリン麦酒をクイ物にする強欲漢・磯野長蔵」など)を大々的にやった時、或る有力者を通じて、警視総監に実業之世界社を恐喝容疑で捜査をしておるという話だが、どこが一体悪いのか知らして貰いたいと申入れた時、キリンビールの攻撃が余りに猛烈で、ポスターなどもベタベタ貼ってあるし、それに飛行機の上から、共産主義の攻撃広告と共に、キリンビール攻撃のチラシをバラまいたりしたので、一応捜査しただけであって、他意はないという挨拶をうけた。」

飛行機から撒いたビラは八月の参議院選挙に向けて出版した自著『なぜ?共産党に反対か?』(一九五六年)を紹介したもので、その裏面にキリンビール攻撃の広告文が刷り込まれていた。キリンビールとは金銭上の関係はないというが、これが他の企業に与える威嚇効果は否定できないはずである。

## 「筒井社長＝野依会長」体制

こうした企業攻撃とその方法に行き過ぎがあったことは野依も認めており、実業之世界社社長を筒井弥二郎に譲り、雑誌経営の第一線から退いて会長となった。ただし、『真宗の世界』『大世界』『女性仏教』など仏教系三誌の経営は野依が続けている。筒井新社長名義の「新生に就いての御挨拶」(一九五七年一〇月号)では再出発の決意がこう述べられている。

「社会悪に対しては勿論《もちろん》膺懲の筆を断じて枉《ま》げませんが、これまでのような私設警察を自認し進んで民間諸会社の非行摘発への乗り出しは、大いに自粛自戒し、国民の声、なき声の真の代表者として、はたまた組織者としての立場を守って行きます。」

周知のごとく、「声なき声」はこの三年後、一九六〇年安保紛争で岸信介首相が口にして有名になった言葉である。

逮捕議員の処分を迫られた自民党党紀委員会は代議士会副会長の辞職を勧告し、野依は八月二八日これを受け入れた。「事件と怨みと憤慨と笑い」(同号)では、保守合同と岸内閣成立への功績からして、「それを思えば、岸君はどんなことをしてくれてもいい筈《はず》だ」と、愚痴を漏らしている。表の政治舞台では動かなかった岸信介だが、翌一九五八年四月号から『実業之世界』で「巨人の実践訓」の長期連載を開始している。『実業之世界』が「野依秀市の書く雑誌」から、「岸信介、小泉信三、渋沢敬三などの書く雑誌」へと変化することは可能だっただろうか。もちろん、それは不可能だった。翌月から「反響」欄が設けられ、「検察ファッショ」、「新聞暴力」と闘えと激励する野依シンパの読者や政治家が投書やコメントを数多く寄せている。横綱審議委員会委員・尾崎士郎は「禍《わざわい》は純真・ウブからか」(一九五八年一月号)をこう結んでいる。

「翁は七十の青年、否、少年である。好漢希《ねが》わくは自重自愛、性来の天真爛漫さをつらぬいて、いささかも、たじろぐところなく、国家社会のため益々本領を発揮されんことを切望するものである。人生の(勝)負は最後の土俵にある。痩せ蛙まけるな一茶此処にあり。」

実際、「七十の青年」は一九六三年の「最後の土俵」まで、なお三度も立候補している。だが、この恐喝事件が政治家・野依に与えたダメージは決定的だった。

「もし私の刑事事件のために、仮りに公認が云々されるとしたならば、自由民主党そのものが自ら恥じなければならんと思います。今回問題にされたような、私の恐喝事件なるものの金も、保守合同促進運動のために使っているのです。」(一九五八年一月号)

その予想通り、一九五八年五月の第二八回衆議院議員選挙では自民党は党本部役員の野依に公認を与えなかった。「ナゼ敗れたか」(一九五八年七月号)では、前回から得票数を六割減させた惨敗の理由として自民党の非公認以外にさまざまな中傷や妨害を挙げている。

しかし、それだけではあるまい。高度経済成長とともに、地方の有権者の政治意識も急速に変化していた。一九五八年五月二三日付『大分合同新聞』の本社記者座談会では、「前回は最高点を取りながら、刑事事件を起した二区候補が次点にもなれず落選したこと」を、記者は選挙民の良識が成長した証《あかし》と高く評価している。とはいえ、大分選挙区に限らないが当時の地方選挙をめぐる買収饗応はなお激しかった。選挙違反も非常に多く、「県警本部の調べでは末端の一票が平均七十五円ぐらいだった」という。同じ座談会では次のように語られている。

「E　大ざっぱにいって共産党を除いて保守、革新とも最低五百万円、一千万円が通り相場で最高は三千万円というのもあったようだ。」

「C　ボクは一、二区合わせて一億円以上動いていると思うね。」

「B　今後の地方選挙にからんで現ナマの打ち方はかなり末端まで行き渡っていたようだ。」

**甦った『帝都日日新聞』**

戦前に実業之世界社社員だった川浪道三《みちぞう》は「四十五年の想い出」(一九五三年七月号)で、野依の資金集めについて次のように書いていた。川浪は女流作家・水野仙子《せんこ》の夫として有名だが、白柳秀湖の紹介で実業之世界社に入社し、三宅雪嶺の口述筆記などを担当した。

「野依という人はその活動資金として、金のある人から援助資金は貰うが、脅かして之を取るというようなことは、決してしない人だと信じていた。金持から金を貰うことについては、色々の批判もあろうが、野依という人は、さういうことをやつても、ちつともイヤ味がない。ごく自然である。これはやはり人柄である。」

だが、この「金持から金を貰う」方法は、野依が批判した戦前の格差社会を前提としていた。野依は「偉大なる敗戦の功徳」として、華族、大地主、大資本家が消えたことを挙げて

図 13-2 『帝都日日新聞』復刊広告（『実業之世界』1958 年 11 月号）
「武者小路実篤先生・毎週執筆」「小泉信三先生も時々執筆」.

いる（「講和と日本と世界」一九五一年九月号）。まさにその功徳の帰結として、ポケットマネーで野依を支援するパトロンは消えたのである。つまり、野依自身が願った社会の平準化によって、野依メディアの経営基盤は掘り崩された。それゆえ、野依が連載「五十年間四百人物印象記」などで戦前の大実業家の金払いの良さを懐かしむ姿は、そもそも自己矛盾に充ちている。

この恐喝事件の被疑者はときに七三歳、常人ならばここで引退を考えるわけだが、自分を攻撃した大新聞への反発から、野依は『帝都日日新聞』の復刊に踏み切った。一九五八年七月一九日、『帝都日日新聞』は題字も「自由論壇」「電話問答」「新聞批判（戦線）」という常設欄も戦前のまま復刊された（図13-2）。『帝日』再刊の原資がどこから捻出されたかは興味あるポイントである。時期的にみれば、警察官職務執行法、日米安保条約の改正をめざす岸信介内閣の世論対策の思惑もあって、資金の一部は政財界から流れ込んだとみるべきだろう。野依はコラム「ひとりごと」欄(一九五八年一二月号)でこうつぶやいている。

「財界側が警職法改正案の成立にそれほど希望をかけているならば、ナゼもつと言論機関に対する方策を平生《ふだん》から考えないのか。(中略)この時に当つて、痩せても枯れても、日刊新聞として、始めから堂々と警職法改正賛成論を打ち出して『朝日新聞』初め大新聞の愚論暴論に戦いをつづけたのは本誌の僚紙『帝都日日新聞』あるのみだ。」

『実業之世界』は経済雑誌のはずだが、砂川闘争や警職法反対運動などで論壇をリードする「進歩派文化人」に対しても攻撃を開始した。特集「日本の赤いヒモ――『世界』発行の岩波書店とそのお抱え学者」(一九五九年一月号)が典型だろう。「左傾の大本営・岩波書店の切断図――吉野編集長とその周辺」では、いわゆる岩波文化人の戦争協力や派閥抗争が詳しく分析されている。興味深いのは、野依が復刊した『帝日』に常連執筆者として迎えた武者小路実篤、小泉信三はいずれも岩波茂雄と近い関係にありながら戦後は『世界』から閉め出されたオールド・リベラル文化人である。岩波文化人批判につづいて、『国民の敵・容共朝日新聞を衝く』(一九五九年)も刊行された。一九五九年七月二〇日付『帝日』の再刊一周年祝辞で岸信介首相はこう述べている。

「『帝都日日新聞』というよりは『野依日日新聞』といった方が、むしろ適当かも知れない。

今の新聞で、個人の色彩が明白になっているのは、私の知れる限りでは『帝日』だけだろうと思う。」

同じことは、「戦後の三宅雪嶺」の大役を担った武者小路実篤も「『帝日』一周年を迎えて」(一九五九年七月二二日)で述べている。

「僕なら言はない事も勿論言っているが、僕が言いたいが、うるさいからやめておこうと思う事を痛快に無遠慮にひっこく言っている。実にあきずに情熱をぶちまけている。日本人には珍らしい人だ。そして日本を実に愛している。『帝都日日』は勿論新聞であり、野依君一人が全部かいているわけではないが、しかしこの新聞は野依君の新聞で野依君をぬかしてこの新聞は考えられない。」

個人の責任編集に固執するメディアは確かに独特の強度を持つが、複雑化した社会のメディアとしては物足りないことも事実である。実際、その経営は困難を極めていたようだ。再刊一周年号の一面トップ「帝日のウチ幕」は、新聞経営の実態を赤裸々に告白している。

「野依社長は、社屋も自宅も、みな抵当に入れて借金しており、その他『実業之世界』の方でも、少なからぬ借金があるので、ナカナカ経営困難です。」

野依が「自由民主党の機関新聞」と自負した『帝日』だが、党からは「昨年の秋あたりからホンの郵便料というくらいな援助」があるだけだともいう。もちろん、岸信介ほか政治家からの援助も別にあるにはあったようだ。

「岸さん初め、その他グループの親方は代議士に盆暮には出しているから、無論わが野依社長にも出ているでしょう。それ以上の事はいえません。」

他方、『帝日』を送りつけられている宮内庁や文部省は「ビタ一文だってよこさない」といい、経団連や日経連からも資金援助が来ないと怒りを露わにしている。それでも『実業之世界』と『帝日』は、一九六〇年安保騒動を通じて一貫して岸内閣支持を貫いた特異なメディアだった。

結局、東条内閣商工大臣だった岸信介が戦前の影を帯びていたように、『帝日』も明るい戦後民主主義には馴染《なじ》めない新聞だったのかもしれない。明るい記事さえ、奇妙に戦前、戦中の影をおびていた。たとえば、『帝日』が一九五九年に懸賞公募した「皇太子のご成婚を讃える歌」である。選者に加わった草野心平は「武者小路実篤、尾崎士郎の両氏も推すところとなり、私も異存なかった」と選後寸評を記している(一九五九年四月一一日)。入選歌「皇太子さまおめでとう」の第二番を引いておこう。

「いつでも　どこでも　ニコニコと　皇太子さま　いらっしゃる
ぼくらのそばに　いらっしゃる　ああ　たのもしい　ニッポンに
のびゆくぼくらは　しあわせだ　皇太子さま　おめでとう」

明るい歌だが、作詞者・田沢武男(匏生《ほうせい》)は、戦時中にも『帝日』募集歌で一等入選の経験があるという。レコード化された作品としては、東海林《しょうじ》太郎が歌った「野良も戦地だ」(テイチク・一九四一年)がある。応募者数八〇九人と合わせ、『帝日』読者の狭く古い読者層を推定させる。

『帝日』再刊一周年に際して小泉信三は「帝都日日と新聞批判」(一九五九年七月二〇日)を寄せている。小泉は慶応義塾塾長や東宮御教育常時参与などを歴任し、この年に文化勲章を受章する。

「『帝都日日』の特色の一は「新聞批判」にあると思ふ。私は本紙を手にすれば、必ず第二ページを開けてこの欄を読む。さうしてしばしば同感を感ずる。新聞は政府の専制を批判するのが使命であるが、ひとり政府ばかりでなく新聞そのものも、批判がなければ、知らず知らず専制に陥り易い。(中略)批判が生命である筈《はず》の新聞が、同じ仲間の新聞のしたことだとあまり批判の筆を揮《ふる》はない。同業間の仁義といふものか、或はギルド的利己主義の結果か。」

小泉信三の祝辞と並べられた自民党副総裁・大野伴睦「興国新聞は『帝日』のみ」は、『帝日』の朝日新聞批判を財界人は大いに支援すべしと訴えている。

「一体、政界でも財界でも大新聞なるものを怖れすぎる、そんな卑怯なことではいけない。(中略)財界人は、よろしく『帝日』を支援する義務があるといいたい。『帝日』の如き新聞が一つでもなかった日には、世の中は暗闇でないか、『帝日』に財界からこぞって広告を出すようにするがいい。」

一九六〇年五月二〇日、新安保条約は国会で強行採決され、六月二三日の発効を待って七月一五日岸内閣は退陣した。奇しくも、七五歳「青年野依」の健康状態が衰え始めるのがちょうどこの頃で、五月九日から高血圧で約一ヶ月入院している。

一九五〇年代の「野依学校」に在籍していた関善太（のち『経済知識』編集長）は、講演旅行に飛び回る野依を次のように回想している。

「その〔講演の〕合間にも一日数本の原稿を口述し、記者連の原稿を検閲し、新聞雑誌記事の校正はもちろん、新聞広告の校正まで〝親閲《しんえつ》〟しなければ気がすまなかった。そればかりではない。まだ元気なころには全社員七十名の業務日誌を毎日丹念に点検し、霊感？が湧くと「話しある来い」の印をつけて自室に呼びよせ怒鳴りつけたり吸いついたり、或いは厳命をくだしたりといった大車輪ぶりだった。」（『経済知識』一九六九年二月号）

関は野依を「大胆のくせに小心、大欲のくせに小欲、ケチくさいくせに気前よく、物識りのくせに物を識らない、まことに複雑微妙な人柄」と評している。メディア人間の本質を抉《えぐ》る見事な描写というべきだろう。

## 「風流夢譚」事件の告発者

野依は一九六〇年一一月二〇日の第二九回総選挙にも無所属で立候補し、次点で落選している。「敗戦の弁」（『世界仏教』一九六〇年一二月号）によれば、この三年間、選挙区全体に年賀状、暑中見舞いを出し続け、地元に尽力してきたという。

「遺家族の上京などに対しても親切を尽し、地元における遺家族の大会とか、記念碑の建設とかいう場合にも義務をつくしている。というような点で、私は頗《すこぶ》る人気があるので立候補した。」

それにもかかわらず、自民党は公認はおろか党籍証明さえ出さず、むしろ「自由民主党の作り主」の当選を妨害したと自民党執行部を厳しく批判している。もちろん、刑事事件被告という理由もあったが、造船疑獄の「第一審が有罪で控訴中の、曽《かつ》て有名であった有田ドラッグの二代目有田二郎」はこの時も公認されている。

「いくら大阪支部からの申請といっても、有田君を公認する位なら、まだ一審もきまらない証人取調べ中である私に公認を与える気持になってくれてもいい筈だ。」

この選挙を控えた一〇月一二日、浅沼稲次郎社会党委員長が一七歳の山口二矢《おとや》によって刺殺された。「人間機関車」浅沼は戦中の『実業之世界』に何度か寄稿し、戦後も吉田内閣打倒国民大会で野依と手を握っている。野依の心境は単純ではなかったにちがいない。だが、野依は自殺した山口少年のために日比谷公会堂で開催された烈士山口二矢君国民慰霊祭に参列献花している。

こうした状況下に、中央公論新人賞作家・深沢七郎の「風流夢譚」が『中央公論』一二月号に発表された。同年の安保闘争をパロディ化した空想小説である。「左慾」革命により天皇・皇族が皆殺しになるという夢を綴った内容である。「左慾」の表記が示すように、共産主義、社会主義への共感を示す作品ではない。編集部は浅沼刺殺事件後の右翼テロに対する世論の反撥、そうした空気を読んで掲載に踏み切ったようだ。しかし、それは空気の誤読である。同年の皇子(現・天皇)誕生の慶事に沸いた世間では、美智子妃の斬首シーンの描写などが衝撃をもって受け取られた。野依の『〝風流夢譚〟の批判と国民への訴え』(一九六一年)

に抄録されている問題箇所は読むに堪えない文章だが、野依の憤激を理解する上で引用は必要だろう。

「ひょっと向うを見ると『女性自身』(講談社発行)という旗を立てた自動車にスシ詰めに人が乗っていて、その人達がみんなこっちを見ているのだった。「これから皇居へ行って、ミッチーが殺《や》られるのをグラビヤにとるのよ」と女の記者が嬉しがって騒いでいて(中略)。皇太子殿下の首はスッテンコロコロと音がして、ずーッと向うまで転がっていった。こんどは美智子妃殿下の首がスッテンコロコロコロカラカラカラと金属性の音がして転がっていった。」

『女性自身』には深沢の原文にはない「講談社発行」の註が付されているが、同誌の発行元は講談社から戦後分立した光文社である。戦前の「野間征伐」の昂揚感が筆を滑らせたのだろうか。だが、女性週刊誌による皇室報道の過熱に対する風刺として読むにしても無理がある。実際、一九六〇年一二月一日付『朝日新聞』の「天声人語」も、この小説の反ヒューマニズム、反人権を批判している。

「現にいま生きている実在の人物を、実名のまま、処刑の対象として、首を打ち落とされる描写までするのは、まったく人道に反するものというほかない。かりに深沢七郎氏自身が他の作家によってこのように書かれたらどうだろう。」

野依はまず「皇室への無礼」に憤慨しているが、特に「美智子妃」と個人の実名をあげたことも許せなかったようだ。一九五九年の御成婚のきっかけとされる「テニスコートの出会い」は一九五七年八月だが、その二年前の『実業之世界』には正田家のテニスコート写真が掲載されている(正田富美子「私の結婚」一九五五年六月一五日号)。さらに、和田平助「財界人のお嬢様評判記」(同年八月一日号)でも正田美智子は写真入りでトップに掲げられている。「なんでもよく出来る万能ぶりは羨《うらや》ましがられるくらいであり、現に〔聖心女子大学で〕クラス・プレジデントをしておいでだ。(中略)将来の希望はと聞くと「良い家庭婦人になること」だとおつしやるから奥ゆかしい。」

一九五九年の御成婚特集の派手さも経済雑誌としては異例であり、野依自身のインタビュー「正田貞一郎翁と一問一答」(一九五九年二月号)、「美智子妃殿下の父君と語る」(同年五月号)も掲載されている。社賓待遇の小泉信三との関係もあって、御成婚への思い入れは尋常なものではなかった。「風流夢譚」に対する野依の怒りは、その反動というべきかもしれない。

しかし、深沢が行方をくらましたため、野依は攻撃の矛先を中央公論社に向けた。一二月発売の『中央公論』新年号は「いたずらに世間をお騒がせいたしましたことについて」、「深く遺憾の意を表する」との竹森清編集長名の告示を掲載した。さらに竹森編集長の更迭で事態は収拾するかに見えたが、野依は態度をますます硬化させていった。戦後言論史を画するこの事件については、中村智子『「風流夢譚」事件以後』(一九七六年)、京谷《きょうや》秀夫『一九六一年冬「風流夢譚」事件』(一九九六年)が公刊されている。いずれも中央公論社側から野依言説を「右翼」資料として論じているが、ここでは別の視点で事件を追ってみたい。

おそらく野依自身は自らを「右翼」だとは考えていなかったからである。中公攻撃の第一弾「天皇と国民を完全に侮辱した極悪の『中央公論』」(『帝日』一九六〇年一二月一九日)は、こう結ばれている。

「右翼の諸君は宜しく『中央公論』をしてもっと徹底的に謝罪さすよう行動を起して貰いたいものだ。」

野依は「右翼の諸君」に対して、反応の鈍さを批判している。乃公《だいこう》いでずんば、との思いがこみあげてきたのだろう。『帝日』は連日この問題を取り上げ、中央公論社周辺から銀座通りにかけて「日本革命、天皇大侮辱をブッタ中央公論社に解散要求」のビラが貼りめぐらされた。また、当該記事を赤線で囲った『帝日』が、中央公論社編集部はもちろん、政財界、マスコミ各社に大量に送りつけられた。『実業之世界』でも「赤化革命と天皇惨殺を記述した『中央公論』とその社を抹殺」(一九六一年一月号)を発表し、一月三〇日には「中央公論社解散要求、赤色革命から国民を守る国民大会」(帝都日日新聞社主催、実業之世界社後援)を日比谷公会堂で開催している(図13-3)。

この開催を告知する新聞広告は各紙で表現を制限され、日時場所、弁士氏名と余興(映画上映)と「国民大会」という文字のほかはすべて削除されたという。その新聞広告を補うべく、立て看板、ポスター、アドバルーン、ハガキ三万枚、飛行機散布ビラ二〇万枚が投入された。とはいえ、新聞読者にも弁士の名前だけでどんな国民大会かは判ったはずである。野依のほかに渡辺銕蔵《てつぞう》、北岡寿逸《じゅいつ》、小松雄道《ゆうどう》、加えて大日本愛国党総裁・赤尾敏《びん》、大日本錦旗会会長・本多葵堂《きどう》、防共新聞主幹・浅沼美知雄である。野依は大会代表に選出され、皇室に代わって深沢と中央公論社を名誉毀損で告発するよう「池田総理大臣に対する要請」を採択した。大会終了後、赤尾敏など代表団は、決議文をもって警官三〇名が配置された中央公論社に押しかけている。

**図 13-3**　「赤色革命から国民を守る国民大会」(日比谷公会堂)で絶叫する野依秀市.

その一団中に二日後の二月一日に「嶋中事件」を起こす一七歳の少年が含まれていた。決行の当日、大日本愛国党を離党した小森一孝《かずたか》である。小森は中央公論社社長・嶋中鵬二《ほうじ》邸に押し入り、家政婦を刺殺、嶋中夫人に重傷を負わせている。二月二一日には赤尾敏が殺人教唆などの罪で逮捕され(証拠不十分でのち釈放)、表現の自由をめぐる「風流夢譚」事件は右翼テロ事件、いわゆる「嶋中事件」に発展した。野依は嶋中夫人への暴力は「言語道断」と否定するが、実力行使の動機そのものは評価している。

「小森少年のテロがなければ新聞はあんなに書かなかったろう。それにしても、新聞はテロの方面のみを書き立てて「風流夢

譚」の内容は殆んど書かぬのはどうしたことか。」(『帝日』一九六一年二月六日)
その上で「天声人語」欄では深沢を批判した『朝日新聞』の不作為《ふさくい》の責任も論じている。
「その〔天声人語の〕精神をもっと拡大して、社説欄においても堂々と徹底的に論じて『中央公論』を反省せしむるまでに熱意を込めたならば、我々の国民大会もその必要を見なかったかも知れない。況《いわ》んや、小森少年の刺殺事件をやである。」(『帝日』同年二月八日)
また、新聞にコメントを寄せた識者にも矛先を向けている。たとえば、二月二日付『東京新聞』で政府のテロ対策の不十分を批判した石川達三に対する攻撃である。
「僕が右翼であったら、石川氏を何回でも訪問して、彼をとっちめるが、右翼は石川氏に対しては『中央公論』を訪問したような態度はとっておらないようだ。私からいえば右翼にもこんな手ぬかりがあるといいたいくらいだ。」(『帝日』同年二月九日)
自分は右翼でない、と繰り返しながら、実力行使を煽動している。教唆という意味では真っ黒ではないとしても、濃い灰色だろう。それにしても、この事件の結末はさらに不透明なものだった。「風流夢譚」事件で中央公論社と帝都日日新聞社の間で仲介に入ったのは、電通専務で日本マーケティング協会理事長の島崎千里《せんり》である。島崎は『渦まく潮流――広告界の舞台裏』(一九七四年)で次のように告白している。
「われわれにとっては新聞社と広告主というどちらも取引先であるという気安い関係にある。電通がこの両者の間に仲立となることは、さほど不自然ではあるまいと考えたのである。」

島崎は野依の条件を容れて、浅沼、赤尾の同席を認め、二月三日に野依が指定した築地・花蝶《かちょう》で嶋中社長と野依の手打ち会談を設定した。それを中止にしたのが、嶋中事件である。

「私は直ちに野依社長に連絡して四月〔二月〕三日の会合をキャンセルした。また一方野依社長もこんどの事件と帝都日日新聞社は全然無関係であることを警視庁に申入れた。」

もちろん、「全然無関係」などとは言えないだろう。結局、中央公論社と右翼側との手打ちは、島崎が用意していた別ルートで実現した。評論家・福田恆存《つねあり》の呼びかけで島崎、嶋中社長、田中清玄《せいげん》、畑時夫《ときお》、さらに朝日新聞大阪本社編集局長・進藤二郎が集まり、交渉は畑と島崎に一任することに決まったという。

「世にいう中央公論嶋中事件の舞台は、畑時夫氏対私〔島崎〕の一騎打の場面になったのである。この両者の第一回会談は電通本社の四階応接室で行なわれた。」

畑は戦前は愛国労働連盟書記長、戦後は勝共連合顧問をつとめている。何度かの会合の後、畑と島崎で合意した原則は「中央公論の編輯方針を中正にもどすこと」だったという。この経緯を説明して元中央公論編集部員・中村智子は、次のように述べている。

「嶋中社長が電通の圧力に「屈して」編集方針を変えたというのは、当たらないかもしれない。むしろ嶋中氏は「すすんで」編集方針を「中正にもどす」約束を受けいれたとも考えられる。」

いずれにせよ、島崎証言で興味深いのは、電通にとって野依は「通常右翼とよばれている人」ではなく「新聞社社長」だったことである。それは、続いて発生した『思想の科学』事件に対する野依の無関心とも関連している。
この年末、中央公論社は右翼の反発をおそれて『思想の科学』天皇制特集号(一九六二年一月号)を発売前に裁断処分し、執筆者から批判を浴びていた。野依は、これにはほとんど関心を示していない。「なぜ大々的に取り扱わなかったのか」という読者の声に、野依はこう応えている。
「左右両方の立場の人から天皇論を書いて貰ったということだから、発売しても一向差支えないわけだ。むしろ、われわれとしては両方の意見を知らして貰えるわけだから、大へん参考になるし、更に、それに対して批判を加えることもできるので、まことに都合がいいわけだ。」(一九六二年三月号)
他方、右翼テロ事件の続発に対して、その資金源の規制を強化せよと輿論も高まっていた。野依は「〝おつきあい〟の金ナゼ悪いか」(一九六一年三月号)で、寄付金規制への反対を強く主張している。戦時中に「新聞雑誌警察」の意義を訴えたのと同じ論理である。購読料や広告料収入の減少を恐れる商業新聞ができないことが、「おつきあいの金」で運営されている野依メディアには可能だというのだ。それと同じ理由で、右翼の存在もまた必要だと展開している。そのため小森受刑者に自著を差し入れ、面会にも出かけている(一九六一年一二月号)。

## 紀元節復活法制化運動

野依は「風流夢譚」事件で中央公論社を告訴しなかった池田首相への不満を募らせ、ついに「池田内閣打倒」を宣言した（一九六一年六月号）。野依の言動は、池田内閣の所得倍増計画で高度経済成長を遂げる日本社会ではますます理解されないものとなっていた。「池田首相辞職要求国民大会」のキャンペーン資金調達に奔走する野依は、公開書簡「ライシャワー大使に御相談」（同号）でこう訴えている。

「私はもう日本の財界には愛想が尽きましたから、アメリカに行って私の心情を訴えたならば必ずや借款に応じて下さるお方があるのではないかと思っておったのです。」

主流メディアに対抗可能な「公正な大新聞」を創刊するために、アメリカから三〇〇億円の融資斡旋を要請している。

図 13-4 「蔣介石総統と語る」『実業之世界』1961 年 9 月号表紙.

もちろん、本気でそれが可能だとは思っていなかっただろう。また、この二ヶ月後、一九六一年七月一二日には台湾に赴き、蔣介石総統と反共の握手を交わしている（図13–4）。戦時下に南京政府の汪兆銘を絶賛し、蔣介石に筆誅を加えた過去の言説、つまり思想史の文脈から見れば、大いなる変節というべきものだろう。ここにメディア論の分析が必要となる。

すでに広告媒体（メディア）としての強度を喪失していた『実業之世界』は、野依秀市というメディア人間の強度、その政治的パフォーマンスによって存続を続けていた。野依が総選挙という祭りにこだわったのもそのためだろう。しかし、多くの人にはその意図は理解されなかった。一九六一年に評論家・御手洗《みたらい》辰雄は同郷の友人として野依の「代議士病」を諫《いさ》めている。

「政治をやってもいいが、代議士病にとりつかれているのはいかんな。これだけ長い誌歴をもっている『実業之世界』という看板をもっているのに、何故これを一生懸命やらんのか。」

野依は「そんなヘンナ病気にはカカラヌよ」といなしているが、確かにただの「代議士病」ではなかった。むしろ、「メディア病」と呼ぶべきものだ。この病気に罹った人間がメディア人間なのである。わが身を総選挙という祭りに投げ込むことで、その分身たる雑誌の存在価値を確認しようとしたのである。ただし、メディア人間の強度によって入ってくる資金は、メディアの強度に応じて集まる広告料ではなく、人間への協賛金だった。協賛金による経営によって、雑誌は市場原理を回避できた。だが、そうした雑誌が必要とするのは「情報」ではなく「道徳」となる。広告媒体でなくなったメディアも、モラル装置としてならば存続が可能なのである。

そもそも、犯罪報道を扱う新聞雑誌もモラル装置として出発している。スキャンダルの動機と処罰をめぐる言説は、読者に何が世間で問題とされるかを楽しみながら学習させ、予防監視の視線を内面化させるからである。こうした機能は、今日の犯罪報道においても十分に引き継がれている。たとえば、少年法で保護された重大事犯少年の実名や顔写真を報道するメディアの姿勢に、私設検察的、すなわち野依的な心性を読み取ることはまちがいではない。そこに大衆の欲望があり、それゆえに市場原理から自由なメディアの可能性もあるはずだ。とはいえ、モラル装置への過度の傾斜にはリスクがともなった。売れなくてもよいと開き直ることになりがちである。

それればかりか、こうした市場原理の軽視は、結果としてモラル装置としての歯止めも失わせてしまう。野依メディアの場合、実力行使を匂わす、脅迫すれすれの言説は、言論機関として自己破綻を招いていた。一九五七年の恐喝事件、一九六一年の「風流夢譚」事件は当然の帰結だった。

野依メディアのモラル装置化を象徴的に示すのが、紀元節復活法制化国民運動である。政局を論じる経済雑誌は珍しくないが、紀元節復活を毎号唱える経済雑誌となるといささか異様である。古代オリエント学者として「二月一一日」の学問的根拠に疑問を呈した三笠宮殿下に対しても、野依は皇族離脱の勧告文を突きつけ、『三笠宮は皇族を離脱か』(一九六〇年)を刊行した。一九六二年一月には右翼団体を糾合して、紀元節復活法制化の運動本部を帝都日日新聞社に設置している。

## メディア人間の夢の跡

一九六三年の「実業之世界創刊五十五周年記念」イベントは、五〇周年を上回る規模で実施された。来たるべき最後の立候補に向けて、資金集めが必要だった。記念特集「財界をになう五十五会社の展望」(一九六三年五月号)は九月号まで五回繰り返され、合計二七五社の展望記事が誌面を埋めた。露骨な協賛金集めの企画である。そうして集めた資金で野依は同年九月に宇佐町に「和気清麿公船繋《ふねつなぎ》石之碑」を、一〇月には中津市に岸信介揮毫《きごう》の「野依秀市翁頌徳《しょうとく》碑」(第七章扉図)を建立している。後者は「中津市遺家族諸氏による」感謝の顕彰だとされている。だが、その本質は自分を頌徳する、まさに野依式自己宣伝の極致である。

同年一一月二一日実施された第三〇回総選挙には「最後のお願い」で泣き落としの演説を繰り返した。野依秀市七八歳、最後の選挙公報はこう始まる。

「私は立候補すでに九回、二回当選、七回落選しているにも拘《かかわ》らずこれに屈せず、またまた立候補する次第を皆様に訴え御同情に預りたいのであります。私は『帝都日日新聞』『実業之世界』『世界仏教』『真宗の世界』『女性仏教』を毎日毎月発行いたしておりますが、多忙の中をあえて私が国会に出たい理由は郷土の大先覚福沢諭吉先生の独立自尊の大精神、福沢の大勇気を政界に打ち出したいのであります。」

大方の予想通り、一九六三年第三〇回総選挙で六人中五位で落選している。野依は自民党党員だったが、公認はおろか党籍証明さえもらえなかった。当時、同じ選挙区の自民党新人候補・佐藤文生《ぶんせい》(のち中曽根内閣郵政大臣)のもとでフィールド調査していた政治学者のジェラルド・カーティスは『代議士の誕生』（一九七一年）で「周囲から〝県北自民党〟と呼ばれた独自の集票マシーン」を築きあげた野依とその地盤・中津市について、こう記述している。

「幼少期に大阪から越してきた福沢は〝中津の風《ふう》に合わず〟〝孤立〟していたと語っているが、一九六〇年代の中津も政治的には周囲から孤立していた。多くの人にとって、中津は思い出せる限りの昔から野依秀市の地盤だった。福沢諭吉四八歳の年に中津に生まれた野依は、戦後の衆院選では地元中津でつねに最高得票をマーク、ほぼ二票に一票が野依票だった。最後に出馬して落選した六三年選挙でも、二万九三〇五票のうち一万二二六一票をとっている。」

こうした野依の選挙活動の「派手さ」は、今でも古老の語り草になっている。しかし、カーティスによれば、野依引退後にトップ当選した佐藤文生も、年賀状、暑中見舞いなど季節の挨拶状のほか、新盆の家へのお供え物、ご仏前を配るなど、野依とまったく同じ手法を踏襲していた。公私にわたる寄付や進学、就職の斡旋、さらに選挙期間中の饗応もまた同様である。さらに、カーティスは中津市民の投票行動について興味深い分析を紹介している。反共、最右翼のイデオロギーを主張した野依の票が、引退後に流れたのは自民党現職ではなく、日教組の社会党候補・小松幹《もとき》だったという。主義を訴えた候補者の票が、結局は主義に左右されない政治風土なのである。

「野依票は圧倒的に個人票が多く、長年野依を支持してきた人は、宿敵の綾部や西村（ともに自民党現職）に投票したくない。このため、野依引退後初の選挙となった今回の衆院選では、自民党の現職には投票せず、棄権するか、新人で自民党の「野依つぶし」に直接かかわっていないイメージのある佐藤、もしくは野依とはまったく接点のない小松に入れたという見方だ。」

　野依は選挙活動中の体調不良から心臓疾患が判明し、ついに政界引退を表明した。一九六四年八月には選挙地盤向けメディア『大分県及び大分県人』の経営権を手放している。

　政界引退後も野依は紀元節法制化の運動を熱心に続けている。一九六五年四月にそれまで個人経営だった実業之世界社と帝都日日新聞社を合体させ、授権資本金一億円（払込資本二五〇〇万円・一部外部資本参加）の株式会社帝都日日新聞社として代表取締役社主に就任した。

「いままでに雑誌社から日刊新聞を発行している例がないので、世間並みに、〝株式会社帝都日日新聞社〟から『実業之世界』を発行することにしたわけで、特別な意味はないとご承知願いたい。」（一九六五年六月号）

　とはいうものの、やはり資金繰りに困った末の算段であろう。経営の透明性を「世間並みに」高めることで運転資金を確保しようとしたと見るべきだ。つまり、野依秀市個人の信用で維持されてきた「野依メディア」は、ここに終焉を迎えた。野依が目の敵にした朝日新聞社の株式会社化は一九一九年七月だから、約半世紀遅れの「近代化」ということになる。一九六六年からしばしば入退院を繰り返しており、「国賊朝日に戦いを宣す」（一九六六年八月号）など派手な見出しの社論はあるが、中身はバックナンバーからの焼き直しとなっている。「朝日新聞打倒に乗り出す」（同年一〇月号）では広告依頼の中止を宣言しているが、朝日新聞社にとっては何の痛痒《つうよう》もなかったはずだ。

　ようやく、一九六六年六月二五日に佐藤栄作内閣のもと念願の祝日法改正案が成立した。「建国記念の日」法制化が近づくにつれ、野依は意見を異にする旧来の親友知人、たとえば松永安左ヱ門、御手洗辰雄、三鬼《みき》陽之助などに容赦なく筆誅を加えている。現実政治的な発想から離れて、宗教的信念に没入したようにも見える。

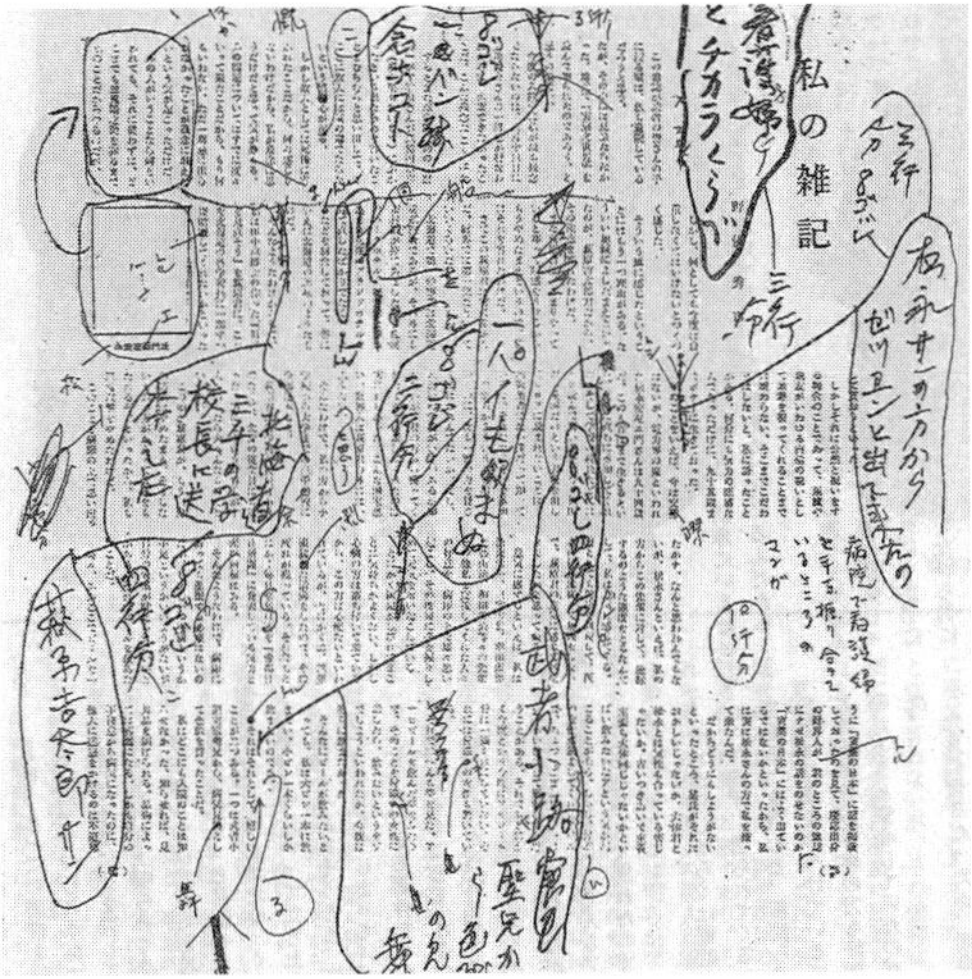

図 13-5　野依秀市絶筆の校正ゲラ(『実業之世界』1968 年 6 月号).

　野依は戦後初の「建国記念の日」を祝った後、一九六七年三月号では「第一線に立って編集長としてやることにした」と現役復帰を宣言している。しかし、同年五月号の「編集後記」では足のシビレを感じながらの編集作業について苦境をこう漏らしている。

　「正直に告白すると、今『実業之世界』はこの〔破邪顕正の実現と

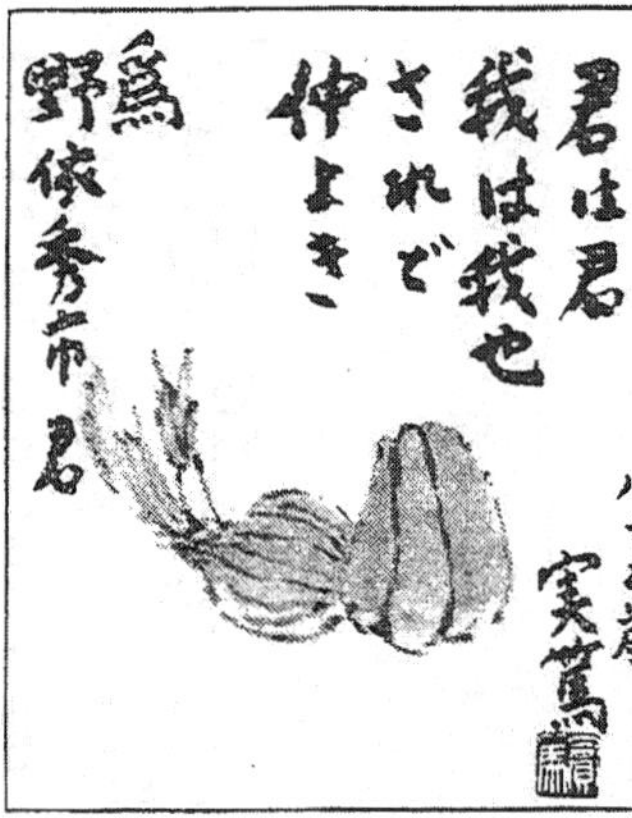


図 13-6　武者小路実篤が見舞いに送った色紙(『実業之世界』1968 年 5 月号).

いう」意味よりして甚だ経営困難だ。(中略)兵士が戦場に立つような悲愴な覚悟をもって、今この編集に当たっておる。」

玉砕覚悟、そうした悲愴感が読み取れる。翌一九六八年一月二日、風邪発熱と心臓疾患のため東京女子医科大学病院に入院したが、ベッドの上でも校正のペンを離さなかった(図13-5)。

絶筆の「私の雑記」校正ゲラが『実業之世界』追悼号(一九六八年六月号)に掲載されている。元気なときであれば、原稿よりも書き込みの方が多い場合もあったという。そのエッセイでは、武者小路実篤から入院見舞いとして送られた色紙(図13-6)に言及している。「君は君、我は我也、されど仲よき　為野依秀市君　八十二歳実篤」とある。いみじくも、これと同じ文句を武者小路は鳩山一郎にも送ったようである。一郎の孫・鳩山由紀夫は首相就任の直前に、自らの政治理念をこの武者小路の文句を引いて説明している。

「武者小路実篤は「君は君、我は我也、されど仲良き」という有名な言葉を残している。〝友愛〟とは、まさにこのような姿勢で臨むことなのだ。」

なるほど、「友愛」とは敵本位主義者・野依まで包み込む融通無碍《むげ》な理念なのであろう。

一九六八年三月二九日、野依は脳溢血で倒れた。継嗣秀之の未亡人・野依千春は「野依秀市闘病記」で、「仕事の鬼」の病床生活を詳細に伝えている。意識を失った三月二九日の日誌の末尾。

「その間も印刷所に三回電話。五月号校了を喜ぶ。○大阪支社長に電話。田中（卓《たかし》・皇學館大学教授）博士の本の題名を考えて欲しいと話している途中「ウッ」と言ったまま、受話器を落とす。○軽い脳溢血。今夜一晩が大切と医師。○社長、専務かけつける。」

一時意識が回復するものの、三一日に肺炎を併発して午後八時五八分に死去した。享年八二歳である。一九二〇年の帰依以来、真宗宣伝にこだわった野依だが、自らの通夜は入院先の病院に近い月桂寺（臨済宗）を指定している。参集者への配慮だったのだろう。

野依の死が発表されたのは「創刊六十周年記念号」（一九六八年六月号）だが、はやくも翌七月号「編集後記」で「野依色に包まれた雑誌」からの脱皮が言及されている。『実業之世界』は、野依没後も一七年間、第八三巻二号（一九八五年二月）まで刊行され続けた。その廃刊は突然だったが、おそらく一九八一年の商法改正により総会屋などへの利益供与が禁じられたため、その歴史に終止符を打ったのだろう。

帝都日日新聞社は一九六八年七月一日、取締役相談役に児玉誉士夫《よしお》を迎えて新発足した。その一年後、一九六九年六月三〇日付社告は「日本主義を標榜する日刊新聞に課された重大使命達成には、ほど遠いものある」として、「株式会社やまと新聞社」への改組が断行された。『やまと新聞』から野依色は一掃され、ある意味で「ふつうの右翼新聞」になった。改題第一号から大森鉱太郎『『やまと新聞』の足跡――日本主流新聞史通論」全六回が連載されているが、一八八六年創刊時における福地源一郎の尽力、一九三二年の大化会会長・岩田富美夫による買収、一九四三年の児玉誉士夫社長就任、一九四五年五月二五日の空襲による社屋全焼までが略述されているだけで、この通史に『帝日』や野依秀市の名前は一度も登場していない。

小林一三《いちぞう》は「君は生ているうちは悪く言われるよ。その代り死んだらエライものとなるかもしれない」と、「追放解除記念号」(一九五一年九月号)の野依評で書いている。阪急東宝グループの創業者として小林の名声はその死後ますます高いが、野依を「エライもの」と呼ぶ声は聞かない。ジャーナリズム史でも「暴露雑誌の元祖」は黙殺されてきた。

二〇一一年一〇月二六日、私は担当編集者と芝公園前に実業之世界社・帝都日日新聞社の面影を訪ね歩いた。帝日ビルの跡地には、洒落たイタリア料理店が入るテナントビルが建っていた。筋向かいにあった共立女子薬学専門学校は、現在では慶応義塾大学薬学部と名称を改めている。そこから徒歩数分にある野依の自宅も商業ビルとなっており、芝大門に野依秀市の痕跡はない。ただ、「四尺八寸居士」を近所で目にした古老に昔話を聞くことができただけである。

一九六八年四月一二日東京築地本願寺講堂で催された帝都日日新聞社の盛大な社葬の様子は筒井弥二郎編『野依秀市』(実業の世界社・一九六九年)に詳しい。遺骨は嗣子野依栄二、位牌は野依千春が奉持し、葬儀委員長・筒井弥二郎（実業の世界社社長）から焼香が開始された。岸信介、前日立製作所会長・倉田主稅《ちから》、全日本仏教会理事長・来馬《くるま》道断、中津市長・八並《やつなみ》操五郎の弔辞が代読され、帝都日日新聞社編集局長・鹿熊《かぐま》猛が友人代表として弔辞を朗読した。西本願寺門主・大谷光照から弔電、その使いとして築地本願寺・田中副輪番が故人宅を弔問した。焼香には、中曽根康弘運輸大臣、時津風日本相撲協会理事長、武見太郎日本医師会会長、児玉誉士夫などが列席している。

岸信介以下の「お決まり」的な弔辞もここで引用する必要は感じない。むしろ、野依の生前に楢橋渡《ならはしわたる》が書いた「偽悪者　野依秀市」（『人間の反逆』一九六〇年）から引いておきたい。第二次岸信介内閣で運輸大臣になった楢橋は、戦時下の翼賛選挙の非推薦当選議員であり、一九五五年に保守合同組織委員会の民主党側議長として野依とともに働いた人物である。

「〔野依代議士は〕自由党の大ボス大野伴睦と、民主党の大ボス三木武吉を提携せしめ全国主要都市に自らの費用で保守合同の大演説会を開き、アドバルンをあげ飛行機でビラを撒き、その費用数千万円を費《つか》い、自由民主党の結成迄漕ぎつけたことで、その力はたいしたものだが、本人はその為無理して恐喝罪の嫌疑で逮捕され警視庁にブチ込まれた。調べた検事が驚いたのは彼の無欲と私的生活の質素で、各会社から集めた金は全部社会公共の為《た》め費つていた。」

この文章を収めた『人間の反逆』は野依の経営する芝園書房の発行であり、もちろん割り引いて読む必要はあるだろう。しかし、「現代の小利口な時代に愚直と馬鹿さぶりを発揮」

した野依が死後、自宅以外にほとんど資産らしいものを残さなかったのは事実である。

その後の野依家については、大分県在住の親族にお尋ねしてもわからないことが多い。「明心院釈秀覚」こと野依秀市の墓は、千葉県松戸市の東京都立八柱《やはしら》霊園にある。同墓地には西条八十、嘉納治五郎など訪問者の多い墓もあるが、野依の墓を訪れる人はいるのだろうか。一九六七年八月に急逝したＮＨＫ報道局勤務の継子「秀之」のために建てた「野依家之墓」は三区一種一側にある。その翌年に亡くなった「秀一」、さらに三年後の一九七一年に亡くなった「よし」、三つの名前が墓石に刻まれている。本名の秀市ではなく、一九二九年まで「青年野依」が使用した筆名の秀一が刻まれているのは意外だった。遺言でもしていたのだろうか。あるいは、妻よしが愛したのは青年「秀一」であって、政治家「秀市」ではなかったということか。ちなみに、中津市の野依家家紋は「丸に剣酢漿草《けんかたばみ》」だが、この墓所の門柱には(野)と(依)が刻まれているのみだった。「の」と染め抜いた羽織の青年が物陰から飛び出してきてくれないかと思いつつ、私は黄昏の墓園を後にした。聞きたいことは、まだ山ほどあるのだから。

# 野依秀市（秀一）メディア年譜

＊野依自身が校閲した「野依秀市」（『明治大正史　人物篇』明治大正史刊行会（実業之世界社内）、一九三〇年）と「野依秀市・年譜」（筒井弥二郎編『野依秀市』一九六九年）の他、それ以外の自伝的文章も参照した。なお、上記の年譜に記載があっても現物未確認の著作は一部省略した。

＊野依著作の発行元は、いずれも野依自身が経営する実業之世界社、帝都日日新聞社、秀文閣書房、芝園書房、帝都出版、大日本真宗宣伝協会、帝都仏教青年会、新政界社などであり、個別表記は省略した。不屈生・一寸法師・四尺八寸生・芝野山人はすべて野依秀市（秀一）のペンネーム。「論文」は註記なき場合、『実業之世界』掲載。

**一八八五（明治一八）年・〇歳**　七月、一九日大分県下毛郡中津町字新博多町に呉服店主・野依幸蔵（宗兵衛の長男）の次男として生まれる。

**一八九二（明治二五）年・七歳**　尋常小学校入学。

**一八九六（明治二九）年・一一歳**　叔父・野依暦三（中津共立銀行、中津合同運送、中津紡績、耶馬渓鉄道などの設立者）に預けられ、その店員となる。

**一八九九（明治三二）年・一四歳**　福沢諭吉の書生を目指して中津を出奔、同郷の代議士・江島久米雄（従兄弟・野依暦二の義父）を頼るが数日で帰郷。

一九〇一(明治三四)年・一六歳　再び中津を出奔、大阪で山陽鉄道大阪荷扱所給仕となり、大阪普通夜学校に通学。

一九〇二(明治三五)年・一七歳　大阪から第二回目の上京、大阪朝日麦酒東京出張所・旭屋の配達員となる。学資を得るため帰郷。

一九〇三(明治三六)年・一八歳　叔父の経営する運送会社の後藤寺(福岡県)支店を任されるも、使いこみが露見して出奔。三度目の上京、同郷の磯村豊太郎の紹介で五島盛光子爵家書生となり、慶応義塾商業夜学校に通う。

一九〇四(明治三七)年・一九歳　堀田正亨子爵家書生となり、さらに江副廉蔵(外国煙草ピンヘット日本総代理店主)の書生となる。

一九〇五(明治三八)年・二〇歳　一一月、石山賢吉らと三田商業研究会を組織し、『三田商業界』創刊。

一九〇六(明治三九)年・二一歳　新聞紙法の保証金支払いのため、福沢桃介、日比翁助、武藤山治、和田豊治、井上角五郎、朝吹英二から寄付金を集める。一一月、一周年記念講演会を大隈重信を三田演説館に招いて開催。七月、村井弦斎を訪ねて雑誌経営を学ぶ。一二月、石山らと対立して三田商業研究会を退会、日本新聞社に広告主任として入社。

一九〇七(明治四〇)年・二二歳　五月、日本新聞社を退社し、『大日本実業評論』創刊。七月、同誌を『活動之日本』隆文館と合併させ、隆文館に入社、同主幹に就任。白柳秀湖、安成貞雄と親交を結ぶ。

一九〇八(明治四一)年・二三歳　一月、『活動之日本』を『実業倶楽部』に改題する。三月、隆文館を辞して三田商業研究会に復帰。五月、組織改革を断行して社長となり、『三田商業界』を『**実業之世界**』に改題する。一二月、処女出版『快気焰』〔野依叢書一〕。

**一九〇九(明治四二)年・二四歳**　二月、名古屋読者大会で渋沢栄一が講演、『傍若無人論』〔野依叢書二〕。三月、「実業之世界」一周年記念先輩青年聯合演説会に大隈重信・三宅雪嶺・新渡戸稲造・福沢桃介など登壇。五月、『実業之世界』一周年記念大園遊会を大隈邸庭園で開催。六月、押川春浪と日本青年党(野依委員長、押川筆頭委員)を設立。七月、野依の交詢社入会拒絶問題から波多野承五郎(三井銀行理事)への攻撃キャンペーン。一二月、『野依式処世法』〔野依叢書三〕。

**一九一〇(明治四三)年・二五歳**　三月、『短刀直入録』〔野依叢書四〕。四月、東京府農工銀行攻撃キャンペーンで大隈重信と絶縁。五月、電燈料三割値下げ論を発表し、東京電燈会社攻撃キャンペーン開始。六月、大逆事件で幸徳秋水逮捕。九月、三〇日恐喝罪及脅迫罪未遂で拘束される。未決監獄で幸徳と再会。

**一九一一(明治四四)年・二六歳**　一月、幸徳刑死。三月、一七日保釈、堺利彦・荒畑寒村・大杉栄らと親交。石山賢吉は実業之世界社を退社。八月、新渡戸稲造攻撃(第一次「実業之日本」攻撃)キャンペーン開始。一〇月、福田徳三監修「国民生活と財政経済〔特別号〕」。一二月、一寸法師『破顔一笑』、『無学の声』。

**一九一二(明治四五＝大正元)年・二七歳**　二月、不屈生編『名士の偉人観』。七月、明治天皇崩御、不屈生『苦学の実験』。一一月、『青年の敵』。一二月、六日東電恐喝事件で入獄、「入獄記念号」。

**一九一三(大正二)年・二八歳**　巣鴨刑務所で刑務作業と読書生活。六月、「野依社長出獄新活動記念号」。八月、二一日愛国生命保険会社恐喝容疑で再逮捕。一二月、八日保釈。

**一九一四(大正三)年・二九歳**　一月、『東電筆誅録』。三月、馬場孤蝶の第一二回総選挙出馬にむけ『現代文集』刊行。五月、『女の世界』創刊(―一九二一年八月号)、『愚人の力』。六月、『実行の勝利』。七月四日、三宅雪嶺夫妻媒酌により武田のぶ子と結婚。一〇月、『世の中』創刊(―一九一七年六月号)。一一月、「軍国主義を排して日本帝国国是の大方針を論ず」。

**一九一五(大正四)年・三〇歳**

**一九一六(大正五)年・三一歳**　一月、沢柳政太郎攻撃(第二次「実業之日本」攻撃)キャンペーン開始。三月、のぶ子と協議離婚。四月、台湾領有二〇周年で総督府から招待旅行。五月、保釈中の不謹慎活動により禁固四年の実刑確定、二六日豊多摩刑務所に入る、『斬人斬馬』、『ドコまでも』。六月、「野枝サンと大杉君との事件」(『女の世界』)、臨時増刊「野依号」。七月、『探偵雑誌』創刊(―一九一八年六月号)。

**一九一七―一九一九年**　獄中で浄土真宗に帰依。

**一九二〇(大正九)年・三五歳**　五月、二六日刑期満了出所。一〇月、「南無阿弥陀仏信者となった信仰告白」。一二月、「社会主義者と私」、『僕の新生命』、『獄中四年の告白』。

**一九二一(大正一〇)年・三六歳**　五月、『野依雑誌』創刊(―一九二三年二月号)。七月、「原内閣擁護団を起せ」(野依雑誌別刷)パンフレット五〇万部配布。九月、大日本真宗宣伝協会創設、『真宗の世界』創刊。一〇月、朝鮮・満州に真宗宣伝旅行、『僕と安田善次郎と社会』。一一月、「平民宰相・原敬氏の死と世論」、『絶対の慈悲に浴して』。

一九二二(大正一一)年・三七歳　二月、『私はかうして真宗の信者となりました』。五月、『実業之世界』を「The Magazine of New Business and Management Ideas」に転換。六月、『国家及び社会と僕の立場』。九月、『快気焔全集』。一〇月、『真宗婦人』創刊(一一九二三年二月号)。一一月、蘆川よし(蘆川常吉三女)と結婚。一二月、「日本全国水平社々員諸君に与ふるの書」(『真宗の世界』)、『仏教信仰の極致』。

一九二三(大正一二)年・三八歳　三月、仏教童話雑誌『ルンビニ』発行(印刷人は常光浩然)。四月、『庄松上人と私の信仰』。七月、『大谷光瑞氏に自決を勧告して本願寺の改革に及ぶ』、八月、『婦人と宗教』。九月、関東大震災により社屋、住宅とも全焼。一一月、大阪に本社移転、「丸ヤケ大活躍号」。一二月、『救済の実在』。

一九二四(大正一三)年・三九歳　一月、「日本改革私案三十二箇条」、清浦内閣打倒キャンペーン開始。二月、東京に本社復帰。五月、政友会入党、大木遠吉伯と絶交。第一五回総選挙に大分県第六区より立候補し落選。七月、「排日問題を憤慨するは愚」。九月、真宗宣伝海外行脚(台湾、上海から満州、釜山を経て一一月帰国)。

一九二五(大正一四)年・四〇歳　一月、『我が赤裸々記』。四月、有田ドラッグ征伐キャンペーン開始。七月、『庄松と秀市の信仰』。八月、『婦人の救はるゝ途』、二〇日欧米一六ヶ国視察と真宗宣伝のため横浜出発、ハワイ、アメリカ、カナダ、メキシコを経て、イギリスなど歴訪。

一九二六(大正一五=昭和元)年・四一歳　フランス、イタリア、スイス、オーストリア、ドイツ、オランダ、スペインなどを視察、ジュネーブで新渡戸稲造、モスクワで片山潜と再会しシベリア経由で帰る。五月、一日スパイ嫌疑でチタで一〇日間拘束。六月、帰国。九月、『真宗

宣伝世界漫遊記』。一〇月、『**仏教思想**』創刊。『信仰問題の解決』、『勇壮活潑の信仰』。一二月、『信仰と逆徒難波大助』。

**一九二七(昭和二)年・四二歳**　一月、『宗教と社会主義と資本主義』、『凡夫と如来との同化問題』。三月、『私はかくして阿弥陀仏を信ずる』。四月、日刊『**実業通信**』創刊。五月、『我等は皇室と国家を如何に見るか』。九月、『**財界ポケット**』創刊、『実業之世界創刊二十周年記念大講演録』。一〇月、『野依秀一氏信仰縦横録』。

**一九二八(昭和三)年・四三歳**　二月、第一回普選で東京一区から出馬表明するも公民権失格のため立候補を取下げる。四月、『国民に訴へて「議会中心政治」を排撃す――併せて「民政」の語を難ず』。九月、『獅子身中の虫』。一一月、『国賊東京及大阪朝日新聞膺懲論』。

**一九二九(昭和四)年・四四歳**　一月、『国宝渋沢翁を語る』。二月、『貴族院廃止論』、『華族廃止論』、『宮内大臣民選論』。九月、『和田豊治を語る』、『井上蔵相の正体』。一〇月、秀文閣書房設立、『欧米徹底観』(野依全集第五巻)。**一一月、「秀一」から本名「秀市」に変更**。一二月、『生ける処世術』(野依全集第三巻・全集はこの二冊のみ刊行)。

**一九三〇(昭和五)年・四五歳**　二月、第一七回総選挙に大分一区より立候補し次点で落選、選挙違反のため指名手配、『階級戦線の老闘将・堺利彦を語る』。四月、『帝国臣民に訴ふ』。五月、『マルクス主義十八講』。六月、潜伏中の有馬温泉で逮捕、大分刑務所に八月まで拘置。九月、二一日警視庁に恐喝容疑で呼び出され市ヶ谷刑務所に拘置。一〇月、一五日起訴保留で釈放。一一月、『**大分日日新聞**』買収(一九三五年譲渡)。一二月、御大典記念事業『明治大正史』全一五巻完結。

**一九三一（昭和六）年・四六歳**　一月、「皇室社会主義論」、週刊『我等の新聞』創刊。六月、野間講談社征伐キャンペーン開始、『官吏減俸の悪思想』。九月、満州事変勃発、『青年の味方』、一〇月、二五日仏教真宗会館（野依事務所ビル）落成、『私の信仰』、『信仰問答録』。一二月、「渋沢翁追弔号」。

**一九三二（昭和七）年・四七歳**　二月、第一八回衆議院総選挙で大分一区より初当選、『我れ勝てり』。四月、『宇宙の光！　四月八日の説』。五月、五・一五事件。八月、『帝都日日新聞』創刊、『非常時に直面して』、『明糖事件の真相』。一一月、『非常時政治の認識』。一二月、高橋亀吉監修『財政経済二十五年史』全八巻完結。

**一九三三（昭和八）年・四八歳**　『帝日』編集長に元共産党幹部・門屋博を抜擢。三月、前回選挙違反の上告審で有罪（罰金一〇〇〇円）が確定し、当選無効。四月、「代議士を失格した私の言葉」。七月、『幸福の源泉としての信仰』、『軍部を衝く』。一〇月、『世界のキリスト教徒に与ふ』。一一月、帝都仏教青年会（会長・野依秀市、常務委員・林霊法、志賀静丸ほか）結成、機関紙『**帝都仏教青年**』創刊（―一九三九年一一月号）、『仏教より見たる宇宙の根本思想と処世の要道とを論じて現代人に告ぐ』。一二月、『仏教の現代生活』。

**一九三四（昭和九）年・四九歳**　二月、国粋大衆党員による野依拉致未遂事件、『印度仏教史講話』。三月、『信仰生々の記』。四月、『仏教より観たる時事問題』、『国民仏教聖典』。六月、『国民政治の為めに戦ふ』。八月、二一日恐喝容疑で警視庁に検束、豊多摩刑務所に拘禁。一〇月、一三日保釈。一一月、『元老・重臣・官僚・華族』。一二月、『高橋是清をあばく』。

**一九三五（昭和一〇）年・五〇歳**　一月、「愛国心は軍人の専有物に非ず」、「特権階級を暴く」（『帝日』連載)。二月、『産業日本に雄躍する鮎川義介君を解剖す』。三月、台湾全島で真宗布教講演、『武藤さんと私』。四月、皇室中心思想普及協会会長として美濃部達吉に支持表明。五月、二日恐喝容疑で新場橋警察署に拘置。七月、『仏教から出た日常語の解説』。一一月、二六日保釈。一二月、新聞各紙に協賛金依存を改める旨の「一つの宣言」を広告、『皇室に対する私の信念』。

**一九三六(昭和一一)年・五一歳**　四月、「不祥事件に関して大御心を拝し奉る」。五月、『私の会つた人物印象記』。六月、『筆《ペン》は剣よりも強し』、『信仰力の実験』、『財界物故傑物伝』上下二巻。九月、『頼母木逓信大臣の言説を反駁す――電力の民有国営絶対反対』。一〇月、芝野山人『積悪の雑誌王　野間清治の半生』。

**一九三七(昭和一二)年・五二歳**　一月、『人物は躍る』。二月、『武人国を誤るか』、『千万人と雖も吾れ往かん』、『宗教悪を摧く』。四月、一四日恐喝事件の控訴審で上告却下、禁固二年の実刑確定。五月、実業之世界三十周年記念講演会(三宅雄二郎・石渡荘太郎・小汀利得・石山賢吉・白柳秀湖・野依秀市)、『善戦楽闘の三十年を想ふ』、『総選挙と国民の認識』。六月、双葉山関横綱昇進祝賀会(『帝日』主催)、『近衛内閣の出現に当りて』、渋沢神社建立、一八日から刑務所で服役。七月、日中戦争勃発。一二月、二八日仮出所。

**一九三八(昭和一三)年・五三歳**　一月、「余の新聞雑誌経営に対する大信念を告白し国民の大自覚を促す」(『帝日』)、二月、「四度失敗の弁」、政友会脱党。三月二日―四月二一日、草野心平と朝鮮・満州から北京・南京など現地視察・皇軍慰問旅行。『一、政友会を脱党し一大新党樹立に邁進す、他』、『真剣勝負』、『反財閥思想の反日本精神を痛論す、その他』。六月、

『政友会総裁問題』、『池田成彬縦横談』。八月、『仏教心に映じた支那事変』、『仏教の思想と信仰を戦場の将士諸兄弟に贈るの書』。九月、「大宝庫満洲の現地報告号」、『戦時・戦後の見方』、『楽土・激土』、『支那青年諸君に与ふるの書』。一一月、一二日から上海・漢口など中支視察慰問旅行、『日本はどうなる』。一二月、『岡本桜伝』。

**一九三九(昭和一四)年・五四歳**　一月、『徳富蘇峰の新党無用論を爆撃す』、四月、一五―二九日北支・蒙疆の視察・皇軍慰問旅行、政友会に復党、『誰を政友会の総裁に推すべきか』、『支那事変の前途は悲観か楽観か』。六月、支那事変仏教大講演会(日比谷公会堂)、『正義は遂に勝てり』。七月、『支那仏教講話』。八月、英国排撃全国青年大演説会(日本青年館)、九月、第二次世界大戦勃発。一〇月、『興亜産業経済大観』(臨時大増刊号)、二六日―一一月二七日広東・香港など南支視察・皇軍慰問旅行。一〇月、『英国打倒欧洲参戦の主張』。一一月、「打倒英国と南無阿弥陀仏」(『真宗の世界』)、『財界三十年譜』全三巻。

**一九四〇(昭和一五)年・五五歳**　一月、『安心立命』、『躍動の仏教』、『信仰の疑問に答ふ』。二月、『重臣を衝く』。三月、『帝日』公募「皇紀二千六百年を讃へる歌」当選歌発表会(日比谷公会堂)。四月、二五日―五月一七日、上海を起点に中支・満州国・朝鮮を視察旅行。五月、汪兆銘と会談、『皇国二千六百年史講話』、『斎藤問題の疑問解決』。七月、『日本に鞭つ』。八月、新体制大講演会(日比谷公会堂、三宅雄二郎・八田嘉明・中野正剛・永井柳太郎・野依秀市)、『新体制論』。一〇月、日独伊同盟成立祝賀講演会(青山会館、斎藤劉・野依秀市)、『日独伊同盟と日本の将来』、『戦時生活と真宗信仰』、『前進仏教――日本仏教の再出発』。一一月、『東京毎日新聞』を買収、『帝日』に吸収。一二月、『南北支那、現地要人を敲く』。

**一九四一(昭和一六)年・五六歳**　一月、『事変最後段階への突入』、『世に知られざる問題の真相』、『歎異抄味ひの記』。二月、『望月圭介翁と私』。三月、二二日―四月八日台湾・広東を経てハノイ・サイゴンを視察旅行、『生長の家を裁く』。五月、『帝日』公募「東亜共栄を讃ふる歌」発表会(日比谷公会堂)。六月、『帝日』発禁六回。七月、『帝日』発禁九回、『世界戦争と日本の行動』、『人物赤裸々記』。八月、一日より新聞用紙配給の停止命令(翌年四月一日解除)。九月、『新党樹立と国難打開』。一〇月、『死の問題』。一一月、『信ぜずとも救はれる』。一二月、一一―二九日上海視察旅行、『実践する臣民の道』、『青淵渋沢栄一翁写真伝』。

**一九四二(昭和一七)年・五七歳**　一月、雑誌整理のため『仏教思想』を『真宗の世界』に吸収。二月、『米英撃滅・我れ勝てり』、『皇軍の大捷は歴史の勝利と知れ、他』、米英撃滅皇軍感謝の夕(日比谷公会堂)。四月、翼賛選挙に非推薦候補として大分一区から立候補し落選、『浄土真宗の根本特色』、『九軍神の行動に驚かざるは何故か』、『釈尊物語』。六月、東京市議会選挙に芝区から立候補し落選。七月、「蔣介石断じて降らず、国民は覚悟を新たにすべし――谷萩大佐、野依社長と語る」(『帝日』発禁)。八月、一六日―九月一三日、満州建国一〇周年の視察旅行、『総選挙に就いて東条総理大臣閣下に呈するの書』(発禁)、『戦争と選挙』。九月、『航空機発達の今日まで』。一〇月、九日帝都日日新聞社創刊一〇周年祝賀会(帝国ホテル)、一〇日長期戦完遂大講演会(神田共立講堂、田中豊・中野正剛・岸信介・野依秀市)、前線将兵慰問作品展覧会(東京美術会館)、『人生と信仰の問答』。一二月、日米飛行機戦座談会(丸ノ内会館)。

**一九四三(昭和一八)年・五八歳**　二月、『日米決戦と増産問題の解決』。三月、米英撃滅講演会

(九段軍人会館)、『鹿子木博士の財産奉還と生産増強に関する妄論を駁す』、『日米決戦の鍵を開く』。五月、必勝戦力増強講演会(神田共立講堂)、海軍魂米英下機密講演会(大阪中之島公会堂)、『思想戦の先決問題としての〝神〟問題』。六月、米本土空襲飛行機献納募金運動開始、『神を弄ぶ「生長の家」』。七月、『聖戦と戦死と往生の問題』。八月、『帝都日日新聞十年史』、『日本は天皇道の国なり：附録・上海だより』、『念仏総進軍』。九月、『米本土空襲』、『翼賛会と国民生活』。一〇月、『戦ひの力となる信仰問答』、『神去りませし両提督と我等の生き方』。一一月、米本土空襲講演会(大阪中之島公会堂、京都市新聞会館、芝公会堂)。一二月、『勝ち抜く国民政治』。

**一九四四(昭和一九)年・五九歳**　二月、米本土空襲講演会(一部は日米決戦講演会)を中津市公会堂から始めて樺太、京城から高松、鹿児島まで全国一一五箇所で開催。三月、『真宗の世界』を『実業之世界』に吸収。四月、『**帝都日日新聞**』廃刊に追い込まれる、『日本人戦力論』。七月、『信仰の妙味と人生の力』。八月、『日米決戦必勝論』。九月、名古屋市公会堂から米本土空襲講演会を開始、献納資金を陸海軍に納付。

**一九四五(昭和二〇)年・六〇歳**　一〇月、『帝日』復刊記念・新日本建設講演会(日比谷公会堂)。一一月、『見て来た仏印と鮮満支の旅』。

**一九四六(昭和二一)年・六一歳**　三月、「三宅先生と私」(『帝日』連載、翌年『三宅先生を語る』所収)、日本出版協会粛清委員会に召喚。五月、『共産党を裁く』、『**世界仏教**』(『仏教思想』改題)復刊、『**真宗の世界**』復刊。

**一九四七(昭和二二)年・六二歳**　一月、熊本県天草郡延慶寺からスタートして全国各地の寺院、学校で日本再建仏教講演会。二月、『増補改版・共産党を裁く』。四月、「夢に天皇陛下と語る」、『敗戦者の勝利』、『三宅雪嶺先生を語る』。七月、公職追放令G項該当者に指定。実業之世界社、帝都日日新聞社、帝都出版社の経営権を手放し、芝園書房店主となる。

**一九四八(昭和二三)年・六三歳**　一月、中津高等女学校からスタートして北海道、東北各地で日本再建仏教講演会を展開。八月、『若き僧侶の苦悶』、『仏教か基督教か』。一一月、『泰山鳴動鼠一匹――初めて世に出る三井山西事件の真相』。

**一九四九(昭和二四)年・六四歳**　一月、大阪市内専光寺からスタートて北陸、北海道、九州で日本再建仏教講演会。一月、『理想の宗教』。三月、『女性と信仰』。四月、『徹底の信心(河上肇の観た蓮如上人)』。九月、『平和の発見につづく』。一〇月、『ザヴィエルの右手とマッカーサー元帥』。一二月、『信仰と生活のみち』。

**一九五〇(昭和二五)年・六五歳**　一月、千葉刑務所からスタートして各地で日本再建仏教講演会。一一月、福沢会館建設常任相談役就任。

**一九五一(昭和二六)年・六六歳**　一月、中津市公会堂からスタートして各地で日本再建仏教講演会。二月、『実業之世界』編集に復帰、「二十世紀のナポレオン　中島知久平君と私」。三月、『天皇への無礼者』。六月、『信ぜずに居れぬ阿弥陀仏の実在』。八月、七日公職追放解除、実業之世界社の社主兼主筆に復帰、気風一新会を結成。一〇月、追放解除記念政治問題講演会(大阪中之島公会堂)。

**一九五二(昭和二七)年・六七歳**　五月、「独立に当り夢に天皇陛下と語る」。六月、『日本最初の米価五百円説』。八月、『日本国民に訴う』。一〇月、第二五回総選挙で大分二区から自由党公認で立候補し落選。一一月、『財界人の内閣を作つたら』、『財界の巨人・三鬼隆君を想う』。

**一九五三(昭和二八)年・六八歳**　四月、第二六回総選挙で大分二区より無所属で立候補し落選。五月、『勝敗』。六月、『対談』。九月、再建日本同志会を結成、『**再建日本同志会会報**』創刊。一〇月、『信仰の実際生活』。一一月、『思ふ存分の信仰生活』。

**一九五四(昭和二九)年・六九歳**　一月、『世界仏教』と『真宗の世界』を合併して『**大世界**』創刊。三月、難局打開講演会(日比谷公会堂、藤山愛一郎・土方成美・野依秀市)。四月、『花まつり・お釈迦様のおはなし』、『最上の生活』。七月、『東奔西走ありのまま(一)』。九月、吉田内閣打倒国民大会(神田共立講堂、三木武吉・河野一郎・浅沼稲次郎・山花秀雄・野依秀市ほか)、『東奔西走ありのまま(二)』。一一月、『誰にもわかる仏教の解説』、『日本国力論ならびに新天皇論』(徳富蘇峰と共著)。一二月、鳩山内閣激励大演説会(読売ホール、鳩山一郎・鶴見祐輔・三木武吉・河野一郎・安藤正純・野依秀市)。

**一九五五(昭和三〇)年・七〇歳**　二月、第二七回総選挙で大分二区から日本民主党公認で立候補しトップ当選、日本民主党総務に就任、『愛国の真理』。六月、保守結集促進国民大会(日比谷公会堂)、同(大阪中之島公会堂)、以後全国各地で保守合同促進大講演会を開催、『東奔西走ありのまま(三)』。一一月、保守合同により自由民主党成立、『**新政界**』創刊。一二月、『**大分県及び大分県人**』創刊。一二月、自由民主党結成祝賀激励大会(神田共立講堂)。

**一九五六(昭和三一)年・七一歳**　一月、仏教議員懇談会結成。二月、『再建日本同志会会報』を『**再建の友**』に改題。三月、『**真宗の世界**』復刊。四月、「幸徳秋水『基督抹殺論』再版発行について」。野依秀市言論活動五十年記念大講演会(日比谷公会堂)、同(大阪中之島公会堂)、

『学生を謬る矢内原東京大学長の思想を糺す、他』、『吉田内閣打倒から自由民主党の出現まで』。六月、『革命寸前——社会党の暴力に抗議す』(御手洗辰雄と共編)。七月、『なぜ?共産党に反対か?』、『財界人啓蒙の為め』、『革命前夜と経済界』、『全焼せねば気づかぬ財界人』、『やさしい教え・仏教とは何ぞや』。一一月、世界仏教徒会議(カトマンズ)、釈迦降誕二千五百年記念式典(ニューデリー)に副団長として参加、『百花爛漫——財界人問答』。一二月、『女性仏教』創刊。

**一九五七(昭和三二)年・七二歳**　一月、『日日面白し』上下巻。三月、岸内閣激励派閥解消大演説会(日比谷公会堂、船田中・楢橋渡・芦田均・太田正孝・野依秀市ほか)。四月、『世界経済五十年史』(言論活動五十年記念出版)。五月、恐喝容疑で全国指名手配、逮捕。六月起訴。七月、二七日保釈。八月、実業之世界社社長を退き会長就任。九月、「失敗に就ての御挨拶」。一〇月、「新聞が騒いだ私の恐喝事件の真相」、『日本神道の真髄知らぬ石川達三氏の日本民族への認識不足』、『岸内閣出現とその後』。一二月、『釈迦の聖地を巡りて』、『信仰と生活のつながり』、『仏教と社会と人生』、『財界巨頭八面観』。

**一九五八(昭和三三)年・七三歳**　三月、『原敬と岸信介』。五月、第二八回総選挙に大分二区より自民党非公認で立候補し落選。六月、『野依秀市論』(筒井弥二郎編)。七月、『帝都日日新聞』復刊、『正義の抵抗』。八月、『無限資本論』。九月、『大世界』を『世界仏教』に再改題。一〇月、『現代に生きる力』。

**一九五九(昭和三四)年・七四歳**　四月、『やさしい信仰の手引き』、『石川達三と対決』。九月、『日本と皇室』(『野依秀市全集』第一巻)、『国民の敵・容共朝日新聞を衝く』。

**一九六〇(昭和三五)年・七五歳**　二月、『私の会った明治・大正・昭和三代財界五十傑』、『苦楽一如の中から』。三月、『四尺八寸はダマっておれぬ』、『財界の王座は語る』。六月、『ナゼ岸内閣を擁護する』、『東京都下大学十教授の愚論を駁す』、『親鸞の悲痛』。七月、『三笠宮は皇族を離脱か』。九月、『青淵渋沢栄一翁小伝及び年譜』。一一月、第二九回総選挙に無所属で立候補し落選。一二月、『天皇をどう見るべきか』。

**一九六一(昭和三六)年・七六歳**　一月、『烈士山口二矢君・国民精神の鼓舞』、赤色革命から国民を守る国民大会(日比谷公会堂)、二月の大阪中之島公会堂から九月まで同国民大会を全国各地で開催。三月、『〝風流夢譚〟の批判と国民への訴え』、一〇月、『すもう秘話』。

**一九六二(昭和三七)年・七七歳**　一月、紀元節復活法制化国民運動本部を帝都日日新聞社に設置、『写真で見る双葉山』。二月、紀元節復活法制化国民大会(日比谷公園野外音楽堂)。三月、池田首相辞職要求国民大会(神田共立講堂)、以下各地で同講演会。六月、『民族の怒り』。八月、『創価学会を折伏する』。一二月、『世界の唯中に立つ』、『悪人正機』。

**一九六三(昭和三八)年・七八歳**　二月、紀元節制定促進・重大時局講演会(日比谷公会堂、花見達二・中保与作・小松雄道・野依秀市)。三月、『人づくり』。一〇月、中津市に野依秀市翁頌徳碑建立。一一月、第三〇回総選挙に大分二区より無所属で最後の立候補し落選、政界引退を表明。一二月、心臓疾患により入院、以後入退院を繰り返す。

**一九六四(昭和三九)年・七九歳**　六月、『正信偈を拝読して』。一一月、『日本の理想』。一二月、『二人放談』(武者小路実篤との対談)。

**一九六五(昭和四〇)年・八〇歳**　四月、個人経営だった実業之世界社と帝都日日新聞社を株式会社帝都日日新聞社とし社主に就任。八月、『野依秀市の年譜』(越川貞一編)。

**一九六六(昭和四一)年・八一歳**　一月、『石山賢吉と野依秀市』。四月、『紀元節』(武藤貞一、庄本光政と共著)、建国記念日法制化のためポスター三五万枚を全国市町村に配布。紀元節法制化推進国民大会(日比谷公会堂、御手洗辰雄・北岡寿逸・里見岸雄・野依秀市ほか)、『時流の反抗者・野依秀市』(柴田高雄編)。九月、『明治の人・大正の人・昭和の人』(『野依秀市全集』第二巻)。一一月、『泣いて佐藤栄作を斬る・笑って御手洗辰雄を斬る』。

**一九六七(昭和四二)年・八二歳**　二月、建国記念の日奉祝の集い(日比谷公会堂、岸信介・谷口雅春・武者小路実篤・野依秀市ほか)。三月、建国記念国民精神昂揚関西国民大会(大阪中之島中央公会堂、古川大航・田中卓・菅原通済ほか)、四月京都、五月名古屋、六月福岡など各地で開催。六月、秀之(NHK報道局勤務)と栄二(弟・孫四郎の長男)を養子として入籍、『女性の生き方』。八月、実子・秀之、病死。

**一九六八(昭和四三)年**　一月二日、風邪と心不全で東京女子医科大学病院に入院。二月、「松永安左ヱ門と私」、三月三一日、肺炎を併発し午後八時五八分死去。五月、『蓮如と取り組む』、遺著『日本の大番頭』。

# 文献目録

＊本文で引用した著作を中心に、関連文献を挙げた。野依秀市(秀一)の活動は明治から昭和戦後に及び、参照した関連資料は膨大だが、ここでは野依の活動に言及がある重要なものに限りリストアップした。
＊野依秀市(秀一)の論説や書籍は、これとは別に年譜に記入した。また、新聞、年鑑、事典などの記事は本文中に書誌情報を記載し、ここでは省略した。


青柳有美『有美式』実業之世界社、一九一四年
安食文雄『20世紀の仏教メディア発掘』鳥影社、二〇〇二年
安倍能成『岩波茂雄伝』岩波書店、一九五七年
綾部健太郎「約束守る男だった」『大分県及び大分県人』一九六八年四・五月合併号
有田音松『有田音松説話集』有田音松出版部、一九二五年
荒畑寒村「〈与太の会〉の記」『近代思想』一九一四年六月号
荒畑寒村「青柳有美退治号」『新社会』一九一八年一月号
荒畑寒村「悪友行状記」『随筆』一九五一年六月号
荒畑寒村『寒村自伝』下巻、岩波文庫、一九七五年
有山輝雄『「中立」新聞の形成』世界思想社、二〇〇八年
猪野健治『評伝赤尾敏』オール出版、一九九一年

池内訓夫「野依秀市とはどんな男か　前編・後編」『話』一九三四年八月号・一〇月号
池田藤四郎「米国に於けるポツ〳〵『野依雑誌』式の実例」『野依雑誌』一九二一年五月号
石井公成「親鸞を讃仰した超国家主義者たち――原理日本社の三井甲之の思想」『駒沢短期大学仏教論集』八号、二〇〇二年
石川達三『風にそよぐ葦』新潮社、一九五〇年
石上玄一郎『太平洋の橋――新渡戸稲造伝』講談社・一九六八年
石山賢吉『私の雑誌経営』ダイヤモンド社、一九五三年
石山賢吉『雑誌経営五十年』ダイヤモンド社、一九六三年
石橋湛山「竹森一則氏の思い出」『東洋経済新報』一九五〇年二月一八日号
伊志井萬「追放出版ボスは何をしている？」『真相』第一九号、一九四八年六月
一万田尚登「傑物だった」『大分県及び大分県人』一九六八年四・五月合併号
伊藤野枝「妾の会つた男の人々(野依秀一、中村孤月印象録)」『中央公論』一九一六年三月号
伊多波英夫『安成貞雄を祖先とす――ドキュメント・安成家の兄妹』無明舎出版、二〇〇五年
稲垣喜代志「ニセ国士・有田音松伝――日本のジキルとハイド」『ドキュメント日本人9　虚人列伝』学芸書林、一九六九年
稲葉宏雄『近代日本の教育学――谷本富と小西重直の教育思想』世界思想社、二〇〇四年
印地其氏「経済雑誌総まくり」『人物評論』一九三三年三月号
生方敏郎「文壇暗流誌――文壇奇人伝(六)」『文章世界』一九一三年一二月号
梅原正紀「野依秀市の混沌」『ドキュメント日本人9　虚人列伝』学芸書林、一九六九年
梅原正紀『宗教に未来はあるか――世紀末の宗教講座』白馬社、一九九四年

X・Y・Z「帝都日日新聞論(二)」『現代新聞批判』第二三号(一九三四年一〇月一日)
XYZ「野依と小竹——現代人物評論の一」『騒人』一九二八年八月号
大方宗太郎『実業之世界と野依秀市の正体』世界経済情報社、一九三九年
大澤聡「増田義一と『実業之日本』——野依秀市との併置から見えること」、土屋礼子編『近代日本メディア人物誌——創始者・経営者編』ミネルヴァ書房、二〇〇九年
大澤正道「野依秀市」『日本アナキズム運動人名事典』ぱる出版、二〇〇四年
大杉豊『日録・大杉栄伝』社会評論社、二〇〇九年
大塚豊次編『三井と三菱』実業之世界社、一九一三年
大宅壮一「日本のスペイン・大分県」『日本の人物鉱脈』文藝春秋新社・一九五九年
大宅壮一『大宅壮一選集7　マス・コミ』筑摩書房、一九五九年
荻野富士夫『横浜事件と治安維持法』樹花舎、二〇〇六年
尾崎士郎「一人間像」『偽徒然草』実業之世界社、一九五五年(「人間野依」『世界仏教』一九五一年一一四月号を改題)
尾崎士郎「獄中より」『尾崎士郎全集』第七巻、講談社、一九六六年
織田久「広告魔王有田音松」『広告百年史』世界思想社、一九七六年
小田光雄「野依秀市と実業之世界社」『古本探究3』論創社、二〇一〇年
小汀利得「産業経済雑誌論」『綜合ヂヤーナリズム講座』第一一巻、内外社、一九三一年
カーティス、ジェラルド『代議士の誕生——日本保守党の選挙運動』サイマル出版会、一九七一年
北山米吉『新聞記事捏造の魂胆』実業之世界社、一九一五年
木下謙次郎述「木下謙次郎氏談話速記」広瀬順晧監修『近代未刊史料叢書・政治談話速記録』第三巻、

ゆまに書房、一九九八年
京谷秀夫『一九六一年冬「風流夢譚」事件』平凡社ライブラリー、一九九六年
木村卯之『綜合的親鸞研究』丁子屋書店、一九二三年
木村毅「我観の人雪嶺先生」『三宅雪嶺先生を語る』帝都出版、一九四七年
木村毅「善人野依大人」『実業之世界』一九六八年六月号
木村亨『横浜事件の真相――再審裁判へのたたかい』笠原書店、一九八六年
草野心平『わが青春の記』オリオン社・一九六五年
草野心平日記刊行会編『草野心平日記』第一巻、第二巻、思潮社、二〇〇四、二〇〇五年
久野豊彦『諜報の理論と技術』育生社弘道閣、一九四一年
久保祐三郎『総会屋五十年』評論新聞社、一九六五年
黒岩比佐子『パンとペン――社会主義者・堺利彦と「売文社」の闘い』講談社、二〇一〇年
現代日本紳士録「薬屋と〝パン助〟と野次」『人物往来』一九五三年一一月号
幸徳秋水『基督抹殺論』実業之世界社、一九五六年
小堺昭三『疑獄極楽』ダイヤモンド社、一九八〇年
越川貞一「いつのまにか二十九年」筒井弥二郎『野依秀市』実業の世界社、一九六九年
越川貞一編『諸名士の見た野依秀市君』芝園書房、一九五二年
越川貞一編『野依秀市の年譜』芝園書房、一九六五年
小島直記『日本策士伝――資本主義をつくった男たち』中公文庫、一九九四年
小貫修一郎・宇野正盛編『今の時局に野依君が十人あれば』秀文閣書房、一九三九年
小貫修一郎編『「帝都日日新聞」十年史』帝都日日新聞社、一九四三年

斎藤貢『転換日本の人物風景』大東書房、一九三二年
斉藤英子『安成二郎おぼえがき』新世代の会、一九九八年
堺利彦『売文集』丙午出版社、一九一二年
佐藤周平『相当なもの』秀文閣書房、一九三五年
佐藤卓己『『キング』の時代——国民大衆雑誌の公共性』岩波書店、二〇〇二年。岩波現代文庫、二〇二〇年
佐藤卓己『言論統制——情報官・鈴木庫三と教育の国防国家』中公新書、二〇〇四年
佐藤卓己『八月十五日の神話——終戦記念日のメディア学』ちくま新書、二〇〇五年。増補版、ちくま学芸文庫、二〇一四年
佐藤卓己「歌学的ナショナリズムのメディア論」井波律子・井上章一編『表現における越境と混淆』日文研叢書、二〇〇五年
佐藤卓己「日本主義ジャーナリズムの曳光弾」竹内洋・佐藤卓己編『日本主義的教養の時代』柏書房、二〇〇六年
佐藤卓己「キャッスル事件をめぐる〈怪情報〉ネットワーク」猪木武徳編『戦間期日本の社会集団とネットワーク』NTT出版、二〇〇八年
佐藤卓己「弾圧された右翼ジャーナリズム——昭和言論史の再審へ」『中央公論』二〇〇九年一月号
佐藤卓己「『実業之世界』社長・野依秀市から見た平生釟三郎」平生釟三郎日記編集委員会編『平生釟三郎日記・第五巻附録』甲南学園、二〇一二年
実業之日本社編『増田義一追懐録』実業之日本社、一九五〇年
実業之日本社社史編纂委員会編『実業之日本社百年史』実業之日本社、一九九七年

四宮正貴「近代の肖像――野依秀市」『中外日報』二〇一一年五月一〇日、一二日、一七日
渋沢栄一・三宅雄二郎・鎌田栄吉監修『明治大正史 人物篇』実業之世界社、一九三〇年
渋谷重光『大衆操作の系譜』勁草書房、一九九一年
芝野山人『積悪の雑誌王 野間清治の半生』芝園書房、一九三六年
柴田高雄編『時流の反抗者・野依秀市』帝都日日新聞社、一九六六年
島崎千里『渦まく潮流――広告界の舞台裏』恒文社、一九七四年
清水幾太郎『流言蜚語』日本評論社、一九三七年
嶋田厚編『ブロッケン山の妖魔――久野豊彦傑作選』工作舎、二〇〇三年
白柳秀湖『黄昏』如山堂、一九〇九年
白柳夏男『戦争と父と子・白柳秀湖伝』日本商工出版、一九七一年
新聞と社会社同人「帝日、野依先生にもの申す」『新聞と社会』一九三二年一〇月号
季武嘉也『選挙違反の歴史――ウラからみた日本の100年』吉川弘文館、二〇〇七年
瀬尾星行「『帝都日日』に抗議す」『新聞と社会』一九三三年四月号
占領史研究会編『総目録GHQに没収された本』サワズ出版、二〇〇五年
高杉京演「展望台――野依君と日刊新聞」『新聞と社会』一九三三年八月号
高杉良『濁流』朝日新聞社、一九九三年
宅野田夫「望診――帝都日日と東京朝日の不逞を何故取締らぬか」『新聞と社会』一九三五年三月号
竹中暉雄「谷本富の教育学と京都帝大辞職(沢柳事件)理由について」『谷本富著作集』第六巻、学術出版会、二〇一一年
辰野隆「回顧――野依さんと僕」『辰野隆随想全集1』福武書店、一九八三年

田中卓『祖国を見直そう』実業之世界社、一九六七年
谷沢永一『遊星群――時代を語る好書録 大正篇』和泉書院、二〇〇四年
谷沢永一『遊星群――時代を語る好書録 明治篇大正篇補遺』和泉書院、二〇一〇年
谷本富『日本教育と仏教』秀文閣書房、一九三六年
机龍之助「近世グロ渡世風景(経済雑誌経営余論)」『人物評論』一九三三年九月号
筒井弥二郎「野依さんと私」『大分県及び大分県人』一九六八年四・五月合併号
筒井弥二郎編『野依秀市』実業の世界社、一九六九年
坪内祐三「野依秀市」『20世紀ニッポン異能・偉才100人』朝日ワンテーママガジン17、一九九三年
常光浩然「私の野依観」『女性仏教』一九六八年六月号
帝都日日新聞社編輯局編『世に知られざる問題の真相――読者と記者の社会種々相の抉剔』秀文閣書房、一九四一年
寺崎英成、マリコ・テラサキ・ミラー『昭和天皇独白録・寺崎英成御用掛日記』文藝春秋社、一九九一年
鳥見迅彦(橋本金太郎)「帝日時代の心平さん」『草野心平全集』月報②、一九八一年
友松円諦「現代の妙好人」『女性仏教』一九六八年六月号
中島河太郎「リュパンの紹介と「探偵雑誌」」『日本推理小説史』第一巻、東京創元社、一九九三年
中島岳志「親鸞と日本主義――第四回　歌人・三井甲之と〝同信の友〟」『考える人』第三四号、二〇一〇年
長妻三佐雄「〝公益〟と〝私益〟をめぐる覚書――『実業之世界』における三宅雪嶺と幸田露伴」『大阪商業大学商業史博物館紀要』第八号、二〇〇七年

中村智子『「風流夢譚」事件以後――編集者の自分史』田畑書店、一九七六年
夏生洋吉「狂人に刃――野依に帝都日日」『新聞と社会』一九三六年三月号
楢橋渡『人間の反逆』芝園書房、一九六〇年
西尾幹二『GHQ焚書図書開封――米占領軍に消された戦前の日本』徳間書店、二〇〇八年
西尾幹二「『米本土空襲』という本」『GHQ焚書図書開封2』徳間書店、二〇〇八年
日刊新聞通信社編『日本新聞販売史』日刊新聞通信社、一九三一年
野中彰久「立身出世――諭吉の影を追い続け」、西日本新聞文化部編『唯我独創の国から』みずのわ出版、二〇〇〇年
野村胡堂「増田義一と野依秀一」『日本一』一九一五年創刊号
野依秀市「土俵外の双葉山」『中央公論』一九三八年七月号
長谷部史親「『探偵雑誌』と安成貞雄」『饗宴』第四号、一九八六年
間宏監修『科学的管理法の導入』五山堂書店、一九八七年
馬静『実業之日本社の研究』平原社、二〇〇六年
鳩山由紀夫「私の政治哲学――祖父・一郎に学んだ〝友愛〟という戦いの旗印」『Ｖｏｉｃｅ』二〇〇九年九月号
花見達二「あの愛嬌が忘れられない」『実業之世界』一九六八年六月号
馬場勝弥後援会編『孤蝶馬場勝也氏立候補後援　現代文集』実業之世界社、一九一五年
馬場恒吾「新聞時評」『中央公論』一九三二年九月号
原田健太郎編『言論ギャング――野依秀市の正体』夕刊帝国新聞社、一九三三年
早川鉄治「三宅と新渡戸、増田と野依」『実業之世界』一九一二年七月一日号

早川鉄治「増田義一と野依秀一」『日本評論』一九一八年三月号
林房雄『緑の日本列島』文藝春秋、一九六六年
林安繁「三宅雪嶺先生を偲ぶ」『真善美』第三号、一九四六年
姫野良平「大分県新聞史」日本新聞協会編『地方別日本新聞史』一九五六年
平田奈良太郎『司法研究報告書集』第一九輯、一九三五年
福沢桃介『桃介式』実業之世界社、一九一一年
福田周平『有田音松の真相』白鳥社、一九二四年
堀切利高編『春、雪ふる――荒畑寒村戦中日誌』不二出版、一九九三年
保刈長治(放天散士)『狂か？　義か？　有田音松と野依秀一』事業之日本社、一九二五年
松尾尊兊『大正デモクラシーの群像』岩波同時代ライブラリー、一九九〇年
松尾尊兊『大正デモクラシー』岩波書店、一九七四年
松尾尊兊「野依秀市と渋沢栄一」『青淵』、二〇〇三年二月号
松尾尊兊『わが近代日本人物誌』岩波書店、二〇一〇年
松山健一『天下の怪物？　快人？　野依秀市』東海出版社、一九三八年
丸山幹治「三宅雪嶺論」『日本評論』一九三七年六月号
丸山幹治、野依秀市ほか「三宅雪嶺先生を語る」『三宅雪嶺先生を語る』帝都出版、一九四七年
蓑田胸喜「宗教哲学史上に於ける親鸞の思想的見地より野依秀一氏の阿弥陀仏宗を評す」『真宗の世界』一九二二年一二月号
蓑田胸喜(竹内洋・佐藤卓己ほか編)『蓑田胸喜全集』柏書房、二〇〇四年
三宅雪嶺『世の中』実業之世界社、一九一四年

三宅雪嶺『一地点より』帝都日日新聞社、一九三三年
宮坂広作『旧制高校史の研究――一高自治の成立と展開』信山社、二〇〇一年
宮守正雄『ひとつの出版・文化界史話――敗戦直後の時代』中央大学出版部、一九七〇年
村田裕和『近代思想社と大正期ナショナリズムの時代』双文社出版、二〇一一年
武者小路実篤『ある男の雑感』実業之世界社、一九六一年
望月雅士「史料紹介　太田宇之助日記　四/八」『横浜開港資料館紀要』第二三号/第二七号、二〇〇五年/二〇〇九年
安成貞雄『文壇与太話』東雲堂書店、一九一六年
安成貞雄「本間久雄君及び他の諸君を攻撃する理由」『新潮』一九一五年一二月号
安成二郎「文学村の与太的三奇人」『世の中』一九一六年一一月号
安成二郎『貧乏と恋と』実業之世界社、一九一六年
安成二郎『恋の絵巻』日本評論社、一九一九年
安成二郎「新聞と婦人」『綜合ヂヤーナリズム講座』第九巻、内外社、一九三一年
安成二郎「探偵小説昔ばなし」『宝石』一九四八年四月号
安成二郎『無政府地獄――大杉栄襍記』新泉社、一九七三年
矢内原忠雄『余の尊敬する人物』岩波新書、一九四〇年
山浦貫一「新聞戦線異状あり」『中央公論』一九三六年九月号
山口昌男『「敗者」の精神史』岩波書店、一九九五年
山口昌男『「挫折」の昭和史』岩波書店、一九九五年
山田悟郎(忠正)『疑問の野依秀一』製英舎、一九一六年

山路愛山「野依秀一論」『実業之世界』一九〇九年五月一日号
山野博史「三宅雪嶺著作目録」『関西大学法学論集』第三六巻一号、一九八六年
山本武利・津金澤聡廣『日本の広告——人・時代・表現』日本経済新聞社、一九八六年
山本武利『新聞に見る政治広告の歴史』朝日新聞社、一九七二年
山本武利『広告の社会史』法政大学出版局、一九八四年
横田順彌『熱血児　押川春浪——野球害毒論と新渡戸稲造』三一書房、一九九一年
吉野武『選挙の常識と選挙運動のうらおもて』大阪回宏社、一九三一年

# あとがき

本書は『季刊　考える人』に二〇〇九年春号から二〇一二年冬号まで一二回連載した「天下無敵――戦後ジャーナリズム史が消した奇才・野依秀市」を元にしている。連載を書き終えたとき、自分でも少し信じられないような気持ちになった。ほとんど忘却された言論人の膨大な、明治、大正、昭和にまたがる資料を「思想史の屑籠《くずかご》」から拾い集めて、ともかくも読み終えたのだから。三年に及ぶ長期連載だったが、季刊連載でなければ、この作品は出来上がらなかったにちがいない。

たしか『『キング』の時代――国民大衆雑誌の公共性』(岩波書店・二〇〇二年)を書き上げたころである。ある研究会で「次の仕事は？」とたずねられ「野依秀市とか気になりますね」と答えた記憶がある。野依は講談社の創業者・野間清治に対する最大の批判者であり、一般には右翼ジャーナリストとして知られている。その場にいた日本史研究者は、「野間はともかく、右翼の野依を、本当に？」といぶかしそうに首をかしげていた。

手探り状態で連載を始めたころ、ちょうど『パンとペン――社会主義者・堺利彦と「売文社」の闘い』(講談社・二〇一〇年)を執筆中だった黒岩比佐子さんと仕事で一緒になった。黒岩さんが売文社最大の「お得意様」野依秀市に関心をもっていたことは言うまでもない。野依の新渡戸稲造攻撃は堺利彦が代筆したものでもある。しばらく、野依のことで話は弾んだ。黒岩さんのブログ「古書の森日記」の二〇〇九年五月八日にこう書かれている。

「この野依秀市について、ちょうど佐藤卓己さんが「天下無敵――戦後ジャーナリズム史が消した奇才・野依秀市」の連載を『考える人』で始めたばかりなので、そちらをぜひ読んでいただきたい。この人物のムチャクチャぶりというか、うさん臭さや面白さがよくわかる。野依秀市については、横田順彌さんなども書いていたと思うが、私にとっても気になる人物の一人だった。だが、とても全貌はつかめないだろうと、半ば手を引きかけていたので、連載の続きがとても楽しみだ。」

その数日後、黒岩さんから「以前に古書市で買ったものです。使ってください」と、「原内閣擁護」パンフレット(二一一頁・図7-1)を手渡された。書籍や雑誌とちがって図書館などに所蔵がない、特に貴重な一品である。やがて黒岩さんがガン闘病中であることを知り、連載は一人の読み手を強く意識して続けることになった。とにかく野依秀市の全貌をつかんで、お伝えしたかった。本書をお届けできないことがまことに残念である。

御遺作『パンとペン』の文献目録、その最後尾にあがっているのは「二〇一〇年夏号」、つまり本書の第六章までである。黒岩さんから戴いた最後のメールは二〇一〇年一〇月一〇日付だが、「『考える人』の連載は、これからもずっと読ませていただきます」と書かれていた。黒岩さんがお亡くなりになったのはその約一ヶ月後である。

それにしても、メディア史家として野依秀市研究は大いにやりがいのある仕事だった。野依は『望月圭介翁と私』(一九四一年)のはしがきで「日誌を全く記さぬ私の記憶をそのまま書いたもの」と付言しているように、日記を書く習慣がなかった。だが、『帝都日日新聞』、あるいは『実業之世界』『真宗の世界』など自ら主筆をつとめた多数の媒体に、獄中期間を除けば毎号執筆しており、その言動は追いやすい。むろん「赤裸々」、「傍若無人」を売りにするメディア人間だから、タテマエとホンネを使い分けていたはずだが、それでも明治・大正・昭和を通じたメディア史の全体を「負け組」メディアから観察することができた。

ただ一つ心残りがあるとすれば、野依関係で集めた膨大な仏教関係資料を本書では十分に活かしきれなかったことである。第六章で一九二〇年代を中心に「仏教プロパガンディスト」野依秀市の信仰活動を中心に描いたが、つづく危機の時代、すなわち一九三〇、四〇年代の大衆的信仰とメディアの関係はさらに取り組みたいテーマだった。だが、この領域に立ち入れば、本書に倍する記述が必要になることは自明であり、今回は敢えて多くを語っていない。それでも、連載中は紙幅の関係で省略した資料などを大幅に加筆したため、記述全体は約二五%の増量となっている。選書としてはおそらく限界に近い(あるいは超えているか)。

野依秀市没後すでに四四年が経過しており、身近に本人と接した人はもう少なくなった。それでも幾人かの方からお話を聞くことができた。特に、中津市で野依の選挙運動を手伝った新城玄二氏、建国記念日復活運動の弁士を野依から頼まれた田中卓《たかし》・皇學館大学名誉教授、ご親族の野依寧子氏ほかである。また、取材の過程では西日本新聞社文化部の野中彰久氏、同中津支局長の合羅謙治氏、大分合同新聞社文化科学部長の清原保雄氏、共同通信社論説委員の西出勇志氏から情報の提供を受けた。また、オタどん氏のブログ「神保町系オタオタ日記」からは、戦時下の野依の動静に伝える日記情報などを参照させていただいた。

新潮社学芸部の今泉眞一さんには、資料収集から現地取材まで大変お世話になった。記して感謝申し上げたい。

二〇一二年三月　吉日

佐藤卓己

# 岩波現代文庫版あとがき

この文庫化が正式に決まった直後、佐高信さん(本書一九頁参照)から『時代を撃つノンフィクション100』(岩波新書、二〇二一年)をいただいた。お会いしたこともないため、「なぜだろう」と恐る恐る、目次をめくった。すると本書の旧版『天下無敵のメディア人間――喧嘩ジャーナリスト・野依秀市』(新潮選書)が選ばれていた。長らく品切れが続いていたこともあり、絶好のタイミングでこの文庫化にエールを送っていただいたことになる。

ちょうど渋沢栄一を主人公とする二〇二一年のNHK大河ドラマ《青天を衝《つ》け》が放送されていることも何かのめぐり合わせかもしれない。『軍部を衝く』(一九三三年)から『重臣を衝く』(一九四〇年)、『国民の敵・容共朝日新聞を衝く』(一九五九年)まで、野依も書物や論説のタイトルに「衝く」を多用している。それも偶然とも思えない。出版事業のパトロンだった渋沢を慕って、野依は「渋沢神社」(第二章扉図参照)を創建し、その守役となった人物なのである。

## 改題『負け組のメディア史』

この現代文庫版では一部の加筆修正のほか、若い読者のために戦前の引用文を中心にルビを大幅に増やした。それ以上に目立つ異同は、タイトルの変更である。旧版のタイトルは新潮社からの提案だった。

私自身が希望したタイトル案は『天下無敵　野依秀市伝――「負け組」メディアの昭和言論史』だった。提案を受け入れたのは、「『季刊　考える人』の連載が社内では齋藤十一《じゅういち》のイメージと重ねて読まれている」というコメントを聞いたからである。齋藤十一は『週刊新潮』や『フォーカス』などで「新潮ジャーナリズム」を確立した名編集者である。「なるほど。そうした文脈もあるな」と一応は納得した。実際、「炎上上等！」暴露雑誌の系譜として見れば、『週刊新潮』は野依を攻撃した共産党系『真相』をはさんで、商業化した「野依雑誌」と見なすこともできるかもしれない。『真相』を論じた拙論「戦後の半体制メディア（『流言のメディア史』岩波新書、二〇一九年所収）において、佐和慶太郎と松浦総三の対談「『真相』の周辺」（『現代の眼』一九七七年三月号）から次の松浦発言を引用している。

「『真相』を見ると、現代の『週刊新潮』調なんですね。ですから、一九六〇年になって、出版社系の週刊誌も加わって週刊誌ブームとなるが、出版社系週刊誌の文体や、ものの書き方は『真相』から始まったという面もある。」

もし松浦のように「ゆがんだ方向で『真相』をうけついだのが、『週刊新潮』」と言えるのであれば、野依秀市の『実業之世界』をゆがんだ方向でうけついだのが佐和慶太郎の『真相』と言えるだろう（その野依批判は本書五頁および三八二―三八三頁参照）。

ちなみに、『流言のメディア史』の第二章「活字的理性の限界――関東大震災と災害デモクラシー」で、私は本書一八七頁でタイトルのみ挙げていた野依秀一「自警団青年団亡国論」(『実業之世界』一九二三年一一月号)から次の文章を引用している。

「ヤレ鮮人が来た。ヤレ社会主義者が来たと言つて騒ぎ出し、理由なしに、男女の別なく人間を取調べて見たりするのである。人間を理解せずに、新思想を理解せずに、兵隊や巡査の出来ソコないのような事をやつて、殺人をやる事になつたのである。」

当時の野依は大杉栄と親交があり、普選運動の第一線に立っていた。この論説でも内務省が主導した「官製青年団」は青年の自主性を認めず、むしろ青年を現実政治から隔離する組織だ、と厳しく批判している。その帰結が震災時の「醜態」だというのである。その反権力の姿勢は本書二二二―二二三頁で紹介している野依論説「何故！不逞鮮人に同情するか」(『実業之世界』一九二四年一月号)でも明らかだろう。この事件に関する野依の立ち位置は、むしろ『真相』のそれに極めて近い。

それゆえ、暴露雑誌の系譜に野依メディアを位置づけることに違和感はない。しかし、そのタイトルに必ずしも満足したわけではなかった。私の「メディア人間」研究は「喧嘩ジャーナリスト」の人格よりも「負け組メディア」のシステムを考察の対象としていたからである。そのため担当編集者に頼んで裏表紙には「「負け組」メディアから見えてくる、真の昭和言論史」と刷り込んでもらった。その意味では、この新しい文庫版タイトルは改題というよりも、原タイトルへの回帰ということになる。

とはいえ、本書が最初から岩波書店で刊行されていたとすれば、私はまた別のタイトルを提案していたかもしれない。たとえば、『「ギャング」の時代——スキャンダル・ジャーナリズムの公共性』などである。もちろん、「ギャング」は第一章扉に書影をのせた原田健太郎編『言論ギャング——野依秀市の正体』(一九三三年)から採ったものだが、それは前著『『キング』の時代——国民大衆雑誌の公共性』(岩波書店、二〇〇二年、現在は岩波現代文庫)の外伝というべき性格を反映している。つまり、昭和言論史における「キング」と「ギャング」は、勝ち組と負け組のメディア史として表裏一体なのである。むろん、前著が「雑誌王」野間清治の立身出世をなぞる本伝だとすれば、本書は「言論ギャング」野依秀市の悪戦快闘を描く外伝である。野依が芝野山人のペンネームで刊行した『積悪の雑誌王——野間清治の半生』(一九三六年)の削除箇所については、是非とも『『キング』の時代』の第Ⅱ部第三章を参照いただきたい。

## 岩波茂雄と野依秀市

旧「あとがき」で、「黒岩比佐子さんと仕事で一緒になった」と書いている。この段階では次著『物語 岩波書店百年史2「教育」の時代』(岩波書店、二〇一三年)はまだ刊行されていなかったため、「仕事」の中身にはふれていない。紅野謙介『物語 岩波書店百年史1「教養」の誕生』(同前、二〇一三年)の「あとがき」はこう結ばれている。

「最後に、三年前に亡くなられた黒岩比佐子さんに本書を捧げたい。本来ならば、彼女がこの巻を担当されるはずであった。『パンとペン——社会主義者・堺利彦と「売文社」の闘い』の著者であれば、もっと面白い百年史が出来たのではないか、読者のひとりとして、そう思うが、これればかりはどうしようもない。ご冥福をお祈りする。」

そうなのだ。本書の前半を『季刊 考える人』に連載中、私はほぼ毎月「岩波百年史の会」で黒岩さんと会っていた。「売文社」最大の顧客・野依秀市が『物語 岩波書店百年史2』に何度か登場するのはその影響もあるだろう。だが野依は岩波茂雄と頻繁に文通しており、『岩波茂雄への手紙』(岩波書店、二〇〇三年)によれば、岩波宛の封書一〇、葉書二一が残されている。両者がともに三宅雪嶺に私淑しており、ともに講談社をライバルと見なしていたとすれば、岩波が『実業之世界』のアンケートに誠実に回答していたとしても不思議ではない。

このアンケートに関しては、私は「信州風樹文庫の旅から――『岩波茂雄文集』を読む」(『図書』二〇一七年八月号)で未収録や省略などの問題点を指摘している。まず、「Ⅳ 年代不詳」(『岩波茂雄文集3 一九四二―一九四六年』)に収められた資料三八〇「日本社会における閥について」は本書の第一〇章で一部を紹介した、二・二六事件直後の「二千名士への質問」(『実業之世界』一九三六年四月号)への回答文である。「我が眼に映じたる日本国家社会に於ける不合理的存在」として、岩波は「政党閥、官僚閥、財閥、学閥、軍閥」を列挙し、その排除を次のように訴えている。

「その排除策として一切の特権を廃し実力本位として本質的国家的立場より凡ゆる人材を採用することが必要である。一例を云へば学校の卒業生などに特権を与ふることなく公平厳正なる国家試験をして、それ〴〵資格を与へる如きことである。また研究の自由、言論の自由を与へることも閥をなくする一策である。」

『実業之世界』掲載文では、『岩波茂雄文集3』収録の文章に加えて、さらに痛烈な軍閥批判の一節が文末に置かれている。これはぜひとも追補すべき内容だろう。

「陛下の赤子《せきし》として国家の同胞として、至誠より出づる論議は総《す》べて耳傾けて興隆日本の育成、発展に資せねばならぬ。たゞ議論にあたつては私情を交へざることゝ視野の狭からざることが必要である。今回不祥事件に関係せる青年将校にも視野の狭かりしように思はる。」

それよりも、『岩波茂雄文集2　一九三六―一九四一年』に当然入るべき「正しき言論の自由から」(『実業之世界』一九四一年新年号)が漏れているのは残念というほかない。軍部の干渉に対する岩波の痛烈な反撃文として、私は『物語　岩波書店百年史2』で引用している。

「新体制の文化統制は、民意の暢達《ちょうたつ》や人格を無視するものではあるまい。まして大自然の理法に背くことではあるまいと思ふ。此の頃自由といふ言葉は甚《はなは》だしく嫌はれてゐるが、統制も自由も究極は一致するものではあるまいか。(中略)統制は名刀の如く、達人これを用ひて世を救ひ、狂人これを手にして人を害《そこな》ふ。その使ひ分けが仲々むづかしいのである。」

戦後の野依を「右翼ジャーナリスト」と見なすとしても、岩波が寄稿した『実業之世界』は軽視されるべきではない。そこには岩波が私淑した三宅雪嶺が毎号巻頭論文を寄せており、野依と岩波は三宅全集の刊行や『帝都日日新聞』の三宅コラムの岩波文庫化について話し合つていた。

## 「メディア人間」研究のその後

旧版刊行後、野依については拙稿「戦時中の戦後思想――「メディア」と「文化」の連続性から」(苅部直ほか編『日本思想史講座4　近代』ぺりかん社、二〇一三年)で野依秀市『戦時・戦後の見方』(秀文閣書房、一九三八年)について言及した。戦時中に公刊された「戦後論」の多くは、国民総動員を前提とした「総力戦体制論」なのだが、特に思想性をもつ著作として小林一三『戦後はどうなるか』(青年書房、一九三八年)、長谷川巳之吉編『戦後の思想問題』(第一書房、一九三九年)と並べて検討した。野依は『戦時・戦後の見方』で、戦時中と「ほゞ同じ状態」を「戦後」と見なしていた。

「今戦後といふ意味は、漢口、広東、海南島の攻略を終つた後のことを指すのである。而《しか》してこれから後は、やはり従来とほゞ同じ状態であると覚悟せねばならぬ。」

こうした戦後体制＝総力戦体制を前提として野依は次のような議論を展開している。たとえば、「戦後の教育界」では「支那事変に勝利を得たに就ては、普通教育、国民教育の普及されてゐたことが非常な強みであつたこと」が明らかになったので、「義務教育の延長が、遠からず必ず実現する」という。また、「戦後の会社経営」は株主資本家から経営者の手に移り、「監査役の外は全部悉《ことごと》く社員から抜擢するやうにせねばならぬ」と主張している。その上で、会社の利益配分でも株主配当より従業員への分配や設備投資に有利になるような税制の改革を訴えていた。こうして野依が戦時中に待望した「戦後」の義務教育延長や企業税制改革は、いずれもGHQ占領下で実現している。もちろん、他の著作同様にその主張に野依のオリジナリティを求めるべきではない。そうした思想史研究の限界については、拙稿「「メディア人間」の集合的無思想に挑む雑誌研究」(『日本思想史学』第四九号、二〇一七年)も参照されたい。

旧「あとがき」で、私は第六章で仏教関係の野依資料を十分に読み込めなかったことを「ただ一つ心残り」と書いている。それでも、宗教学とりわけ真宗学の研究者から何度か問い合わせがあり、東本願寺系の『アンジャリ』第二六号(親鸞仏教センター、二〇一三年一二月号)に「「真宗マスコミュニケーション協会」という可能性——野依秀市の仏教メディア」を寄稿した。その後、研究室の収納スペースが限界を超えたので、私が収集した『真宗之世界』『仏教思想』『世界仏教』など野依が刊行した雑誌のコピー製本はすべて真宗学の研究者にお譲りした。いずれにせよ、大澤絢子《あやこ》『親鸞「六つの顔」はなぜ生まれたのか』(筑摩選書、二〇一九年)、金山泰志「野依秀市の仏教雑誌『真宗の世界』とその対外観」『同朋大学佛教文化研究所紀要』第四〇号(二〇二〇年)など、宗教研究でも野依メディアへの関心が高まっていることは喜ばしい。

私自身の「メディア人間」野依秀市への関心は、いまも「メディア議員」研究として持続している。その成果の一つが河崎吉紀との共編著『近代日本のメディア議員——〈政治のメディア化〉の歴史社会学』(創元社、二〇一八年)である。野依が当選した第一八回総選挙は「満洲国」建国宣言の九日前、一九三二年二月二〇日に行われている。この選挙の当選議員について『昭和八年版日本新聞年鑑』は野依を含む「当選の新聞人」七二名(政友会四八名、民政党二一名、中立三名)の名前を列挙して「未曽有の壮観」と評していた。その多くは地方紙で現役の経営者や主筆だが、彼らだけで全議席の一五%を占めていた。同年鑑の巻頭に掲げられた徳富蘇峰「天下の権 言論界に帰す」では、満洲事変時の国論統一に果たした「言論界の力」の偉大さを言祝《ことほ》いでいる。

「昨〔一九三二〕年九月十八日以来の事を回顧すれば言論界の力の如何に偉大であつたかが分《ぶん》明《めい》である。(中略)吾人《ごじん》は今更ながら新聞雑誌の我が帝国の国策樹立とその遂行とに貢献したること多大なるを認識せずして已《や》む能《あた》はざるものがある。惟《おも》ふに天下の権は維新以来藩閥に帰し官僚に帰し政党に帰し今や実に言論界に帰し世間或《あるい》は新聞雑誌を以て暴君視するもの洵《まこと》に所以《ゆえん》なしとせず。」

この第一八回総選挙当選議員については、岡田俊雄「四百六十代議士・解剖表——いはゆる選良の内容は斯くの如し」(『サラリーマン』一九三二年三月号)がその年齢・学歴・職業を分析している。岡田は現職の新聞記者を二五名と数えており、弁護士八四名、無職八四名、会社員(重役)七八名、農業六一名、著述二九名につづく第六位とする。むろん、現職の著述業も広義には「メディア議員」と言えるので決して少なくはない。前職が新聞記者、「メディア出身議員」を入れると大きく順位は変わるわけである。岡田はこう書いている。

「新聞記者の多いのは、注目すべきだ。議員の以前の職業を調べると新聞記者が六〇名で最高を占めてゐる。」

もちろん、当時の「メディア議員」には、野依と同じく記事や広告の掲載料を強請《ゆす》る「取り屋」と見なされる者も少なくなかった。その活動にふれた文献としては、宇田国栄《くにえ》『政界五十年思い出の人々』(新政研究会、一九七九年)がある。床次《とこなみ》竹二郎、岸信介の秘書から自由民主党所属の衆議院議員となった宇田は、同書で「操觚《そうこ》界の異彩、野依秀市氏と木舎《きや》幾三郎《いくさぶろう》氏」および「特色の矢野晋也氏と石田百寿氏」を綴っている。木舎幾三郎(『政界往来』創刊者)や石田百寿(『国会』発行人)も衆議院選挙に立候補していた。政治とメディアの問題を考察するためには、全国紙など一流紙、つまり「勝ち組」のメディア史ばかりでなく、こうした二流・三流紙、あるいは「自称」新聞紙の存在までを含めた「負け組」のメディア史が不可欠だと私は考えている。

これまで一般のメディア研究では新聞などメディアの理想型とは権力を監視する「番犬《ワッチドッグ》」であり、だからこそ権力と真正面からぶつかる「抵抗のジャーナリスト」が注目されてきた。しかし、本書で野依秀市を通じて描いたように、政治とメディアの関係はそれほど自律的なものでも対立的なものでもない。いまも新聞社が理想として言挙げする「公正中立」や「不偏不党」の中身を吟味するためにも、新聞人であり政治家でもあった「メディア議員」の存在は無視できない。

そこにこそ私たち一人ひとりが情報の発信者となったSNS時代に必要なメディア理解への視座がある、と私は考えている。「インスタ映え」を念頭に自撮りし、Twitterのフォロワー数やFacebookの「いいね」に気を揉《も》む私たちは、すでに大なり小なり「メディア人間」なのだから。

いずれにせよ、この『負け組のメディア史』が「勝ち組のメディア史」である『『キング』の時代』と同じ岩波現代文庫に入り、新しい読者との出会いを得たことを著者として喜びたい。また、宗教史にも詳しい気鋭の日本近現代史研究者、平山昇さんに解説をお願いできたこともうれしい。大宅壮一は大分県生まれの野依を「日本のスペイン人」と評したが（本書二〇頁）、平山さんも「日本のイベリア半島」九州のご出身である。本書の成立も私の「イベリア半島びいき」とおそらく無関係ではないのだろう。編集では岩波書店編集局第二編集部の大竹裕章さんのお世話になった。コロナ禍でのリモート作業が中心だったが、行き届いた編集で「定本」を完成していただいた。心より感謝したい。ありがとうございました。

二〇二一年七月

佐藤卓己

# 解説　明治生まれの「メディア青年」?

平山　昇

この解説を読んでいるあなたは、もうすでに本書を読み終えた方でしょうか。それとも、本書を読もうかどうか(買おうかどうか)迷っている方でしょうか。

もしあなたが後者であれば、単刀直入に言っておきます。この本は読んで絶対に損はありません。野依秀市という人物がいかに破天荒な人物だったか。たとえば今すぐに一四―一五頁をご覧ください。佐《さ》村河内守《むらごうちまもる》のゴーストライター騒動が一瞬で吹き飛んでしまうような記述に、目が点になります。そしてまた、この捉えどころのない人物を著者の佐藤さんがいかに生き生きと、時として抑えようのない愛着をも垣間見せながら描ききっているのかは、四〇―四一頁を読めば一目瞭然です。

「皇室中心主義者」を自称し、「敵」とみなせば容赦なく「国賊」などの罵倒を加える一方で、婦人参政権に賛成し、社会主義者と交わり続け、満州事変後も軍部批判の手をゆるめず、戦時中には東条内閣を真っ向から批判した野依秀市。いったいどうしてこんな人物が三宅雪嶺や渋沢栄一といった大物にかわいがられながら大正・昭和の日本社会で縦横無尽に活躍できたのか。同時代的には知らぬ者はいなかった、というより、そうなるように自己演出していた人間が、なぜその後見事に忘れ去られてしまったのか。この本を手がかりにそんなことをちょっと考えるだけでも、二〇世紀の日本社会の歴史を新鮮な目線でみつめ直すことができることは間違いありません。

さて、あなたがもしすでに本書を読み終えた方であれば、この解説はもはや蛇足以外の何物でもないと思うのですが、せっかくですので、本書の豊富な著述のなかからいくつかの糸をたぐり寄せながら一緒に考えていただければと思います。

「メディア人間」

メディア史の泰斗《たいと》である佐藤さんの本ですから、本書がメディア論として秀逸なのは私がわざわざ言うまでもありません。ただ、佐藤さんの著作のなかでも異彩を放つ本書の魅力は、一人の「メディア人間」を追い続けたことにあると思います。

私にとって佐藤さんといえば、『『キング』の時代――国民大衆雑誌の公共性』が初めての出会いでした。デビュー作『大衆宣伝の神話――マルクスからヒトラーへのメディア史』以来一貫して提示している「ファシスト的公共性」という分析概念をベースに、国民大衆雑誌『キング』が活字メディアよりもむしろ音声メディア(ラジオ)に近似した機能をもっていたことを喝破《かっぱ》します。思想・言説の中身そのものよりも、「参加による同調拡大」のメカニズムこそが大衆社会化の時代のメディア分析において決定的に重要であるという視座を提示した同書に、大学院生時代の私はたいへんな衝撃を受けました。

もっとも、「ファシスト的公共性」という分析枠組み自体は間違いなく有効だとしても、他のさまざまな分析枠組みと同様に、そこからどうしても零れ落ちてしまうもの、あるいは、そこからはみ出てしまうけど無視するにはあまりにももったいないものが出てきてしまいます。本書の冒頭は次のように書きはじめられています。

「日本のメディア史を研究していると、絶えず視野をかすめて出没する人物がいる」（二頁）この人物こそ外でもない野依秀市その人なのですが、こういうところを〝ノイズ〟とか〝外れ値〟だと割り切って要領よく無視することも研究を進めるうえでは必要かもしれません。実際に、これまでの研究者たちのほとんどはそうしてきました。ところが、佐藤さんはあえてそうせずに、むしろここに正面からスポットを当てることにしました。しかも、仮面をはいだら素顔が見えてくるという単純な作業ではなく、「これは誰れでしょう？」だの「不屈生〔ペンネーム〕とは何者ぞ」だのと、その時々で何枚でも「仮面」をつけては脱いで人々の気を引こうとした、なんとも面倒くさい「メディア人間」の軌跡をたどることになります。

「メディア人間」とはコロンブスの卵とも言うべき絶妙な説明用語ですが、私なりに簡単に言い換えれば「二〇世紀メディア劇場の露出系役者」です。その特徴は一口で言えば「露出への執念＋オンデマンド」。有罪判決をうけて収監されてもめげるどころかそれをネタにするほど、メディア露出への強烈な執念がある。自分の内にある何らかの一貫した信念や主義をメディアを通じて社会に伝えるのではなく、とにかく世間から視線を集めることに執着し、自分自身をメディアにしてしまう。そして、大衆が何を求めているのか常にアンテナを張り巡らすオンデマンドのセンスがあります。

この視点の魅力は、「著作物から著者の個性、すなわちオリジナリティ(独創性)を読み取る」(一三頁)というオーソドクスな思想史的考察ではほとんど見えてこなかった群像を浮かびあがらせてくれるということです。つまり、たとえその言説に一貫性がまるでなく、また個々の主張自体はその人物のオリジナルなものでなくとも、それでも時代相を抉《えぐ》り出すために光を当てるべき未発掘の人物たちが少なからずいるということです。

実際に、本書を読んで私が気づかされたのは、大正期になると社会の色んな領域に「ミニ野依」が出現したのではないかということです。たとえば、私自身の研究領域でいえば、大正期から未曽有の活況を呈していく伊勢神宮参拝のことを調べていくと、「敬神翁」と称された帯谷《おびたに》伝三郎なる実業家がみえてきます。まさに「絶えず視野をかすめて出没する人物」です。そして、「称された」というのは自然にそうなったわけではなく、メディアと緊密に結びつきながら小学児童の伊勢神宮修学旅行の拡大を求める運動を熱心に繰り広げ、私財を投じるなど積極的に「美談」化をはかりながら自己をプロデュースした結果です。帯谷の運動は、当時の大衆の旅行欲求や教育界の実地教育のニーズと見事にマッチして、実際に伊勢神宮修学旅行の拡大をもたらすことになります(橋本萌『「伊勢参宮旅行」と「帝都」の子どもたち』六花出版、二〇二〇年)。野依ほどの破天荒さやスケールの大きさはないものの、「露出への執着+オンデマンド」という特徴からみれば、立派な「ミニ野依」だったと思います。

野依は三宅雪嶺と渋沢栄一の懐《ふところ》に入るなど同時代的には広く知られていた人なのですが、

本人に一貫したオリジナルの思想があるわけではないので従来の思想史的アプローチの研究では完全に見落とされていました。帯谷もやはり伊勢神宮への修学旅行の拡大のきっかけをつくったという事績によって同時代ではかなり知られた人でしたが、「国家神道」研究や神道史研究ではこれまで顧みられることはありませんでした。しかし、大衆社会化におけるメディアの力学を考えるとき、このような「メディア人間」は決して無視できないと思います。

野依が忘れ去られた理由はもう一つあります。戦前の軍国主義化への抵抗として、通説では二・二六事件後の斎藤隆夫の粛軍演説がたいへん有名ですが、実は同じような主張は野依の『実業之世界』『帝都日日新聞』が五・一五事件以後絶えず「絶叫」していたものでした。しかしながら、そのことを取り上げると野依以外の当時の言論界の時局迎合が明らかになってしまうため、野依は戦後のメディア史の語りでは無視されることになりました。佐藤さんは、陸軍の鈴木庫三《くらぞう》を一方的に悪役に仕立て上げた戦後言論界の語りを、新発見の日記に基づいて塗り替えましたが（『言論統制』中公新書、二〇〇四年）、本書もまた同様に戦後メディア史の語りについて鋭く再考を迫る内容となっています。

ただし、先学たちの名誉のために補足しておくと、これまでの日本近代史研究のなかで野依の存在がまったく視野の外にあったというわけではありません。日本近代史研究者として私が本書を読んでたいへん驚かされたのは、大正デモクラシー研究の金字塔をうちたてた松尾尊兊《たかよし》が、「反骨の国権的自由主義者」として野依の存在をしっかり捉えていたということでした。『大正デモクラシーの群像』という書籍のなかで言及するだけにとどまらず、晩年に「野依秀市と渋沢栄一」というそのものズバリの論考まで書いていたとは驚きです。対象とする時代の史料を文字通り渉猟した大家には、野依が見えないはずはなかったのですね。「絶えず視野をかすめて出没する人物」に出くわしたとき、通説のレッテルでわかったつもりになるのではなく、あえてしつこく掘り下げてみる。考えてみれば歴史研究の基本中の基本なのでしょうが、それを愚直に実践できる人はどれほどいるでしょうか。佐藤さんはメディア史研究者である前に、やっぱり歴史家なのだとあらためて思いました。

## 明治生まれの「メディア人間」

ところで、本書を読んでいるうちに、私には野依という「メディア人間」が、現代の百田尚樹さんや近年話題の YouTuber たちのルーツのように思えてきました。周知のとおり百田さんをはじめとする近年のネット言説空間の寵児たちは、「批判されてナンボ」というタイプです。まさに「自らにスポットライトが当たる限り、批判がないよりもあった方がよい」(三七頁)という「メディア人間」の特性の通りです。本書は朝日などの主流メディア批判で部数を伸ばす保守系雑誌の手法のルーツは野依にあったとも指摘します(三九五頁)。さらに言えば、「現代文庫版あとがき」で佐藤さんが示唆するように、野依はSNS時代を先取りしていた観すらあります。注目を集めるために賛同だけでなく批判の投書も大量に紙面に並べ立てた野依の手法は、「いいね」を集めたりアンチによる炎上で話題になったりするSNS劇場とも通ずるからです。

ただし、「ルーツ」とはいっても、野依の進化型が百田さんやYouTuberであるとは私には思えません。むしろその逆で、野依が展開した「メディア人間」のカラフルな側面を色々と削《そ》ぎ落として「露出への執念＋オンデマンド」だけへと単純化されたのが現代の「メディア人間」のように思います。逆に言えば、野依には現代の「メディア人間」には決してみられない特性がいくつもありました。

削ぎ落とされたものは色々とあるでしょうが、まず何よりも、天下国家とのつながりが不可欠だったということ。「メディア人間」野依は、露出狂よろしく自身の女性遍歴などプライベートについても赤裸々に語ります。しかしながら、現在インスタグラムやYouTubeで私生活を披露して「いいね」を集めている人たちのように、プライベートだけでメディア活動を完結させることは絶対にありません。「何でもいいから目立ちたい」ように見えて、日本という国家と絡めて自己をPRするという最低必要条件は終生一貫してゆらぐことはありませんでした。

これは、百田尚樹さんのように、まず『探偵！ナイトスクープ』(朝日放送テレビ)などのナショナリズムとは関係のないコンテンツで名をなした後に、次なるステージとして「愛国」マーケットに参入した人々とは決定的に異なります。本書と同じ岩波現代文庫では佐藤さんの『『キング』の時代――国民大衆雑誌の公共性』も刊行されていますが、その解題で與那覇《よなは》潤《じゅん》さんは加藤典洋《のりひろ》さんの晩年の論考を手がかりに、百田さんの『永遠の0《ゼロ》』において実は彼自身のイデオロギーが任意に着脱可能になっていることに注意を促します。戦後教育を受け、

「国家」への意識をとくに持たずに経済活動に没入して生きることができた世代の人々が、中高年になるとアイデンティティの空虚さを感じて愛国コンテンツにのめり込み、そのような層を相手にマーケティングがなされていくというのは、バブル崩壊後の日本社会の低迷のなかで顕在化した動きです。しかし、野依は、その時々の状況に応じて、あるいは「敵」に応じて、さまざまな「仮面」をつけかえましたが、さすがに天下国家という舞台からは一度も退場することはありませんでした。

つまり、こういうことです。佐藤さんが言うように、個々の言説を彼の一貫性のなかに位置づけようとする狭義の思想史のアプローチであれば、野依には通用しません。しかしながら、彼を終生規定し続けた思想的バックボーンについては、意外にも明治思想史の枠組みできれいに捉えられる。その時々で万華鏡のように見えても、土台はしっかりと明治日本の思潮のなかにあったと思うのです。

そのように考えると、たとえば言論の活発さを「国民の元気」と結びつけたり(三一八頁)、総力戦体制下の統制に対して競争こそ社会の活力であるという論法で批判する(三五一頁)といった彼の論調からも、かなりはっきりと明治の残響が聞こえてくると思います。

## 明治生まれの「メディア青年」

そうすると、現代のSNS社会の「はじまり」として野依を見ること自体は妥当だとしても、彼が明治生まれの「メディア人間」であったこととの意味を看過すべきではないということとになります。前述した與那覇さんの解題は、『キング』の登場がある時代のはじまりである以上に、むしろ別のなにかのおわりだったことを私たちに告げている」（『『キング』の時代』五四六頁、強調原文）と記しています。実は私も、現代の起点としての二〇世紀大衆メディア社会という論調が基本である佐藤さんの著作を読むたびに、かえって明治の残響が気になるのです。そして、本書は佐藤さん自身が言うように『『キング』の時代』の「外伝」（「現代文庫版あとがき」）なのですから、当然のことながら與那覇さんの洞察は本書にもあてはまるはずです。

たとえば、私が近現代日本のナショナリズムの道程をふまえて、近年とくに忘れ去られてしまったと思うのが、「国家」と「官」を区別する思考、「官」を批判する愛国心です。現代では「国家」と「官」（その時々の政府）の区別がつかず、安倍元首相を賛美することが「愛国」であり、安倍さんのアンチは「反日」であるとする捉え方がネット上で広まっています。ＳＮＳでは、自称「愛国」派の人々がアイコンやトップ画像で日の丸を誇らしげに掲げるのが当たり前となっています。対するリベラル知識人が「愛国心」そのものを否定的に捉え続けてきたために、「愛国心」の占有を相手側に簡単に許してしまったという要因もあります。

しかしながら、戦前日本、とくに明治期においては、「国家（皇室）」という至高価値を「官」と「民」で競い合うというのが基本構図でした。徳川の「公儀」が薩長の維新政府にとってかわられた記憶がしっかりと残っていた時代ですから、当たり前のことです。維新政府は徳川(とくに幕末)がだめだったという薩長本位の歴史観を広めようとしましたが、それが多かれ少なかれフェイクを含んでいることは当時の人々には周知の事実でした。したがって、「国家」のために「いまの政府」を批判・攻撃することは愛国心のごく普通の発露のあり方であり、だからこそ官憲の取締りを受けた者ほどその愛国心が本物であると認められたわけです。つまり、「国家」を「官」が独占せず(できず)、国民すべてが「国家」を背負うという国家主義だからこそ、「愛国」「国粋」のさまざまなヴァリエーションが生じます。野依が反資本主義、反植民地主義、反軍国主義、反東条と、ことあるごとにそのときの支配体制に異議を唱えながらも、それが「国家」のためであると声高にアピールし続けたことについては、彼の「仮面」性だけで片づけられるものではなく、それが明治生まれの人々にとってはごく当たり前の「正気」であったことも考慮に入れる必要があります。渋沢栄一や三宅雪嶺といった明治以来の思想界の大物が野依を気に入ったのは、会う人皆が口にする野依の人間的魅力もさることながら、右のような明治的な国家主義の舞台を共有していたためでもありました。

このように考えてみると、ある面では大衆メディア社会を先取りしたように見える野依が、また別の面ではいつまでたっても新時代に即応せずに「明治の青年」であり続けようとしたことが見えてきます。野依は、いつまでたっても「メディア青年」を卒業できなかったのです。

彼がなぜそのような道をたどったのかについては、もちろん彼お得意の「逆張り」という面もあったのかもしれませんが、佐藤さんの次の指摘が重要な手がかりになりそうです。「個人ジャーナリズムという点で、野依メディアは明治期「大新聞《おお》」のガラパゴス的進化だったと見ることもできる。「大正巌窟王」として長期の獄中生活を過ごした野依は、一九二〇年代のメディア環境の激変から取り残されたといえるかもしれない。株式会社化した組織ジャーナリズムが主流となる昭和時代において、この明治的な個人メディアの活路は同業メディア批判にしかなかったのである」(三九四頁)

つまり、メディアの大衆化が加速度的に進行した大正期に長らく獄中にいた野依は、ある種の浦島太郎として、その猪突猛進のエネルギーは失わないままで昭和に突入したということです。なるほど、怒濤《どとう》のような「改造」やモダニズムの奔流のなかにありながら、「人生の大学」と豪語する獄中で静かに読書にふける野依は、塀の外で明治の残響が蹴散らされていくのとは対照的に、むしろ明治の残響を反芻《はんすう》し続けていたのかもしれません。

## 近代仏教史との交錯

ここまで述べてきたように、個々の言説ではカメレオンのようにみえる野依も、全体としてみれば明治の思想という土台のうえで「メディア人間」を演じきったと思います。したがって、二〇世紀前半の日本の思想を規定した二つの要素から野依もまた影響を受けていました。社会主義とキリスト教です。

社会主義については、一九一〇年の大逆事件(幸徳事件)以降の社会主義の「冬の時代」には、累が及ぶことを恐れて過去の社会主義的な言動をなかったことにしようとした知識人も少なくなかったのですが、そのようななかでも野依が左翼知識人と密接にかかわり続けたことが随所で見えてきます。この文脈でもまた、忘れ去られていた野依の存在は再評価されるべきでしょうが、ここでは紙幅の関係もありこの程度にとどめておきます。

もう一つのキリスト教です。近代日本の知識人は自身がクリスチャンである場合はもちろん、そうではない場合もキリスト教について何がしかのことを考えずにはいられませんでした。というより、「宗教」という言葉自体が、維新後にキリスト教の価値基準を濃厚に反映させながら religion の訳語として使用されるようになった近代の新しい概念でした(山口輝臣『明治国家と宗教』東京大学出版会、一九九九年)。そのようななかで、日本の在来のさまざまな「信心」や「宗門」のなかでキリスト教に匹敵する文明度を備えた「宗教」として自己演出したのが、ほかでもない浄土真宗でした。大正期に獄中で野依が帰依した浄土真宗とは、そのような明治の歴史を経た近代の浄土真宗です。

戦前の政治活動家のなかには獄中生活がきっかけとなって終生にわたって宗教に帰依した人が少なくないのですが、野依の名刺(二一頁図0-4)に列挙された肩書の多くを仏教関係が占めているのはたいへん印象的です。佐藤さんも「野依の思考において、個人を救済する宗教と社会を改良する政治は相互補完的であった」(一八一頁)と指摘しているように、野依という人間を理解するためには、信仰(浄土真宗)からの分析が欠かせません。佐藤さんは、この面からの分析が十分に果たせなかったことについては「現代文庫版あとがき」で率直に認めたうえで、史料とともに宗教(真宗)研究者に託したと記しています。後続世代が取り組むべき大切な宿題ということのようです。

私にはその宿題をこなせる力量は到底ありませんが、ここで一つ気になることを指摘しておきます。それは、日蓮主義との関連です。というのも、近代の日蓮主義の主役として知られる田中智学は、近代仏教の文脈で「メディア人間」を先取りしていた可能性があります。彼は自身が仕切る雑誌において、言説の中身だけでなく、活字の大きさや写真の写り方なども考慮に入れて自身をメディア化していきます。既成教団との「喧嘩」で名を挙げたことも合わせれば、「メディア人間」野依とそっくりです。しかも、すでに明治三〇年代から鉄道列車内での演説や駅への機関誌の配置など、鉄道とメディアを掛け合わせて精力的な宣伝活動を展開し、しかも投稿や知人への配布といった、のちの『キング』そっくりの「参加による同調拡大」の仕組みを構築していました(以上、ユリア・ブレニナさんからのご教示)。こういうところは上手にやりながら、いざ国政選挙に打って出たら苦戦したというのも、これまた野依とそっくりです。つまり、佐藤さんが明らかにしてきた野間清治や野依のメディア戦略を、明治仏教史は先取りしていた可能性があるのです。

さらに、大谷栄一『日蓮主義とはなんだったのか――近代日本の思想水脈』(講談社、二〇一九年)の書評を書いた際にわかったことですが(『宗教と社会』第二七号、二〇二一年六月)、日蓮主義が「人格」をキーワードとして「煩悶青年」層にラジカルな個人主義のアジテーションを与えていく起爆剤となったのは、田中智学に感銘を受けた晩年の高山樗牛《ちょぎゅう》が遺した著作でした。あの石原莞爾《かんじ》を日蓮主義へと駆り立てたのも樗牛の著作でした。そういえば野依も、「此の上なく自分を偉いと思つてゐる」と自身の人格を肥大化させたうえで「親鸞といふ奴」という問題発言を連呼しました(一九二―一九三頁)。露出狂で目立ちたがり屋の彼自身が樗牛と通ずるラジカルな個人主義を有していたとも考えられますし、あるいはまた、樗牛の「遺文」に感激する青年層に共鳴してもらおうとするオンデマンド作戦だったかもしれません。いずれにしても、彼自身が帰依したのは浄土真宗だったといっても、細かい教理の違い以上にこのような近代仏教の共鳴基盤があり、そこに田中智学や野依という「メディア人間」が乱舞していたことについて考えると面白いのではないかと思うのです。

これは、宗教史のみならず、メディア史の研究にとっても大切な論点になる可能性があると思います。佐藤さんが色んな著作で強調するように、そもそもメディアの語源は「霊媒」であり、宗教史とメディア史は本来は不即不離の関係にあるはずだからです。

「言論の自由」

さて、そろそろ紙幅が尽きてきましたが、最後に、野依が現代日本に問いかけているものについて妄想まじりに記しておきます。それは、「言論の自由」についてです。

野依は大新聞にならないからこその「言論の自由」を確保し、「僕は経済上の独立は出来ぬが、言論の独立は出来てゐる」(三四五頁)と豪語しました。この野依の生き様をみて内心忸怩《じく》《じ》たる思いをするのは私だけでしょうか。野依が時として法に触れて監獄に入れられながらも体当たりで挑んだのは、明治憲法の「言論の自由」のギリギリの臨界点だったのかもしれません。はたして、日本国憲法のもとで制度的には確立されたかにみえる現代日本の「言論の自由」は、野依が苦闘した臨界点の先へと前進したと言えるのでしょうか。

本書の最終章では、高度経済成長によって、戦前の格差社会を前提とした「金持から金を貰う」手法が無効化されたことで野依は経済面でとどめを刺されたことが示されています(四一〇—四一一頁)。ふたたび格差社会が顕在化した現在、あともういくつかのストッパーが外されれば、「令和の野依」「二一世紀の野依」が出現する可能性もあるのでしょうか？

(日本近現代史)

本書は二〇一二年四月、新潮社より『天下無敵のメディア人間　喧嘩ジャーナリスト・野依秀市』（新潮選書）として刊行された。岩波現代文庫への収録に際しては、書名を『負け組のメディア史――天下無敵　野依秀市伝』へと改め、「岩波現代文庫版あとがき」と「解説」を加えた。

S328
## 人は愛するに足り、真心は信ずるに足る
―アフガンとの約束―

中村哲
澤地久枝（聞き手）

戦乱と劣悪な自然環境に苦しむアフガンで、人々の命を救うべく身命を賭して活動を続けた故・中村哲医師が熱い思いを語った貴重な記録。

S329
## 負け組のメディア史
―天下無敵　野依秀市伝―

佐藤卓己

明治末期から戦後にかけて「言論界の暴れん坊」の異名をとった男、野依秀市。忘れられた桁外れの鬼才に着目したメディア史を描く。
〈解説〉平山　昇

2021. 9

S322
## 菌世界紀行
―誰も知らないきのこを追って―
星野　保

大の男が這いつくばって、世界中の寒冷地にきのこを探す。雪の下でしたたかに生きる菌たちの生態とともに綴る、とっておきの〈菌道中〉。〈解説〉渡邊十絲子

S323-324
## キッシンジャー回想録 中国(上・下)
ヘンリー・A・キッシンジャー
塚越敏彦ほか訳

世界中に衝撃を与えた米中和解の立役者であるキッシンジャー。国際政治の現実と中国の論理を誰よりも知り尽くした彼が綴った、決定的「中国論」。〈解説〉松尾文夫

S325
## 井上ひさしの憲法指南
井上ひさし

「日本国憲法は最高の傑作」と語る井上ひさし。憲法の基本を分かりやすく説いたエッセイ、講演録を収めました。〈解説〉小森陽一

S326
## 増補版 日本レスリングの物語
柳澤　健

草創期から現在まで、無数のドラマを描きききる日本レスリングの「正史」にしてエンターテインメント。〈解説〉夢枕　獏

S327
## 抵抗の新聞人 桐生悠々
井出孫六

日米開戦前夜まで、反戦と不正追及の姿勢を貫きジャーナリズム史上に屹立する桐生悠々。その烈々たる生涯。巻末には五男による〈親子関係〉の回想文を収録。〈解説〉青木　理

## 岩波現代文庫［社会］

S317
### 全盲の弁護士　竹下義樹
小林照幸

視覚障害をものともせず、九度の挑戦を経て弁護士の夢をつかんだ男、竹下義樹。読む人の心を揺さぶる傑作ノンフィクション！

S318
### 一粒の柿の種
―科学と文化を語る―
渡辺政隆

身の回りを科学の目で見れば…。その何と楽しいことか！　文学や漫画を科学の目で楽しむコツを披露。科学教育や疑似科学にも一言。〈解説〉最相葉月

S319
### 聞き書　緒方貞子回顧録
野林健
納家政嗣　編

「人の命を助けること」、これに尽きます――。国連難民高等弁務官をつとめ、「人間の安全保障」を提起した緒方貞子。人生とともに、世界と日本を語る。〈解説〉中満泉

S320
### 「無罪」を見抜く
―裁判官・木谷明の生き方―
木谷明
山田隆司
嘉多山宗　聞き手・編

有罪率が高い日本の刑事裁判において、在職中いくつもの無罪判決を出し、その全てが確定した裁判官は、いかにして無罪を見抜いたのか。〈解説〉門野博

S321
### 聖路加病院　生と死の現場
早瀬圭一

医療と看護の原点を描いた『聖路加病院で働くということ』に、緩和ケア病棟での出会いと別れの新章を増補。〈解説〉山根基世

2021. 9

S312
増補　隔離 ―故郷を追われたハンセン病者たち―
徳永　進

らい予防法が廃止され、国の法的責任が明らかになった後も、ハンセン病隔離政策が終わり解決したわけではなかった。回復者たちの現在の声をも伝える増補版。〈解説〉宮坂道夫

S313
沖縄の歩み
国場幸太郎
新川　明
鹿野政直　編

米軍占領下の沖縄で抵抗運動に献身した著者が、復帰直後に若い世代に向けてやさしく説き明かした沖縄通史。幻の名著がいま蘇る。〈解説〉新川　明・鹿野政直

S314
ぼくたちはこうして学者になった ―脳・チンパンジー・人間―
松本　元
松沢哲郎

「人間とは何か」を知ろうと、それぞれ新たな学問を切り拓いてきた二人は、どのような生い立ちや出会いを経て、何を学んだのか。

S315
ニクソンのアメリカ ―アメリカ第一主義の起源―
松尾文夫

白人中産層に徹底的に迎合する内政と、中国との和解を果たした外交。ニクソンのしたたかな論理に迫った名著を再編集した決定版。〈解説〉西山隆行

S316
負ける建築
隈　研吾

コンクリートから木造へ。「勝つ建築」から「負ける建築」へ。新国立競技場の設計に携わった著者の、独自の建築哲学が窺える論集。

S307
## 大逆事件
―死と生の群像―
田中伸尚

天皇制国家が生み出した最大の思想弾圧「大逆事件」。巻き込まれた人々の死と生を描き出し、近代史の暗部を現代に照らし出す。〈解説〉田中優子

S308
## 「どんぐりの家」のデッサン
漫画で障害者を描く
山本おさむ

かつて障害者を漫画で描くことはタブーだった。漫画家としての著者の経験から考えてきた、障害者を取り巻く状況を、創作過程の試行錯誤を交え、率直に語る。

S309
## 鎖塚
―自由民権と囚人労働の記録―
小池喜孝

北海道開拓のため無残な死を強いられた囚人たちの墓、鎖塚。犠牲者は誰か。なぜその地で死んだのか。日本近代の暗部をあばく迫力のドキュメント。〈解説〉色川大吉

S310
## 聞き書 野中広務回顧録
御厨貴
牧原出 編

二〇一八年一月に亡くなった、平成の政治をリードした野中広務氏が残したメッセージ。五五年体制が崩れていくときに自民党の中で野中氏が見ていたものは。〈解説〉中島岳志

S311
## 不敗のドキュメンタリー
―水俣を撮りつづけて―
土本典昭

『水俣―患者さんとその世界―』『医学としての水俣病』『不知火海』などの名作映画の作り手の思想と仕事が、精選した文章群から甦る。〈解説〉栗原彬

S302
## 機会不平等
斎藤貴男

機会すら平等に与えられない〝新たな階級社会の現出〟を粘り強い取材で明らかにした衝撃の著作。最新事情をめぐる新章と、森永卓郎氏との対談を増補。

S303
## 私の沖縄現代史
―米軍支配時代を日本〈ヤマト〉で生きて―

新崎盛暉

敗戦から返還に至るまでの沖縄と日本の激動の同時代史を、自らの歩みと重ねて描く。日本〈ヤマト〉で「沖縄を生きた」半生の回顧録。岩波現代文庫オリジナル版。

S304
## 私の生きた証はどこにあるのか
―大人のための人生論―

H・S・クシュナー
松宮克昌訳

私の人生にはどんな意味があったのか？ 人生の後半を迎え、空虚感に襲われる人々に旧約聖書の言葉などを引用し、悩みの解決法を提示。岩波現代文庫オリジナル版。

S305
## 戦後日本のジャズ文化
―映画・文学・アングラ―

マイク・モラスキー

占領軍とともに入ってきたジャズは、アメリカそのものだった！ 映画、文学作品等の中のジャズを通して、戦後日本社会を読み解く。

S306
## 村山富市回顧録
薬師寺克行編

戦後五五年体制の一翼を担っていた日本社会党は、その誕生から常に抗争を内部にはらんでいた。その最後に立ち会った元首相が見たものは。

S297
フードバンクという挑戦
―貧困と飽食のあいだで―
大原悦子
食べられるのに捨てられてゆく大量の食品。一方に、空腹に苦しむ人びと。両者をつなぐフードバンクの活動の、これまでとこれからを見つめる。

S298
いのちの旅
「水俣学」への軌跡
原田正純
水俣病公式確認から六〇年。人類の負の遺産「水俣」を将来に活かすべく水俣学を提唱した著者が、様々な出会いの中に見出した希望の原点とは。〈解説〉花田昌宣

S299
紙の建築 行動する
―建築家は社会のために何ができるか―
坂茂
地震や水害が起きるたび、世界中の被災者のもとへ駆けつける建築家が、命を守る建築の誕生とその人道的な実践を語る。カラー写真多数。

S300
犬、そして猫が生きる力をくれた
―介助犬と人びとの新しい物語―
大塚敦子
保護された犬を受刑者が介助犬に育てるという米国での画期的な試みが始まって三〇年。保護猫が刑務所で受刑者と暮らし始めたこと、元受刑者のその後も活写する。

S301
沖縄 若夏の記憶
大石芳野
戦争や基地の悲劇を背負いながらも、豊かな風土に寄り添い独自の文化を育んできた沖縄。その魅力を撮りつづけてきた著者の、珠玉のフォトエッセイ。カラー写真多数。

2021.9

S292
## 食べかた上手だった日本人
―よみがえる昭和モダン時代の知恵―
魚柄仁之助

八〇年前の日本にあった、モダン食生活のユートピア。食料クライシスを生き抜くための知恵と技術を、大量の資料を駆使して復元!

S293
## 新版 報復ではなく和解を
―ヒロシマから世界へ―
秋葉忠利

長年、被爆者のメッセージを伝え、平和活動を続けてきた秋葉忠利氏の講演録。好評を博した旧版に三・一一以後の講演三本を加えた。

S294
## 新島襄
和田洋一

キリスト教を深く理解することで、日本の近代思想に大きな影響を与えた宗教家・教育家、新島襄の生涯と思想を理解するための最良の評伝。〈解説〉佐藤 優

S295
## 戦争は女の顔をしていない
スヴェトラーナ・アレクシエーヴィチ
三浦みどり訳

ソ連では第二次世界大戦で百万人をこえる女性が従軍した。その五百人以上にインタビューした、ノーベル文学賞作家のデビュー作にして主著。〈解説〉澤地久枝

S296
## ボタン穴から見た戦争
―白ロシアの子供たちの証言―
スヴェトラーナ・アレクシエーヴィチ
三浦みどり訳

一九四一年にソ連白ロシアで十五歳以下の子供だった人たちに、約四十年後、戦争の記憶がどう刻まれているかをインタビューした戦争証言集。〈解説〉沼野充義

## 岩波現代文庫[社会]

S286
### 平和は「退屈」ですか
―元ひめゆり学徒と若者たちの五〇〇日―
下嶋哲朗

沖縄戦の体験を、高校生と大学生が語り継ぐプロジェクトの試行錯誤の日々を描く。社会人となった若者たちに改めて取材した新稿を付す。

S287
### 野口体操入門
―からだからのメッセージ―
羽鳥操

「人間のからだの主体は脳でなく、体液である」という身体哲学をもとに生まれた野口体操。その理論と実践方法を多数の写真で解説。

S288
### 日本海軍はなぜ過ったか
―海軍反省会四〇〇時間の証言より―
澤地久枝
半藤一利
戸髙一成

勝算もなく、戦争へ突き進んでいったのはなぜか。「勢いに流されて――」。いま明かされる海軍トップエリートたちの生の声。肉声の証言がもたらした衝撃をめぐる白熱の議論。

S289–290
### アジア・太平洋戦争史(上・下)
―同時代人はどう見ていたか―
山中恒

いったい何が自分を軍国少年に育て上げたのか。三〇年来の疑問を抱いて、戦時下の出版物を渉猟し書き下ろした、あの戦争の通史。

S291
### 戦下のレシピ
―太平洋戦争下の食を知る―
斎藤美奈子

十五年戦争下の婦人雑誌に掲載された料理記事を通して、銃後の暮らしや戦争について知るための「読めて使える」ガイドブック。文庫版では占領期の食糧事情について付記した。

2021. 9

S281
## ゆびさきの宇宙
福島智・盲ろうを生きて
生井久美子

盲ろう者として幾多のバリアを突破してきた東大教授・福島智の生き方に魅せられたジャーナリストが密着、その軌跡と思想を語る。

S282
## 釜ヶ崎と福音
―神は貧しく小さくされた者と共に―
本田哲郎

神の選びは社会的に貧しく小さくされた者の中にこそある！　釜ヶ崎の労働者たちと共に二十年を過ごした神父の、実体験に基づく独自の聖書解釈。

S283
## 考古学で現代を見る
田中琢

新発掘で本当は何が「わかった」といえるか？　考古学とナショナリズムとの危うい関係とは？　発掘の楽しさと現代とのかかわりを語るエッセイ集。〈解説〉広瀬和雄

S284
## 家事の政治学
柏木博

急速に規格化・商品化が進む近代社会の軌跡と重なる「家事労働からの解放」の夢。家庭という空間と国家、性差、貧富などとの関わりを浮き彫りにする社会論。

S285
## 河合隼雄の読書人生
―深層意識への道―
河合隼雄

臨床心理学のパイオニアの人生に影響をおよぼした本とは？　読書を通して著者が自らの人生を振り返る、自伝でもある読書ガイド。〈解説〉河合俊雄

2021.9

# 岩波現代文庫創刊二〇年に際して

二一世紀が始まってからすでに二〇年が経とうとしています。この間のグローバル化の急激な進行は世界のあり方を大きく変えました。世界規模で経済や情報の結びつきが強まるとともに、国境を越えた人の移動は日常の光景となり、今やどこに住んでいても、私たちの暮らしは世界中の様々な出来事と無関係ではいられません。しかし、グローバル化の中で否応なくもたらされる「他者」との出会いや交流は、新たな文化や価値観だけではなく、摩擦や衝突、そしてしばしば憎悪までをも生み出しています。グローバル化にともなう副作用は、その恩恵を遥かにこえていると言わざるを得ません。

今私たちに求められているのは、国内、国外にかかわらず、異なる歴史や経験、文化を持つ「他者」と向き合い、よりよい関係を結び直してゆくための想像力、構想力ではないでしょうか。

新世紀の到来を目前にした二〇〇〇年一月に創刊された岩波現代文庫は、この二〇年を通して、哲学や歴史、経済、自然科学から、小説やエッセイ、ルポルタージュにいたるまで幅広いジャンルの書目を刊行してきました。一〇〇〇点を超える書目には、人類が直面してきた様々な課題と、試行錯誤の営みが刻まれています。読書を通した過去の「他者」との出会いから得られる知識や経験は、私たちがよりよい社会を作り上げてゆくために大きな示唆を与えてくれるはずです。

一冊の本が世界を変える大きな力を持つことを信じ、岩波現代文庫はこれからもさらなるラインナップの充実をめざしてゆきます。

（二〇二〇年一月）

負け組のメディア史——天下無敵 野依秀市伝

2021年9月15日 第1刷発行

著　者　佐藤卓己《さとうたくみ》

発行者　坂本政謙

発行所　株式会社 岩波書店
〒101-8002 東京都千代田区一ツ橋 2-5-5

案内 03-5210-4000　営業部 03-5210-4111
https://www.iwanami.co.jp/

印刷・精興社　製本・中永製本


ISBN 978-4-00-603329-3　　Printed in Japan

# 人名索引

## あ 行

## か 行

## さ 行

## た行

## な 行

## は 行

## ま 行

## や 行



## ら・わ行